Arbitragem
e Devido Processo Legal

Arbitragem e Devido Processo Legal

2021

Yuri Maciel Araujo

ALMEDINA

ARBITRAGEM E DEVIDO PROCESSO LEGAL

AUTOR: Yuri Maciel Araujo

DIRETOR ALMEDINA BRASIL: Rodrigo Mentz
EDITORA JURÍDICA: Manuella Santos de Castro
EDITOR DE DESENVOLVIMENTO: Aurélio Cesar Nogueira
ASSISTENTES EDITORIAIS: Isabela Leite e Larissa Nogueira

DIAGRAMAÇÃO: Almedina
DESIGN DE CAPA: FBA

ISBN: 9786556272443
Julho, 2021

Dados Internacionais de Catalogação na Publicação (CIP)
(Câmara Brasileira do Livro, SP, Brasil)

Araujo, Yuri Maciel Arbitragem e devido processo legal /
Yuri Maciel Araujo. -- 1. ed. -- São Paulo : Almedina, 2021.

Bibliografia
ISBN 978-65-5627-244-3

1. Arbitragem (Direito) 2. Contraditório (Direito) - Brasil
3. Direito processual 4. Direito processual - Brasil
5. Imparcialidade (Direito) I. Título.

21-64284 CDU-347.918

Índices para catálogo sistemático:

Arbitragem : Direito processual 347.918

Maria Alice Ferreira - Bibliotecária - CRB-8/7964

Este livro segue as regras do novo Acordo Ortográfico da Língua Portuguesa (1990).

EDITORA: Almedina Brasil
Rua José Maria Lisboa, 860, Conj.131 e 132, Jardim Paulista | 01423-001 São Paulo | Brasil
editora@almedina.com.br
www.almedina.com.br

Em memória de meu pai Abraão e meu avô Antonio, por tudo que foram e continuarão sendo em mim.

Para minha mãe Valéria, pelos valores, pelo carinho e pela dedicação de uma vida inteira.

Para Eric, Lis, Marcelo, Tatiana e Rafael, por me permitirem relembrar sempre o que é essencial.

AGRADECIMENTOS

Este livro é a versão adaptada e atualizada de minha dissertação de mestrado, defendida publicamente perante a Universidade do Estado do Rio de Janeiro e aprovada por banca composta pelos Profs. Leonardo Faria Schenk, Paulo Cezar Pinheiro Carneiro e Carlos Alberto Carmona.

Agradeço ao primeiro, meu orientador, pelas ricas discussões, pelo rigor científico que me transmitiu e, mais importante, pela amizade genuína que construímos, apta a tornar calmo o árduo caminho entre a concepção da tese e a defesa. Ao Prof. Paulo Cezar Pinheiro Carneiro, sou grato por ter participado de todo o meu desenvolvimento acadêmico e pelos inúmeros préstimos teóricos a respeito do devido processo legal. Ao Prof. Carlos Alberto Carmona, sou grato por constituir uma referência para mim, pelos comentários que permitiram enriquecer a obra e por manifestar, desde o primeiro momento, sua extrema generosidade e apoio à publicação.

Aos Profs. Luís Roberto Barroso, Antonio do Passo Cabral e Marco Antonio Rodrigues, que me acompanharam ao longo do mestrado, agradeço pela inabalável dedicação ao magistério, pela densa bibliografia que me apresentaram e pelas alentadas contribuições à minha formação, que se refletem nas páginas deste trabalho.

Ao Prof. Giovanni Ettore Nanni, agradeço pela importante inspiração profissional, pela valorosa produção acadêmica e por recomendar a inclusão da obra nesta prestigiada coleção. Estendo, neste ponto, o meu agradecimento a todos os membros da diretoria atual do Comitê Brasileiro de Arbitragem – CBAr, instituição de relevo para o aprimoramento da arbitragem no Brasil, que muito me honraram com a seleção do trabalho: André de Albuquerque

Cavalcanti Abbud, Debora Visconte, André Chateaubriand Martins, Christian Sahb Batista Lopes, Guilherme Carneiro Monteiro Nitschke, Isabel Cantidiano Ribeiro, Rafael Francisco Alves e Vera Cecília Monteiro de Barros.

À Prof.ª Aline Terra, sou grato por servir de exemplo no trabalho acadêmico e arbitral sério, capacitado e dedicado, por me fornecer incontáveis dicas e contribuições, e por muito estimular os meus rumos também no ramo do Direito Civil.

Aos meus sócios Sérgio Terra, Willie Tavares, Sérgio Ferrari e Márcio Elias Rosa, agradeço por me brindarem com discussões jurídicas tão qualificadas ao longo de todos esses anos e pelo incondicional suporte que sempre me ofereceram. É motivo de grande satisfação pessoal exercer a advocacia, dia a dia, ao lado dos profissionais da banca Terra Tavares Ferrari Elias Rosa Advogados. Por certo, muitas das direções que tracei neste trabalho são devidas à nossa intensa atividade profissional e à experiência que acumulamos juntos.

Por falar no escritório, registro aqui meu imensurável agradecimento ao amigo Bernardo Salgado, por todas as infindáveis discussões que permearam a elaboração do trabalho, pelas preciosas contribuições e por ter sempre se mostrado disposto a acrescentar.

Agradeço, do mesmo modo, a todos os meus demais colegas de escritório e de profissão, que participaram, cada um à sua maneira, da longa trilha que percorri até a conclusão desta obra. Na pessoa de Leonardo Fajngold, que esteve comigo desde os primeiros anos, dedico este ensaio a todos.

Como não poderia deixar de ser, agradeço especialmente a toda a minha família, em nome de minha mãe Valéria, que é luz em todos os dias, meu irmão Eric, minha avó Lis, meus tios Marcelo e Tatiana, e, representando todos os primos, meu querido Rafael. Mais do que agradecimento, dedico o trabalho a esse meu núcleo familiar essencial, ciente de que nada seria possível sem vocês e, de igual modo, de meus saudosos pai Abraão e avô Antonio.

Por fim, sabedor de que seria inviável nomear a todos individualmente, sou eternamente grato aos valiosos amigos que acumulei durante este percurso. De alguma forma, este livro é um apanhado do que pude aprender com todos vocês.

PREFÁCIO

É motivo de indiscutível satisfação constatar a frutificação da parceria do Comitê Brasileiro de Arbitragem – CBAr com a Editora Almedina, por intermédio da *Coleção CBAr*, a qual tive o privilégio de participar de sua instituição.

A obra de Yuri Maciel Araujo enriquece o rol de publicações da coletânea, consubstanciando notável contribuição à literatura jurídica pátria, em assunto cuja presença é diária e indissociável da prática arbitral.

Trata-se da versão editorial de sua dissertação de mestrado defendida perante o Programa de Pós-Graduação em Direito *Stricto Sensu* da Universidade do Estado do Rio de Janeiro. A sessão pública foi realizada no dia 27 de fevereiro de 2018, sendo a banca examinadora presidida pelo Professor Doutor Leonardo Faria Schenk (UERJ), orientador do candidato, e igualmente integrada pelos Professores Doutores Paulo Cezar Pinheiro Carneiro (UERJ) e Carlos Alberto Carmona (USP). O trabalho foi aprovado com louvor e recomendação para publicação, cuja distinção, aliás, representa o grau máximo perante referida instituição universitária.

A análise da obra revela que a avaliação atribuída pela banca examinadora foi absolutamente acertada, haja vista a sua inegável qualidade tanto em relação às suas inovações quanto aos seus aspectos conceituais, com especial destaque às posições assumidas e à pesquisa bibliográfica.

O livro expõe, a partir de extensas referências e qualificadas fontes doutrinárias, a necessidade de verificar o indeclinável dogma do devido processo legal à luz das particularidades que permeiam o sistema arbitral, evitando-se a mera transposição conceitual das diretrizes inerentes ao processo civil estatal. Isso porque há marcantes diferenças entre ambos, não só quanto ao regime legal, mas também no que concerne à prática e, em especial, à flexibilidade, muito mais acentuada na arbitragem.

Para tanto, principia com a definição de importante marco teórico para o desenvolvimento de suas proposições, que é a adoção da teoria dos sistemas, empregada no processo arbitral, de tal sorte que, em função de suas especificidades, em vez de isolá-lo dos demais, sobretudo do processo judicial, seja adequadamente filtrado, propiciando sua interação. Ou, como explica o autor: "[d]elineada a Teoria dos Sistemas, percebe-se que essa oferece instrumental apto a auxiliar na investigação sobre os influxos que o sistema do direito processual arbitral recebe do direito processual estatal e, de modo amplo, da Teoria Geral do Processo".

Com isso, pretende evitar a "hiperprocessualização" da arbitragem, uma vez que não raro se percebe, na prática arbitral, nítida intoxicação processual, a partir de expedientes buscando a instintiva e inexorável aplicação do Código de Processo Civil, fortuitamente inclusive como se fosse diploma dotado de regras cogentes.

Cuida-se de mecanismo a ser combatido, visto que é necessário impedir a transportação de normas desprovida de qualquer crítica, mesma constatação que, ainda que em perspectiva diversa, se infere do Direito Comparado – compreendido como ciência que investiga o que os sistemas jurídicos têm de desigual e o que têm em comum, no que coincidem e no que diferenciam –, no qual não é pertinente adotar o *fenômeno da imitação espontânea dos modelos*[1], sendo imperioso obstar a reprodução ou a incorporação automática de regras oriundas de outros sistemas, em detrimento do quadro jurídico local. É o que expressa Gunther Teubner[2], que usa o termo *irritação jurídica*, o que seria muito mais apropriado do que *transplante jurídico*.

[1] GAMBARO, Antonio; SACCO, Rodolfo. Sistemi giuridici comparati. In: SACCO, Rodolfo (Dir.). *Tratatto di diritto comparato*. 2. ed. Torino: UTET, 2002, p. 50.

[2] TEUBNER, Gunther. Irritações jurídicas: sobre a co-evolução de normas jurídicas e regimes de produção. In: ______. *Direito, sistema e policontexturalidade*. Tradução de Brunela Vieira de Vincenzi, Dorothee Susanne Rüdiger, Jürgen Volker Dittberner, Patrícia Stanzione Galizia, Rodrigo Octávio Broglia Mendes. Piracicaba: Editora Unimep, 2005, p. 156.

A partir desta premissa, explica no que consiste o devido processo legal arbitral, cuja observância é mandatória na arbitragem, em consonância com a Constituição Federal e com o que dispõe o parágrafo 2º, do artigo 21 da Lei nº 9.307/1996.

Tendo como alicerce o devido processo legal arbitral, o livro é estruturado em três pilares, a saber, o contraditório, a imparcialidade e a independência do árbitro, os quais fundamentam o desenvolvimento do trabalho, voltado a dissecar seu funcionamento na arbitragem. Segundo o autor: "[p]ara que se compreenda como esses princípios se comportam no bojo do processo arbitral, a lógica subjacente é, em larga medida, a mesma: deve-se primeiro precisar quais são as peculiaridades que caracterizam e diferenciam o processo conduzido na via arbitral e, a partir dessa definição, promover uma filtragem das repercussões normativas atribuídas ao contraditório, à imparcialidade e à independência do árbitro".

O contraditório deve espelhar ambiente apto ao amplo debate entre as partes, a fim de que possam expor seu caso com propriedade, em igualdade de condições, aos árbitros. Nesta abrangência, examina as características da questão, detalhando como deve ser operacionalizada na marcha do processo arbitral.

A imparcialidade e a independência do árbitro instrumentalizam a confiança que integra a arbitragem, disciplinando a isenção que os julgadores devem ostentar para o cumprimento de sua missão de resolver a controvérsia que lhes foi apresentada. Nesta sorte de consideração, explora os pormenores intrínsecos à figura do árbitro, desde a sua escolha, incluindo o dever de revelação, as diretrizes internacionais que iluminam a questão, assim também seus corolários.

O livro de Yuri Maciel Araujo traduz rica fonte de estudo, já que problematiza, com rigor técnico e pertinência temática, o alicerce do assunto – o sistema arbitral e seu respectivo devido processo legal –, bem como seus pilares – o contraditório, a imparcialidade e a independência do árbitro –, apresentando valiosas assertivas com o propósito de municiar o usuário e o acadêmico no efetivo manejo da arbitragem, resguardando as garantias processuais essenciais.

Em função do exposto, por seus irrefutáveis méritos, recomendo a leitura de *Arbitragem e devido processo legal*, fazendo votos de contínuo êxito ao autor, na expectativa da produção de outras obras igualmente destacadas.

Giovanni Ettore Nanni
Livre-Docente, Doutor e Mestre em Direito Civil pela PUC-SP
Professor de Direito Civil nos Cursos de Graduação e de Pós-Graduação *Stricto Sensu* na PUC-SP
Presidente do Comitê Brasileiro de Arbitragem – CBAr (2018-2021)
Advogado em São Paulo

SUMÁRIO

INTRODUÇÃO

Mais de duas décadas após a edição da Lei nº 9.307/96, a arbitragem se encontra bem consolidada no ordenamento jurídico brasileiro. As vozes que desejavam frear seu alcance e lhe negar caráter jurisdicional perderam força e o Poder Judiciário tem adotado nítida postura de autocontenção, evitando intervir em matérias submetidas ao juízo arbitral. O sucesso é tamanho que o Brasil já figura entre os países que mais recorrem a essa modalidade de resolução de conflitos.

Garantido espaço cativo para o instituto, emerge a necessidade de se fixarem bases sólidas para que a arbitragem possa continuar expandindo-se e representando via legítima e idônea para a administração da justiça. É fundamental que os interessados encontrem procedimento simples e eficiente, mas também seguro e suficientemente ordenado.

Para tanto, afigura-se necessário bem compreender a extensão e o conteúdo do devido processo legal na específica seara arbitral. A matéria desperta a especial atenção desta obra, por dois motivos principais.

Primeiro, porque, em virtude do predomínio da autonomia privada na construção do procedimento aplicável – que deve ser sempre estimulado e se reflete nas enxutas disposições processuais constantes da Lei de Arbitragem –, são bastante comuns, na prática arbitral, indagações sobre as normas processuais incidentes e, mesmo, hipóteses de aparente lacuna normativa, aptas a gerar indesejável insegurança entre os sujeitos processuais.

Nesses casos, a diretriz básica consiste em se conferir amplo protagonismo às partes na identificação dos caminhos que pretendem seguir. No entanto, nos casos em que se mostra inviável o consenso entre os litigantes, ou em que é necessária a excepcional intervenção dos árbitros para garantir a observância do devido processo legal, há de se ter em mãos parâmetros objetivos para a definição das possíveis soluções a serem aplicadas.

Segundo, em paralelo aos rumos e definições propriamente processuais, também assumem notável importância matérias relacionadas à imparcialidade e independência dos árbitros, personagens verdadeiramente centrais para o sucesso do procedimento arbitral. A garantia da equidistância em relação às partes é essencial para que se possa falar em regular prestação jurisdicional e para que o instituto se mantenha como uma via proveitosa para a resolução dos litígios que emergem na sociedade.

Em ambas as frentes, os estudiosos da arbitragem precisam ser capazes de discernir como preceitos de índole constitucional e larga tradição histórica devem ser corretamente relidos e incorporados ao processo arbitral, sem que haja riscos de desvirtuamentos ou de perda de suas qualidades principais.

Em outras palavras, é preciso buscar meios para que a arbitragem não se desprenda dos objetivos e características que lhe trouxeram prestígio e aceitação, porém, ao mesmo tempo, desenvolva corpo teórico que traga segurança jurídica às partes e promova o estreito alinhamento com os pressupostos do *due process of law*.

Para tanto, não devem ser desprezados os relevantes influxos que podem advir de outros ramos do direito, em especial do direito processual civil. Não se deve cerrar a arbitragem inteiramente para contribuições teóricas externas. São séculos de desenvolvimento da Teoria Geral do Processo que podem ser aproveitados e somente precisam ser cuidadosamente ajustados aos específicos mecanismos e desígnios da arbitragem. Esse aproveitamento, diga-se, já é comumente realizado na experiência nacional. Contudo, isso se dá, muitas vezes, sem que sejam explorados *standards* adequados para a identificação das normas processuais que poderão, ou não, ser aplicadas na esfera arbitral.

Nesse contexto, o presente estudo se volta a analisar a arbitragem sob a lógica da Teoria dos Sistemas. Afinal, a referida construção teórica – elaborada pelo sociólogo alemão Niklas Luhmann e já empregada em outras áreas do direito – tem justamente o mérito de perquirir como sistemas diversos podem interagir com os elementos do seu entorno e evoluir sem jamais perder a sua essência.

A obra se dedica, em especial, ao exame do contraditório, da imparcialidade e da independência do árbitro, porque tais princípios correspondem à essência do devido processo legal e funcionam, em conjunto com a autonomia privada, como os marcos principiológicos básicos do processo arbitral.

Ao longo de todo o trabalho, será demonstrado que os princípios em questão devem sofrer uma apurada releitura ao ingressar no sistema arbitral. Com efeito, mesmo quando possuem desenho normativo similar ao do processo civil estatal, esses preceitos normativos são constantemente provocados a endereçar questões novas, que derivam das específicas características da arbitragem.

Para explorar o tema com profundidade, a obra será dividida em três partes, orientadas ao exame: (i) do sistema do processo arbitral; (ii) do contraditório; e (iii) da imparcialidade e independência do árbitro.

No primeiro capítulo, será delineado o conceito de processo arbitral como sistema, descrevendo-se os elementos que lhe conferem o que se denomina de *fechamento operacional*, isto é, as características essenciais que o distinguem do processo estatal. São três os aspectos identificados, que correspondem a "filtros" necessários para a adequada interpretação e aplicação do devido processo legal *arbitral*: (a) a atividade jurisdicional é exercida no âmbito privado; (b) há intenso respeito à autonomia privada das partes; e (c) os objetivos perseguidos pela arbitragem não são os mesmos que animam o processo judicial.

No segundo capítulo, será explorado o conteúdo contemporâneo do princípio do contraditório, abordando-se como deve ser moldado, na arbitragem, a partir dos três filtros indicados. Serão analisados, em especial: (a) a legitimação do processo arbitral pela participação discursiva; (b) a limitação à interposição de recursos; (c) a flexibilidade procedimental como estímulo ao contraditório; (d) o vetor essencial da participação e influência, que é empregado no suprimento de lacunas processuais, impõe limites às restrições convencionais ao contraditório e traz, igualmente, impactos ao regime da preclusão; e (e) a conformação do contraditório às específicas finalidades da arbitragem.

Na sequência, serão investigadas as principais repercussões do contraditório na marcha do processo arbitral, verificando-se a sua aplicação e extensão normativa em relação aos atos pré-arbitrais, postulatórios, instrutórios e decisórios. O capítulo será encerrado com o estudo de hipóteses de excepcional nulidade da sentença por ofensa ao contraditório, questão que gera grande inquietação na doutrina e na prática arbitral.

Prosseguindo, o terceiro capítulo estará dedicado, por sua vez, aos princípios da imparcialidade e da independência do árbitro. Com base nas mesmas premissas teóricas, serão examinados: (a) a importância da confiança na arbitragem; (b) a diferença entre os mecanismos que preservam a impessoalidade do juiz estatal e do árbitro; (c) a independência do árbitro em relação à câmara de arbitragem e aos seus pares no tribunal arbitral; (d) as consequências da inaplicabilidade do princípio do juiz natural; (e) o regramento ético da figura do coárbitro; (f) a possibilidade de renúncia à imparcialidade e à independência; e (g) os diversos deveres que defluem da cooperação processual nessa seara, como o dever de revelação do árbitro, o dever de revelação complementar das partes, o dever de esclarecimento, o dever de proteção e o dever de lealdade.

Adiante, o trabalho ocupar-se-á de formular diretrizes gerais acerca do impedimento e da suspeição do árbitro. Em seguida, serão esmiuçados os procedimentos de recusa e substituição do árbitro, e definidos parâmetros para a possível nulidade da sentença arbitral por ofensa aos princípios da imparcialidade e da independência.

Por certo, ao apreciar referidos corolários do devido processo legal, a presente obra não apenas percorrerá boa parte dos institutos e fases do processo arbitral, permitindo uma visão global do funcionamento da arbitragem, como igualmente oferecerá ao leitor instrumental teórico consistente para enfrentar as mais diversas questões processuais que poderão emergir no decorrer do procedimento.

1. O Sistema do Processo Arbitral

A arbitragem vem sendo reconhecida como um dos principais expoentes dos denominados meios alternativos[1] de resolução de disputas[2] (*Alternative Dispute Resolution – ADR*), que abarcam todas as modalidades de solução de conflitos não diretamente vinculadas ao julgamento pelo Judiciário.[3] Desponta no direito contemporâneo como uma forma de solução de controvérsias potencialmente mais técnica, célere e adequada a determinadas espécies de litígios do que a tradicional jurisdição estatal.

[1] Apesar de bastante difundida, "a expressão *métodos alternativos* vem cedendo espaço para o termo *métodos adequados* (ou 'adequate/appropriate dispute resolution') a partir da constatação de que os conflitos são diferentes entre si, tanto em complexidade, quanto em peculiaridade – e, assim, requerem ferramentas distintas para serem solucionados. Ademais, os ADRs não são simples alternativas ao Judiciário, e tampouco esta deveria ser a única e ou a principal via de solução dos conflitos, como acontece em nosso país e na maior parte dos países de tradição civilista. Os ADRs são mecanismos baseados na especialização e adequação de cada método a certo tipo de disputa" (COELHO, Eleonora. Desenvolvimento da cultura dos métodos adequados de solução de conflitos: uma urgência para o Brasil. In: ROCHA, Caio Cesar Vieira; SALOMÃO, Luís Felipe. *Arbitragem e mediação*: a reforma da legislação brasileira. São Paulo: Atlas, 2017, p. 98).

[2] Na concepção de Mauro Cappelletti e Bryant Garth, o juízo arbitral estaria inserido entre os métodos alternativos para decidir controvérsias dedicados a enfrentar, em especial, os óbices ligados à terceira onda do acesso à justiça, que "centra sua atenção no conjunto geral de instituições e mecanismos, pessoas e procedimentos utilizados para processar e mesmo prevenir disputas nas sociedades modernas" (CAPPELLETTI, Mauro; GARTH, Bryant. *Acesso à justiça.* Tradução de Ellen Gracie Northfleet. Porto Alegre: Sergio Antonio Fabris, 1998, p. 67). Os autores destacam, entretanto, que o alto custo da arbitragem poderia constituir barreira que inviabilizaria a sua ampla utilização (Ibid., p. 82-83).

[3] GOUVEIA, Mariana França. *Curso de resolução alternativa de litígios.* Coimbra: Almedina, 2011, p. 18.

No entanto, a despeito dessa proeminência atual, é interessante notar que a arbitragem não constitui fenômeno sociológico novo e, de acordo com a doutrina dominante, teria antecedido a própria existência da jurisdição estatal.

Em um período histórico no qual os Estados não se encontravam ainda suficientemente organizados,[4] as partes frequentemente remetiam a solução da controvérsia a uma terceira pessoa que gozasse de sua confiança e respeito, como uma autoridade religiosa, um sábio da comunidade ou um membro experiente e idôneo da família.[5]

Nessa linha, é possível encontrar referências à arbitragem ainda na Grécia antiga, conforme se observa em passagens da *Ilíada*, de Homero, bem como em obras de Platão, Aristóteles e Demóstenes.[6] Consta, inclusive, que o tratado de paz celebrado entre Esparta e Atenas no ano de 445 a.C. já contaria com uma cláusula compromissória.[7]

Mais à frente, ao longo da Idade Média, há relatos de que mercadores de cidades comerciais pujantes como Florença, Veneza e Barcelona se valiam igualmente da arbitragem para que as controvérsias fossem decididas por seus pares de forma mais rápida, informal e especializada.[8]

Do mesmo modo, aponta-se que, à época da Revolução Francesa, era tamanha a desconfiança em relação aos membros da magistratura daquela nação, usualmente vistos como uma classe ligada aos interesses da nobreza, que

[4] "O fortalecimento do instituto da arbitragem, que as gerações atuais presenciam, figura como um *parcial retorno às origens*, quando as instituições políticas das Nações não dispunham de vigor suficiente para impor a solução dos conflitos entre as pessoas, sequer havendo clima para o exercício imperativo das funções de julgar e impor decisões. Nas origens, desde quando banida a *autotutela* a solução dos conflitos passou a ser encargo de árbitros, não de magistrados. Esse dado mostra que naquele período da história das instituições judiciárias a arbitragem, longe de ser uma via *alternativa* de solução de litígios, era o caminho a ser ordinariamente seguido, sendo muito restrito o âmbito da jurisdição exercida pelos pretores romanos" (DINAMARCO, Cândido Rangel. *A arbitragem na teoria geral do processo*. São Paulo: Malheiros, 2013, p. 33-34).

[5] CAHALI, Francisco José. *Curso de arbitragem*: mediação, conciliação, resolução CNJ 125/2010. São Paulo: Revista dos Tribunais, 2015, p. 33.

[6] BARROCAS, Manuel Pereira. *Manual de arbitragem*. Coimbra: Almedina, 2010, p. 51.

[7] MARTINS, Pedro A. Batista. Arbitragem através dos tempos: obstáculos e preconceitos à sua implementação no Brasil. In: GARCEZ, José Maria Rossani (Coord.). *A arbitragem na era da globalização*. Rio de Janeiro: Forense, 1999, p. 36.

[8] CAPPELLETTI, Mauro. Os métodos alternativos de solução de conflitos no quadro do movimento universal de acesso à justiça. *Revista de Processo*, São Paulo, v. 74, abr./1994, p. 47.

o juízo arbitral teria sido novamente propalado como meio legítimo para a solução de litígios.[9]

No Brasil, por mais que não tenha obtido grande relevo até o advento da Lei nº 9.307/96, a arbitragem igualmente ostenta distantes raízes históricas. A primeira Constituição brasileira, de 1824, já autorizava expressamente a opção pela nomeação de juízes árbitros, cujas sentenças seriam executadas sem recurso, se assim acordassem as partes.[10] Depois, o instituto ainda encontrou amparo em diversos diplomas normativos ao longo do século XX, destacando-se, no plano infraconstitucional, as disposições do Código Comercial de 1850, do Código Civil de 1916 e dos Códigos de Processo Civil de 1939 e 1973.

Por certo, se tal método não floresceu ainda mais nesse interstício, isso se deveu a dois aspectos principais,[11] a saber: (i) a cláusula compromissória ainda não se revestia de força vinculativa, impedindo a instauração da arbitragem em caso de discordância de uma das partes no momento do efetivo surgimento do conflito; e (ii) a eficácia da sentença (até então, "laudo" arbitral) estava condicionada a uma posterior homologação judicial, afastando a celeridade e a definitividade dessa via.

De fato, ambos os fatores de franco desestímulo ao desenvolvimento da arbitragem somente vieram a ser superados com a edição da mencionada Lei nº 9.307/96, pela qual se dispôs que, havendo resistência de um dos envolvidos, o Judiciário poderia ser invocado para garantir a instauração do juízo arbitral (art. 7º), sendo certo que a sentença prolatada pelos árbitros produziria os mesmos efeitos da sentença proferida por instâncias judiciais (art. 31).

Contudo, muito embora não se ignore que o juízo arbitral carecia, até então, de adequado tratamento legislativo, não se pode negar que já integrava a ordem jurídica nacional e estava posto à disposição da sociedade.

[9] BARROCAS, Manuel Pereira. *Manual de arbitragem*. Op. cit., p. 47.

[10] DALLARI, Dalmo de Abreu. A tradição da arbitragem e sua valorização contemporânea. *Revista de Arbitragem e Mediação*, v. 35, out./dez.2012, p. 32.

[11] MACHADO, Rafael Bicca. A arbitragem como "saída" do Poder Judiciário? (Algumas relações entre Direito e Economia com apoio em Albert O. Hirschman). In: JOBIM, Eduardo; MACHADO, Rafael Bicca (Coord.). *Arbitragem no Brasil:* aspectos jurídicos relevantes. São Paulo: Quartier Latin, 2008, p. 361.

Tem-se, portanto, que, apesar de frequentemente se reapresentar como *algo novo*,[12] a arbitragem não constitui, em rigor, nenhuma grande inovação no cenário jurídico brasileiro e internacional. Teve importantes avanços e se tornou mais complexa, mas a sua essência continua basicamente a mesma.[13]

Agora, com a exponencial utilização do instituto, devem ser fixadas bases científicas sólidas para que a arbitragem continue servindo à sociedade como meio adequado para a resolução de controvérsias. Os jurisdicionados devem ter acesso a um procedimento simples, ágil e eficiente, mas que não se descuide da observância aos pressupostos do *due process of law*.

Nesse sentido, para que o processo arbitral possa receber adequadamente os influxos da principiologia constitucional e de séculos de desenvolvimento da Teoria Geral do Processo,[14] sem jamais se descurar de suas características

[12] "Curiosamente, é prática antiga, de origem que se perde 'na noite dos tempos' (para se usar um literário 'lugar comum'). No comum das vezes, se reapresenta como algo novo, aparentemente inédito, em plena moda. Ilustração enfática do *corsi e ricorsi* do pensador italiano, do século XVII, João Batista Vico. Sabe-se, no entanto, que não há nada de novo sob a face do sol: *Nil novi sub sole*" (LIMA, Cláudio Vianna. A arbitragem no tempo: o tempo na arbitragem. In: GARCEZ, José Maria Rossani (Coord.). *A arbitragem na era da globalização*. Rio de Janeiro: Forense, 1999, p. 5).

[13] "The modern arbitral process has lost its early simplicity. It has become more complex, more legalistic, more institutionalised. Yet in its essentials it has not changed. There is still the original element of two or more parties, faced with a dispute that they cannot resolve for themselves, agreeing that one or more private individuals will resolve it for them" (REDFERN, Alan; HUNTER, J. Martin. *Law and practice of international commercial arbitration*. Londres: Sweet & Maxwell, 1986, p. 3). Tradução livre: "O moderno processo arbitral perdeu a sua simplicidade original. Tornou-se mais complexo, mais legalista, mais institucionalizado. Mesmo assim, em sua essência não se alterou. Ainda há o elemento original de duas ou mais partes diante de uma disputa que não podem resolver por conta própria, acordando que um ou mais indivíduos privados irão resolvê-la para elas".

[14] Como bem referiu Barbosa Moreira, "muita razão tinha Chesterton quando advertia que o homem pode enxergar mais longe se subir aos ombros dos que vieram antes. A abertura de novos horizontes e a penetração de outras luzes, de que hoje nos beneficiamos, não nos hão de tornar menos sensíveis à permanente importância do trabalho que já encontramos realizado, ou iniciado. Uma coisa é a retificação de rumos; outra, o desprezo ou o esquecimento das descobertas com que nos enriqueceu o percurso vencido" (BARBOSA MOREIRA, José Carlos. Efetividade do processo e técnica processual. In: BARBOSA MOREIRA, José Carlos. *Temas de Direito Processual (sexta série)*. Rio de Janeiro: Saraiva, 1997, p. 22-23). Muito por isso, Dinamarco assevera que o enquadramento do processo arbitral na Teoria Geral do Processo representa verdadeiro pressuposto para que se alcance nível satisfatório de excelência científica, cf. DINAMARCO, Cândido Rangel. *A arbitragem na teoria geral do processo*. Op. cit., p. 14.

mais fundamentais, é válida a adoção da Teoria dos Sistemas. Como será exposto, o arcabouço teórico de Niklas Luhmann permite compreender, sob o ponto de vista científico, como um sistema bem definido pode receber influxos externos sem perder os atributos que lhe são próprios.[15]

1.1 Premissas teóricas iniciais: a Teoria dos Sistemas e o processo arbitral

A noção de sistemas ou microssistemas já é, há tempos, bastante conhecida no direito processual pátrio e vem sendo objeto de estudos ainda mais aprofundados desde o advento do Código de Processo Civil de 2015.

Há inúmeros trabalhos que investigam os impactos das disposições da Constituição e do CPC a campos processuais que, por suas características e bases principiológicas específicas, são previstos na legislação extravagante ou, mesmo quando insertos no próprio Código, denotam uma área de algum modo apartada e com feições normativas próprias.

No âmbito dos Juizados Especiais, regidos pelas Leis nº 9.099/1995, 10.259/2001 e 12.153/2009, e marcados pela informalidade e celeridade, discutem-se, por exemplo: a aplicação de dispositivos do CPC que preveem a contagem de prazos processuais em dias úteis;[16] o novo regramento dos honorários sucumbenciais; a distribuição dinâmica do ônus da prova; o

[15] No Brasil, a concepção de sistemas de Luhmann foi aplicada ao processo arbitral, de forma pioneira, pela obra de PARENTE, Eduardo de Albuquerque. *Processo arbitral e sistema*. São Paulo: Atlas, 2012, p. 40 et seq. Não obstante, ainda que sem se referir especificamente à teoria luhmanniana, também Carlos Alberto Carmona já afirmara ser possível "reconhecer que a arbitragem constitui um verdadeiro sistema, com características próprias, a distinguir este método de solução de litígios de outros meios heterocompositivos de solução de controvérsias, como o processo ordinário estatal ou como os juizados especiais" (CARMONA, Carlos Alberto. Em torno do árbitro. *Revista de Arbitragem e Mediação*, v. 28, jan./mar.2011, p. 48). No direito português, José Miguel Júdice igualmente já vislumbrara a possibilidade de enquadramento sistêmico do processo arbitral, deduzindo que "[q]ualquer sistema, mesmo quando disso não haja consciência plena, tem imanente uma racionalidade que lhe é própria. Se isso não ocorresse, o sistema não conseguia diferenciar-se e existir em si mesmo. Mais do que isso, provavelmente não teria surgido ou, ao menos, não teria evoluído para se tornar numa realidade com força e presença. O sistema arbitral não foge à regra" (JÚDICE, José Miguel. Árbitros: características, perfis, poderes e deveres. *Revista de Arbitragem e Mediação*, v. 22, jul./set.2009, p. 127).

[16] Na I Jornada de Direito Processual Civil promovida pelo Conselho da Justiça Federal, foi aprovado o Enunciado 19, segundo o qual: "O prazo em dias úteis previsto no art. 219 do

regime da revelia; a improcedência liminar do pedido; a intervenção de *amici curiae*; e a tutela de evidência.[17]

De igual forma, e sem que seja relevante referir especificamente todos os pontos de debate, também são objeto de indagação as repercussões do diploma processual civil aos processos trabalhista e tributário, bem como a ações relacionadas a improbidade administrativa, falência, recuperação judicial, direito do consumidor e locações.[18]

Em todos esses estudos, é comum o esforço na identificação de quais dispositivos gerais seriam compatíveis com o respectivo microssistema processual e de qual seria a sua exata interpretação, amplitude e eficácia ao ingressar em um novo cenário normativo.

Em essência, o raciocínio não é diferente daquele necessário para a análise do conteúdo e da expressão jurídica do devido processo legal na arbitragem, em especial, dos princípios do contraditório, da imparcialidade e da independência do julgador.

CPC aplica-se também aos procedimentos regidos pelas Leis n. 9.099/1995, 10.259/2001 e 12.153/2009".

[17] Esses e outros institutos do CPC são analisados, de forma percuciente, na obra coletiva coordenada por REDONDO, Bruno Garcia; SANTOS, Welder Queiroz dos; SILVA, Augusto Vinícius Fonseca e; VALLADARES, Leandro Carlos Pereira (Coord.). *Juizados especiais*. Salvador: JusPodivm, 2015.

[18] SILVA, Bruno Freire e. *O Novo Código de Processo Civil e o Processo do Trabalho – Parte Geral*. São Paulo: LTR, 2015; MONNERAT, Fábio Victor da Fonte; NOLASCO, Rita Dias. A influência do novo CPC no contraditório das execuções fiscais. In: CIANCI, Mirna; DELFINO, Lúcio; DANTAS, Bruno; DIDIER JR., Fredie; CUNHA, Leonardo Carneiro da; CAMARGO, Luiz Henrique Volpe; REDONDO, Bruno Garcia (Coord.). *Novo Código de Processo Civil – Impactos na Legislação Extravagante e Interdisciplinar, vol. 1*. São Paulo: Saraiva, 2016. p. 228-250; QUARTIERI, Rita. Impactos do novo CPC na Lei de Improbidade Administrativa. In: COSTA, Eduardo Fonseca; SICA, Heitor Vitor Mendonça (Coord.). *Legislação Processual Extravagante. Coleção Repercussões do novo CPC, vol. 9*. Salvador: JusPodivm, 2016, p. 275-284; AZZONI, Clara Moreira. Impactos do novo CPC no processo falimentar. In: COSTA, Eduardo Fonseca; SICA, Heitor Vitor Mendonça (Coord.). *Legislação Processual Extravagante. Coleção Repercussões do novo CPC, vol. 9*. Op. cit., p. 81-106; VASCONCELOS, Ronaldo. Impactos do novo CPC na Recuperação Judicial: compatibilidade entre as Leis n. 11.101/05 e 13.015/15. In: COSTA, Eduardo Fonseca; SICA, Heitor Vitor Mendonça (Coord.). *Legislação Processual Extravagante. Coleção Repercussões do novo CPC, vol. 9*. Op. cit., p. 287-310; CARNEIRO, Paulo Cezar Pinheiro. Os diálogos entre o Código de Defesa do Consumidor e o projeto do novo Código de Processo Civil. *Revista Eletrônica de Direito Processual – REDP*, v. 14, jul./dez.2014, p. 473-484; MAZZOLA, Marcelo. As Incursões do novo CPC na Lei de Locações. *Revista de Processo*, v. 42, jan./2017, p. 287-312.

Para que se compreenda como esses princípios se comportam no bojo do processo arbitral, a lógica subjacente é, em larga medida, a mesma: deve-se primeiro precisar quais são as peculiaridades que caracterizam e diferenciam o processo conduzido na via arbitral e, a partir dessa definição, promover uma filtragem das repercussões normativas atribuídas ao contraditório, à imparcialidade e à independência do árbitro.

Como ocorre em todas as áreas do direito,[19] essa operação de interpretação e aplicação da norma jurídica apresenta certa margem de subjetividade e incerteza, e, justamente por essa razão, deve obedecer a parâmetros científicos,[20] de modo a promover, na maior amplitude possível, a segurança jurídica.

Para essa finalidade, sustenta Canaris que cada sistema deve ser compreendido de acordo com os valores que lhe subjazem, isto é, deve ser lido por meio de pensamento teleológico, demonstrável de modo racional.[21]

Tal delimitação, todavia, não é simples. São diversos os valores que se encontram simultaneamente presentes em cada sistema, sendo árdua a identificação de quais princípios merecem ser encarados como centrais,[22] ainda mais diante da propagada concepção, da ordem da Teoria Geral do Direito,

[19] ÁVILA, Humberto. *Teoria da segurança jurídica*, 3.ed. São Paulo: Malheiros, 2014, p. 60-61.

[20] Não se concorda, portanto, com a posição encampada por Eros Roberto Grau no sentido de que a atividade interpretativa escaparia ao campo da ciência: "[o] intérprete atua segundo a lógica da preferência, e não conforme a lógica da consequência [Comparato]: a lógica jurídica é a da escolha entre várias possibilidades corretas. Interpretar um texto normativo significa escolher uma entre várias interpretações possíveis, de modo que a escolha seja apresentada como adequada [Larenz]. A norma não é objeto de demonstração, mas de justificação. Por isso a alternativa verdadeiro/falso é estranha ao direito; no direito há apenas o *aceitável* (justificável). O sentido do justo comporta sempre mais de uma solução [Heller]. Daí por que afirmo que a problematização dos textos normativos não se dá no campo da ciência: ela se opera no âmbito da prudência, expondo o intérprete autêntico ao desafio desta, e não daquela" (GRAU, Eros Roberto. *Ensaio e discurso sobre a interpretação/aplicação do direito.* São Paulo: Malheiros, 2005, p. 35).

[21] CANARIS, Claus-Wilhelm. *Pensamento sistemático e conceito de sistema na ciência do direito.* Lisboa: Fundação Calouste Gulbenkian, 1996, p. 74.

[22] "Não se pode determinar, de antemão, quando deva um princípio valer como 'geral'; também aqui se trata de um critério inteiramente relativo. Para o conjunto da nossa ordem jurídica, não se poderiam considerar todos os princípios como 'portadores de unidade' e, com isso, como sistematizadores; e no que, quanto a essa função, respeita ao Direito privado: neste, nem todos os princípios são, por seu turno, relevantes para o sistema, como o serão, por exemplo, para o Direito das Obrigações, os Direitos Reais, o Direitos das Sucessões, etc.; dentro desses âmbitos, formam-se subsistemas mais pequenos, com princípios 'gerais' autônomos, como,

de que todos os textos normativos devem ser reconduzidos e justificados à luz das disposições constitucionais,[23] que lhes conferem a permanente influência jurídica de um sem-número de valores, muitas vezes colidentes.

Nessa perspectiva, e sem que se pretenda, naturalmente, exaurir todas as virtuosidades e campos de aplicação dessa complexa construção teórica, o que não corresponde ao escopo deste trabalho, afigura-se imprescindível demarcar os principais conceitos operativos delineados pela Teoria dos Sistemas de Niklas Luhmann.

Antes de tudo, é preciso ter em mente que Luhmann não concebeu a Teoria dos Sistemas especificamente para explicar fenômenos jurídicos. Na verdade, sua concepção teórica tem a pretensão de constituir uma teoria sociológica universal.[24]

Feito esse esclarecimento inicial, vê-se que a teoria *luhmanniana* parte, em primeiro lugar, da distinção entre sistema e ambiente, a qual constitui sua premissa metodológica fundamental. Segundo o teórico alemão, cada sistema constitui-se, de modo autorreferencial, por meio da estipulação de *diferenças* em relação ao que lhe é externo, o ambiente. Portanto, não é a conjugação de determinadas características que constitui um sistema, mas sim a verificação de que essas particularidades o tornam distinto do que existe ao seu redor.[25]

Seguindo adiante, Luhmann também assinala que os sistemas são dotados de auto-organização (capacidade própria de desenvolvimento de estruturas internas) e *autopoiesis* (reprodução a partir de seus próprios elementos),[26] de modo que em nada dependem de referências ou delimitações exteriores.

por exemplo, o sistema dos actos ilícitos, do enriquecimento sem causa, das perturbações na prestação ou da responsabilidade pela confiança" (Ibid., p. 79).

[23] BARROSO, Luís Roberto. Neoconstitucionalismo e constitucionalização do Direito (o triunfo tardio do direito constitucional no Brasil). *Revista eletrônica sobre a reforma do Estado*, v. 9, mar./abr./mai.2007, p. 21).

[24] LUHMANN, Niklas. *Sistemas sociais:* esboço de uma teoria geral. Petrópolis, RJ: Vozes, 2016, p. 32.

[25] Ibid., p. 33.

[26] Luhmann aponta que auto-organização e *autopoiesis* não se confundem: "Auto-organização significa construção de estruturas próprias dentro do sistema. Como os sistemas estão enclausurados em sua operação, eles não podem conter estruturas. Eles mesmos devem construí-las: por exemplo, numa conversa, o que se disse por último é o ponto de apoio para dizer o que se deve continuar a dizer; assim como o que se percebe no último momento constitui o ponto de partida para o discernimento de outras percepções. [...] *Autopoiesis* significa, ao contrário,

Cada sistema é capaz de criar uma dimensão específica de atuação, designando quais elementos e relações condicionantes formam a sua diferença, enquanto uma única unidade, em relação ao ambiente.[27] Em virtude dessas características, os sistemas são infinitos. As possibilidades de escolha no mundo são incontáveis e as hipóteses de arranjo e rearranjo de diferenciações também o são. Daí a riqueza da teoria para examinar a criação e operação dos mais variados tipos de sistemas.[28]

Para dar concretude a essa concepção, é usual fazer referência aos sistemas sociais básicos elencados por Luhmann, como economia, política, ciência e direito. No entanto, sobretudo na conjuntura atual da sociedade, extremamente desenvolvida e especializada, cada sistema também pode adquirir uma complexidade própria que leve à ocorrência de diferenciações internas, com a criação de novos sistemas (ou subsistemas) cada vez mais específicos. Mesmo a partir de elementos comuns ou semelhantes, é possível que sejam desenvolvidos sistemas bastante diferenciados.[29]

No âmbito do direito, é possível falar, assim, na diferenciação em direito civil, direito criminal, direito internacional[30] e, para o que aqui interessa, em direito processual,[31] que, por sua vez, pode também ser subdividido em outros

determinação do estado posterior do sistema, a partir da limitação anterior à qual a operação chegou" (LUHMANN, Niklas. *Introdução à Teoria dos Sistemas*, 2.ed. Tradução de Ana Cristina Arantes Nasser. Petrópolis, RJ: Vozes, 2010, p. 112-113).

27 LUHMANN, Niklas. *Sistemas sociais:* esboço de uma teoria geral. Op. cit., p. 53.

28 "Trata-se, portanto, de um programa de teoria simultaneamente *universalista* e *específico*, para usar uma formulação da teoria das 'pattern variables' de Talcott Parsons. Trata-se de uma teoria global (*Welt-theorie* – N.T.), que não deixa de fora nada do que existe; mas, simultaneamente, da aplicação de uma diferenciação bem-específica (em contraste com muitas outras intermináveis diferenciações) que obriga a indicar exatamente, a cada vez, de qual referência do sistema se parte e qual é, visto a partir de um determinado sistema, seu ambiente" (LUHMANN, Niklas. Novos desenvolvimentos na Teoria dos Sistemas. In: NEVES, Clarissa Eckert Baeta; SAMIOS, Eva Machado Barbosa (Org.). *Niklas Luhmann*: a nova Teoria dos Sistemas. Op. cit., p. 50).

29 LUHMANN, Niklas. *Sistemas sociais:* esboço de uma teoria geral. Op. cit., p. 43.

30 NEVES, Clarissa Eckert Baeta. Niklas Luhmann e sua obra. In: NEVES, Clarissa Eckert Baeta; SAMIOS, Eva Machado Barbosa (Org.). *Niklas Luhmann*: a nova Teoria dos Sistemas. Op. cit., p. 11.

31 Segundo Luhmann, "[o]s procedimentos são, de fato, sistemas sociais que desempenham uma função específica, designadamente a de aprofundar uma única decisão obrigatória e que, por esse motivo, são de antemão limitados na sua duração" (LUHMANN, Niklas. *Legitimação pelo procedimento*. Tradução de Maria da Conceição Côrte-Real. Brasília: Editora Universidade de Brasília, 1980, p. 39).

subsistemas (*v.g.* processo civil, penal, tributário e trabalhista), ou, sob outra categorização, em processo estatal e processo arbitral.

No mais, sendo responsáveis por sua própria organização e reprodução, os sistemas não podem sofrer influências diretas do ambiente, ou seja, de tudo que está ao seu entorno. Essa característica importa na operação de cada sistema de acordo com seus específicos elementos e relações, fenômeno que se denomina *fechamento operacional* e exibe extraordinária relevância na Teoria dos Sistemas. Vale dizer: cada sistema só pode se apresentar como sistema caso seja capaz de se autoafirmar referencialmente.[32]

Ao contrário do que se poderia cogitar, contudo, essa qualidade não significa que os sistemas estejam totalmente alheios ao mundo à sua volta: os sistemas são, sim, afetados por *irritações* provenientes do ambiente (e, consequentemente, de outros sistemas nele constituídos). O que ocorre é unicamente que estas sempre passarão por uma filtragem, ou seja, por leitura apropriada a cada sistema.

[32] "El sistema no mantiene ningún contacto con su entorno al nivel de sus operaciones y, en el seno del sistema, nada se parece a unos signos que constituirían referencias para los elementos situados en su exterior. No obstante, este cierre puede ser simulado dentro del sistema. Luhmann califica esta simulación de *reentry*. El concepto de *autopoiesis*, que se halla en el centro de la sociologia sistémica, resulta de los trabajos de Maturana y Varela. Estos han intentado explicar la manera según la cual un sistema se auto-reproduce, y el término de *autopoiesis* designa la realización de la perpetua auto-afirmación factual del sistema ante su entorno. Maturana ha elegido el término griego de *poiesis*, en su acepción de actividad concreta, en oposición a la *praxis* dotado del sentido de una acción adosada a una reflexión, con el fin de significar claramente que el sistema es la obra de su propio trabajo. Este concepto de *autopoiesis* se associa a la noción de 'cerradura operativa'. No se trata ni de una propiedad ni de un conjunto de elementos que cierra el sistema y traza sus límites, sino de una cadena de operaciones. Los elementos están pensados como efectos del sistema" (URTEAGA, Eguzki. La teoría de sistemas de Niklas Luhmann. *Contrastes, Revista Internacional de Filosofía*, v. 15, 2010, p. 305). Tradução livre: "O sistema não mantém nenhum contato com seu entorno ao nível de suas operações e, no seio do sistema, nada se parece com os signos que constituiriam referências para os elementos situados em seu exterior. Não obstante, esse fechamento pode ser simulado dentro do sistema. Luhmann qualifica essa simulação como *reentry*. O conceito de *autopoiesis*, que está no centro da sociologia sistêmica, resulta dos trabalhos de Maturana e Varela. Estes tentaram explicar a maneira segundo a qual um sistema se autorreproduz, e o termo *autopoiesis* designa a realização da perpétua autoafirmação factual do sistema ante seu entorno. Maturana elegeu o termo grego *poiesis*, em sua acepção de atividade concreta, em oposição à *praxis*, dotado do sentido de uma ação ligada a uma reflexão, com o fim de significar claramente que o sistema é obra de seu próprio trabalho. Esse conceito de *autopoiesis* se associa à noção de 'fechamento operacional'. Não se trata nem de uma propriedade, nem de um conjunto de elementos que fecha o sistema e traça seus limites, mas de uma cadeia de operações. Os elementos estão pensados como efeitos do sistema".

Trocando em miúdos, os sistemas leem os acontecimentos de acordo com o seu próprio *sentido* interno.[33] Um mesmo *ruído* advindo do ambiente pode gerar – e frequentemente será assim – informação absolutamente diferente para cada sistema. Isso porque a interpretação daquele fragmento de comunicação será sempre realizada por cada sistema individualmente tratado, dentro de sua estrutura e de acordo com seus atributos distintivos.

Pensa-se, por exemplo, no episódio da prática de um crime. Uma pessoa dispara arma de fogo contra um transeunte na rua. A ocorrência desse ato será internalizada de forma desigual em cada sistema: no direito, poderá ser analisada à luz da legalidade; na religião, a partir de uma ótica transcendental; e, na psicologia, pelas razões psíquicas que levaram a esse acontecimento. Na realidade, mesmo dentro de cada um desses sistemas, poderá haver especificação ainda maior. Visto de acordo com o direito penal, o enfoque será na existência, ou não, do crime e na imposição, ou não, de sanções. Já no direito civil, a lógica poderá ser da necessidade, ou não, de reparação à vítima.

Assim, é através da estipulação de diferenças que o sistema se permite abrir para o mundo. É o *fechamento operacional* que viabiliza a comunicação com outros sistemas, uma vez que, sem ser capaz de distinguir os elementos do entorno, um dado sistema não terá aptidão para trocar influências recíprocas com outros sistemas.

Via de regra, essa interface é efetuada em conformidade com uma codificação binária, alimentada pelo sentido do sistema, que acarreta a aceitação ou a negação de determinado estímulo[34] (no direito, costuma-se trabalhar, *v.g.*, com o código lícito/ilícito).[35]

33 "Sentido é um meio, como a luz, posto não ser observável, a não ser que incida em uma forma distinguível. Dessa maneira, é um meio universal, presente em todos os sistemas sociais, e, novamente, como a luz que traz à observação só o que ilumina, só o que é preenchido de sentido para os sistemas faz parte de sua rede operativa. O sentido determina o horizonte operativo dos sistemas sociais; traça uma linha fronteiriça entre sentido/não sentido, entre compreendido/não compreendido" (RODRIGUES, Léo Peixoto; NEVES, Fabrício Monteiro. *A sociologia de Niklas Luhmann*. Petrópolis, RJ: Vozes, 2017, p. 71).

34 LUHMANN, Niklas. O conceito de sociedade. In: NEVES, Clarissa Eckert Baeta; SAMIOS, Eva Machado Barbosa (Org.). *Niklas Luhmann*: a nova Teoria dos Sistemas. Op. cit., p. 81.

35 LUHMANN, Niklas. *O direito da sociedade*. Tradução Saulo Krieger. São Paulo: Martins Fontes, 2016, p. 226-228.

Delineada a Teoria dos Sistemas, percebe-se que essa oferece instrumental apto a auxiliar na investigação sobre os influxos que o sistema do direito processual arbitral recebe do direito processual estatal e, de modo amplo, da Teoria Geral do Processo.

A teoria permite esse exame, porque possibilita a avaliação de como elementos comuns (no caso, a eficácia e extensão normativa do contraditório, da imparcialidade e da independência, pilares do devido processo legal) podem ser estruturados de forma absolutamente diversa, a depender do sistema em que inseridos.

Desse modo, passa-se a analisar a composição do sistema do processo arbitral no cenário normativo brasileiro.[36] Em primeiro lugar, serão examinadas as características que o distinguem enquanto campo autônomo do direito processual (*fechamento operacional*), para, na sequência, estabelecer condições gerais para a filtragem e a devida aplicação dos mencionados princípios a partir da interação com o sistema do processo estatal.[37]

[36] Vicenzo Vigoriti atesta, com razão, que "[a] comunhão das opções de fundo e das escolhas teóricas, bem como as analogias estruturais e funcionais, fazem com que se possa legitimamente falar de um direito comum da arbitragem, no sentido de um corpo de princípios e de regras positivas acolhidas por todos, ao menos na Europa e nos Estados Unidos" (VIGORITI, Vicenzo. Em busca de um direito comum arbitral: notas sobre o laudo arbitral e a sua impugnação. Tradução e anotação de Carlos Alberto Carmona. *Revista de Processo*, v. 91, jul./set. 1998, p. 13). Não obstante, ainda que realmente exista uma substancial similaridade também em relação à experiência brasileira atual – mormente após o advento da Lei nº 9.307/96 –, é natural que haja discrepâncias entre um e outro ordenamento. Isso porque, como o mesmo autor prossegue, a referida comunhão "não pressupõe identidade de posições entre todos e para tudo, mas indica, mais significativamente, linhas de desenvolvimento comum e escolhas operativas caracterizadas por uma forte homogeneidade" (VIGORITI, Vicenzo. Loc. cit.). Adriana Braghetta ainda acrescenta que "[é] importante imprimir, culturalmente, uma concepção diferenciada entre arbitragem interna e internacional, já que alguns protecionismos naturais na revisão da arbitragem interna não têm sentido quando em face de uma arbitragem internacional" (BRAGHETTA, Adriana. *A importância da sede da arbitragem – visão a partir do Brasil*. Rio de Janeiro: Renovar, 2010, p. 337-340). Por esses e por outros fatores distintivos, sem prejuízo de fixar entendimentos válidos para a arbitragem de um modo geral, o presente estudo se debruça, mais particularmente, sobre o processo arbitral brasileiro.

[37] Uma vez mais, deve-se ressaltar a importante contribuição que a obra de Eduardo Parente ofereceu para o estudo do processo arbitral à luz da Teoria dos Sistemas. Se o presente livro foi elaborado a partir do farto material teórico desenvolvido por Niklas Luhmann, é certo que também pôde se aproveitar do grande avanço já antes realizado por Eduardo Parente na sua transposição para a arbitragem. Em especial, observa-se que, de forma bastante similar

1.2 Fechamento operacional: principais diferenças que definem o processo arbitral

A noção de fechamento operacional (também traduzida como *encerramento operativo*) parte da concepção inicial de que os sistemas somente podem constituir a sua unidade na medida em que se diferenciem do meio em que se situam.[38] Se não houver a distinção, não haverá como se falar na existência de um sistema.

Indo além, o sistema deve ter sempre em conta quais são as operações que vem realizando historicamente,[39] para, partindo do conhecimento sobre o seu próprio funcionamento, definir qual sentido deverá adotar para as suas próximas ações. O futuro é sempre orientado segundo aquilo que o sistema tem sido até aquele dado momento. A mudança é possível, mas não poderá partir do zero; antes, deverá sempre se nortear pelos mecanismos e pelo método de ação já identificados no passado imediato do sistema.

Segundo Luhmann, "recorda-se aquilo que no futuro se busca alcançar e, nesse contexto, a memória é pragmática, uma vez que maneja expectativas, antecipações, propõe metas, fins, escolhe meios".[40] Portanto, é possível dizer que o fechamento operacional reflete tanto o que o sistema é, como aquilo que se orienta para ser no futuro.

Demais disso, ao tratar do fechamento operacional do sistema jurídico, Luhmann atribui especial relevância a duas questões que se estimulam reciprocamente: (i) a designação de qual é a função do direito, entendida como a

ao que se passa a propor, o mencionado autor partiu dos conceitos de *fechamento operacional* e *abertura cognitiva*, ainda que desdobrando-os de forma distinta da que se propugna. Sobre o tema, não se pode deixar de recomendar, portanto, a leitura de PARENTE, Eduardo de Albuquerque. *Processo arbitral e sistema.* Op. cit., p. 40 et seq.

38 LUHMANN, Niklas. *Introdução à Teoria dos Sistemas.* Op. cit., p. 101.

39 Ibid., p. 118-119. Em outra obra, o autor explica, ainda, que "[u]sando uma formulação algo menos rígida, seria possível dizer que o sistema tem de pressupor sua própria existência a fim de poder exercer sua reprodução por meio de outras operações no curso do tempo, ou, em outras palavras, o sistema produz suas operações ao remontar suas outras operações e recorrer a elas, e só assim pode determinar o que pertence ao sistema e o que pertence ao ambiente" (LUHMANN, Niklas. *O direito da sociedade.* Op. cit., p. 59-60).

40 LUHMANN, Niklas. *Introdução à Teoria dos Sistemas.* Op. cit., p. 114.

orientação para um problema social determinado; e (ii) a codificação binária do sistema por um valor positivo (lícito) e um valor negativo (ilícito).[41]

Nesse quadro, antes de se perquirir como os principais corolários do devido processo legal devem ser recepcionados no interior do sistema do processo arbitral, mostra-se imprescindível entender o que distingue esse sistema, qual é a sua função e quais operações e estruturas podem ser nele observadas.[42]

Com esse propósito em vista, serão esmiuçadas as três características centrais que diferem o processo arbitral de outros sistemas processuais: (a) trata-se de meio privado de solução de controvérsias; (b) há acentuada primazia do princípio da autonomia privada; e (c) os seus objetivos são distintos daqueles tipicamente atribuídos à jurisdição estatal.

Será de acordo com essas considerações que se poderá entender, de forma mais sólida, como deve ser feito o processamento do contraditório, da imparcialidade e da independência, princípios essenciais ao devido processo legal, nas engrenagens do sistema arbitral.

1.2.1 Jurisdição privada

No ordenamento constitucional brasileiro, a regra geral é de que a lei não pode excluir da apreciação pelo Poder Judiciário qualquer lesão ou ameaça a direito (*v.* art. 5º, XXXV, da CF). A atividade jurisdicional estatal representa, ao mesmo tempo, direito fundamental conferido a todos e poder-dever do Estado, relacionado à sua própria soberania.[43]

Assim, a primeira característica que distingue o processo arbitral – e lhe confere, portanto, autonomia enquanto sistema – consiste na peculiar

[41] LUHMANN, Niklas. *O direito da sociedade*. Op. cit., p. 80-81.

[42] Eduardo Parente, por sua vez, vislumbra o fechamento operacional do sistema do processo arbitral, em razão, sobretudo, da existência de um *feixe endoinstrumental* próprio, que perpassa, entre outras questões mais específicas, a flexibilidade do procedimento e a possibilidade de sua construção pelos interessados. Para maiores detalhes, v. PARENTE, Eduardo de Albuquerque. *Processo arbitral e sistema*. Op. cit., p. 43-58.

[43] Segundo Bonavides, a soberania interna "significa o *imperium* que o Estado tem sobre o território e a população, bem como a superioridade do poder político frente aos demais poderes sociais, que lhe ficam sujeitos, de forma mediata ou imediata" (BONAVIDES, Paulo. *Ciência política*. São Paulo: Malheiros, 2010, p. 119).

atribuição do poder de julgar a terceiros indicados pelas próprias partes,[44] que não exercem a atividade no âmbito de uma função pública do Estado, tipicamente derivada do *ius imperium*, mas sim como decorrência da autonomia dos interessados.[45-46]

Ao conferir tal poder a entes privados,[47] a arbitragem denota a superação da concepção tradicional[48] de que os meios adjudicativos de administração da justiça deveriam incumbir exclusivamente ao Estado,[49] representando a

[44] Na lição de Carlos Alberto Carmona, "[a] arbitragem – meio alternativo de solução de controvérsias através da intervenção de uma ou mais pessoas que recebem seus poderes de uma convenção privada, decidindo com base nela, sem intervenção estatal, sendo a decisão destinada a assumir a mesma eficácia da sentença judicial – é colocada à disposição de quem quer que seja, para solução de conflitos relativos a direitos patrimoniais acerca dos quais os litigantes possam dispor. Trata-se de mecanismo privado de solução de litígios, por meio do qual um terceiro, escolhido pelos litigantes, impõe sua decisão, que deverá ser cumprida pelas partes" (CARMONA, Carlos Alberto. *Arbitragem e processo*: um comentário à Lei nº 9.307/96. São Paulo: Atlas, 2009, p. 31).

[45] CORDEIRO, António Menezes. *Tratado da arbitragem*: Comentário à Lei 63/2011, de 14 de dezembro. Coimbra: Almedina, 2015, p. 16.

[46] Deve-se ter o cuidado de não se remeter a função jurisdicional apenas ao Poder Judiciário, pois é possível visualizá-la residualmente em outros poderes. Afinal, "a tripartição clássica dos *Poderes do Estado* não obedece, no direito positivo, à rigidez com a qual fora idealizada. O Executivo frequentemente legisla (Const., arts. 68 e 84, inc. VI), o Legislativo é chamado a julgar e o Judiciário tem outras funções, além da jurisdicional" (CINTRA, Antonio Carlos de Araújo; GRINOVER, Ada Pellegrini; DINAMARCO, Cândido Rangel. *Teoria Geral do Processo*, 29.ed. São Paulo: Malheiros, 2013, p. 185).

[47] "Arbitration agreements remove disputes from our court system to a private system of justice, paid for by the participants" (MOSES, Margaret L. Privatized "Justice". *Loyola University Chicago*, n. 36, 2005, p. 535). Tradução livre: "Convenções de arbitragem removem as disputas de nosso sistema judicial para um sistema privado de justiça, pago pelos participantes".

[48] "Segundo o conhecimento convencional, somente o Estado pode exercer o seu poder sobre as pessoas e coisas situadas em seu território. O poder de pacificar os conflitos, aplicando o direito ao caso concreto, decorre da soberania, mas nem por isso deixa de sofrer influências ou restrições" (TIBURCIO, Carmen. *Extensão e limites da jurisdição brasileira*: competência internacional e imunidade de jurisdição. Salvador: JusPodivm, 2016, p. 137).

[49] Fala-se de "meios adjudicativos", porque nem mesmo no conceito mais tradicional de monopólio da administração da justiça poder-se-ia entender que todos os litígios existentes na sociedade seriam necessariamente resolvidos pelo Estado. Conforme bem observam Boaventura de Sousa Santos, Maria Manuel Leitão Marques e João Pedroso, "[c]omo todas as demais construções sociais, os litígios são relações sociais que emergem e se transformam segundo dinâmicas sociologicamente identificáveis. A transformação delas em litígios judiciais é apenas uma alternativa entre outras e não é, de modo nenhum, a mais provável ainda que essa possibilidade varie de país para país, segundo o grupo social e a área de interacção.

emergência de modelo de atuação direta da sociedade civil na resolução das controvérsias.[50]

Não obstante, importa sempre pôr em relevo que essa descentralização não se traduz, em rigor técnico, na diminuição do alcance da soberania estatal.[51] As decisões arbitrais são avalizadas,[52] controladas (ainda que por vias estreitas) e efetivadas pelo Estado, inserindo-se, portanto, no interior de seu ordenamento jurídico e alinhando-se ao interesse estatal[53] de erradicação de conflitos.

No Brasil, a arbitragem não apenas foi autorizada por lei, como teve sua validade posteriormente corroborada por célebre precedente firmado pelo

Aliás, o próprio processo de emergência do litígio é muito menos evidente do que à primeira vista se pode imaginar. O comportamento lesivo de uma norma não é suficiente para, só por si, desencadear o litígio. A grande maioria dos comportamentos desse tipo ocorre sem que os lesados dêm conta do dano ou identifiquem o seu causador, sem que tenham consciência de que tal dano viola uma norma, ou ainda sem que pensem que é possível reagir contra o dano ou contra o seu causador. Diferentes grupos sociais têm percepções diferentes das situações de litígio e níveis de tolerância diferentes perante as injustiças em que elas se traduzem. Por esta razão, níveis baixos de litigiosidade não significam necessariamente baixa incidência de comportamentos injustamente lesivos" (SANTOS, Boaventura de Sousa; MARQUES, Maria Manuel Leitão; PEDROSO, João. *Os Tribunais nas sociedades contemporâneas*. Coimbra: Oficina do Centro de Estudos Sociais, 1995, p. 41-42).

50 MAGALHÃES, José Carlos de. A arbitragem como forma de atuação da sociedade civil. *Revista de Arbitragem e Mediação*, v. 9, abr./jun.2006, p. 172.

51 Recorda-se, nesse aspecto, que "[e]xpressões da soberania são o monopólio do poder físico legítimo (I) e a unidade jurídica do poder do Estado. Isto não significa que uma instância central tenha ela própria de adoptar todas as regulações vinculativas (§ 3 III 2), mas quer dizer que dentro do território do Estado não há poderes de regulação soberanos que sejam independentes em relação ao poder do Estado (§8 I 2). Por isso, num Estado soberano, as instituições não estatais (p. ex., as comunidades religiosas) só podem exercer competências soberanas se estas lhes foram atribuídas por órgãos do Estado, quer dizer com a manutenção do poder dispositivo do Estado" (ZIPPELIUS, Reinhold. *Teoria Geral do Estado*. Tradução de António Francisco de Sousa e António Franco. São Paulo: Saraiva, 2016, p. 123).

52 Como salienta José Miguel Júdice, "[s]em a vontade contratual das partes não haveria arbitragens; mas sem a vontade do sistema normativo, a arbitragem não seria mais do que um sistema de mediação *hard*, sem qualquer possibilidade de imposição das decisões às partes que as não quisessem respeitar" (JÚDICE, José Miguel. *Árbitros*: características, perfis, poderes e deveres. Op. cit., p. 125).

53 MARTINS, Pedro A. Batista. Arbitragem através dos tempos: obstáculos e preconceitos à sua implementação no Brasil. In: GARCEZ, José Maria Rossani (Coord.). *A arbitragem na era da globalização*. Rio de Janeiro: Forense, 1999, p. 38-39.

Plenário do Supremo Tribunal Federal ao julgar o Agravo Regimental em Sentença Estrangeira nº 5.206-7.[54]

Fincada, assim, a constitucionalidade da solução de controvérsias por entes privados, a maior discussão que se coloca em torno do tema é unicamente em relação à sua natureza jurídica. Poderia a arbitragem ser considerada uma atividade propriamente jurisdicional?

A questão é controvertida.

Na doutrina processual, a jurisdição foi historicamente vislumbrada como atividade indissociável dos órgãos do Estado, que teriam a competência exclusiva para atuar praticamente a regra jurídica concreta que, segundo o direito vigente, disciplina determinada situação jurídica.[55]

Nesse sentido, aduz Flávio Luiz Yarshell que o Estado teria reservado para si a implementação do escopo jurídico do processo, investindo-se do poder de resolver as controvérsias e garantir, coercitivamente, a efetividade da regra

[54] Pela sua importância, válido trazer a lume a parte da ementa do acórdão que trata do exame da constitucionalidade da Lei: "[...] 3. Lei de Arbitragem (L. 9.307/96): constitucionalidade, em tese, do juízo arbitral; discussão incidental da constitucionalidade de vários dos tópicos da nova lei, especialmente acerca da compatibilidade, ou não, entre a execução judicial específica para a solução de futuros conflitos da cláusula compromissória e a garantia constitucional da universalidade da jurisdição do Poder Judiciário (CF, art. 5º, XXXV). Constitucionalidade declarada pelo plenário, considerando o Tribunal, por maioria de votos, que a manifestação de vontade da parte na cláusula compromissória, quando da celebração do contrato, e a permissão legal dada ao juiz para que substitua a vontade da parte recalcitrante em firmar o compromisso não ofendem o artigo 5º, XXXV, da CF. Votos vencidos, em parte – incluído o do relator – que entendiam inconstitucionais a cláusula compromissória – dada a indeterminação de seu objeto – e a possibilidade de a outra parte, havendo resistência quanto à instituição da arbitragem, recorrer ao Poder Judiciário para compelir a parte recalcitrante a firmar o compromisso, e, conseqüentemente, declaravam a inconstitucionalidade de dispositivos da Lei 9.307/96 (art. 6º, parág. único; 7º e seus parágrafos e, no art. 41, das novas redações atribuídas ao art. 267, VII e art. 301, inciso IX do C. Pr. Civil; e art. 42), por violação da garantia da universalidade da jurisdição do Poder Judiciário. Constitucionalidade – aí por decisão unânime, dos dispositivos da Lei de Arbitragem que prescrevem a irrecorribilidade (art. 18) e os efeitos de decisão judiciária da sentença arbitral (art. 31)" (SE 5206 AgR, Relator(a): Min. SEPÚLVEDA PERTENCE, Tribunal Pleno, julgado em 12/12/2001).

[55] Eis a definição de jurisdição cunhada por Liebman, que mescla os conhecidos conceitos de Chiovenda (atuação concreta da lei) e Carnelutti (justa composição da lide), cf. LIEBMAN, Enrico Tullio. *Manual de direito processual civil, 1.* Tradução e notas de Cândido R. Dinamarco. Rio de Janeiro: Forense, 2005, p. 25-26. No Brasil, a posição é compartilhada por MARQUES, José Frederico. *Manual de direito processual civil, vol. 1,* 9.ed. Campinas, SP: Millennium, 2003, p. 97.

jurídica aplicável ao caso concreto. Outros meios de solução de disputas constituiriam, quando muito, meros equivalentes jurisdicionais e qualquer tentativa de tratá-los de forma diferente representaria a ampliação do conceito original de jurisdição, para que abrangesse igualmente os escopos social e político.[56]

A despeito desse entendimento, tem sido cada vez mais consolidada a alusão à possibilidade de se reconhecer na arbitragem hipótese de jurisdição não estatal, sobretudo por zelar pelo atendimento das garantias processuais mínimas e ser conduzida por terceiro imparcial.[57]

Defende-se, em geral, que o caráter jurisdicional da arbitragem teria sido reconhecido por meio da edição da Lei nº 9.307/96,[58] que previu a desnecessidade da prévia homologação da sentença arbitral e dispôs que esta passaria a produzir imediatamente os mesmos efeitos da sentença proferida pelo Poder Judiciário, possuindo aptidão para constituir título executivo, apesar de sua origem contratual (art. 31).

Parcela da doutrina, contudo, vai ainda mais além e sustenta que o reconhecimento da jurisdição prescindiria até mesmo de tal prescrição legal,

[56] YARSHELL, Flávio Luiz. *Tutela jurisdicional.* São Paulo: DPJ, 2006, p. 136. Complementando, ainda, que a arbitragem carece da "relação jurídico processual jurisdicional, qual seja, aquela que se estabelece entre as partes e o Estado-Juiz", v. CÂMARA, Alexandre Freitas. *Arbitragem – Lei nº 9.307/96.* Rio de Janeiro: Lumen Juris, 1997, p. 12.

[57] De acordo com Antonio do Passo Cabral: "L'ascesa di *alternative dispute resolutions,* come l'arbitrato, è stato il primo passo per richiamare l'attenzione sugli 'equivalenti giurisdizionali'. Vogliamo fin d'ora manifestarci sul carattere giurisdizionale dell'arbitrato, senza tuttavia ignorare l'ampio dibattito in corso sulla sua natura giurisdizionale o meno. A nostro avviso, meno statalismo e più esistenza di un procedimento con garanzie processuali, condotto da un terzo imparziale, sarebbe la nota caratteristica che sussume all'arbitrato nel concetto di giurisdizione" (CABRAL, Antonio do Passo. Per un nuovo concetto di giuridizione, *Revista da Faculdade Mineira de Direito,* v. 18, n. 35, 2015, p. 108). Tradução livre: "O advento dos meios alternativos de resolução de disputas, como a arbitragem, foi o primeiro passo para chamar a atenção para os 'equivalentes jurisdicionais'. Queremos agora manifestar o caráter jurisdicional da arbitragem, sem, todavia, ignorar o amplo debate em curso sobre a sua natureza jurisdicional ou não. A nosso juízo, menos estatismo e mais existência de um processo com garantias processuais, conduzido por um terceiro imparcial, seria a nota característica que enquadra a arbitragem no conceito de jurisdição".

[58] CARMONA, Carlos Alberto. *Arbitragem e processo*: um comentário à Lei nº 9.307/96. Op. cit., p. 27-28.

porquanto decorreria do escopo magno de pacificação com justiça e eliminação de conflitos. A lei teria meramente confirmado fenômeno já existente.[59]

Entretanto, não obstante o sensível avanço nas esferas legislativa e doutrinária, há ainda dois fatores que continuam a gerar substancial divergência a respeito da subsunção a esse conceito: a previsão da possibilidade de anulação da sentença pelo Poder Judiciário e a ausência de atribuição de poderes coercitivos aos árbitros.[60]

Quanto ao primeiro aspecto, a mera disposição de meio para que a sentença arbitral seja anulada não parece suficiente para afastar o seu caráter jurisdicional. Isso porque as hipóteses que autorizam a anulação são excepcionais e não se relacionam diretamente com o mérito da decisão, mas tão somente com requisitos que visam, em especial, promover a observância do *due process* e o respeito à autonomia privada das partes.

É o segundo ponto que merece mais atenção: o árbitro não se reveste de todos os poderes conferidos aos integrantes do Poder Judiciário. A despeito de poder conduzir o procedimento e decidir a causa, não é dotado de poder coercitivo, precisando se valer, conforme as necessidades do caso concreto, da cooperação dos órgãos judiciais.

Com efeito, essa peculiaridade leva Leonardo Greco a dizer que, conquanto seja razoável cogitar de uma evolução para a desestatização da jurisdição, ainda não haveria como assinalar natureza jurisdicional à arbitragem no Brasil e na maioria dos países.[61]

No entanto, a eventual necessidade de utilização pelos árbitros do aparato estatal para assegurar o cumprimento concreto de suas determinações[62] não

[59] DINAMARCO, Cândido Rangel. *A arbitragem na teoria geral do processo*. Op. cit., p. 39. Partilhando de raciocínio análogo, TEIXEIRA, Sálvio de Figueiredo. A arbitragem no sistema jurídico brasileiro. *Revista de Processo*, v. 85, jan. 1997, p. 196.

[60] Alfredo Buzaid aduzia, assim, que "[o]s árbitros não atuam a vontade concreta da lei no sentido em que esta expressão é empregada porque não lhes é lícito impor sanções. Em conclusão, o Juízo arbitral é um julgamento que só se aperfeiçoa quando recebe a fôrça e autoridade do Estado. Portanto, não é atividade jurisdicional" (BUZAID, Alfredo. Do juízo arbitral. *Revista dos Tribunais*, v. 271, mai./1958, p. 192).

[61] GRECO, Leonardo. *Instituições de processo civil, volume I*, 5.ed. Rio de Janeiro: Forense, 2015, p. 70.

[62] Carlos Alberto Carmona relata que, apesar de não ser possível o uso da força, "há alguns mecanismos (de coerção) à disposição do árbitro com os quais não conta o juiz togado: alguns órgãos arbitrais têm estipulações especiais para a hipótese de descumprimento da sentença

retira o verniz jurisdicional que ostenta o processo arbitral. Os árbitros têm ampla autonomia para a condução do procedimento e para decidir a demanda conforme a sua convicção. Sendo necessário, apenas terão de solicitar a cooperação de membros do Judiciário, em viés que, longe de ser hierárquico, denota mera divisão de funções.[63] Tanto é assim que a Lei 13.129/2015 incluiu, na Lei de Arbitragem, a expressa autorização para os árbitros expedirem a denominada *carta arbitral* – que em muito se assemelha a uma carta precatória – com o objetivo de que o órgão jurisdicional nacional pratique ou determine o cumprimento, na área de sua competência territorial, de determinado ato por ele solicitado (art. 22-C da Lei nº 9.307/96).[64]

A medida é justificável, porque o compartilhamento do monopólio do uso direto da força com entes privados, ainda que no contexto da arbitragem,

arbitral. Eis dois exemplos eloqüentes: em São Paulo, um centro de arbitragem especializado em contratos de bolsa de mercadorias e futuros tem dispositivo expresso determinando que a parte que não cumprir decisão arbitral será proibida de continuar a operar no respectivo mercado (o centro de arbitragem está ligado à Bolsa de Mercadorias e Futuros); alguns centros arbitrais ligados a câmaras de comércio determinam que sejam comunicados os demais membros da câmara da eventualidade de um de seus associados deixar de cumprir sentença arbitral (a comunicação transmite aos pares a informação de verdadeira inidoneidade daquele que, concordando submeter-se ao julgamento arbitral, recusa-se a cumprir a respectiva sentença). Como se pode perceber, mecanismos de pressão como estes lembrados podem contribuir para evitar resistência infundada à sentença arbitral, funcionando como verdadeiros meios de execução indireta para forçar a boa vontade do vencido" (CARMONA, Carlos Alberto. O processo arbitral. *Revista de Arbitragem e Mediação*, v. 1, jan./abr.2004, p. 31).

[63] Arguindo que se trata de hipótese de distribuição de competências, e não de ausência de jurisdição, v. DIDIER JR., Fredie. *Curso de direito processual civil:* introdução ao direito processual civil, parte geral e processo de conhecimento. Salvador: JusPodivm, 2017, p. 196. Em artigo publicado antes da edição da Lei nº 9.307/96, Carlos Alberto Carmona ainda relembrava que, "encarada a jurisdição no sentido original da expressão *iuris dicere*, caberia ao julgador apenas declarar qual a norma aplicável ao caso concreto; a execução forçada da sentença (se esta fosse condenatória) seria realizada com nova atividade do Órgão judicante, sem conteúdo jurisdicional (atividade juris-satisfativa)" (CARMONA, Carlos Alberto. Arbitragem e jurisdição. *Revista de Processo*, v. 58, abr./1990, p. 34). Nessa ordem de ideias, conquanto já esteja hoje superada a discussão sobre o viés jurisdicional da execução, parece razoável, quando menos, não reservar o exercício da jurisdição apenas para entes que tenham simultaneamente competência para declarar o direito e, de igual modo, promover eventuais atos executivos que se façam necessários.

[64] Sobre a dinâmica da carta arbitral, v. MUNIZ, Joaquim Tavares de Paiva; SILVA, João Marçal Rodrigues Martins da. A carta arbitral. In: MELO, Leonardo de Campos; BENEDUZI, Renato Rezende (Coord.). *A reforma da arbitragem*. Rio de Janeiro: Forense, 2016, p. 311-324.

poderia trazer repercussões sistêmicas indesejadas e acarretar prejuízos para a sociedade, atuando até mesmo de forma contrária ao intuito geral de pacificação. Assim, o legislador optou por manter o cumprimento forçado das decisões arbitrais sob a competência exclusiva dos órgãos do Judiciário, o que em nada diminui, de todo modo, a feição jurisdicional do processo arbitral, somente constituindo mais uma diferenciação entre os dois métodos de solução de conflitos.

Sem prejuízo das considerações expostas, é certo que o debate traz poucas implicações práticas, revelando muito mais uma discussão sobre o conceito que deve ser emprestado à jurisdição nos dias atuais do que uma aferição do real alcance da sentença arbitral.

Para o que interessa ao escopo desta obra, o importante é ter em mente que um dos principais traços que permitem singularizar, no Brasil, o processo arbitral e lhe outorgar a qualidade de sistema autônomo no bojo da Teoria Geral do Processo consiste na prestação de tutela jurisdicional por particulares.[65]

Essa característica acarreta inúmeros desdobramentos para a forma como o devido processo legal, em especial os princípios do contraditório, da imparcialidade e da independência dos árbitros, deve ser construído no específico contexto da arbitragem.

Sob o ângulo do contraditório, a circunstância de os árbitros não estarem investidos no quadro funcional do Estado é marcante, como se verá ao longo do Capítulo 2. Se no processo estatal não seria possível exigir, por exemplo,

[65] A principal exceção, em tese, ficaria por conta das arbitragens instauradas no curso de processos que tramitam nos juizados especiais. Afinal, a Lei nº 9.099/95 dispõe que, "não obtida a conciliação, as partes poderão optar, de comum acordo, pelo juízo arbitral, na forma prevista nesta Lei" (art. 24, *caput*) e, nesse caso, "o árbitro será escolhido dentre os juízes leigos" (art. 25). Para uma breve comparação entre o procedimento arbitral previsto para os juizados especiais e aquele constante da Lei nº 9.307/96, ver QUEIROZ, Pedro Gomes de. O juiz leigo nos juizados especiais cíveis e nos juizados especiais da fazenda pública: eficiência *versus* acesso ao Judiciário e ao Direito. *Revista Eletrônica de Direito Processual – REDP*, v. 16, jul./dez.2015, p. 467-469. Em linha análoga, Sérgio Ferrari refere que a função arbitral também poderia ser exercida pelo Tribunal Marítimo, como prevê o art. 16, "f", da Lei 2.180/54 (FERRARI, Sérgio. *Tribunal Marítimo*: natureza e funções. Rio de Janeiro: Lumen Juris, 2017, p. 94). Como se trata, contudo, de sistemas bastante específicos e de raríssima utilização, não há razão para se deixar de considerar o exercício privado da jurisdição como uma das características que atribuem fechamento operacional ao sistema do processo arbitral brasileiro, até mesmo porque, como se verá adiante, os ganhos teóricos são substanciais.

que os juízes se dedicassem de modo especial a uma causa específica, isso não ocorre na arbitragem. Ao contrário do magistrado, que deve se preocupar com a solução de centenas, por vezes milhares, de ações, o árbitro não tem essa atribuição funcional.

Há muito, os principais códigos de ética de câmaras de arbitragem e outras entidades internacionais preveem o dever de diligência dos árbitros, que devem empregar seus melhores esforços para dirigir o procedimento da forma mais eficiente e atenta aos interesses das partes possível.[66] A exigência de postura diligente foi inclusive positivada expressamente no ordenamento brasileiro por meio do art. 13, §6º, da Lei nº 9.307/96.

Ao aceitar o encargo, é de se exigir do árbitro que ateste a sua disponibilidade para dedicar tempo ao caso.[67] Ademais, é comum que, no momento da celebração do termo de arbitragem (instrumento usualmente firmado entre

[66] "[O] árbitro – tal qual o juiz togado – deve conduzir o processo arbitral, organizando os atos processuais de forma a potencializá-los, o que corresponde ao *dever de diligência* preconizado em todos os sistemas jurídicos evoluídos e positivado em muitas leis que regulam a arbitragem. A falta de dispositivos específicos no regulamento escolhido (arbitragem administrada) ou no procedimento construído pelas partes não pode impedir os árbitros de permeá-lo dos atos que julguem necessários para seu adequado funcionamento, pois todo o procedimento é voltado – instrumentalmente – a servir à atividade dos julgadores de decidir o caso concreto" (CARMONA, Carlos Alberto. Flexibilização do procedimento arbitral. *Revista Brasileira de Arbitragem*, v. 6, n. 24, out./dez.2009, p. 16-17).

[67] Em tom de crítica, Carlos Alberto Carmona lista, dentre os "sete pecados capitais do árbitro", o fenômeno da "gula arbitral", observável, entre outras hipóteses, "naqueles indivíduos que não sabem quando parar: aceitam todas as indicações sem verificar sua real disponibilidade para se dedicar à causa e sem aferir se têm capacidade para cumprir o encargo. Creio que os operadores da arbitragem já devem ter visto o profissional aceitar o encargo sem ter depois tempo para a realização de uma audiência: a Corte Internacional de Arbitragem da Câmara de Comércio Internacional (CCI), com o objetivo de inibir os glutões, incluiu há alguns anos, em seu formulário de aceitação, pergunta específica sobre a disponibilidade do candidato a árbitro, rogando que avise desde logo os períodos em que estará impedido de dedicar-se ao trato da causa; da mesma forma, a entidade solicita informação sobre a quantidade de casos sob os cuidados do futuro árbitro para avaliar sua possibilidade de aceitar novos encargos. O CAM-CCBC (Centro de Arbitragem e Mediação da Câmara de Comércio Brasil-Canadá) seguiu o exemplo e adotou política semelhante à da CCI, fazendo incluir em seu Código de Ética que o árbitro somente deve aceitar o encargo 'se puder dedicar à arbitragem o tempo e a atenção necessários para satisfazer as expectativas razoáveis das partes, incluindo-se aí o tempo destinado ao estudo sobre o tema e das contribuições mais recentes a ele trazidas pela doutrina e jurisprudência'" (CARMONA, Carlos Alberto. Os sete pecados capitais do árbitro. *Revista de Arbitragem e Mediação*, v. 52, jan./mar.2017, p. 393-394).

partes e árbitros logo após a instauração da arbitragem, para complementar a convenção arbitral e regulamentar questões-chave para o litígio),[68] sejam, desde logo, estipulados os atos processuais que serão desenvolvidos ao longo do procedimento, já se prevendo as datas a serem observadas pelas partes e julgadores.

Por certo, essa configuração permite que, em clima de contraditório, extraia-se o máximo de cada processo, em todas as suas fases. Também o dever de cooperação entre todos os sujeitos processuais é naturalmente facilitado, tornando viável que se instaure proveitosa *comunidade de trabalho*.[69]

Quanto à imparcialidade e à independência, a repercussão é igualmente notável: se no processo estatal os princípios estão estreitamente relacionados a diversos mecanismos de proteção da impessoalidade previstos em sede constitucional e legal, bem como à própria estrutura e forma de investidura na magistratura, no processo arbitral assumem contornos em larga medida diversos. A arbitragem pode ser conduzida por basicamente qualquer pessoa e a intensa autonomia franqueada às partes autoriza até mesmo que esse julgador seja por elas diretamente escolhido.

Essas breves observações permitem que se depreenda, em linhas gerais, por que a configuração da arbitragem como meio de solução de controvérsias privado possui relevância para o exame do conteúdo normativo do contraditório, da imparcialidade e da independência.

Seguindo a estrutura aqui traçada, mencionados princípios serão examinados, ao longo dos Capítulos 2 e 3, a partir de análise conjunta com as

[68] Sobre o tema, Giovanni Nanni leciona que, "[i]nstituída a arbitragem e entendendo o árbitro ou o tribunal arbitral que há necessidade de explicitar alguma questão disposta na convenção de arbitragem, será elaborado conjuntamente com as partes, um adendo, firmado por todos, que passará a fazer parte integrante da convenção de arbitragem (art. 19, § 1.º, Lei 9.307/1996). Cuida-se do termo de arbitragem, que, apesar de não constituir elemento de existência do instituto, pois não obrigatório, é um negócio jurídico entre as partes e os árbitros, com regramento de direitos e obrigações" (NANNI, Giovanni Ettore. Notas sobre os negócios jurídicos da arbitragem e a liberdade de escolha do árbitro à luz da autonomia privada. *Revista de Arbitragem e Mediação*, v. 49, abr./jun.2016, p. 269).

[69] O conceito de *comunidade de trabalho* é referido por OLIVEIRA, Carlos Alberto Álvaro de. *Do formalismo no processo civil:* proposta de um formalismo-valorativo, 3.ed. São Paulo: Saraiva, 2009, p. 90. Na mesma linha, ver MARINONI, Luiz Guilherme; ARENHART, Sergio Cruz; MITIDIERO, Daniel. *Novo curso de processo civil*: teoria do processo civil. São Paulo: Revista dos Tribunais, 2016, p. 496.

demais diferenças que compõem a unidade do sistema do processo arbitral: o intenso prestígio conferido à autonomia privada e os objetivos diferenciados que marcam a arbitragem.

1.2.2 Autonomia privada

Além de representar meio privado de solução de conflitos, o processo arbitral também se distingue daquele conduzido na via estatal por retirar seu principal fundamento e legitimação constitucional da autonomia privada,[70] e não do princípio geral da inafastabilidade da jurisdição, prescrito no art. 5º, XXXV, da CF.

Como observa Selma Ferreira Lemes, a autonomia conferida às partes corresponde à verdadeira *mola propulsora* da arbitragem. Está presente desde o primeiro momento, quando optam por submeter a demanda ao juízo arbitral, e dali em diante define como será conduzido todo o processo arbitral.[71]

De um lado, constitui-se como *condição* para a instituição da arbitragem, que não poderá ocorrer, de forma alguma,[72] sem lastro na vontade de todas as partes envolvidas.

Ninguém poderá ser compelido a se vincular a uma disputa arbitral em razão de sua simples afinidade ou relação estreita com determinado litígio, já que isso implicaria flagrante ofensa ao direito fundamental de acesso ao

[70] Barbosa Moreira observa que, no Brasil, a Lei nº 9.307/96 concedeu espaço ainda mais amplo à vontade privada na arbitragem do que a legislação anterior, seja no que se refere ao poder do árbitro para decidir a lide, seja ao procedimento a ser observado, cf. BARBOSA MOREIRA, José Carlos. La nuova legge brasiliana sull'arbitrato. In: BARBOSA MOREIRA, José Carlos. *Temas de Direito Processual (sexta série)*. Op. cit., p. 278.

[71] LEMES, Selma M. Ferreira. Princípios e origens da lei de arbitragem. *Revista do Advogado*, v. 51, out./1997, p. 32.

[72] "In an international commercial arbitration, the arbitration agreement fulfils several important functions. The most important of these in the present context is that it shows that the parties have consented to resolve their disputes by arbitration. This element of consent is essential. Without it, there can be no valid arbitration" (REDFERN, Alan; HUNTER, J. Martin. *Law and practice of international commercial arbitration*. Op. cit., p. 4). Tradução livre: "Em uma arbitragem comercial internacional, a convenção de arbitragem preenche várias funções importantes. A mais importante delas no presente contexto é que mostra que as partes consentiram em resolver suas disputas por arbitragem. Esse elemento do consenso é essencial. Sem ele, não pode haver arbitragem válida".

Poder Judiciário. A parte deverá manifestar, no exercício de sua livre escolha, a sua clara anuência com a submissão do litígio às instâncias arbitrais.[73]

A preocupação com esse aspecto é tamanha, que, para além de a convenção arbitral estar submetida aos vícios gerais do negócio jurídico, a Lei de Arbitragem ainda impõe que a cláusula compromissória só será revestida de eficácia nos contratos de adesão se o aderente tomar a iniciativa de instituir a arbitragem ou concordar, expressa e especificamente, com a sua instituição (art. 4º, §2º).[74]

De outro lado, vê-se que a autonomia privada também apresenta grande repercussão na forma como será conduzida a arbitragem e julgada a pretensão submetida aos árbitros, o que difere frontalmente da importância que lhe foi historicamente atribuída no processo judicial.[75]

[73] Vale o registro, de toda sorte, que doutrina e jurisprudência admitem que "o acordo seja 'por referência', dispensado o consentimento expresso das partes no mesmo documento em que esteja inserida a convenção arbitral. Tem-se considerado o requisito do acordo escrito se a convenção for consubstanciada, por exemplo, em uma carta ou em um e-mail, desde que fique demonstrado que a outra parte assentiu com os seus termos" (ABDALLA, Letícia Barbosa e Silva; BARROS, Vera Cecília Monteiro de. Algumas questões ainda polêmicas na homologação de sentença arbitral estrangeira. In: LEMES, Selma M. Ferreira; BALBINO, Inez (Coord.). *Arbitragem*: temas contemporâneos. Op. cit., p. 392). Além do mais, deve-se assinalar que há situações em que "a convenção de arbitragem vincula partes não signatárias da convenção de arbitragem, como ocorre no caso de grupos societários, grupos de contratos, desconsideração da personalidade jurídica e outras hipóteses de transmissão e extensão da convenção de arbitragem. Nestes casos, importará para incidência do princípio da relatividade dos contratos o comportamento das partes, especialmente na fase negocial do contrato-base, na execução do contrato-base e, também, no próprio processo arbitral" (FICHTNER, José Antonio; MANNHEIMER, Sergio Nelson; MONTEIRO, André Luís. *Teoria geral da arbitragem*. Rio de Janeiro: Forense, 2019, p. 131).

[74] O dispositivo é acertadamente criticado pela doutrina, por não distinguir relações paritárias de não-paritárias: "[e]ssa imprecisão causa, na prática, verdadeira *disfuncionalidade* em sua aplicação, com uma indevida transferência de *hiperproteção* a quem não é *hipossuficiente (profissional, empresário)*, de modo a que o Estado passa a interferir excessivamente nas relações empresariais, prejudicando a célere dinâmica comercial do mundo moderno, cuja realidade é cada vez mais *estandardizada*" (SANTOS, Thiago Rodovalho dos. *Cláusula arbitral nos contratos de adesão:* contratos de adesão de consumo, contratos de adesão civis, contratos de adesão empresariais. São Paulo: Almedina, 2016, p. 159).

[75] Nessa dimensão, Robson Godinho manifestara, pouco antes da edição do CPC/15, que "a autonomia privada – não é exagero afirmar – vem recebendo no processo civil estatal uma intolerância automática, uma resistência irrefletida ou uma indiferença constante, como se, ao iniciar o processo, as partes renunciassem à liberdade jurídica" (GODINHO, Robson Renault.

Na arbitragem, a liberdade conferida às partes é tão ampliada, que não somente podem eleger a sede, o idioma, os julgadores e o procedimento a ser adotado (tendo a faculdade de optar, inclusive, por lei processual específica), como, no plano do direito substantivo, têm a prerrogativa de escolher, de comum acordo, a própria lei material que incidirá sobre a controvérsia,[76] "desde que não haja violação aos bons costumes e à ordem pública" (*v.* art. 2º, §1º, da Lei nº 9.307/96).[77] A eventual opção por lei estrangeira sequer está condicionada à presença de elementos internacionais no litígio. Afigura-se lícita, em princípio, mesmo em controvérsias inteiramente nacionais,[78] excepcionando o disposto no art. 9º da LINDB[79] e gerando marcada diferença em

A autonomia das partes e os poderes do juiz: entre o privatismo e o publicismo no processo civil brasileiro. In: DIDIER JR., Fredie; NALINI, José Renato; RAMOS, Glauco Gumerato; LEVY, Wilson (Coord.). *Ativismo judicial e garantismo processual.* Salvador: JusPodivm, 2013, p. 567).

[76] Ao analisar o tema à luz do direito internacional privado, Nadia de Araujo sustenta que "[a] autonomia da vontade teria duas consequências: em primeiro lugar, permitiria às partes, com a escolha de suas próprias regras – como os *Princípios* – fugir das incertezas do resultado da utilização das regras de conflito de uma determinada lei nacional; e em segundo lugar, ver sua relação jurídica regida por regras materiais de fonte internacional, desnacionalizando-a por completo. Tal possibilidade talvez não fosse aceita por um juiz nacional em sede de ação judicial, daí a necessidade da utilização da cláusula arbitral, para que essa escolha seja respeitada na arbitragem" (ARAUJO, Nadia de. A nova lei de arbitragem brasileira e os 'princípios uniformes dos contratos comerciais internacionais', elaborados pelo UNIDROIT. In: CASELLA, Paulo Borba (Coord.). *Arbitragem*: a nova lei brasileira (9.037/96) e a praxe internacional. São Paulo: LTr, 1996, p. 97).

[77] André Chateaubriand Martins frisa que a ampla liberdade outorgada às partes "torna-se possível, em primeiro lugar, em decorrência dos limites impostos ao próprio instituto da arbitragem, que apenas se presta a resolver litígios decorrentes de direitos patrimoniais disponíveis. [...] Por outro lado, mesmo em se tratando de direitos patrimoniais disponíveis, o campo de atuação das partes deve, obrigatoriamente, encontrar limites, com vistas a preservar valores essenciais que integram determinada ordem jurídica e que, portanto, não podem ser por elas derrogados" (MARTINS, André Chateaubriand. Os diferentes níveis de ordem pública sob uma perspectiva da jurisprudência brasileira em arbitragens doméstica e internacional. *Revista Brasileira de Arbitragem*, v. 37, jan./mar.2013, p. 51).

[78] Nesses casos, a adoção da lei estrangeira apenas deveria ser razoavelmente fundamentada e não poderia, a toda evidência, caracterizar fraude à legislação brasileira, conforme observa ALMEIDA, Ricardo Ramalho. *Arbitragem comercial internacional e ordem pública.* Rio de Janeiro: Renovar, 2005, p. 161.

[79] Criticando a ausência de diferenciação entre arbitragens nacionais e internacionais, v. CASELLA, Paulo Borba. Arbitragem: entre a praxe internacional, integração no Mercosul

relação à via judicial: na arbitragem, essa escolha seria possível, enquanto, no Judiciário, segundo a posição hoje dominante, não.

Em rigor, os envolvidos podem até mesmo ir além e, se assim preferirem, determinar que a sentença seja dada por equidade, confiando na idoneidade dos árbitros para que a lide não seja decidida de maneira meramente formalista ou silogística.[80]

De tão relevante, pode-se dizer que esse valor sempre deverá ser tomado em conta na ponderação e na interpretação de quaisquer princípios que estejam em jogo no processo arbitral. Não há, assim, como se cogitar da eficácia normativa do devido processo legal na arbitragem sem que se pense na sua conjugação com a ampla autonomia conferida às partes.

Para tratar do tema, foram selecionados os três desdobramentos da autonomia privada que mais servem ao propósito de diferenciar – e assim qualificar como sistema – o processo arbitral: (i) a liberdade de escolha dos árbitros; (ii) a possibilidade de eleição do procedimento a ser seguido; e (iii) a flexibilidade procedimental. Por sua afinidade, os dois últimos pontos serão tratados em tópico unificado.

1.2.2.1 Escolha dos árbitros

Na jurisdição estatal, o princípio do juiz natural é tomado como pressuposto constitucional básico: deve haver uma distribuição legal prévia de competências entre os diversos órgãos judiciais e juízes, para que sejam garantidas condições objetivas de imparcialidade e independência do julgador, e se evite que ações venham a ser julgadas por conveniência política[81] ou por quaisquer outros interesses escusos.

Trata-se, na lição de Nelson Nery Junior, de princípio com enorme relevância na "garantia do Estado de Direito, bem como na manutenção dos preceitos básicos de imparcialidade do juiz na aplicação da atividade jurisdicional,

e o direito brasileiro. In: CASELLA, Paulo Borba (Coord.). *Arbitragem*: a nova lei brasileira (9.037/96) e a praxe internacional. Op. cit., p. 171-173.

80 BARROCAS, Manuel Pereira. *Manual de arbitragem*. Op. cit., p. 49.

81 MENDES, Aluisio Gonçalves de Castro. *Teoria Geral do Processo*. Rio de Janeiro: Lumen Juris, 2009, p. 22-23.

atributo esse que se presta à defesa e proteção do interesse social e do interesse público geral".[82]

Se tão consagrada no âmbito do Judiciário, essa realidade é, porém, completamente invertida no âmbito da arbitragem.

No processo arbitral, não apenas inexistem critérios legais rígidos de nomeação dos árbitros, como a atividade é tradicionalmente entregue à livre escolha das próprias partes ou, no mínimo, efetuada com a sua ativa colaboração.[83] Trata-se, em rigor, de um dos fundamentos básicos da opção pela via arbitral: as partes renunciam ao direito de acesso ao Poder Judiciário, porque poderão participar ativamente da definição dos particulares que julgarão o litígio, designando pessoas de notada confiança.[84]

No exercício de sua autonomia, as partes têm a prerrogativa de prever na própria convenção de arbitragem a quantidade de árbitros que participarão do julgamento e a forma de sua nomeação, que poderá seguir os critérios mais variados possíveis.[85] A Lei de Arbitragem apenas dispõe que deverá, em qualquer caso, ser observada a nomeação de número ímpar de julgadores (art. 13, §1º),[86] para que se evite a possibilidade de empate.

[82] NERY JUNIOR, Nelson. O juiz natural no direito processual civil comunitário europeu. *Revista de Processo*, v. 101, jan./mar.2001, p. 101.

[83] BARROCAS, Manuel Pereira. *Manual de arbitragem*. Op. cit., p. 35.

[84] NEVES, José Roberto de Castro. A escolha do árbitro como fundamento da arbitragem. In: MELO, Leonardo de Campos; BENEDUZI, Renato Rezende (Coord.). *A reforma da arbitragem*. Op. cit., p. 576.

[85] "As partes podem, ainda, estabelecer previamente, e em conjunto, o processo de escolha dos árbitros (art. 13, § 3.º), por exemplo, para indicação dentre uma lista por eles preparada, e/ou os critérios para a indicação, definindo, por exemplo, requisitos para a nomeação, como titulação acadêmica, experiência comprovada em determinado setor, idade, profissão, participação em determinada associação etc.; advirta-se, porém, a necessidade de indicação objetiva de atributos do árbitro nesta especificação, pois conceitos vagos, como 'reconhecida idoneidade', 'notável saber', 'conceituado profissional', mais confundem do que contribuem para o aperfeiçoamento da nomeação, podendo, inclusive, formar uma cláusula patológica" (CAHALI, Francisco José. *Curso de arbitragem*: mediação, conciliação, resolução CNJ 125/2010. Op. cit., p. 203).

[86] No direito português, também há previsão nesse sentido no art. 8º da Lei de Arbitragem Voluntária – Lei nº 63/2011. Em caráter subsidiário, é ainda previsto que o tribunal arbitral será formado por três árbitros: "Artigo 8.º Número de árbitros: 1 – O tribunal arbitral pode ser constituído por um único árbitro ou por vários, em número ímpar. 2 – Se as partes não tiverem acordado no número de membros do tribunal arbitral, é este composto por três árbitros".

A prática e os regulamentos das principais câmaras arbitrais por todo o Brasil demonstram que os juízos arbitrais costumam ser compostos por um ou por três árbitros. Nessa última hipótese, a praxe é de que cada parte designe um julgador e, depois, ambos os coárbitros elejam, juntos, o presidente do tribunal arbitral. Se não houver consenso entre os dois árbitros já nomeados e não se lograr a solução do impasse (que, normalmente, será dirimido por escolha efetuada pela própria câmara arbitral), a determinação do último árbitro será feita pelo juiz que seria competente para conhecer da demanda (art. 13, §2º).

Com frequência, a defesa da imprescindível independência e imparcialidade dos árbitros fica reservada, portanto, a momento posterior à indicação, cabendo à parte que se entenda prejudicada apresentar sua impugnação na primeira oportunidade em que tiver de se manifestar após a instituição da arbitragem (art. 20 da Lei nº 9.307/96) ou mais à frente, caso o fato desabonador apenas venha a ser conhecido futuramente.[87]

Por certo, esse quadro de afastamento do princípio do juiz natural só é possível porque a instituição da arbitragem deriva de acordo de vontades entre os interessados. Se não houver consenso sobre os critérios para a nomeação dos árbitros – seja na celebração da convenção de arbitragem ou em outra oportunidade –, o árbitro será escolhido por juiz togado em ação destinada a garantir a instituição do processo arbitral (art. 7, §4º, da Lei nº 9.307/96). Essa alternativa deve, no entanto, ser evitada, já que se mostra apta a quebrar, de antemão, a estrita confiança que as partes devem depositar nos particulares responsáveis pela condução e pelo julgamento da lide.

A propósito, a preservação da autonomia privada na escolha dos árbitros é essencial e, por isso, se for gerado desequilíbrio relevante na participação das partes em sua nomeação, a falta de isonomia poderá levar à invalidade do processo arbitral,[88] devendo ser superada mediante (i) a previsão consensual de novo critério de nomeação, (ii) em demandas submetidas a instituições arbitrais, a designação pela própria câmara de todos os julgadores, e, (iii) em último caso, decisão judicial.

[87] O tema da imparcialidade e da independência será analisado detidamente ao longo do Capítulo 3.

[88] GOUVEIA, Mariana França. *Curso de resolução alternativa de litígios*. Op. cit., p. 124.

Segundo Carlos Alberto Carmona, essa hipótese terá lugar, por exemplo, quando vierem a ser criados diversos núcleos distintos de interesses, que não permitam enquadrar corretamente a disputa em somente dois polos antagônicos bem delineados (ativo e passivo). Nesse caso, a indicação de árbitro único por cada polo da demanda poderá ser inviável ou macular a igualdade processual entre as partes, devendo-se recorrer a forma distinta de composição do tribunal arbitral.[89]

Veja-se que, pela importância atribuída a essa prerrogativa das partes de participarem da escolha do árbitro, já foi alvo de intenso debate a validade dos regulamentos de instituições arbitrais que estabelecem listas fechadas ou semifechadas de árbitros, com a limitação das pessoas que poderão ser indicadas para compor o painel arbitral.

Parte da doutrina entendeu que essa espécie de disposição solaparia a autonomia dos envolvidos de optarem por aquele que dará a solução ao conflito, apenas sendo legitimada na hipótese de anuência a essa restrição.[90] Outra parcela, a seu turno, manifestou que a autonomia privada já teria sido exercida no momento da eleição da câmara arbitral, prevalecendo, depois, o *pacta sunt servanda*. Isto é: se as partes se comprometeram a se submeter ao regulamento de determinada câmara arbitral, não poderiam depois questionar individualmente os parâmetros de seleção de árbitros nele dispostos. Desse modo, as partes apenas poderiam escapar ao regulamento caso consensualmente

[89] CARMONA, Carlos Alberto. *Arbitragem e processo*: um comentário à Lei nº 9.307/96. Op. cit., p. 305.

[90] "O tema do direito de escolha dos árbitros e de sua eventual renúncia nos remete à efetiva vontade das partes. Ao redigir a cláusula compromissória elas tinham ciência de que, ao escolher determinada instituição, abdicavam da livre escolha dos árbitros? Tendo em vista que a escolha dos árbitros é um elemento natural do contrato de arbitragem, pode ele ser renunciado tacitamente? Uma vez que a relação que se estabelece entre as partes e a instituição tem natureza de consumo e é estabelecida por contrato de adesão, pode-se admitir como lícita a renúncia ao direito de apontar os árbitros? A prerrogativa de escolha do árbitro comumente integra o núcleo volitivo da parte que elege a arbitragem como meio de solução de conflito. Não se pode presumir essa renúncia. A autonomia privada é o grande fundamento da arbitragem. Por respeito a ela, admite-se a renúncia da garantia constitucional de acesso ao Judiciário. Se a livre manifestação da vontade – entendendo-se, aí, a real e qualificada vontade – estiver ameaçada ou sequer existir, a arbitragem perde sua sustentação e falha na sua função social" (NEVES, José Roberto de Castro. A escolha do árbitro como fundamento da arbitragem. In: MELO, Leonardo de Campos; BENEDUZI, Renato Rezende (Coord.). *A reforma da arbitragem*. Op. cit., p. 591-592).

optassem por seguir outra via, sendo certo, em qualquer caso, que a instituição de arbitragem não estaria obrigada a aceitar os árbitros por elas indicados.[91]

Buscando uma espécie de meio termo no embate, a Lei nº 13.129/2015, que operou a reforma da Lei de Arbitragem, trouxe previsão expressa sobre o tema (atual redação do art. 13, §4º da Lei nº 9.307/96), admitindo que as partes podem, de comum acordo, afastar eventual lista de árbitros, mas que, nesse caso, os nomes indicados deverão passar pelo crivo dos órgãos competentes da instituição arbitral. Em hipóteses de impasse e de arbitragens multipartes,[92] deverá ser observado o que dispuser o regulamento aplicável.[93]

[91] "Parece-me intuitivo que a escolha, pelas partes, de uma instituição arbitral leva em conta exatamente a sua organização, seu regulamento, suas instalações. O serviço prestado pela entidade que administrará a arbitragem forma um conjunto, que é escolhido espontaneamente pelas partes para que administre o procedimento exatamente da forma prescrita no regulamento. A escolha da arbitragem institucional está longe de ser obrigatória. As partes podem evidentemente optar pela arbitragem *ad hoc*, hipótese em que estabelecerão o procedimento que lhes interessar (ou não estabelecerão procedimento algum) e escolherão os árbitros do modo que melhor lhes aprouver. Mas se escolherem um determinado órgão arbitral, isto significa que verificaram e aprovaram de antemão suas regras, suas fórmulas, sua organização. E se elegeram uma entidade que trabalha com listas (fechadas ou semiabertas) os árbitros hão de ser escolhidos da forma previamente estabelecida pelo órgão arbitral. A escolha é livre, mas uma vez exercida a prerrogativa de selecionar, obrigam-se as partes às regras a que livremente aderiram. E o órgão arbitral, que oferece ao público serviço de administração de procedimentos arbitrais, não estaria obrigado a curvar-se a um capricho dos litigantes (ou dos coárbitros por estes escolhidos, quando for o caso) no sentido de exigir que fosse nomeado membro do painel fora dos parâmetros estipulados nas regras" (CARMONA, Carlos Alberto. As listas de árbitros. In: ROCHA, Caio Cesar Vieira; SALOMÃO, Luis Felipe. *Arbitragem e mediação*: a reforma da legislação brasileira. Op. cit., p. 82).

[92] O autor português António Pedro Pinto Monteiro esclarece que "*arbitragens multipartes* é a expressão geralmente usada para referir as situações em que mais de duas partes estão envolvidas no mesmo processo arbitral (seja essa pluralidade inicial ou sucessiva, activa, passiva ou mista) e os muitos problemas associados a tal pluralidade". Sem prejuízo, "nem todos os casos em que nos deparamos com vários demandantes e/ou demandados serão, necessariamente, casos de pluralidade de partes (ou de 'arbitragem multipartes'). Com efeito, podemos estar perante casos de dualidade de partes com pluralidade de sujeitos" (MONTEIRO, António Pedro Pinto. A pluralidade de partes na arbitragem: os principais equívocos que ainda subsistem. *Revista de Arbitragem e Mediação*, v. 58, jul./set.2018, p. 314-317).

[93] José Rogério Cruz e Tucci afirma que a nova redação foi norteada pelo princípio da ponderação e respeitou simultaneamente a liberdade das partes ("pedra angular da arbitragem") e a prerrogativa dos órgãos arbitrais de "vetar a indicação de algum árbitro que não reúna requisitos mínimos para desempenhar, com segurança e transparência, o importante papel que lhe cabe, evitando-se qualquer risco em detrimento do devido processo arbitral" (TUCCI,

Por último, é conveniente ressaltar outra peculiaridade em relação à escolha dos árbitros, consistente no fato de que, na arbitragem, além de não ser exigida a prévia aprovação em concurso público de provas e títulos (ao contrário do que ocorre, em regra, em relação aos membros do Poder Judiciário, por força do art. 93, I, da CF), não é sequer necessária a formação em direito; qualquer pessoa capaz pode atuar como árbitro (art. 13, *caput*, da Lei nº 9.307/96). Afigura-se plenamente viável que engenheiros, médicos, empresários ou mesmo indivíduos com menor grau de escolaridade exerçam a função. O principal norte para a escolha é a confiança depositada pelas partes.

Realmente, em certos casos de alta complexidade, a opção por árbitro com formação em outras áreas do conhecimento poderá permitir o julgamento ainda mais especializado da matéria fática subjacente à demanda. Em todo caso, não deixará de ser recomendável que ao menos um dos integrantes do painel arbitral disponha de conhecimentos jurídicos,[94] pois estes poderão ser vitais para que o procedimento seja conduzido de forma escorreita e a sentença não manifeste absoluta desconformidade com o direito material regente.

Diante de todas essas considerações, o que se nota é que a ampla margem existente para a autonomia privada no procedimento de escolha dos árbitros assinala outra marcante diferença em relação ao processo estatal. Dentre outros desdobramentos, trazem uma peculiar configuração para o processo arbitral a não incidência do juiz natural, as múltiplas possibilidades de

José Rogério Cruz e. A liberdade das partes na escolha dos árbitros. In: ROCHA, Caio Cesar Vieira; SALOMÃO, Luis Felipe. *Arbitragem e mediação*: a reforma da legislação brasileira. Op. cit., p. 216-217).

[94] "Even where the dispute is relatively simple, difficult problems of procedure and of conflict of laws frequently arise; and these are problems which a lawyer with suitable experience is better equipped to handle than a person whose expertise lies in another area. [...] Where the arbitral tribunal is to consist of three arbitrators, at least one member of the arbitral tribunal (preferably the presiding arbitrator) should be a lawyer or at least a person specifically qualified as an arbitrator, having studied arbitration law" (REDFERN, Alan; HUNTER, Martin. *Law and practice of international commercial arbitration*. Op. cit., p. 167). Tradução livre: "Mesmo quando a disputa é relativamente simples, frequentemente surgem problemas de procedimento e de conflito de leis; e esses são problemas que um advogado com experiência adequada está mais bem equipado do que uma pessoa cuja experiência encontra-se em outra área. [...] Quando o tribunal arbitral deve ser composto por três árbitros, pelo menos um membro do tribunal arbitral (de preferência o árbitro presidente) deveria ser um advogado ou, no mínimo, uma pessoa especificamente qualificada como árbitro, tendo estudado o regime jurídico da arbitragem".

composição do tribunal arbitral e a desnecessidade de formação jurídica do árbitro.

Como será visto adiante, são aspectos que acarretam impactos diretos na adequada leitura do devido processo legal na arbitragem.

1.2.2.2 Eleição do procedimento pelas partes e flexibilidade procedimental

Outra repercussão da intensa autonomia privada na arbitragem consiste em que o procedimento arbitral pode ser construído pelos próprios interessados e é caracterizado, de modo geral,[95] por genuína flexibilidade, na contramão do processo civil estatal, marcado historicamente pelo rito segmentado e descrito minuciosamente em lei.

De fato, não se ignora o movimento atual de gradativa flexibilização do processo judicial, que, como será visto adiante,[96] já permite a realização de ajustes procedimentais tanto pelo juiz (art. 139, VI, do CPC), como diretamente pelas partes, por meio da celebração de negócios jurídicos processuais (v. art. 190 do CPC).

Apesar disso, mesmo no cenário atual de aproximação, o processo arbitral ainda ostenta grau significativamente maior de flexibilidade: nele, ao contrário do que ocorre no âmbito judicial, as partes têm total liberdade para conformar o procedimento, podendo criá-lo integralmente, incumbir o árbitro dessa função ou se reportar aos regulamentos de instituições arbitrais, devendo apenas obedecer às garantias mínimas do devido processo (art. 21, *caput* e §2º, da Lei nº 9.307/96).

Como o objetivo é alcançar decisão final satisfatória, apta a gerar paz social e eliminar definitivamente o conflito, os sujeitos da arbitragem não devem estar limitados a um rito burocrático e formal; antes, devem ter ampla liberdade para expor suas razões, contraditar as teses contrárias e produzir todas as

[95] Diz-se que o procedimento é, "de modo geral", flexível, porque nada impede, em tese, que as partes remetam a solução do litígio a procedimento rígido, com forte regime de preclusões. No bojo de sua autonomia, as partes poderão optar por se distanciar das características gerais da arbitragem. Sem prejuízo, como esses casos não correspondem minimamente à prática arbitral e não se coadunam com as vantagens usualmente atribuídas a tal método alternativo de solução de controvérsias, partir-se-á, adiante, feita a devida ressalva, da premissa de que o processo arbitral é caracterizado por sua flexibilidade.

[96] Ver tópico 2.1.2.1.

provas necessárias à instrução do feito, perseguindo, de modo criativo e cooperativo, a melhor compreensão possível dos fatos e dos direitos controvertidos.

A existência de procedimento que viabilize a franca participação das partes configura, decerto, elemento primordial para a própria legitimação da instância decisória arbitral.[97] Por essa razão, ao menos desde a Convenção de Nova Iorque de 1958 e a Convenção de Genebra de 1961, consagrou-se no plano internacional a plena liberdade das partes e, em caráter subsidiário, dos árbitros, para regularem o procedimento arbitral.[98]

Trata-se de medida de deformalização do processo, que visa a torná-lo mais simples, rápido, econômico, de fácil acesso e com aptidão para pacificar espécies particulares de litígios.[99]

Além disso, a grande autonomia privada das partes na construção do procedimento em tudo se conecta às razões de ser da arbitragem (abordadas no próximo tópico) e viabiliza que esse meio de solução de controvérsias apresente retorno qualificado em relação ao processo estatal.

A propósito, se não é possível atribuir o sucesso do juízo arbitral apenas às dificuldades encontradas na obtenção da tutela jurisdicional perante o Poder Judiciário, tampouco se pode ignorar que, em ambiente marcado pelo assoberbamento das instâncias judiciais, mostra-se deveras atraente alternativa mais célere e adaptável às circunstâncias de cada caso concreto, construída e desenvolvida a partir da ampla participação das partes.

Essas duas características (elaboração do procedimento pelas partes e flexibilidade) denotam a outra face do privatismo que distingue o processo arbitral: não apenas esse meio de tutela jurisdicional é conduzido fora da estrutura do Estado, como é permeado, a todo o tempo, pelo desejo das partes. Deixa-se de lado o paternalismo estatal na administração da justiça[100]

[97] Sobre o ponto, conferir o tópico 2.2.1.1.

[98] GAILLARD, Emmanuel. *Teoria jurídica da arbitragem internacional*. São Paulo: Atlas, 2014, p. 85.

[99] Essa é a posição de CÂMARA, Alexandre Freitas. *Arbitragem – Lei nº 9.307/96*. Op. cit., p. 74-75.

[100] Analisando as convenções processuais no processo judicial, Antonio do Passo Cabral defende que, "[n]o marco do processo colaborativo, revigorar os acordos processuais significa, de alguma maneira, deixar as relações paternalistas do publicismo – que reforçam a 'infantilização' do cidadão e os vínculos de dependência do Estado – e empoderar as partes e seus advogados na solução dos conflitos. Os indivíduos deixam de ser compreendidos como

e se coloca à disposição dos envolvidos procedimento que é eleito por eles próprios e adere aos interesses em disputa: menos formalismos e mais soluções.

No entanto, a despeito de sua enorme significância, é preciso ter sempre em mente que flexibilidade não significa anarquia.[101] Funcionalizadas à luz da Constituição, as formas processuais servem justamente para permitir que o processo desfrute da máxima eficiência possível e o diálogo entre partes e julgador flua de maneira proveitosa.[102] Por esse motivo, a Lei de Arbitragem outorga a criação do procedimento aos interessados, mas prevê categoricamente que sempre deverão ser respeitados os princípios do contraditório, da igualdade das partes, da imparcialidade do árbitro e de seu livre convencimento (art. 21, §2º). A essa previsão ainda se soma, naturalmente, a observância aos demais princípios constitucionais que integram o conteúdo mínimo do devido processo legal, na medida em que aplicáveis a qualquer procedimento que envolva os valores vida-liberdade-patrimônio.[103]

Do exposto, extrai-se que o sistema do processo arbitral também é caracterizado pela eleição do procedimento pelas próprias partes e, via de regra, por sua acentuada flexibilidade. Esses dois pontos também precisam ser considerados na análise da eficácia normativa e dos obstáculos encontrados pelo

'curatelados' ou 'incapazes' de saber qual o método e a forma adequada para resolver seus próprios litígios" (CABRAL, Antonio do Passo. *Convenções processuais*. Salvador: JusPodivm, 2016, p. 171).

[101] É o que expõe MORALES, Nicolás Gamboa. Notes on collection of evidence in international arbitration. Witnesses and experts. *Revista de Arbitragem e Mediação*, v. 7, out./dez.2005, p. 148: "[p]rocedural flexibility does not mean, at all, anarchy thereof, with parties and arbitrators organizing the proceeding according to esoteric rules alien to reality. To the contrary, arbitral proceedings are fully and permanently subject to 'procedural fairness' in order to guarantee the strict observance of the "due process" principle, which some authors regard as the sole 'procedural public order principle'". Tradução livre: "flexibilidade procedimental não significa, de forma alguma, anarquia, com partes e árbitros organizando o procedimento de acordo com regras esotéricas, alheias à realidade. Ao contrário, procedimentos arbitrais são total e permanentemente sujeitos ao 'processo justo', de modo a garantir estrita observância ao princípio do 'devido processo', que alguns autores consideram o único 'princípio processual de ordem pública'".

[102] Ver, quanto ao tema, a importante contribuição de OLIVEIRA, Carlos Alberto Alvaro de. *Do formalismo no processo civil:* proposta de um formalismo-valorativo, 3.ed. Op. cit., p. 86-90.

[103] GAJARDONI, Fernando da Fonseca. *Flexibilização procedimental*: um novo enfoque para o estudo do procedimento em matéria processual. São Paulo: Atlas, 2008, p. 100.

contraditório, pela imparcialidade e pela independência do julgador no seio da arbitragem.

1.2.3 Objetivos do processo arbitral

O terceiro elemento que confere fechamento operacional ao processo arbitral corresponde à diferença entre os seus objetivos e aqueles inerentes ao processo estatal. Decorre, portanto, do entendimento de que, ainda que se insiram no mesmo quadro geral de pacificação de conflitos, as finalidades da arbitragem não são as mesmas perseguidas pela atividade jurisdicional do Estado.

Essa noção está intimamente relacionada ao conceito de *função* na Teoria dos Sistemas e é essencial para o presente estudo. Quanto ao ponto, Luhmann refere que a indagação sobre a função do direito remete a "ver que problema do sistema da sociedade é solucionado pela diferenciação de normas jurídicas específicas e, por fim, pela diferenciação de um sistema de direito especializado".[104]

Transpondo-se a questão para o âmbito da arbitragem, é preciso, portanto, perquirir: quais problemas da sociedade se pretende resolver com a criação de um sistema específico de solução de controvérsias, alheio àquele já oferecido na estrutura tradicional do Estado?

Para que o questionamento seja enfrentado, demonstra-se primordial referir quais são os escopos usualmente atribuídos à jurisdição estatal e os motivos que levaram, nessa quadra da história, à intensificação do recurso à arbitragem.

Quanto ao primeiro aspecto, não se pode deixar de fazer referência, no Brasil, às premissas teóricas lançadas por Cândido Dinamarco acerca dos propósitos que norteariam o processo conduzido por agentes estatais.[105] De acordo com o autor, o processo deveria ser encarado como *instrumento*, que serviria não tanto à implementação concreta de interesses privados, mas à concretização de objetivos estatais e do interesse público, orientando-se, simultaneamente, à consecução de escopos sociais, políticos e jurídicos.

104 LUHMANN, Niklas. *O direito da sociedade*. Op. cit., p. 165.

105 DINAMARCO, Cândido Rangel. *A instrumentalidade do processo*. 12.ed. São Paulo: Malheiros, 2005, p. 181.

Em apertada síntese, os *escopos sociais* remeteriam à necessidade de se promover a pacificação social e a educação, garantindo condições para uma saudável vida em comunidade.[106]

Nesse aspecto, Niklas Luhmann já indicava que uma das principais funções do processo é assegurar, no seio das complexas sociedades modernas, a generalização do reconhecimento e aceitação de decisões, seja por aqueles que concordam com o seu conteúdo ou por aqueles que delas divergem completamente. Segundo o autor, o conceito de aceitação teria de ser "correspondentemente formalizado. O que quer dizer é que os indivíduos, por quaisquer motivos, assumam sempre as decisões como premissas do seu próprio comportamento e estruturem as suas expectativas de acordo com isso".[107]

Dando sequência, Dinamarco refere que os *escopos políticos* corresponderiam, por sua vez, à afirmação do poder estatal, à concretização da liberdade, por meio da efetivação da projeção positivada do poder, e à asseguração da participação dos cidadãos no destino da sociedade política.[108]

Por último, os *escopos jurídicos* corresponderiam à intenção de implementar o direito material.[109] É interessante notar, entretanto, que, ao contrário do que normalmente se diz sobre a instrumentalidade do processo,[110] o autor defende que o escopo jurídico seria o de menor relevância, porquanto seria muito *pobre* tratar o sistema processual sob uma visão puramente jurídica

106 Ibid., p. 193-203.

107 LUHMANN, Niklas. *Legitimação pelo procedimento*. Op. cit., p. 33. Prossegue o autor ainda: "A legitimidade depende, assim, não do reconhecimento 'voluntário', da convicção de responsabilidade pessoal, mas sim, pelo contrário, dum clima social que institucionaliza como evidência o reconhecimento das opções obrigatórias e que as encara, não como consequências duma decisão pessoal, mas sim como resultados do crédito da decisão oficial. Só através da substituição da motivação e responsabilidade pessoal se podem preservar a justa proporção necessária de observância de regras e uma prática de decisão que decorra sem dificuldade em organizações sociais muito complexas, que têm simultaneamente de diferenciar com rigor e individualizar as personalidades" (Ibid., p. 34).

108 DINAMARCO, Cândido Rangel. *A instrumentalidade do processo*. Op. cit., p. 204-205

109 Ibid., p. 255-259.

110 Na prática, a instrumentalidade acabou sendo incorporada ao raciocínio jurídico usual de uma forma muito mais branda, ligada ao que se denominou *instrumentalidade das formas*, que aponta simplesmente que o processo não deve ser visto como um fim em si mesmo. É o que refere COSTA, Henrique Araújo; COSTA, Alexandre Araújo. Instrumentalismo x Neoinstitucionalismo: uma avaliação das críticas neoinstitucionalistas à teoria da instrumentalidade do processo. *Revista Brasileira de Direito Processual*: Belo Horizonte, v. 18, n. 72, out./dez.2010.

do próprio direito e, por essa razão, o aspecto jurídico deveria estar sempre atrelado à consecução dos escopos sociais e políticos.[111]

Nesse quadro, como tal noção de instrumentalidade apresenta-se estreitamente relacionada à efetivação de interesses públicos e do próprio Estado, que assumem posição de destaque em relação aos objetivos individuais dos litigantes, a teoria vem sendo alvo de fortes críticas[112] e está longe de representar, hoje, percepção unânime da doutrina. Cada vez mais, tem-se procurado, sob roupagens teóricas diversas, garantir viés democrático e constitucional para o processo[113] e conferir maior primazia à vontade das partes.

Não obstante, e sem prejuízo da ressalva quanto aos citados pontos de divergência, é possível afirmar que ainda se entende que o processo judicial

[111] "A insuficiência da perspectiva jurídica nas investigações teleológicas do sistema processual é reflexo da pobreza da visão puramente jurídica do próprio direito. *O processo em função do direito* constitui uma postura quase tão acanhada quanto a que encara o *direito pelo direito*. Em ambas, afinal, tem-se somente a visão jurídica... do direito. Mesmo colocados fundamentalmente no plano jurídico, contudo, os estudos constitucionais do processo foram capazes de descortinar novos horizontes para a ciência processual, despertando curiosidades quanto às implicações sociais e políticas do sistema. Grande marco significativo dessa tendência foi a enérgica afirmação do processo como *instrumento ético* e não meramente técnico" (DINAMARCO, Cândido Rangel. *A instrumentalidade do processo*. Op. cit., p. 259-260).

[112] ABBOUD, Georges; OLIVEIRA, Rafael Tomaz de. O dito e o não-dito sobre a instrumentalidade do processo: críticas e projeções a partir de uma exploração hermenêutica da teoria processual. *Revista de Processo*, v. 166, dez/2008, p. 166. Não obstante, apesar de parcela das críticas ser pertinente, é exagero afirmar que a instrumentalidade de Dinamarco pressuponha uma despreocupação com os destinatários da tutela jurisdicional, *v.* BEDAQUE, José Roberto dos Santos. Instrumentalismo e garantismo: visões opostas do fenômeno processual? In: BEDAQUE, José Roberto dos Santos; CINTRA, Lia Carolina Batista; EID, Elie Pierre (Org.). *Garantismo processual*: garantias constitucionais aplicadas ao processo. São Paulo: Gazeta Jurídica, 2016.

[113] Nas palavras de Dierle Nunes e Alexandre Bahia, "[n]ão é mais possível reduzir o processo a uma relação jurídica vista como um mecanismo no qual o Estado-juiz implementa sua posição de superioridade de modo que o debate processual é relegado a segundo plano. Esta visão olvida que o processo deve se desgarrar dessa concepção de mecanismo de dominação e deve ser percebido em perspectiva democrática e garantidora de direitos fundamentais, permitindo de um lado uma blindagem (limite) às atividades equivocadas das partes, advogados e juízes e de outro garante a participação e influência de todos os envolvidos e de seus argumentos nas decisões por ele (processo) formadas. O processo deve garantir a implementação dos direitos, especialmente, fundamentais" (NUNES, Dierle; BAHIA, Alexandre. Processo, jurisdição e processualismo constitucional democrático na América Latina: alguns apontamentos. *Revista Brasileira de Estudos Políticos*, v. 101, jul./dez.2010, p. 84-85).

apresenta importantes finalidades públicas, as quais por vezes podem não coincidir integralmente com os interesses das partes.[114]

O processo arbitral, por outro lado, se insere em contexto bastante diverso.

Na realidade, o próprio autor Cândido Dinamarco, permitindo fazer o perfeito contraponto com as suas observações a respeito da justiça estatal, defende que o árbitro não tem nenhum compromisso com a *ordem jurídico--material* do País ou com o *interesse público.*[115]

As funções "públicas" da arbitragem correspondem fundamentalmente à eliminação de conflitos[116] e ao estímulo das atividades empresariais,[117] não abarcando, por exemplo, o propósito de efetivação do direito objetivo ou o alcance de outras metas políticas absolutamente externas à solução do litígio.[118]

[114] Pode-se referir, nesse contexto, o destaque que vem sendo conferido à produção de precedentes no âmbito judicial: "[e]sse duplo discurso que o processo civil tem de ser capaz de desempenhar no Estado constitucional pressupõe a construção de uma teoria do processo idônea para dar conta da necessidade de propiciarmos a *prolação de uma decisão justa para as partes* e o *respeito ao precedente judicial para a sociedade como um todo.* É necessário perceber, portanto, a necessidade de um duplo discurso no processo a partir da decisão judicial – um discurso ligado às partes e um discurso ligado à sociedade. *Sem esse duplo discurso, a Justiça Civil será incapaz de realizar os direitos proclamados pela ordem jurídica e de orientar de forma segura a conduta social*" (MITIDIERO, Daniel. A tutela dos direitos como fim do processo civil no Estado constitucional. *Revista de Processo,* v. 229, mar./2014, p. 64-65).

[115] "A jurisdição exercida pelos árbitros não é movida pelo escopo – ao qual a jurisdição estatal se submete – de *dar efetividade ao direito material* [...]. Sem ser um guardião da legalidade, o árbitro não tem qualquer compromisso com o *interesse público,* ao qual a própria arbitragem não se associa" (DINAMARCO, Cândido Rangel. *A arbitragem na teoria geral do processo.* Op. cit., p. 64-65).

[116] "Nota-se, assim, que o compromisso que a arbitragem tem com a realização do direito estatal é mínimo, havendo nítido privilégio para a função pacificadora por ela exercida" (MARINONI, Luiz Guilherme; ARENHART, Sergio Cruz; MITIDIERO, Daniel. *Novo curso de processo civil:* teoria geral do processo civil, volume I. Op. cit., p. 486).

[117] "[N]o Brasil, o recurso à arbitragem, especialmente nas divergências que surgem no direito comercial, ou entre empresários em geral, tem uma motivação própria: a inviabilidade concreta de aguardar o trânsito em julgado de uma decisão judicial que pode demorar longos anos" (WALD, Arnoldo. O espírito da arbitragem. *Revista do Instituto dos Advogados de São Paulo,* v. 12, n. 23, jan./jun.2009, p. 22-35).

[118] William Park refere, assim, que "one must be cautious about unselective attempts to transplant judicial standards into the world of arbitration. Given a judge's clear obligations to the citizenry as a whole, the calculus of judicial duties will differ from what might be expected of arbitrators who remain principally (albeit not exclusively) creatures of the litigants' contracts" (PARK, William W. Arbitrator Integrity: The Transient and the Permanent. *San Diego Law Review,* v. 46, 2009, p. 696). Tradução livre: "deve-se ter atenção com tentativas

Para entender esse ponto, é preciso, contudo, separar os objetivos que movem o processo arbitral, em si, dos resultados que o Estado visa alcançar ao atribuir legitimidade à atividade de administração da justiça exercida por particulares.

A esse respeito, pode-se afirmar que o prestígio à arbitragem é interessante ao organismo estatal, porque, ao mesmo tempo em que desonera as suas estruturas judiciais, contribui para o atingimento do objetivo de pacificação social e permite o maior desenvolvimento das relações comerciais, conferindo segurança e agilidade ao tráfego negocial e atraindo investidores internacionais.[119]

Porém, apesar de tais contornos, o fato é que, por se tratar de método de solução de disputas erigido da vontade das próprias partes, os objetivos da arbitragem não devem ser examinados sob a ótica do Estado, mas sim a partir da perspectiva dos interessados. São esses desígnios que integram o sistema arbitral e marcam todo o desenrolar do procedimento, servindo de norte para a adequada leitura do devido processo legal e de seus desdobramentos normativos.

Por certo, a verificação do ânimo que leva as partes à celebração de uma convenção de arbitragem depende, em larga medida, da análise das circunstâncias que envolvem cada caso concreto.[120] Sem embargo, linhas gerais

descuidadas de transplantar padrões judiciais para o mundo da arbitragem. Dadas as claras obrigações de um juiz para com a cidadania como um todo, o cálculo dos deveres judiciais será diferente do que se poderia esperar dos árbitros que permanecem principalmente (embora não exclusivamente) como criaturas dos contratos dos litigantes".

[119] Nesse aspecto, é possível falar no que Barbosa Moreira chamou de *dança da globalização*: "[a] maré globalizante impele obviamente os ordenamentos à aproximação e à convergência. Entra pelos olhos que 'um mercado globalizado reclama elevado grau de uniformidade dos mecanismos jurídicos utilizados para revestir de formas legais os fatos econômicos'. Qualquer país que não se conforme em ficar à margem do fluxo sente a necessidade de acertar o passo pelos ritmos da nova era. É fácil compreender que, quase sempre, o ajuste aí significa adaptação do figurino local aos modelos ditados pelos centros hegemônicos, ou importação pura e simples de tais modelos. Proliferam, sobretudo nos ramos do direito mais intimamente vinculados à economia, institutos sem raízes na tradição nacional, mas cujo emprego é sentido como indispensável à participação do país na dança da globalização" (BARBOSA MOREIRA, José Carlos. O Direito em tempos de globalização. In: BARBOSA MOREIRA, José Carlos. *Temas de Direito Processual (oitava série)*. Rio de Janeiro: Saraiva, 2004, p. 279).

[120] Retoma-se, no ponto, a lição de Boaventura de Sousa Santos, Maria Manuel Leitão Marques e João Pedroso, pela qual: "[n]um complexo sistema de *feedback*, a avaliação da dimensão da lesão e os objectivos da reparação estão, como dissemos, em íntima interacção com os

podem, ainda assim, ser traçadas para a definição das finalidades mais comumente associadas ao processo arbitral.

Antes de mais nada, é indispensável referir que a utilização da arbitragem no cenário das relações econômicas internacionais ostenta justificativas adicionais às que normalmente conduzem à sua instauração no âmbito interno de cada país.

Como anotam Alain Goulene e Jean Baptiste Racine, os agentes econômicos externos "buscam subtrair-se de uma justiça nacional julgada inapta para resolver controvérsias internacionais. Eles procuram escolher seus próprios juízes e ser julgados segundo a aplicação de um direito específico adaptado às necessidades do comércio internacional".[121]

mecanismos de resolução à disposição do lesado e com a capacidade deste ou do próprio mecanismo para convocar ao processo de resolução o causador do dano. Pode-se dizer que todas as sociedades minimamente complexas têm à disposição dos litigantes um conjunto mais ou menos numeroso de mecanismos de resolução dos litígios, entendendo como tal todas as instâncias susceptíveis de funcionar como terceira parte, ou seja, como instâncias decisórias exteriores às partes em litígio. Variam enormemente segundo a oficialidade, a formalidade, a acessibilidade, a especialização, a eficácia, a eficiência, a distância cultural etc. Em geral, os tribunais tendem a ocupar um dos extremos em muitas destas dimensões. De todos os mecanismos de resolução de litígios disponíveis, tendem a ser os mais oficiais, os mais formais, os mais especializados e os mais inacessíveis. Quanto às outras dimensões, a sua posição varia muito de país para país e de área de litígio para área de litígio" (SANTOS, Boaventura de Sousa; MARQUES, Maria Manuel Leitão; PEDROSO, João. Os Tribunais nas sociedades contemporâneas. Op. cit., p. 48-49).

[121] GOULENE, Alain; RACINE, Jean Baptiste. As flutuações processuais da arbitragem. In: CASELLA, Paulo Borba (Coord.). *Arbitragem*: a nova lei brasileira (9.037/96) e a praxe internacional. São Paulo: LTr, 1996, p. 117. Voltando à lição de Barbosa Moreira, é possível encontrar explicação para esse fenômeno: "[o] problema da diversidade reveste cores peculiares no que tange à existência de uma pluralidade de sistemas de Justiça. Às vezes, o desfecho de um processo depende em boa medida da maneira pela qual o assunto é tratado em juízo: por exemplo, da admissibilidade ou inadmissibilidade desta ou daquela prova, do cabimento ou não de recurso contra tal ou qual decisão. É perfeitamente concebível que, ainda em casos regidos por normas substantivas idênticas, o resultado do pleito possa variar de ordenamento para ordenamento, em função do modelo processual aplicável. Isso não é facilmente compreendido pelo comum das pessoas e com frequência acarreta grande frustração e ressentimento para a parte vencida. Sob determinadas circunstâncias, pode representar até severo golpe na credibilidade da Justiça" (BARBOSA MOREIRA, José Carlos. O Direito em tempos de globalização. In: BARBOSA MOREIRA, José Carlos. *Temas de Direito Processual (oitava série)*. Op. cit., p. 283).

Assim, diante da ausência de uma jurisdição propriamente internacional e da compreensão de que a justiça interna de cada país não se revela adequada a pôr fim a esse gênero de litígios,[122] a arbitragem é correntemente a via selecionada para superá-los.

Feita a ressalva sobre relações comerciais travadas no plano internacional, a preferência por referido meio extrajudicial pode ser remetida, de uma forma ampla, a algumas razões principais.

Sob o ponto de vista mais difundido, o fluxo em direção à arbitragem é geralmente apontado como consequência dos problemas encontrados no Judiciário. É comum referir que as instâncias judiciais estão assoberbadas com número alarmante de ações[123] e o processo civil tradicional oferece incontáveis oportunidades de instauração de incidentes e recursos. Essas circunstâncias sobrecarregam o sistema e não apenas implicam grande morosidade à resolução das demandas, como igualmente tornam inviável que os magistrados detenham todo o tempo que precisariam à escorreita produção de provas e solução de cada caso individual.

[122] Nessa linha, buscando identificar os problemas usualmente relacionados à litigância transnacional, desenvolver aspectos do "fair trial" que devam ser observados pelas jurisdições nacionais e criar, assim, condições para tornar o sistema da justiça civil mais competitivo quando comparado à arbitragem, v. CAPONI, Remo. Transnational litigation and elements of fair trial. *Revista Eletrônica de Direito Processual – REDP*, v. 16, jul.dez.2015, p. 506-549. Do mesmo modo, posicionando o Direito Processual Transnacional como "um microssistema voltado a perceber e ponderar as particularidades dos litígios transnacionais, de modo a preservar a garantia do acesso à justiça – que deve ser uma constante em toda a ciência processual", substanciosa a contribuição de HILL, Flávia Pereira. *O direito processual transnacional como forma de acesso à justiça no século XXI*: os reflexos e os desafios da sociedade contemporânea para o direito processual civil e a concepção de um título executivo transnacional. Rio de Janeiro: LMJ Mundo Jurídico, 2013, p. 58-72.

[123] Sobre o ponto, Cappelletti explica que a sobrecarga do Judiciário decorre, em grande parte, do fato de que "o processo judicial agora é, ou deveria ser, acessível a segmentos cada vez maiores da população, aliás, ao menos teoricamente, a toda a população. Esse é sem dúvida o preço do acesso à Justiça, o qual é o preço da própria democracia: um preço que as sociedades avançadas devem sentir-se dispostas a (e felizes em) pagar" (CAPPELLETTI, Mauro. Os métodos alternativos de solução de conflitos no quadro do movimento universal de acesso à justiça. *Revista de Processo*, v. 74, abr./1994, p. 410).

Soma-se a isso, ainda, a descrença que parte da sociedade deposita sobre a administração pública *lato sensu*, em especial após os escândalos de corrupção desvelados nas últimas décadas no Brasil.[124]

Todavia, se, por um lado, os problemas elencados são mesmo uma realidade, por outro, não se pode considerar que constituam questões propriamente novas, nem muito menos atribuir mencionadas mazelas à atuação da magistratura (que ainda consegue, a duras penas, obter resultados positivos mesmo em todo esse cenário) ou conceber a instância judicial como estrutura necessariamente *pior* para a resolução de disputas.[125]

Em verdade, a justiça estatal ainda possui – e continuará possuindo – extraordinária importância em termos de eliminação de conflitos. Em nenhum

[124] Esse quadro é delineado por REALE, Miguel. Crise da Justiça e arbitragem. *Revista de Arbitragem e Mediação*, v. 5, abr./2005, p. 11-13.

[125] É válido aqui interessante relato histórico. Já Ruy Barbosa apontava, em obra originalmente publicada no início do século XX, que: "[e]ssas moléstias da luta forense e os aborrecimentos do esperar a sentença duvidosa, os longos trâmites, o tempo esperdiçado com o substituir dos juízes que se incompatibilizam, o risco dos magistrados iníquos ou prevenidos contra os litigantes, todos esses males correntes no processo usual, os atalha a simplicidade miraculosa do arbitramento e a sua benfazeja liberdade, assim na escolha dos julgadores, como no desempenho da sua missão". Não obstante, a despeito de reconhecer alguns préstimos à arbitragem, o autor tratava com enorme ceticismo o instituto e bradava que não poderia ser tido por superior à jurisdição estatal, como se vê em outra passagem digna de nota: "[s]e, pois, todas essas condições podem falhar, e falham tão amiúde, – onde estará, no processo arbitral, a sua superioridade, tão axiomaticamente dada por inquestionável, ao processo judiciário, na presteza do curso, na barateza do custo, na segurança da conclusão? Se um desses vícios fundamentais, uma dessas insanáveis nulidades, contra as quais não vale a renúncia a quaisquer recursos, pode obrigar a desandar-se todo o caminho andado, para se regressar à justiça dos tribunais, que se trocara pela dos juízes privados, – como se poderão ter por demonstradas, nos grandes pleitos, onde se arriscam interesses consideráveis, mormente nos que envolvem direitos da Fazenda Pública, as vantagens de um alvitre, que os expõe a tais contratempos ou desastres? E, se o que a tudo sobrepuja, quando se debate um caso jurídico, e se procura o meio de lhe chegar a uma solução coercitiva, é a melhor distribuição da justiça, dependente do acerto na seleção dos julgares, – quando se vê tantas vezes burlada a confiança das partes nas escolhas aparentemente mais felizes, que razão haverá, pelo menos nas controvérsias mais graves, para antepor ao regímen, onde a defesa tem mais garantias e o julgamento se elabora em melhores condições de madureza, o menos bem servido nesses dois requisitos capitais, embora se verifique ser, com efeito, menos dispendioso o segundo, e se recomende por mais expedito o seu andamento?" (BARBOSA, Ruy. Questão Minas x Werneck. Considerações preliminares. Vantagens e desvantagens da via arbitral. *Revista de Arbitragem e Mediaçao*, v. 29, abr./2011, p. 212-214).

momento se pode perder de vista que cada controvérsia pode ser melhor resolvida por método distinto: a arbitragem não é, por certo, a solução para todos os problemas.[126]

Tem-se propagado, pois, o desenvolvimento do modelo chamado *multiportas*,[127] pelo qual se propugna que sejam postos à disposição dos cidadãos variados meios para dirimirem suas contendas, cada qual com características que o tornem adequado para determinados tipos de conflito.[128]

[126] Gilberto Giusti trata da matéria com sensibilidade: "[s]ão mais do que conhecidas as frustrações dos cidadãos, e dos próprios magistrados e demais auxiliares da justiça, com a lentidão do processo judicial estatal, resultado de distorções históricas. Nada obstante, a Justiça do Estado manterá, e certamente deve manter, o campo de ação que lhe é próprio, inclusive o controle judicial das decisões arbitrais, como garantido pela Constituição Federal e previsto na própria Lei 9.307/96. Atualmente, mesmo aqueles defensores mais ferrenhos da arbitragem sabem que nem todos os conflitos patrimoniais, nem todos os direitos e obrigações disponíveis, nem todas as disputas econômicas devem, a melhor interesse das partes contratantes, ser resolvidas por arbitragem" (GIUSTI, Gilberto. Os vinte anos da Lei 9.307/1996. In: MELO, Leonardo de Campos; BENEDUZI, Renato Rezende (Coord.). *A reforma da arbitragem.* Op. cit., p. 9). No mesmo sentido, ao versar sobre o assunto, Barbosa Moreira já asseverava que "[o] remédio tem de ajustar-se às particularidades características da enfermidade. Não há, nem pode haver, receita que se mostre igualmente adequada ao tratamento eficaz de toda e qualquer situação litigiosa" (BARBOSA MOREIRA, José Carlos. Miradas sobre o processo civil contemporâneo. In: BARBOSA MOREIRA, José Carlos. *Temas de Direito Processual (sexta série).* Rio de Janeiro: Saraiva, 1997, p. 55).

[127] A expressão ganhou notoriedade após discurso de Frank Sander na *Pound Conference*, realizada ainda em 1976, cf. MOFFITT, Michael L. Before the Big Bang: the making of an ADR pioneer. *Harvard Negotiation Journal*, v. 22, issue 4, out./2006, p. 437-438. Em interessante relato, Frank Sander menciona, contudo, que o termo, em si, não havia sido cunhado originalmente por ele: "Após aquela palestra na Pound Conference, no verão de 1976, uma das revistas da ABA [American Bar Association — Ordem dos Advogados dos Estados Unidos] publicou um artigo sobre essa conversa. Na capa da revista, uma grande quantidade de portas, representando o que chamaram de Tribunal Multiportas. Eu tinha dado um nome bem mais acadêmico: 'centro abrangente de justiça', mas muitas vezes o rótulo que se dá a uma ideia depende mais da divulgação e da popularidade dessa ideia. Assim, devo à ABA esse nome de fácil assimilação: Tribunal Multiportas" (CRESPO, Mariana Hernandez. Diálogo entre os professores Frank Sander e Mariana Hernandez Crespo: explorando a evolução do Tribunal Multiportas. In: ALMEIDA, Rafael Alves; ALMEIDA, Tania; CRESPO, Mariana Hernandez (Org.). *Tribunal Multiportas*: investindo no capital social para maximizar o sistema de solução de conflitos no Brasil. Rio de Janeiro: Editora FGV, 2012, p. 32).

[128] Mariana Hernandez Crespo defende que "[o] Tribunal Multiportas é eficiente porque permite que as partes cheguem a uma solução relativamente barata e rápida. Essa solução é efetiva porque direciona as partes para o fórum mais apropriado para a resolução de seus conflitos, ampliando, de maneira geral, o nível de satisfação com o resultado e aumentando a

A escolha do método apropriado deve passar por inúmeros fatores relacionados ao caso concreto,[129] como: (i) a capacidade das partes de suportarem despesas maiores ou menores; (ii) a necessidade de um procedimento mais célere; (iii) a confidencialidade ou, ao contrário, a publicidade da via eleita; (iv) a tentativa de manutenção de relação comercial prévia; (v) a flexibilidade do procedimento; (vi) a efetividade da solução encontrada;[130] (vii) a disponibilidade do direito envolvido; (viii) a exigência de análise potencialmente mais técnica da matéria; e (ix) a preferência pelo julgamento de acordo com lei específica ou, até mesmo, pela equidade.

Nesse giro, a opção pela arbitragem – no lugar do julgamento pelo Judiciário, da conciliação, da mediação e de outros meios de auto ou heterocomposição – é normalmente fruto da conjunção simultânea de variados objetivos.

A primeira finalidade que as partes frequentemente pretendem alcançar por meio da submissão do litígio à instância arbitral corresponde à efetiva participação na construção da norma jurídica concreta que as irá vincular.

probabilidade de implementação. E é funcional porque tem o potencial para liberar o Judiciário das ações que são mais apropriadas aos métodos alternativos de resolução de conflitos, mantendo no Judiciário apenas as ações que exigem processo público" (CRESPO, Mariana Hernandez. Perspectiva sistêmica dos métodos alternativos de resolução de conflitos na América Latina: aprimorando a sombra da lei através da participação do cidadão. In: ALMEIDA, Rafael Alves; ALMEIDA, Tania; CRESPO, Mariana Hernandez (Org.). *Tribunal Multiportas*: investindo no capital social para maximizar o sistema de solução de conflitos no Brasil. Op. cit., p. 81).

129 "[N]ão sem alguns cuidados, é possível colocar sob exame a adequação de um meio de solução de litígios em relação a uma situação concretamente considerada. Esse juízo de adequação, como apontado, por falta de critérios de comparação definidos e assentes, não é exclusivamente técnico, implicando, em grande parte, uma escolha, fundada em valores reputados importantes para o contexto no qual a controvérsia está inserida" (SALLES, Carlos Alberto de. Mecanismos alternativos de solução de controvérsias e acesso à justiça: a inafastabilidade da tutela jurisdicional recolocada. In: FUX, Luiz; NERY JR., Nelson; WAMBIER, Teresa Arruda Alvim (Coord.). *Processo e Constituição*: estudos em homenagem ao professor José Carlos Barbosa Moreira. Op. cit., p. 785).

130 Os primeiros seis aspectos são elencados por André Gomma de Azevedo, que ainda menciona os custos emocionais na composição da disputa, o adimplemento espontâneo do resultado e a recorribilidade (AZEVEDO, André Gomma de. Desafios de acesso à justiça ante o fortalecimento da autocomposição como política pública nacional. In: RICHA, Morgana de Almeida; PELUSO, Antonio Cezar (Coord.). *Conciliação e mediação*: estruturação da política judiciária nacional. Rio de Janeiro: Forense, 2011, p. 15).

Se no Judiciário é feita constante menção à existência de *deficit* democrático,[131] na arbitragem este é superado pela ampla atuação das partes e pela prerrogativa de escolha do julgador e de eleição do procedimento, que elevam o direito de influência[132] a patamar não alcançável atualmente na via judicial e lhe conferem acréscimo substancial de legitimidade decisória.[133]

A segunda consiste no acesso a uma via mais célere e ágil para a prestação da tutela jurisdicional. Como visto, o movimento de se furtar ao julgamento pelo Judiciário é historicamente conectado ao desejo de um processo menos longo e com menor incidência de recursos e outros desdobramentos. Essa circunstância bem alia esse método de solução de conflitos à rapidez ínsita às atividades comerciais.[134]

Em terceiro lugar, a arbitragem oferece a possibilidade de julgamento mais técnico, conduzido por julgadores especializados na questão controvertida[135] e com maior disponibilidade de tempo. Os árbitros estão aptos a concentrar seus esforços em casos específicos e, por possivelmente já terem afinidade com

[131] MARINONI, Luiz Guilherme; ARENHART, Sergio Cruz; MITIDIERO, Daniel. *Novo curso de processo civil:* teoria geral do processo civil, volume I. São Paulo: Revista dos Tribunais, 2016, p. 468.

[132] Sobre o direito de influência, Antonio do Passo Cabral defende que "[a] necessidade de que as decisões vinculativas (expressões de poder) sejam precedidas de debates pluralistas entre vários sujeitos reclama um elemento principiológico que confira dialeticidade e intersubjetividade ao procedimento: o contraditório moderno representa o direito de influir, a faculdade do cidadão de interferir nesses procedimentos e condicionar eficazmente a atuação dos demais sujeitos do processo" (CABRAL, Antonio do Passo. *Nulidades no processo moderno,* 2.ed. Rio de Janeiro: Forense, 2010, p. 112). Tal dimensão do contraditório contemporâneo será desenvolvida no tópico 2.1.2.

[133] Ver tópico 2.2.1.1.

[134] Em texto publicado originalmente em 1923, o jurista Heitor Beltrão já sustentava que "o arbitramento commercial é um propulsor da riqueza e incentivador das trocas mercantis, visto como dá solução rápida, imparcial e economica às divergencias entre commerciantes; realiza a justiça-equidade que as praças desejam; combate os deshonestos; afugenta os desmoralizadores de mercados; vehicúla as correntes commerciaes; mantém a confiança; estimúla o intercambio mercantil internacional; permitte a maior economia de energia, tempo e dinheiro; evita inuteis irritações e sustem, assim, o credito" (BELTRÃO, Heitor. Recomendações (há quase um século). *Revista de Arbitragem e Mediação,* v. 33, abr./2012, p. 354, *sic*).

[135] Como acenou a ex-ministra do Supremo Tribunal Federal Ellen Gracie, "[n]inguém haverá de negar que, em condições adequadas, a controvérsia entre partes que atuam em nicho especializado de atividade tem melhores condições de ser adequadamente solvida por um especialista naquele ramo de negócio do que por um generalista jurídico" (GRACIE, Ellen. A importância da arbitragem. *Revista de Arbitragem e Mediação,* v. 12, jan./2007, p. 14).

a matéria, podem já se revestir, de antemão, de pré-compreensões úteis para o julgamento da pretensão, não precisando confiar toda a avaliação fática da causa ao trabalho de peritos. Essas características tornam o processo arbitral compatível com a solução de lides de alta complexidade e, via de regra, elevada repercussão patrimonial.

Na sequência, um quarto propósito ao qual se serve o processo arbitral expressa-se na criação de esfera cooperativa que, combinada com a rapidez do procedimento, permita a continuidade da relação comercial que deu origem ao litígio. Nesse ambiente mais propício ao diálogo, há inclusive maior propensão ao atingimento de solução amigável.[136]

Além disso, a confidencialidade é outra qualidade[137] normalmente[138] associada ao processo arbitral, porquanto permite que questões que não se deseje tornar públicas (como segredos relativos a propriedade industrial e quaisquer outras informações relevantes das sociedades empresárias envolvidas[139]) sejam julgadas e inteiramente resolvidas apenas entre os interessados, não ampliando a extensão dos prejuízos já inerentes ao conflito. Trata-se de outra importante distinção em relação aos processos judiciais, já que esses, ressalvadas poucas exceções, devem ser públicos, por força do art. 5º, LX, da CF.[140]

[136] Explorando a função da arbitragem como potencial catalisadora de acordos, ver WALD, Arnoldo. A arbitragem como indução de acordo entre as partes. *Revista de Arbitragem e Mediação*, v. 42, jul./set.2014, p. 133-140.

[137] "A confidencialidade é qualidade internacionalmente reconhecida do processo arbitral. Nesse sentido, a Comissão das Nações Unidas para o Direito do Comércio Internacional (*United Nations Comission on International Trade Law – UNCITRAL*), em suas *Notes on Organizing Arbitral Proceedings*, de 1996, reconhece, na primeira parte do item 31, que '*it is widely viewed that confidentiality is one of the advantageous and helpful features of arbitration*'. A *International Law Association*, por sua vez, em recente relatório sobre o tema, deixa claro que '*confidentiality is an important feature of international commercial arbitration*'" (FICHTNER, José Antonio. A confidencialidade no projeto da nova Lei de Arbitragem – PLS nº 406/2013. In: ROCHA, Caio Cesar Vieira; SALOMÃO, Luís Felipe. *Arbitragem e mediação*: a reforma da legislação brasileira. Op. cit., p. 157).

[138] Apesar de ser uma característica geralmente atribuída à arbitragem, a confidencialidade não é obrigatória, tampouco está prescrita em lei, cf. nota 335.

[139] Ver tópico 2.2.3.4.

[140] Art. 5º, LX, da CF: "a lei só poderá restringir a publicidade dos atos processuais quando a defesa da intimidade ou o interesse social o exigirem".

A essas particularidades acrescem-se ainda a já mencionada prerrogativa de definição do direito material aplicável, o julgamento por equidade e outros tópicos que podem ser considerados vantajosos em cada caso concreto, como os custos totais do procedimento, o idioma (diferentemente do Judiciário,[141] as partes têm autonomia para não adotar o vernáculo), a eficácia transnacional da sentença arbitral[142] e a sede eleita para a arbitragem.

Todo esse apanhado reflete que, conquanto também submetida ao escopo social de pacificação de conflitos que rege, em parte, o processo estatal, a arbitragem ainda visa a atender a específicos desígnios das partes.

No Brasil, é bem verdade, esse objetivo demorou a florescer. Por muito tempo, os "laudos" arbitrais precisaram ser ainda objeto de homologação judicial, carecendo do atributo da definitividade. Assim, sem decisão que encerrasse a controvérsia e impedisse a abertura de novo flanco de discussões, a arbitragem dificilmente podia servir à aceitação social e à consequente eliminação da controvérsia.[143]

Esse panorama se alterou, contudo, com o advento da Lei nº 9.307/96, que equiparou as sentenças arbitrais às decisões emanadas do Judiciário e aboliu o procedimento de homologação. Hoje, após anos de enorme empenho de

141 No processo civil estatal, o art. 192 do CPC dispõe que: "Em todos os atos e termos do processo é obrigatório o uso da língua portuguesa".

142 "É que a sentença arbitral – muito mais do que *a sentença judicial – possui uma ampla aceitabilidade no plano internacional*, especialmente em razão da ratificação da Convenção de Nova Iorque de 1958. [...] Isso significa que, caso a parte que tenha se sagrado vencedora da arbitragem tenha que executar a sentença arbitral em outro país, não há dúvida de que *a sentença arbitral possui maior trânsito internacional e maior facilidade de ser reconhecida e executada em outros países do que a sentença judicial*, o que traz para a parte vencedora maiores chances reais de satisfação do seu eventual direito de crédito e concretiza, assim, o princípio da efetividade do processo e permite a entrega da tutela jurisdicional plena" (FICHTNER, José Antonio; MANNHEIMER, Sergio Nelson; MONTEIRO, André Luís. *Teoria geral da arbitragem*. Op. cit., p. 55).

143 Considerando a definitividade da decisão jurisdicional como vital para a pacificação social, Dinamarco aduz que "[o] importante não é o consenso em torno das decisões estatais, mas a *imunização* delas contra os ataques dos contrariados; e indispensável, para cumprimento da função pacificadora exercida pelo Estado legislando ou *sub specie jurisdictionis*, é a eliminação do conflito como tal, por meios que sejam reconhecidamente idôneos. O que importa, afinal, é 'tornar inevitáveis e prováveis decepções em decepções difusas: apesar de descontentes, as partes aceitam a decisão'. Elas sabem que, exauridos os escalões de julgamento, esperança alguma de solução melhor seria humanamente realizável [...]" (DINAMARCO, Cândido Rangel. *A instrumentalidade do processo*. Op. cit., p. 195).

diversos juristas e entidades dedicadas à consolidação do instituto, o ordenamento jurídico brasileiro enfim proporciona as condições necessárias para que o processo arbitral seja plenamente apto a cumprir os objetivos a que se destina.

Para os fins da investigação sobre o contraditório, a imparcialidade e a independência, todos esses escopos específicos e gerais da arbitragem são importantes. É vital, principalmente, que se compreenda que o processo arbitral constitui modelo de solução de litígios posto à disposição das partes para que se elimine controvérsia que lhes aflige no âmbito privado.

O processo arbitral não deixa, por certo, de prestigiar o interesse público ao servir como braço autônomo para a administração da justiça, diminuir o fardo carregado pelo Estado e promover a paz social. Inobstante, o seu motor principal é a vontade dos interessados em endereçar o conflito da forma como melhor lhes aprouver.[144]

Definidas, portanto, as características que diferenciam o processo arbitral e lhe conferem fechamento operacional (jurisdição privada, predomínio da autonomia privada e objetivos próprios), passa-se a apreciar quais são as formas de interação desse sistema com o direito processual civil, isto é, como o processo arbitral se abre – sem perder a sua essência – para os influxos advindos do processo estatal.[145]

[144] "In most instances, public and private goals will coincide, with each having a very real interest in the systemic integrity of the arbitral process. Seeking to decide disputes fairly as between the parties, arbitrators will normally adopt practices that comport with public concerns about basic procedural due process. The just enforcement of private contracts will normally promote the societal interest in promise-keeping and respect for bargains that underpin most cross-border commercial or financial cooperation" (PARK, William W. Arbitrator Integrity: The Transient and the Permanent. *San Diego Law Review*, v. 46, 2009, p. 697). Tradução livre: "Na maioria dos casos, os objetivos públicos e privados irão coincidir, com cada um deles tendo um interesse realmente verdadeiro na integridade sistêmica do processo arbitral. Buscando solucionar as disputas entre as partes de forma justa, os árbitros normalmente adotarão práticas que sejam compatíveis com as preocupações públicas relacionadas ao procedimento básico do devido processo. A simples execução de contratos privados normalmente promoverá o interesse social no cumprimento e no respeito pelas negociações, que sustentam a maior parte da cooperação comercial ou financeira internacional".

[145] Não se ignora, todavia, que também é possível enxergar um claro e importante fluxo no sentido oposto.

1.3 Interação com o processo civil estatal

Os sistemas são fechados, mas não isolados. Não há qualquer questionamento quanto ao fato de que sofrem a influência daquilo que lhes é externo.[146] Essa *abertura cognitiva* ao ambiente é, a propósito, o que permite o desenvolvimento e a reprodução interna do sistema. Afinal, "nenhum sistema pode evoluir a partir de si mesmo".[147]

O que se deve ter em vista é unicamente que essa relação será sempre orientada através dos filtros próprios a cada sistema. Nada chega "pronto e acabado". Antes, cada estímulo externo é encarado como simples "ruído", que ainda precisa ser interpretado e funcionalizado de acordo com o sentido de cada sistema, para, então, poder levar à sua evolução.

Além disso, não é qualquer estímulo ou irritação que se reveste de aptidão para influir no sistema. Para que os sistemas mantenham o seu fechamento operacional e não se instaure um contexto de desordem, há a necessidade imanente de que sejam delineados "padrões altamente seletivos"[148] sobre quais acontecimentos ocorridos no ambiente servirão como elementos para a reconstrução ou reprodução interna do sistema.

Por isso, a comunicação entre sistemas é melhor organizada quando efetuada por *temas*[149] específicos, isto é, por canais bem delimitados, que

146 LUHMANN, Niklas. *O direito da sociedade*. Op. cit., p. 59.

147 LUHMANN, Niklas. *Introdução à Teoria dos Sistemas*. Op. cit., p. 128.

148 "É possível dizer, então, que a seleção de acontecimentos ocorridos no meio – e capazes de produzir efeitos no sistema – é condição de possibilidade para que o sistema, com esse espectro tão seletivamente depurado, possa empreender algo. Ou, falando de maneira abstrata: a redução de complexidade é condição para o aumento de complexidade" (Ibid., p. 132).

149 Trata-se, uma vez mais, de conceito explorado por Luhmann: "[t]emas discriminam as contribuições, e com isso também os contribuidores. Assim, por exemplo, pertence às exigibilidades da comunicação sociável escolher temas para os quais todos os presentes possam contribuir com algo: temas que não incitem alguém a esgotar sua individualidade e que concedam a qualquer um a chance de uma contribuição individual satisfatória, com a qual ele seja reconhecido. [...] Para poderem coordenar contribuições, temas têm um conteúdo material, quer se trate de um caso amoroso de uma atriz, dos valores do mercado nas bolsas de valores e sua explicação, de um novo livro ou de filhos dos trabalhadores estrangeiros. Não são colocados limites à sua especialização – exceto aqueles que resultam do interesse no prosseguimento da comunicação" (LUHMANN, Niklas. *Sistemas sociais:* esboço de uma teoria geral. Op. cit., p. 179-180).

maximizam a chance de aproveitamento das contribuições comunicativas e, ao mesmo tempo, já dão um primeiro norte para a individuação de quem poderá oferecer uma contribuição útil.

A presente obra se vale, em larga medida, dessa noção. Ao delinear como objeto de estudo o devido processo legal, sob os prismas do contraditório, da imparcialidade e da independência, nada mais se faz do que delimitar temas e buscar, a partir deles, entender os aportes teóricos que podem ser oferecidos ao sistema arbitral.

Em virtude dessa seleção temática, mostra-se conveniente a análise das contribuições que podem advir especificamente do sistema do processo civil[150] estatal. Afinal, por já operar historicamente com tais elementos (ainda que ordenados e interpretados de acordo com seus próprios traços distintivos), guarda estreita afinidade com a matéria e demonstra maior capacidade de produzir contribuições úteis do que aquelas que poderiam ser ofertadas por outros sistemas.

Em outras palavras, se não há como se negar que o processo civil estatal e o processo arbitral são dois ramos que exibem diferenças marcantes, isso não afasta o fato de que partilham de institutos e conceitos comuns. São, em última análise, *processo* e essa circunstância é suficiente para inseri-los no gênero mais amplo da Teoria Geral do Processo,[151] autorizando a interação qualificada entre os dois sistemas.

[150] Em rigor, boa parte das noções examinadas nesta obra também está presente no processo penal, que da mesma forma integra a Teoria Geral do Processo, cf. CINTRA, Antonio Carlos de Araújo; GRINOVER, Ada Pellegrini; DINAMARCO, Cândido Rangel. *Teoria Geral do Processo,* 29.ed. Op. cit., p. 57. Contudo, como o processo civil está mais próximo à realidade do processo arbitral (que envolve direitos disponíveis e não é utilizado para fins de persecução penal), decidiu-se por promover recorte do tema que excluísse o processo penal, evitando-se as recorrentes ressalvas que se fariam necessárias a cada tópico e não enriqueceriam significativamente o estudo.

[151] Cândido Rangel Dinamarco, novamente, dispõe sobre o tema com acuidade. Apesar de não estudar o assunto à luz da Teoria dos Sistemas, suas conclusões em muito se assemelham ao método disposto por Luhmann: "A própria Lei de Arbitragem, ao proclamar que 'serão sempre respeitados no procedimento arbitral os princípios do contraditório, da igualdade das partes, da imparcialidade do árbitro e de seu livre convencimento' (art. 21, §2º), está a explicitar a consciência que teve o legislador de que o processo arbitral, sendo um *processo,* se sujeita aos ditames do *direito processual constitucional,* no qual reside o comando supremo do exercício da jurisdição e da realização de todo processo, jurisdicional ou não. E tenhamos também nós a consciência de que essa inserção proposta pelo legislador não significa equiparar o processo

Realmente, tratando-se de devido processo legal, seriam mais reduzidas – conquanto ainda plenamente viáveis – as colaborações relevantes que adviessem de outros sistemas, como os da economia, política, direito civil ou direito penal. Tais sistemas têm menor relação com essa matéria e, por isso, não oferecem aportes teóricos tão significativos como o direito processual.[152]

Nesse cenário, e para que se possa, em capítulos específicos, esmiuçar cada um dos desdobramentos gerados pela aplicação da Teoria dos Sistemas na arbitragem, esta obra traça, antes, breves delineamentos a respeito do diálogo entre os sistemas do processo arbitral e do processo civil estatal.

Para o exame, será imprescindível ter em conta que se trata de relação reciprocamente orientada e que, por mais que esses sistemas partam, como dito, de elementos comuns, "eles conferem a cada um, porém, seletividade e conectividade distintas, passados e futuros distintos",[153] o que conduz a duas consequências principais.

Em primeiro lugar, os mesmos institutos poderão receber qualificação e orientação totalmente diversas em cada sistema. Um instituto processual básico, como a preclusão, poderá ser descrito de forma diferente e servir a propósitos variados, a depender do sentido e dos atributos de cada sistema.

arbitral ao processo estatal, desconsiderando seu espírito diferenciado ou as peculiaridades dos modos pelos quais nessa sede se exerce a jurisdição. Como toda *teoria geral*, a do processo propõe-se a realizar uma condensação metodológica dos elementos presentes em seus diversos ramos (*infra*, n. 3) mediante um raciocínio indutivo capaz de colher o que há de essencial e de comum a todos, sem renegar a relativa autonomia de cada um destes" (DINAMARCO, Cândido Rangel. *A arbitragem na teoria geral do processo*. Op. cit., p. 17).

152 Mesmo assim, é razoável pensar em algumas contribuições laterais que cada um desses sistemas usados para a comparação poderia oferecer para essa investigação. Por exemplo: (a) a economia pode influenciar a forma de efetivação do contraditório ao impor, em decorrência de aspectos comerciais particulares, ritmo mais acelerado para a definição de determinados litígios; (b) a política tem o condão de impactar diretamente a expressão normativa desses princípios ao editar uma nova lei que altere a sua conformação legislativa; (c) o direito civil, enquanto ramo que pode constituir o direito material aplicável a uma dada controvérsia, pode levar à necessidade de certas conformações no procedimento eleito, por sua função instrumental; e (d) o direito penal, por fim, pode trazer repercussões no que tange à imparcialidade e à independência esperadas dos árbitros, sobretudo considerando cenário em que "os árbitros, quando no exercício de suas funções ou em razão delas, ficam equiparados aos funcionários públicos, para os efeitos da legislação penal" (v. art. 17 da Lei nº 9.307/96).

153 LUHMANN, Niklas. *Sistemas sociais:* esboço de uma teoria geral. Op. cit., p. 243.

Em segundo lugar, pode haver aproximação maior ou menor entre os sistemas a cada período histórico. O atual grau de desenvolvimento do processo estatal em relação a determinado conceito pode não ser inteiramente aproveitado pelo sistema do processo arbitral em dado momento, e vice-versa. Certas informações podem até mesmo permanecer guardadas pelo sistema como uma possibilidade futura de reconstrução, mas não ser utilizadas imediatamente.

Basta notar, nessa linha, que o processo estatal não se valeu, por muito tempo, dos influxos privatistas que afloravam no processo arbitral. Mais recentemente, entretanto, com o advento do CPC/15, alguns institutos do processo civil ganharam nova roupagem e passaram a reproduzir – ao menos em algum grau – a experiência da arbitragem, aumentando drasticamente os poderes e faculdades entregues à esfera negocial das partes e abrindo igualmente espaço para a maior flexibilização do procedimento.

No caminho inverso, como ainda se aprofundará nesta obra, pode-se também referir, a título ilustrativo, que a acepção tradicional de contraditório no processo judicial como *ciência e reação* não se revelava apta a oferecer colaboração tão significativa ao direito processual arbitral, que vela pela cooperação entre as partes. No entanto, com a evolução teórica do princípio, esse canal temático de contribuições passou a ser mais propenso ao seu real aproveitamento pela arbitragem.

Hoje, há, de fato, certa convergência entre os processos estatal e arbitral em determinados aspectos, o que é natural a partir de uma visão menos publicista do processo judicial e da busca pelo enquadramento científico-processual da arbitragem. Amanhã, o movimento pode ser justo o oposto, com a maior separação entre ambos.

O que se pretende dizer, portanto, é que a interação entre o direito processual civil estatal e o arbitral deve ser estudada a partir de noções temporalizadas. A cada momento, a relação entre ambos pode exprimir contornos diferentes.[154]

[154] A esse respeito, Luhmann deduz que "[n]a relação entre sistema e ambiente, portanto, tem de ser possível o estabelecimento de dilações temporais: o mútuo ajustar-se, o corrigir-se e o complementar-se não têm de, necessariamente, ocorrer simultaneamente ou se suceder continuamente. Sistemas podem preparar reações, podem tê-las disponíveis para eventualidades; eles podem reagir a oportunidades momentâneas ou a perturbações mediante longos

Adiante, então, será esboçado o panorama geral de alguns dos principais influxos do processo civil estatal para a arbitragem.

1.3.1 Influxos do processo civil estatal

O processo civil estatal tem muito a contribuir com o desenvolvimento teórico da arbitragem. Desde Oskar Von Bülow, apontado como o responsável por sistematizar o modelo de processo como relação jurídica e permitir sua separação definitiva do direito material,[155] são cerca de dois séculos de tratamento científico do direito processual. Todos esses anos de conhecimento acumulado não podem ser desprezados por aqueles que se dedicam ao estudo desse meio extrajudicial de solução de litígios.[156]

Em definitivo, não se está a propugnar que a via arbitral deva se assemelhar ou mesmo promover maior aproximação em relação ao processo civil judicial. Fazê-lo poderia dissociar a arbitragem dos seus objetivos mais essenciais e, assim, descaracterizá-la. O que se defende é tão somente que o processo arbitral poderá, analisando a sua pertinência e capacidade de migração, ressignificar algumas noções científicas já bem delineadas no direito processual civil e adquirir, desse modo, maior eficiência. A pretendida providência serviria, como consequência, à fixação de ponto de partida para a ampliação da segurança jurídica, a redução do arbítrio e a efetivação do *due process of law*.

A crescente complexidade e formalização do procedimento arbitral é uma realidade[157] e precisa ser enfrentada, não por meio da denegação absoluta de

processos ou também adiar a reação sem se decomporem nesse ínterim" (LUHMANN, Niklas. *Sistemas sociais:* esboço de uma teoria geral. Op. cit., p. 64)

155 CINTRA, Antonio Carlos de Araújo; GRINOVER, Ada Pellegrini; DINAMARCO, Cândido Rangel. *Teoria Geral do Processo,* 29.ed. Op. cit., p. 312.

156 Cabível, portanto, a provocação: "Ou será que seria correto, sob o (falso) argumento de que se está perante um direito novo, negligenciar tudo aquilo que se escreveu em matéria de institutos processuais-chave, inteiramente aplicáveis ao processo arbitral? Poderá ser bem compreendida a coisa julgada 'arbitral', sem que se tenha noção da polêmica Carnelutti vs Liebman?" (ALVIM, Eduardo Arruda; DANTAS, André Ribeiro. Direito processual arbitral: natureza processual da relação jurídica arbitral e incidência do Direito Constitucional Processual. *Revista de Processo,* v. 234, ago./2014, p. 376).

157 Ainda em 1996, a doutrina francesa já identificara esse problema: "[e]xiste atualmente na arbitragem contemporânea uma tendência no sentido de tornar mais complexo um procedimento que antes era informal. A instância é hoje, em um grande número de arbitragens,

qualquer influxo do processo estatal, mas sim de real – e, sobretudo, científica – compreensão de quais mecanismos marcam qualquer relação jurídica processual, estatal ou não, e de como tais institutos podem ser reorientados ao atingimento das funções ínsitas à arbitragem.

A atividade é especialmente enriquecedora no que concerne ao contraditório, à imparcialidade e à independência, tendo em vista que são princípios com larga tradição histórica e que foram objeto de inúmeros estudos no âmbito da jurisdição estatal, já acumulando farto arcabouço teórico.

Tal pesquisa será salutar até mesmo para que, em determinadas hipóteses, decida-se trilhar caminho absolutamente diverso daquele que seria tomado no processo civil. Por vezes, será o conhecimento de como esses princípios operam na justiça estatal que tornará mais fácil visualizar a necessidade de uma dinâmica diferenciada no campo da arbitragem.

Nessa perspectiva, para que se possa averiguar com maior precisão o conteúdo normativo que deve ser atribuído ao contraditório, à imparcialidade e à independência no processo arbitral, esta obra seleciona dois temas cuja investigação se revela primordial e que servirão, mais adiante, como premissas teóricas para o desenvolvimento do assunto: (i) a influência de princípios processuais constitucionais; e (ii) o campo de potencial aplicação do Código de Processo Civil.

1.3.1.1 Princípios processuais constitucionais

Ao longo das últimas décadas, consolidou-se no Brasil a corrente neoconstitucionalista, que advoga a noção de que a Constituição é dotada de força normativa que se irradia por todo o ordenamento jurídico, condicionando a validade e a interpretação de todo o direito infraconstitucional e repercutindo até mesmo na relação entre particulares.[158]

mais complexa, mais rígida e mais longa" (GOULENE, Alain; RACINE, Jean Baptiste. As flutuações processuais da arbitragem. In: CASELLA, Paulo Borba (Coord.). *Arbitragem*: a nova lei brasileira (9.037/96) e a praxe internacional. Op. cit., p. 125).

[158] Na lição de Luís Roberto Barroso, a constitucionalização do Direito se traduz em "um efeito expansivo das normas constitucionais, cujo conteúdo material e axiológico se irradia, com força normativa, por todo o sistema jurídico. Os valores, os fins públicos e os comportamentos contemplados nos princípios e regras da Constituição passam a condicionar a validade e o sentido de todas as normas do direito infraconstitucional. Como intuitivo, a constitucionalização

Como decorrência disso, todos os ramos do direito devem se submeter a uma filtragem constitucional. A Constituição, em última análise, está em todo lugar: no direito civil, administrativo, penal, tributário, trabalhista e, sem que se admitam exceções, também no direito processual.[159] Qualquer norma, para integrar a ordem jurídica, precisa estar necessariamente afinada às regras e princípios constitucionais.

A propósito, naquilo que concerne ao direito processual, vislumbra-se vínculo de ainda maior intimidade com a Carta Maior. Tem-se verdadeira via de mão-dupla. De um lado, a Constituição dispõe sobre direitos fundamentais processuais, dá corpo ao conceito de devido processo legal e ainda esboça a normativa básica da organização judiciária. De outro, o processo é previsto como instrumento para garantir a efetividade dos preceitos constitucionais, evitando que a normatividade da Constituição deixe de se refletir na realidade social.[160]

repercute sobre a atuação dos três Poderes, inclusive e notadamente nas suas relações com os particulares. Porém, mais original ainda: repercute, também, nas relações entre particulares" (BARROSO, Luís Roberto. *Curso de direito constitucional contemporâneo*: os conceitos fundamentais e a construção do novo modelo. Rio de Janeiro: Saraiva, 2015, p. 390-391). Tratando da eficácia horizontal dos direitos fundamentais, ver também SARMENTO, Daniel. *Direitos fundamentais e relações privadas*, 2.ed. Rio de Janeiro: Lumes Juris, 2006, p. 185-322.

[159] "L'entrata in vigore della Costituzione repubblicana ha determinato la crisi del tradizionale approccio al problema del processo e della giurisdizione, (approccio) caratterizzato dall'analisi del primo (*idest*: del processo) alla stregua della configurazione datane (soltanto) dalla legislazione positiva e dalla ricerca del *proprium* della seconda (*idest*: della giurisdizione) rispetto alle altre funzioni dello Stato. [...] Nella nuova prospettiva post-costituzionale, quindi, il problema del processo non riguarda soltanto il suo *essere* (*idest*: la sua concreta organizzazione secondo le leggi ordinarie vigenti), ma anche il suo *dover essere* (*idest*: la conformità del suo assetto positivo alla normativa costituzionale sull'esercizio dell'attività giurisdizionale)" (ANDOLINA, Italo; VIGNERA, Giuseppe. *Il modelo costituzionale del processo civile italiano*. Torino: G. Giappichelli, 1990, p. 9-10). Tradução livre: "A entrada em vigor da Constituição republicana levou à crise da abordagem tradicional do processo e da questão da jurisdição, (abordagem) caracterizada pela análise do primeiro (*idest:* do processo) de acordo com a interpretação (somente) da legislação positiva e a busca do *proprium* da segunda (*idest*: da jurisdição) em relação às outras funções do estado. [...] Na nova perspectiva pós-constitucional, portanto, o problema do processo não se refere apenas ao seu *ser* (*idest*: à sua concreta organização segundo as leis ordinárias vigentes), mas também ao seu *dever ser* (*idest*: à conformidade de sua previsão positiva com a normativa constitucional que diz respeito ao exercício da atividade jurisdicional)".

[160] RODRIGUES, Marco Antonio. *A Fazenda Pública no processo civil*. São Paulo: Atlas, 2016, p. 15.

A literatura já produzida sobre a incidência da Constituição no processo civil estatal é farta. Fala-se atualmente em "neoprocessualismo", "processo constitucional-democrático", "modelo constitucional do direito processual civil" e outras figuras análogas para descrever, com algumas variações, a proeminência que a Constituição apresenta para a determinação da validade e a interpretação de todas as figuras processuais.[161]

Diante desse quadro, sendo certa a sua aplicabilidade ao processo estatal, é importante indagar: tal como na jurisdição do Estado, os princípios constitucionais também influem na arbitragem? Essa influência normativa se dá rigorosamente da mesma forma?

A resposta à primeira pergunta é bastante simples. Se todo o ordenamento jurídico está sujeito às normas constitucionais, não se poderia admitir que o processo arbitral se lhes escapasse.

Essa sujeição é ainda mais clara quando se verifica que: (a) o processo arbitral serve ao propósito de viabilizar o exercício de atividade propriamente jurisdicional, que repercute diretamente sobre o exercício dos direitos fundamentais dos cidadãos e deve, por conseguinte, obedecer às exigências do devido processo legal;[162] e, (b) no Brasil, o *due process* está insculpido diretamente na Constituição Federal, seja por meio de sua previsão geral (art. 5º, LIV), seja pelo estabelecimento específico de diversos dos seus desdobramentos principiológicos.[163]

Nessa matéria, deve-se tomar em conta, ainda, que a Lei nº 9.307/96 dispôs expressamente que "serão, sempre, respeitados no procedimento arbitral os

[161] V., nessa linha, CAMBI, Eduardo. Neoconstitucionalismo e neoprocessualismo. In: FUX, Luiz; NERY JR., Nelson; WAMBIER, Teresa Arruda Alvim (Coord.). *Processo e Constituição*: Estudos em homenagem ao Prof. José Carlos Barbosa Moreira. Op. cit., p. 662-683.; NUNES, Dierle José Coelho; BAHIA, Alexandre Gustavo Melo Franco. Por um novo paradigma processual. *Revista da Faculdade de Direito do Sul de Minas*, v. 26, jan./jun.2008, p. 80 e 85-86; BUENO, Cássio Scarpinella Bueno. O "modelo constitucional do direito processual civil": um paradigma necessário de estudo do direito processual civil e algumas de suas aplicações. *Revista de Processo*, v. 161, jul./2008, p. 261-263.

[162] Segundo Pedro A. Batista Martins, "em hipótese alguma poderá ser violado o devido processo legal. Tanto o processual quanto o substantivo. É um bem jurídico de titularidade de toda e qualquer pessoa. É uma garantia de direito natural" (MARTINS, Pedro A. Batista. *Apontamentos sobre a Lei de Arbitragem*. Rio de Janeiro: Forense, 2008, p. 236).

[163] ÁVILA, Humberto. O que é "devido processo legal"? *Revista de Processo*, v. 163, set./2008, p. 50.

princípios do contraditório, da igualdade das partes, da imparcialidade do árbitro e de seu livre convencimento" (art. 21, §2º). Trata-se de dispositivo que, apesar da aparente incompletude, tem sido interpretado de forma a remeter à observância de todo o conteúdo do devido processo legal.[164]

O grande cerne da controvérsia reside, então, em saber qual a exata extensão desses princípios constitucionais no processo arbitral. A indagação assume significativa importância porque, além de pautar toda a condução da arbitragem, o eventual desatendimento do devido processo tem aptidão até mesmo para servir como fundamento para a excepcional nulidade da sentença arbitral, como determina o art. 32, VIII, da Lei nº 9.307/96.[165]

Para respondê-la, contudo, é essencial que antes se tenha em vista uma premissa básica de ordem constitucional.

Como exposto, a Constituição está no centro do ordenamento jurídico. Assim, em última instância, não há qualquer norma legal, ou mesmo relação negocial entre particulares, que não se submeta, sob o aspecto da validade jurídica, aos seus ditames.

No entanto, os princípios constitucionais apresentam uma característica de enorme relevância: denotam, por sua simples estruturação como princípios, certa margem de indeterminabilidade e imprecisão.[166] Além disso, podem colidir entre si e demandar atividade de ponderação que sopese qual deva prevalecer, em maior grau, no caso concreto.[167] Nesse sentido, se é certo que

[164] CARNEIRO, Paulo Cezar Pinheiro; SCHENK, Leonardo Faria. O justo processo arbitral e o dever de revelação (disclosure) dos peritos. *Revista Eletrônica de Direito Processual – REDP*, v. 12, jul./dez.2013, p. 586.

[165] O mencionado art. 32, VIII, da Lei nº 9.307/96 dispõe que será considerada nula a sentença arbitral se "forem desrespeitados os princípios de que trata o art. 21, § 2º, desta Lei". Esse tema será objeto de percuciente análise nos tópicos 2.4 e 3.4.

[166] "Ora, o caráter descritivo do objeto – e a conduta a que ele faz referência – e a exigência de correspondência não estão presentes no caso dos princípios. Isso porque os princípios não descrevem um objeto em sentido amplo (sujeitos, condutas, matérias, fontes, efeitos jurídicos, conteúdos), mas, em vez disso, estabelecem um estado ideal de coisas que deve ser *promovido*; e, por isso, não exigem do aplicador um exame de correspondência, mas, em vez disso, um exame de *correlação* entre o estado de coisas a ser promovido e os efeitos decorrentes da conduta havida como necessária à sua promoção" (ÁVILA, Humberto. *Teoria dos princípios:* da definição à aplicação dos princípios jurídicos. São Paulo: Malheiros, 2014, p. 107).

[167] ALEXY, Robert. *Teoria discursiva do direito.* Tradução de Alexandre Travessoni Gomes Trivisonno. Rio de Janeiro: Forense Universitária, 2014, p. 146.

a Constituição é sempre aplicável, o intérprete deve buscar meios, sob a égide do princípio da proporcionalidade,[168] de assegurar a sua unidade e máxima efetividade, conjugando a simultânea incidência de inúmeras normas, que por vezes adotam direções conflitantes.

Essa conjugação de princípios, com efeito, recebe cores distintas no bojo da arbitragem. Nesse ponto, é essencial rememorar que o sistema do processo arbitral se singulariza basicamente por: (i) corresponder a método de composição de litígios conduzido por particulares, (ii) conferir intensa autonomia às partes, seja na escolha do árbitro ou na determinação do procedimento, e (iii) se orientar à consecução de finalidades específicas. São essas três características centrais que lhe conferem fechamento operacional e permitem diferi-lo de outros sistemas, devendo ser utilizadas para filtrar quaisquer influxos advindos do restante do ordenamento jurídico.

É dizer, se não há dúvidas de que os princípios constitucionais processuais são, via de regra,[169] plenamente aplicáveis ao processo arbitral, a sua exata conformação não é a mesma encontrada no processo civil tradicional.

A normativa da Constituição deve ser sempre harmonizada – enquanto não violar o núcleo essencial dos princípios aplicáveis – a essas peculiaridades do processo arbitral, sobretudo porque embasadas, em larga medida, na autonomia privada e na ampliação do acesso à justiça,[170] que também possuem envergadura constitucional.

[168] ÁVILA, Humberto. O que é "devido processo legal"? Op. cit., p. 51-53.

[169] De fato, unicamente será possível admitir que determinado princípio processual não incida sobre a arbitragem quando se referir exclusivamente à jurisdição estatal. É o caso, por exemplo, dos princípios do juiz natural e do duplo grau de jurisdição, que são dirigidos unicamente aos órgãos do Estado e não têm, por sua própria essência, compatibilidade com o processo arbitral. Partilhando dessa ordem de raciocínio, v. RICCI, Edoardo F. A impugnação da sentença arbitral como garantia constitucional (reflexões sobre a doutrina brasileira). *Revista de Processo*, v. 96, out./dez.1999, p. 20.

[170] Alexis Mourre observa que o desenvolvimento do pensamento jurídico partiu de uma acepção mais rígida que via o acesso à justiça como o direito de requerer a um tribunal para uma visão mais fluida, que o entendia como o direito a uma proteção concreta e efetiva aos direitos, que poderia ser propiciada pelo juízo arbitral (MOURRE, Alexis. Los méritos de la constitucionalización del procedimiento civil y del derecho del arbitraje. *Revista de Arbitragem e Mediação,* v. 15, out./2007, p. 134). No mesmo sentido, Carmen Tiburcio atesta que "[e]m um Estado de direito, é fundamental a existência de mecanismos aptos a permitirem que sejam atendidas as garantias estabelecidas pelo ordenamento jurídico, bem como para se promover a solução dos conflitos, não necessariamente pelo Poder Judiciário, mas por um

Nessa ótica, não se poderá refutar a obediência ao devido processo legal na arbitragem. Porém, este terá desenho sensivelmente distinto daquele observável no processo civil judicial. Como será visto em tópico próprio,[171] a simplificação e a informalidade do procedimento não poderão corresponder a uma total exclusão de garantias,[172] mas deverão ensejar rearranjo[173] do grau de intensidade que deve ser conferido a cada princípio que compõe o *due process*, de modo a não se distanciar das qualidades inerentes à referida via de resolução de conflitos.[174]

órgão imparcial e adequado" (TIBURCIO, Carmen. *Extensão e limites da jurisdição brasileira*: competência internacional e imunidade de jurisdição. Op. cit., p. 139).

171 Ver tópico 2.2.2.2.2.

172 Essa observação é relevante, porque a doutrina processual mais publicística frequentemente trata o tema com exacerbado ceticismo, correlacionando meios alternativos de resolução de disputas ao abandono de pretensões "garantísticas". É o que se extrai, por exemplo, da seguinte passagem de Barbosa Moreira: "Ao observador não deixará de acudir, com efeito, que é difícil, quiçá impossível, optar por certo gênero de ADR sem renunciar, em medida maior ou menor, quando nada a algumas das garantias cuja preservação se reputa indispensável na esfera judicial. De outra sorte, raciocinará ele, não se torna fácil saber a que ficariam reduzidas as decantadas vantagens da rapidez e da informalidade. Uma de duas, pensará com seus botões: ou se abandonam determinados escrúpulos 'garantísticos' na regulamentação dos meios alternativos, ou talvez não sobrem muitas razões de ordem prática para preferi-los ao processo tradicional. E concluirá que pretender assegurar naqueles o que neste se vê de mais precioso é algo assim como querer comer o bolo e, ao mesmo tempo, guardá-lo..." (BARBOSA MOREIRA, José Carlos. Miradas sobre o processo civil contemporâneo. In: BARBOSA MOREIRA, José Carlos. *Temas de Direito Processual (sexta série)*. Rio de Janeiro: Saraiva, 1997, p. 51-52).

173 Ainda que sem partir do arcabouço teórico da Teoria dos Sistemas, Eduardo Arruda Alvim e André Ribeiro Dantas percorrem raciocínio similar e sugerem, inclusive, a criação de um Direito Processual Arbitral: "O ponto de equilíbrio entre esses dois vetores (informalidade e flexibilização versus garantias constitucionais) nem sempre é algo fácil de se obter. Para a obtenção desse ponto de equilíbrio – ou seja, para assegurar que a simplificação e informalidade inerentes à arbitragem não firam as garantias constitucionais do processo – não basta a mera transposição dos preceitos do processo civil para o processo arbitral, pois o Direito Processual Civil foi construído para regulamentar o processo estatal, necessariamente muito mais rígido e formal. Afigura-se, assim, existir espaço para a delimitação de um novo ramo do Direito Processual: o Direito Processual Arbitral, cujo escopo seria – fundamentalmente – a transposição e adaptação das garantias constitucionais do processo (já consolidadas no âmbito do processo civil), para a rica e peculiar realidade da arbitragem" (ALVIM, Eduardo Arruda; DANTAS, André Ribeiro. Direito processual arbitral: natureza processual da relação jurídica arbitral e incidência do Direito Constitucional Processual. *Revista de Processo*, v. 234, ago./2014, p. 382).

174 O perigo é confundir o respeito ao devido processo legal com um "processualismo pelo processualismo", com propensão a desnaturar todo o processo arbitral, cf. LOTUFO, Renan.

Mais adiante, será esboçado um regime geral para o que se vem denominando de *devido processo legal arbitral*.[175] Para concebê-lo, todavia, é necessário que antes se perquira qual é a contribuição que o processo arbitral recebe da legislação processual civil, em especial do Código de Processo Civil.

1.3.1.2 Campo de potencial aplicação do Código de Processo Civil

Muito já se debateu sobre a possibilidade de incidência subsidiária do Código de Processo Civil e de outras leis processuais extravagantes ao processo arbitral. Essa discussão, em regra, foi permeada pelo conflito teórico entre dois polos distintos: aqueles que pretendiam o afastamento completo e inexorável em relação à jurisdição estatal e aqueles que apregoavam a transposição integral do modelo estatal para a arbitragem.

É necessário, assim, superar tal antinomia e retomar o exame dogmático da matéria, valendo-se das lentes da Teoria dos Sistemas para extrair todos os préstimos que o processo estatal pode entregar à arbitragem.

Para que se explore o ponto, vale recordar que um dos principais atributos da autonomia privada na arbitragem corresponde à possibilidade de que as próprias partes elejam o procedimento a ser adotado, podendo criá-lo a partir do zero, vincular-se ao regulamento de dada instituição arbitral – ainda que não seja a escolhida para processar e julgar a demanda, tratando-se de arbitragem *ad hoc*[176] – ou entregar essa tarefa aos árbitros nomeados.

Arbitragem: experiências e procedimentos. Da Grécia ao Brasil: um trajeto histórico-constitucional de experiências e procedimentos arbitrais. *Revista do Instituto dos Advogados de São Paulo*, v. 12, n. 23, jan./jun.2009. p. 287-296.

[175] A expressão foi veiculada por PARENTE, Eduardo de Albuquerque. *Processo arbitral e sistema*. Op. cit., p. 103-107.

[176] Decerto, é plenamente possível que as partes decidam por não se submeter a uma arbitragem institucionalizada, constituindo arbitragem *ad hoc*, entretanto, ainda assim, prefiram regrar o procedimento de acordo com o regulamento de uma entidade arbitral. Nesses casos, porém, "[é] natural, de qualquer forma, que as partes devem tomar os cuidados necessários ao preconizar a utilização de um regulamento arbitral fora da entidade que o criou. Não é incomum que os regulamentos tenham dispositivos cuja aplicação dependa da existência de comissões administrativas ou de órgãos internos existentes apenas no âmbito da câmara ou centro arbitral. Assim, quem determinar que os árbitros, numa arbitragem ad hoc, aplique o regulamento da Corte Internacional de Arbitragem da Câmara de Comércio Internacional deverá estar atento a todas as normas que dependem de decisão da Corte, órgão interno da entidade em questão; da mesma forma, quem pretender fazer utilizar as regras do Centro de

Em virtude da ampla liberdade que lhes é outorgada, nada impediria que as próprias partes determinassem que o procedimento arbitral se conduzisse de acordo com os ditames do Código de Processo Civil. Essa opção, entretanto, estaria limitada àquilo que fosse minimamente compatível com essa via extrajudicial de solução de conflitos (*v.g.*, precisariam ser feitas adaptações no sistema recursal, no regime de competência e na intervenção de terceiros)[177] e, ainda que se encontrasse uma forma de compatibilização adequada, não seria, de resto, nada conveniente.

Isso se diz porque o CPC propõe-se a acomodar os mais variados conflitos que possam emergir na sociedade,[178] viabilizando o amplo e irrestrito acesso à justiça assegurado na Constituição. Estipula, assim, rito longo, rígido e segmentado, que mesmo se hoje suscetível a maior grau de adequação e adaptabilidade, não é necessariamente aderente ao interesse das partes e às circunstâncias que envolvem a controvérsia. Desse modo, se entre outros objetivos a arbitragem se dedica justamente a conferir tratamento customizado ao litígio, por meio de procedimento geralmente flexível, não seria de grande utilidade se reportar ao rito disponível na esfera judicial.

Feita a ressalva, todavia, não se pode extirpar de antemão a prerrogativa das partes de, por qualquer razão particular, preferirem obedecer ao Código de Processo Civil.

Há, vale o destaque, hipóteses em que os próprios regulamentos de câmaras arbitrais – aos quais as partes, em regra, aderem na cláusula arbitral – preveem a aplicação subsidiária do CPC.[179]

Arbitragem e Mediação da Câmara de Comércio Brasil-Canadá fora do âmbito da entidade perceberá que não será possível aplicar a norma que prevê que a exceção de suspeição ou impedimento será julgada por uma comissão, nomeada pela entidade" (CARMONA, Carlos Alberto. *Arbitragem e processo*: um comentário à Lei nº 9.307/96. Op. cit., p. 291).

177 Sobre a atuação de terceiros na arbitragem, ver FARIA, Marcela Kohlbach. *Participação de terceiros na arbitragem*. São Paulo: Quartier Latin, 2019.

178 Luhmann sustenta, nessa ótica, que "os procedimentos judiciais não são descobertos e ajustados caso a caso. É que isso constituiria uma espera ociosa no acaso e seria tão demorado que, entretanto, se desfaria a organização da sociedade ou se recairia numa situação extremamente primitiva. Em todas as sociedades com uma certa complexidade, os procedimentos têm de ser 'instruídos' de forma a poupar tempo, por meio da escolha dum modelo pré-constituído" (LUHMANN, Niklas. *Legitimação pelo procedimento*. Op. cit., p. 53).

179 É o caso do Regulamento da Câmara FGV de Mediação e Arbitragem, que assim prevê: "Art. 49 – Caberá ao tribunal arbitral decidir as questões a respeito das quais seja omisso

A maior indagação que se apresenta é outra: ainda quando as partes não façam qualquer menção ao CPC, poderia ser cogitada a sua aplicação subsidiária na arbitragem?

A questão está intimamente ligada à forma de preenchimento de lacunas no procedimento eleito. Afinal, se mesmo o processo civil estatal, desenvolvido ao longo de séculos de tradição histórica e de estudo científico, não prevê uma solução específica para toda e qualquer hipótese que se apresente, por muito mais razão tal fenômeno poderá se dar na arbitragem.

Ao se deparar com esse problema, a principal – e mais valiosa – ferramenta que os árbitros terão ao seu dispor será o contraditório participativo e a ampla cooperação que é esperada de todos os personagens envolvidos na arbitragem. Levando a matéria ao conhecimento das partes, será possível, quiçá na maioria dos casos, obter consenso quanto ao procedimento a ser adotado no caso específico.

Longe de constituir uma fragilidade do processo arbitral, a maior informalidade e flexibilidade são algumas de suas principais vantagens. Ao integrar o procedimento por meio de sua própria vontade, as partes geram aproximação que tende a permitir o aprofundamento das tratativas para uma transação[180] e, ainda quando esta não seja possível, dão azo a importante acréscimo de legitimidade à sentença ao final proferida, ampliando o seu grau de aceitação e, portanto, a sua aptidão para a eliminação de conflitos.

Há, entretanto, normas processuais que terão de ser efetivamente *construídas* pelos árbitros em pelo menos duas conjecturas: (i) quando não for alcançado consenso entre as partes; ou (ii) quando se tratar de matérias que, por suas características ou mesmo simplicidade, não devam ser levadas à prévia deliberação dos interessados, sob pena de prejudicar a celeridade ínsita ao processo arbitral.

o presente Regulamento, podendo valer-se, subsidiariamente, das normas do Código de Processo Civil, atendidos os objetivos de celeridade e de informalidade" (CÂMARA FGV DE MEDIAÇÃO E ARBITRAGEM. *Regulamento de arbitragem da Câmara FGV*. Disponível em <https://camara.fgv.br/artigos/versao-de-2016-vigente>. Acesso em 02/05/2021). Como se nota, em linha análoga ao que ora se propõe, a Câmara FGV determina a filtragem do Código de Processo Civil de acordo com os objetivos do processo arbitral.

[180] WALD, Arnoldo. A arbitragem como indução de acordo entre as partes. Op. cit., p. 133-143.

Nessa linha, para evitar a insegurança jurídica e o casuísmo no que toca à definição da aplicabilidade do CPC, é crucial que se fixem premissas básicas a respeito do tema.

Em primeiro lugar, é preciso referir que os princípios mais gerais que integram o devido processo legal estão dispostos na Constituição, porém encontram relevante complementação na legislação processual ordinária. Essa maior especificação das consequências normativas do *due process*, por sua vez, é realizada tanto por meio de regras, como de outros princípios, em geral mais densos do que aqueles constantes do texto constitucional.

Atualmente, a doutrina arbitral tem feito constante referência ao fato de que *regras* processuais não devem ser importadas para o processo arbitral, por potencialmente levarem a uma maior rigidez do processo e deturparem os seus objetivos mais vitais. Sob essa perspectiva, os aspectos normativos que poderiam ser aproveitados pela prática arbitral seriam somente aqueles incorporados na forma de *princípios*.[181-182]

[181] Esse raciocínio é exposto por Eduardo Parente na obra, já referida, que introduziu o estudo da arbitragem sob a ótica da Teoria dos Sistemas no Brasil: "[e]ntão, a despeito de sua natureza processual, a Lei de Arbitragem não traz *regras* do modelo estatal. Quando o legislador arbitral se omitiu quanto a institutos processuais específicos, o fez de forma consciente. Procurou a boa técnica legislativa, sabedor de que, no que respeita à matéria processual, o sistema do processo arbitral busca influxos naquilo que o sistema do processo estatal deve ter de bom a oferecer: seus princípios. Isso é importante porque o lado ruim das mazelas da esfera estatal, das regras engessadas, o legislador arbitral as quis bem longe. Escolheu impedir que discussões teóricas e intermináveis sobre conceitos e institutos processuais migrassem para o ambiente arbitral da forma como tradicionalmente ocorre na esfera estatal. Que venha, em termos de princípios, apenas o que possa contribuir para o bom desenvolvimento de uma técnica de trabalho que ofereça efetiva/adequada *resolução* de conflitos" (PARENTE, Eduardo de Albuquerque. *Processo arbitral e sistema*. Op. cit., p. 71-71). Em sentido análogo, mas conceitualmente distinto, Carlos Alberto Carmona aponta pela utilização de "princípios gerais do processo, com os temperamentos naturais que o processo deve sofrer quando passa para o âmbito extrajudicial", e não necessariamente das normas dispostas no Código de Processo Civil, cf. CARMONA, Carlos Alberto. *Arbitragem e processo*: um comentário à Lei nº 9.307/96. Op. cit., p. 292-293.

[182] Sob outro ângulo, já se afirmou, igualmente, que o critério para definir as normas do processo estatal aptas a serem aplicadas na arbitragem seria a divisão entre aquelas de natureza processual e as de natureza procedimental. "Essas não precisam ser aplicadas nas arbitragens, já, aquelas, devem ser aproveitadas sempre que possível e compatível com o sistema arbitral" (BERALDO, Leonardo de Faria. O impacto do novo Código de Processo Civil na arbitragem. *Revista de Arbitragem e Mediação*, v. 49, abr./jun.2016, p. 176). Entretanto, além de questionável dogmaticamente, a categorização em normas processuais ou procedimentais não constitui

Da leitura do material já produzido sobre o tema, o que se vê, contudo, é que nem sempre a definição de princípios é propriamente aquela consagrada por Robert Alexy como *comandos de otimização.*[183] Nessa seara, costumam ser incluídas também *conceituações teóricas* realizadas pelo CPC, como a definição do que é uma sentença, audiência e outros institutos basilares.[184]

Quanto a esses conceitos processuais, realmente, não há dúvidas de que devem ser transportados ao processo arbitral, promovendo-se somente as adaptações pertinentes. Constituiria, de fato, ineficiente perda de tempo que mesmo os elementos processuais mais básicos precisassem ser definidos na Lei de Arbitragem, na convenção ou no regulamento a que as partes aderiram, até porque, como já se disse, o processo arbitral se insere na Teoria Geral do Processo, partilhando de tais institutos elementares.

No entanto, é necessária certa cautela na afirmação de que apenas princípios podem ser aproveitados, em contraposição às regras.

Como já se expôs, todo o conteúdo normativo advindo de outros sistemas deve passar por uma releitura à luz das características que emprestam fechamento operacional ao processo arbitral. Diante disso, mais importante do que a classificação ontológica como regra ou princípio é que qualquer dispositivo normativo se submeta a essa filtragem.

tarefa simples. Como acentua Leonardo Greco, "[a] distinção entre *processo* e *procedimento* é encontrada em praticamente todos os manuais de Direito Processual. Costuma-se dizer que o processo é o conteúdo e o procedimento é a forma". No entanto, ainda segundo o mesmo autor, "afirmar que o procedimento é a *forma* do processo é um grande equívoco, porque ele também disciplina os requisitos substanciais de cada ato processual. Ao estabelecer tais requisitos, o legislador está exigindo o cumprimento de circunstâncias ou de fatores muitas vezes inerentes ao próprio *conteúdo* dos atos e que são indispensáveis para que estes atinjam a sua finalidade" (GRECO, Leonardo. *Instituições de processo civil, volume I*, 5.ed. Op. cit., p. 397-398). Daí se vê a dificuldade na utilização da distinção, pelo intérprete, entre normas processuais e procedimentais.

183 "Princípios são, portanto, *comandos de otimização.* Enquanto tais eles são caracterizados por poderem ser cumpridos em diferentes graus e pelo fato de a medida comandada de sua realização depender não só das possibilidades fáticas, mas também das possibilidades jurídicas. As possibilidades jurídicas são determinadas por regras e essencialmente por princípios opostos. Princípios contêm, pois, tomados respectivamente em si, sempre um comando *prima facie.* A determinação da medida comandada de cumprimento de um princípio em relação às exigências de um princípio oposto é a ponderação. Por essa razão a ponderação é a forma de aplicação específica do princípio" (ALEXY, Robert. *Teoria discursiva do direito.* Op. cit., p. 146).

184 PARENTE, Eduardo de Albuquerque. *Processo arbitral e sistema.* Op. cit., p. 68-69.

De modo geral, a compatibilização será mais fácil quando se tratar de princípios, diante de sua maior abertura ao trabalho do intérprete, a qual permite, por si só, uma maior facilidade no rearranjo normativo. Todavia, haverá hipóteses em que certas regras terão aplicação e certos princípios não.

Veja-se que, no afã de tornar ainda mais inequívoca a incidência da Constituição ao processo,[185] o CPC/15 trouxe um capítulo inteiro dedicado às "Normas Fundamentais do Processo" (arts. 1º a 12), que, em grande parte, reproduz diversos dispositivos já constantes da Carta Maior. Em seu bojo, não há unicamente princípios que informam o devido processo legal; há também regras com esse desiderato.

De um lado, o Código elencou disposições mais genéricas, como as que dizem respeito à duração razoável do processo (art. 4º), à boa-fé processual (art. 5º), à cooperação (art. 6º), ao contraditório, à igualdade e à ampla defesa (art. 7º), bem como à dignidade da pessoa humana e à proporcionalidade (art. 8º). Todas elas se estruturam sob a forma de *princípios*, na medida em que enunciam um fim a ser atingido, sem estipular exatamente os meios que deverão ser aplicados para tanto e sem impedir eventuais ponderações com outras normas em sentido contrário.

De outro lado, há normas que se exprimem como *regras* e que visam, precipuamente, efetivar a realização prática de princípios mais gerais. É o caso, para ilustrar, das previsões de que "não se proferirá decisão contra uma das partes sem que ela seja previamente ouvida" (art. 9º, caput) e "o juiz não pode decidir, em grau algum de jurisdição, com base em fundamento a respeito do qual não se tenha dado às partes oportunidade de se manifestar, ainda que se trate de matéria sobre a qual deva decidir de ofício" (art. 10). Ambas estão

[185] "Esse capítulo reproduz alguns enunciados normativos constitucionais (art. 3º, *caput*, p.ex., que praticamente reproduz o inciso XXXV do art. 5º da CF/1988) – e, nesse sentido, não inova. Nos casos em que há mera repetição do texto constitucional, o conteúdo normativo será, sempre, constitucional, não infraconstitucional. Os dispositivos copiados são meras reafirmações de texto da Constituição – exemplo claro de legislação simbólica: repete-se, em fonte normativa de nível inferior, o enunciado normativo de nível superior, sem qualquer novidade, nem mesmo a atribuição de maior densidade normativa ao comando constitucional. No particular, a norma constitucional é *ventríloqua*: fala também por intermédio do texto legal. Mas o capítulo também traz novos enunciados normativos, sem previsão expressa na Constituição, embora todos eles possam encontrar nela algum fundamento" (DIDIER JR., Fredie. *Curso de direito processual civil:* introdução ao direito processual civil. Op. cit., p. 72).

intimamente conectadas ao princípio do contraditório e representam uma prévia ponderação de princípios já efetuada pelo legislador, que preferiu, nessas hipóteses, veicular comando direto e objetivo, com o propósito de superar anos de prática consolidada nos tribunais.

Tanto os princípios, como as regras mencionadas acima, têm ampla margem de aplicação ao processo arbitral, na medida em que, *a priori*, não são incompatíveis com os atributos intrínsecos à arbitragem e reproduzem aspectos normativos que poderiam já ser diretamente extraídos do princípio do devido processo. No silêncio das partes, deverão, assim, ser empregados pelos árbitros.

Em outra ponta, é possível observar princípios do CPC que não teriam repercussão – ao menos, não obrigatória – no processo arbitral. É o caso, *e.g.*, dos princípios da legalidade e da publicidade, constantes do art. 8º, que dependeriam da manifestação de vontade das partes para se tornarem vinculantes.[186]

Assim, com o objetivo de se delinear uma síntese da dinâmica que deve ser observada para a incorporação de influxos advindos do processo civil estatal ao processo arbitral, pode-se referir que: (i) deve, em qualquer caso, ser respeitada a vontade das partes, que se encontra limitada apenas pela incidência dos preceitos mínimos do *due process*, reconstruídos especificamente à luz do sistema do processo arbitral;[187] (ii) o procedimento arbitral deve ser desenvolvido com a permanente cooperação de todos os sujeitos processuais, viabilizando-se, em máxima medida, o contraditório participativo; (iii) construções conceituais elementares, da ordem da Teoria Geral do Processo, que estejam positivadas na legislação processual vigente, são plenamente aproveitáveis pelos árbitros; e, (iv) havendo lacunas não preenchidas pelas próprias partes em clima de contraditório, os parâmetros normativos encampados no processo estatal podem incidir sempre que reforçarem o ambiente participativo e o devido processo legal aplicável ao sistema arbitral, compatibilizando-se

[186] A arbitragem não se vincula necessariamente à legalidade e à publicidade. Ressalvando-se as hipóteses em que esteja envolvida a Administração Pública (art. 2º, §3º, da Lei nº 9.307/96), as partes podem escolher as normas de direito material aplicáveis, inclusive optando pelo julgamento por equidade (art. 2º da Lei nº 9.307/96), e podem determinar que o procedimento tramite em sigilo (arts. 13, §6º e 22-C, par. único, ambos da Lei nº 9.307/96).

[187] O conteúdo do "devido processo legal arbitral" será introduzido no próximo tópico, com a definição de balizas para a identificação de seu núcleo essencial.

com a natureza e os desígnios da arbitragem, independentemente de se estruturarem como princípios ou regras.

Vislumbradas, assim, a incidência das normas constitucionais e a possibilidade de aplicação de normas dispostas na legislação processual ordinária ao processo arbitral, esta obra examina como essa influência é canalizada e ordenada para a arbitragem.

Passa-se a estudar, então, o conteúdo do *devido processo legal arbitral.*

1.3.2 Devido processo legal arbitral[188]

Conforme se demonstrou nos tópicos anteriores, a observância ao devido processo legal é mandatória na arbitragem. Além de decorrer diretamente da Constituição Federal, também encontra amparo no art. 21, §2º, da Lei nº 9.307/96, que faz expressa referência à necessidade de respeito ao contraditório, à igualdade das partes, à imparcialidade[189] do árbitro e ao seu livre convencimento.[190]

[188] A expressão, como dito anteriormente, foi veiculada por PARENTE, Eduardo de Albuquerque. *Processo arbitral e sistema.* Op. cit., p. 103-107. Neste estudo, optou-se de igual modo por manter o uso do termo "legal", porquanto, ainda que não se esteja falando da estrita obediência à normativa *infraconstitucional* (que no processo arbitral é ainda menos relevante, diante da primazia das normas convencionais), o "devido processo legal" já está consagrado na doutrina do direito processual e é assim referido na Constituição. Sem prejuízo, é sempre válido recordar que "[e]mbora o Texto Constitucional brasileiro fale, expressamente, em 'devido processo legal', não se pode ver neste princípio uma garantia de que se observará o devido processo *da lei.* O devido processo que o ordenamento jurídico brasileiro assegura é o *devido processo constitucional*" (CÂMARA, Alexandre Freitas. Dimensão processual do princípio do devido processo constitucional. *Revista Iberoamericana de Derecho Procesal*, v. 1, jan.-jun/2015, p. 18). Poderia ser usada, portanto, a locução *devido processo constitucional arbitral* ou somente *devido processo arbitral.*

[189] O princípio da independência não é referido diretamente no art. 21, §2º, mas se encontra intimamente conectado à exigência de um julgador imparcial e é previsto em diversos dispositivos da Lei de Arbitragem, como os arts. 13, §6º, 14, §1º, e 20.

[190] Nessa mesma linha, Selma Ferreira Lemes pontua que "a doutrina espanhola construiu, através da pena do professor da Universidade do País Basco, Antonio M. Lorca Navarrete, a denominada teoria garantista do procedimento arbitral, acentuando que a existência da arbitragem implica o desenvolvimento de um sistema de garantias processuais que possuem projeção constitucional. Constituem as garantias do cidadão, espelhadas nos princípios do direito constitucional processual (art. 5º, incisos XXXV, LIV e LV)" (LEMES, Selma Ferreira. Princípios e origens da lei de arbitragem. *Revista do Advogado,* n. 51, out./1997, p. 33).

Trata-se de preceito intimamente ligado à prestação de uma tutela jurisdicional adequada, que conjuga e reordena diversos outros princípios processuais a ele diretamente conectados e, por isso, constitui um dos principais exemplos de *sobreprincípios* no ordenamento pátrio.[191]

O campo de atuação do devido processo legal é tão amplo, que, mesmo no processo civil tradicional, com séculos de pesquisa acadêmica, não há uniformidade de pensamento em relação à exata extensão e composição do princípio.

Nessa perspectiva, ao tratar das garantias da tutela jurisdicional efetiva, Leonardo Greco prescreve o atendimento a uma ampla relação de direitos que entende poderem ser sintetizados nas expressões *devido processo legal* ou *processo justo*. Sob o ângulo individual, indica as garantias do amplo acesso à justiça, da imparcialidade do julgador, da ampla defesa, dos direitos dos hipossuficientes, do juiz natural, da inércia, do contraditório, da oralidade, da coisa julgada e da possibilidade de renúncia à tutela jurisdicional. Por sua vez, sob o ângulo das garantias estruturais, refere a impessoalidade e a permanência da jurisdição, a independência dos juízes, a motivação das decisões, a igualdade concreta, a inexistência de obstáculos ilegítimos ao acesso à justiça, a efetividade qualitativa, o procedimento legal, flexível e previsível, a publicidade, a legalidade estrita no exercício do poder de coerção, a duração razoável, o duplo grau de jurisdição e a dignidade da pessoa humana.[192]

Se não é simples essa demarcação no processo estatal, a delimitação do núcleo do devido processo apresenta ainda maior complexidade no processo arbitral. Afinal, a todo o tempo as variadas garantias precisam ser

[191] Segundo Humberto Ávila, "como vários elementos necessários à promoção do ideal de protetividade já estão previstos na própria Constituição, quer por meio da previsão de ideais mais restritos (princípios da ampla defesa e do contraditório), quer por meio da previsão de comportamentos ou de prerrogativas (regras do juiz natural imparcial, da motivação, da publicidade e da proibição de prova ilícita), além daquelas funções, o princípio do devido processo legal procedimental, ao ascender à posição de sobreprincípio, exerce uma função rearticuladora relativamente a esses elementos já previstos, que tanto podem convergir, quanto divergir relativamente ao fim maior" (ÁVILA, Humberto. O que é "devido processo legal"? *Revista de Processo*, v. 163, set./2008, p. 58).

[192] GRECO, Leonardo. O princípio do contraditório. In: GRECO, Leonardo. *Estudos de Direito Processual*. Campos: Ed. Faculdade de Direito de Campos, 2005, p. 225-273.

compatibilizadas, sopesadas e rearticuladas de acordo com as características essenciais desse método alternativo de solução de controvérsias.[193]

Com efeito, é preciso discernir uma noção de devido processo bastante diferenciada para a arbitragem, apta a oportunizar processo rápido, técnico, atento à vontade das partes e que, ao mesmo tempo, respeite um conteúdo garantístico mínimo. Não se pode efetuar, de forma acrítica, a mera transposição do *due process* aplicável à jurisdição do Estado para a jurisdição privada. A instância arbitral não pode ser engessada, nem receber influxos que atentem contra os seus desígnios básicos. Deve, ao revés, ser mesmo informal e flexível, mas, à sua maneira, propiciar amplo campo para que as partes possam desenvolver toda a sua capacidade discursiva e instrutória, conferindo ao árbitro a maior quantidade de elementos possível para o satisfatório deslinde da demanda.

Nessa medida, se é certo que os influxos advindos das normas insculpidas na Constituição e na legislação processual civil ordinária são relevantes para a conceituação do devido processo legal arbitral, atribuindo-lhe corpo normativo razoavelmente identificável, até em virtude da farta tradição histórica do instituto, tampouco se pode ignorar que, ao ser introduzido na arbitragem, o devido processo precisa ser reconstruído a partir dos alicerces próprios ao processo arbitral.

Tanto os princípios constitucionais, como os dispositivos infraconstitucionais que detalham o conceito de devido processo, devem ser importados para o sistema do processo arbitral de forma a resguardar as características que lhe atribuem fechamento operacional, a saber: (i) trata-se de meio jurisdicional

[193] "[E]s indiscutible que el arbitraje tiene la vocación de asegurar, por sus propios métodos, la protección de esos mismos derechos fundamentales que son, frente al juez, objeto de garantías constitucionales, sin por ello *constitucionalizarse* directamente. Hay allí una suerte de fertilización recíproca: el arbitraje se abre a las garantías fundamentales, pero estas garantías están adaptadas a las necesidades propias del proceso arbitral y su recepción se hace por las técnicas y métodos del derecho privado" (MOURRE, Alexis. Los méritos de la constitucionalización del procedimiento civil y del derecho del arbitraje, *Revista de Arbitragem e Mediação*, v. 15, out./2007, p. 130). Tradução livre: "É indiscutível que a arbitragem tem vocação para assegurar, por seus próprios métodos, a proteção desses mesmos direitos fundamentais que são, frente ao juiz, objeto de garantias constitucionais, sem por isso constitucionalizar-se diretamente. Há ali uma espécie de fertilização recíproca: a arbitragem se abre às garantias fundamentais, mas estas garantias estão adaptadas às necessidades próprias do processo arbitral e sua recepção se faz pelas técnicas e pelos métodos do direito privado".

erigido por particulares; (ii) a autonomia privada está alçada ao patamar de seus pilares principiológicos, sendo concedida ampla liberdade às partes na escolha dos árbitros e das normas de direito material e processual aplicáveis; e (iii) os escopos perseguidos por esse método extrajudicial apresentam uma simbiose significativa com os objetivos das partes, não demonstrando conexão relevante com outros interesses públicos externos ao processo, ressalvado, naturalmente, o ideário geral de eliminação de conflitos.

Será somente por meio dessa operação, norteada pela efetiva e igualitária participação das partes na formação da decisão,[194] que se poderá falar propriamente em devido processo legal *arbitral*. Fora disso, estar-se-á indevidamente enxergando o processo arbitral pelas lentes do judicial, comprometendo a valia da arbitragem no ambiente de fórum multiportas de solução de controvérsias. Afinal, de nada adiantará colocar meios alternativos (*rectius*: adequados) à disposição dos litigantes, se tais métodos forem interpretados de forma muito similar à modalidade de heterocomposição conduzida pelo Estado e, em essência, a ela equivalerem.

Daí a importância da utilização da Teoria dos Sistemas como marco teórico para o tratamento do tema: o processo arbitral não está isolado no ordenamento jurídico; pode – e deve – receber contribuições de outros ramos da Teoria Geral do Processo para implementar o devido processo legal, mas não será possível jamais descuidar das funções que desempenha e de sua natureza intrínseca.

Para fincar a compreensão do que ora se propugna, pode-se tomar como exemplo os princípios da imparcialidade e da independência. Se no processo civil seria absolutamente inviável cogitar – ao menos de acordo com a legislação atual – da escolha do juiz por autor e réu, no processo arbitral ela é plenamente permitida e deriva da autonomia privada das partes e da confiança que

[194] Essa é a posição adotada por Rafael Francisco Alves: "quando se fala em devido processo legal na arbitragem, deve-se ter em mente que a sua imposição justifica-se apenas como meio de garantir a igualdade de participação de todos os envolvidos. Em outras palavras, a igualdade de participação é a justificativa para a imposição da observância dos princípios processuais na arbitragem. Sem efetiva participação, não há processo, não há arbitragem. A participação é, assim, o metro para se analisar a observância ou inobservância da garantia constitucional do devido processo legal, projetada também sobre a arbitragem" (ALVES, Rafael Francisco. O devido processo legal na arbitragem. In: JOBIM, Eduardo; MACHADO, Rafael Bicca (Coord.). *Arbitragem no Brasil:* aspectos jurídicos relevantes. Op. cit., p. 390).

devem depositar nos árbitros. A imparcialidade e a independência subsistem como atributos básicos do devido processo, porém se configuram de modo substancialmente distinto, ainda que mantendo o respeito à premissa essencial de que o árbitro não deve ter interesse no resultado do litígio.

Esclarecidos os fundamentos teóricos do devido processo legal arbitral, vê-se que a sua regulação e incidência ocorrerá precipuamente em três planos: (i) no controle das normas processuais a serem adotadas; (ii) no preenchimento de eventuais lacunas no procedimento; e (iii) na identificação de quais consequências advirão da transgressão de seus princípios informativos.[195]

Quanto ao primeiro aspecto, deve-se recordar que as partes ostentam franca autonomia para eleger o procedimento, solicitar a sua enunciação pelos árbitros ou adotar regulamentos de câmaras arbitrais. Em rigor, no bojo de um mesmo processo arbitral, o ordinário é que as normas processuais sejam estabelecidas de mais de uma maneira. O fato de incidir o regulamento de uma instituição de arbitragem não afasta habitualmente a necessidade de que determinadas questões processuais ainda tenham de ser deliberadas pelos sujeitos arbitrais. Esse esforço costuma ser concentrado no estágio de celebração do termo de arbitragem, mas pode ser conjugado com outros atos no decorrer do feito, como manifestações conjuntas das partes sobre a formatação de uma perícia técnica ou ordens processuais emitidas pelos julgadores a respeito do itinerário a ser cumprido para a exibição de documentos. As hipóteses são variadas.

Em todos esses casos, o rito fixado estará submetido a uma análise prévia e abstrata de validade. Serão admitidas exclusivamente as disposições que se coadunarem com o devido processo legal arbitral, de modo que, a título ilustrativo, deverá ser eliminada qualquer previsão que restrinja demasiadamente o direito à produção de provas por uma das partes ou gere ofensa frontal à

[195] Em linha similar, Rafael Francisco Alves sustenta que "são três os passos a serem dados, um em abstrato e dois em concreto. Deste modo, (i) o controle da escolha da regra processual em abstrato constitui passo preliminar e indispensável para que se possa, em concreto, (ii) desconsiderar o eventual descumprimento dessa regra, se não houver violação do devido processo legal e (iii), havendo tal violação, desconsiderá-la diante da ausência de prejuízo material para a parte" (ALVES, Rafael Francisco. O devido processo legal na arbitragem. In: JOBIM, Eduardo; MACHADO, Rafael Bicca (Coord.). *Arbitragem no Brasil:* aspectos jurídicos relevantes. Op. cit., p. 386).

paridade de armas, tolhendo-lhe, por completo e sem justificativas idôneas, o direito de efetiva participação e influência.

Demais disso, é bem de ver que a referida avaliação não será praticada apenas em abstrato. Ao longo da arbitragem, também deverá ser analisado concretamente se o procedimento escolhido em momento antecedente prestigia ou, ao contrário, repudia as garantias do *due process*.

Pode-se cogitar, sob esse ângulo, da hipótese em que seja prevista no termo de arbitragem a realização de uma única audiência para a produção de todas as provas orais. Por certo, essa regra terá aptidão para promover o devido processo, na medida em que se apresenta, ao menos em tese, favorável à economia processual e à duração razoável do processo. Não obstante, se no caso concreto se fizer necessária posteriormente a oitiva de nova testemunha para elucidar questão essencial para o deslinde da controvérsia – e ainda não houver operado o fenômeno da preclusão[196] –, o procedimento deverá ser ajustado para comportar a produção dessa prova, sob pena de contrariar o contraditório e a ampla defesa.

Nessa mesma ordem de ideias, a estipulação de prazo de 15 dias corridos para oferecimento de réplica é, em abstrato, perfeitamente razoável. No entanto, se o requerido apresenta quantidade elevada de documentos, argui inúmeros fatos novos e/ou formula pedidos contrapostos, esse lapso temporal pode não ser suficiente para proporcionar o regular direito de participação da parte contrária.[197]

Em todos esses cenários, é de se exigir postura ativa dos árbitros, seja no plano abstrato, seja no concreto, no que diz respeito à coibição das possíveis máculas no procedimento. Do contrário, o vício poderá levar até mesmo à excepcional anulação da sentença arbitral, tema que será objeto do tópico 2.4.

[196] O estudo da peculiar dinâmica da preclusão no processo arbitral será objeto do tópico 2.2.2.2.3.

[197] Como observa Leonardo Schenk, o conteúdo atual do contraditório envolve "a previsão de prazos razoáveis para o amplo exercício da defesa, não apenas no momento inicial da marcha processual mas em todo o seu curso" (SCHENK, Leonardo Faria. Notas sobre o contraditório e a cognição no Processo Civil. In: MIRZA, Flávio (Org.). *Direito Processual*. Rio de Janeiro: Freitas Bastos, 2015, p. 163). Justamente por essa razão, o CPC/15 passou a prever a possibilidade de que o juiz promova a dilação de prazos processuais, "adequando-os às necessidades do conflito de modo a conferir maior efetividade à tutela do direito" (art. 139, VI).

Passando adiante, a próxima etapa de promoção do devido processo tem lugar no preenchimento de lacunas no procedimento. Como já se teve a oportunidade de frisar, é usual que seja necessário enfrentar temas que não tenham sido previamente cogitados quando o rito foi estabelecido. Nessa conjectura, será preciso que as partes e os árbitros construam as normas processuais que regerão a nova situação posta, tomando como diretriz o respeito ao devido processo.

A melhor opção, nesse cenário, será sempre que os árbitros busquem uma solução em cooperação com os interessados. Desde que não se trate de questão de menor relevância e inteiramente inapta a ensejar prejuízos às partes, tão logo um obstáculo se exteriorize, os árbitros deverão levá-lo ao conhecimento dos demais sujeitos do processo e tentar alcançar caminho consensual para a sua superação. Viabilizado o amplo envolvimento das partes, será ampliada a possibilidade de que o procedimento transcorra regularmente e não haja espaço para críticas ou arguição de nulidades.

Se não se lograr a formação de consenso, os árbitros deverão, então, preencher a lacuna de modo a efetivar, na maior medida possível, a justa participação das partes. Pela sua importância, os pormenores do tema serão tratados no tópico 2.2.2.2.1.

Por último, descritos os dois planos acima referidos, há ainda uma última indagação a ser feita: quais serão as consequências da ofensa aos variados desdobramentos do devido processo legal arbitral?

A resposta a esse quesito dependerá sempre de quão prejudicadas as partes forem com o desatendimento dos predicados do devido processo. A medida do prejuízo será, por sua vez, a ofensa ao direito de participação dos interessados na solução da controvérsia, conjugada com a subsequente ocorrência de desdobramentos negativos no âmbito do direito material.[198]

Nesse aspecto, é plenamente viável cogitar de situação em que a parte tenha algum direito processual solapado, mas a sentença ao final proferida não lhe acarrete qualquer prejuízo. Isso ocorrerá, exemplificativamente, quando ocorrer o indeferimento de determinada prova de defesa, porém os árbitros optem por acolher outra alegação da requerida como fundamento,

[198] ALVES, Rafael Francisco. O devido processo legal na arbitragem. In: JOBIM, Eduardo; MACHADO, Rafael Bicca (Coord.). *Arbitragem no Brasil*: aspectos jurídicos relevantes. Op. cit., p. 393.

julgando improcedentes os pedidos autorais. Nesse cenário, a inexistência de repercussão material não permitirá a declaração de qualquer nulidade. *Pas de nullité sans grief.*[199]

Há casos, não obstante, em que a dinâmica é outra: a parte é efetivamente prejudicada por determinada mazela procedimental. Incumbirá aos árbitros, então, adotar todas as medidas possíveis para franquear-lhe meios participativos que permitam a superação dos vícios processuais incorridos. Essas medidas poderão consistir na anulação de decisões, reabertura da fase instrutória, intimação para que a parte se manifeste sobre algum ponto específico e, mesmo, o desentranhamento de petições que eventualmente ofendam o devido processo legal, como um petitório de apresentação de provas ilícitas.

Se ao fim do procedimento o prejuízo permanecer, poderá ser aventada ainda a própria anulação da sentença arbitral. Essa via é, entretanto, absolutamente excepcional e não será aberta por *qualquer* ofensa ao devido processo. Apenas casos graves poderão autorizar a revisão judicial da decisão.[200]

Retratado o quadro geral sobre o devido processo legal arbitral, cumpre explicar por que motivo esta obra passará a se deter exclusivamente no exame dos princípios do contraditório, da imparcialidade e da independência do árbitro.

1.3.2.1 A relevância do contraditório, da imparcialidade e da independência para o devido processo legal arbitral

Conforme já demonstrado, o devido processo é informado por uma ampla variedade de prerrogativas conferidas às partes. Na Lei de Arbitragem, o legislador pinçou o contraditório, a igualdade, o livre convencimento motivado e a imparcialidade (art. 21, §2º). A esses, somam-se ainda a ampla defesa, a boa-fé processual, o princípio dispositivo e um sem-número de outros direitos processuais relevantes. Esta obra, contudo, selecionou apenas o contraditório

[199] "Um dos critérios para verificar a existência de prejuízo decorrente do vício processual tem em vista elementos do próprio direito material. Se a sentença de mérito puder ser proferida em favor daquele a quem o reconhecimento da nulidade iria favorecer, não há por que decretá-la" (BEDAQUE, José Roberto dos Santos. *Direito e processo:* influência do direito material sobre o processo, 4.ed. São Paulo: Malheiros, 2006, p. 114).

[200] Sobre o tema, ver tópicos 2.4 e 3.4.

e a imparcialidade, acrescendo-lhes, ainda, o princípio da independência, que representa a face objetiva da equidistância do julgador.

O recorte se deveu a duas razões principais.

Primeiro, porque seria inviável a produção de estudo de fôlego que tratasse simultaneamente de todos os desdobramentos do devido processo legal na arbitragem. Correr-se-ia o risco de muito buscar e nada alcançar, percorrendo todos os princípios de forma superficial.

Depois, porque se entendeu que o contraditório e a imparcialidade/independência constituem os principais desdobramentos do devido processo[201] e funcionam, em conjunto com a autonomia privada – que lhes confere sentido próprio na arbitragem –, como os marcos principiológicos básicos do processo arbitral.

Por um lado, o contraditório remete à ampla participação das partes na construção, em cooperação com o julgador, da decisão final que as irá vincular. Daí por que é considerado o núcleo essencial para que se possa falar na existência propriamente de *processo* arbitral.[202]

No mais, o contraditório é tão fundamental para a estruturação do procedimento e o desenvolvimento de todas as demais prerrogativas discursivas das partes, que é possível encontrar ampla área de interseção com os princípios da igualdade e da ampla defesa, não sendo absurdo dizer que esses últimos estão em grande medida nele incluídos.[203]

[201] Neil Andrews defende, assim, que "[t]anto na arbitragem quanto na atividade do Poder Judiciário, devem ser respeitados dois princípios processuais: a imparcialidade do árbitro e o dever de ouvir ambos os lados" (ANDREWS, Neil. Mediação e arbitragem na Inglaterra. *Revista de Processo*, v. 211, set./2012, p. 302). Em linha análoga, v. LEW, Julian D. M.; MISTELIS, Loukas A.; KROLL, Stefan Michael. *Comparative International Commercial Arbitration*. Kluwer Law International, 2003, p. 95. No processo estatal, José Frederico Marques igualmente aduziu que "o exercício da jurisdição deve operar-se através do devido processo legal, garantindo-se aos litigantes julgamento imparcial em procedimento regular em que haja plena segurança para o exercício da ação e do direito de defesa" (MARQUES, José Frederico. *Manual de direito processual civil, vol. 1*. Op. cit., p. 126).

[202] "A arbitragem manifesta-se, extrinsecamente, como um procedimento realizado em contraditório, motivo pelo qual podemos falar aqui em processo arbitral, posto que presente o já mencionado 'módulo processual', referido por *Fazzalari*, e que consiste exatamente neste procedimento em contraditório, revelador da existência de um processo" (CÂMARA, Alexandre Freitas. *Arbitragem – Lei nº 9.307/96*. Op. cit., p. 59).

[203] Nessa perspectiva, Selma Ferreira Lemes anota que "as mesmas oportunidades dadas ao autor para se manifestar, apresentar suas razões e provas devem ser dadas ao réu. A ampla

Ora, se, como será visto adiante, contraditório é *participação* e *influência*,[204] e não se pode pensar na presença regular desses atributos em processo que não conte com paridade de armas entre as partes e com a ampla possibilidade de produção de todos os meios de prova necessários a provar o que se alega, é natural que o estudo do contraditório desemboque igualmente no exame da isonomia processual e da ampla defesa.

Assinala-se ao contraditório, assim, a função de verdadeiro motor do processo. Por meio dele é que todo o procedimento é coordenado e as partes têm condições de se envolver democraticamente na produção da norma jurídica que regerá o caso concreto.

Por outro lado, de nada adiantaria essa canalização de esforços dos interessados, se a real participação na formação da decisão fosse obstaculizada por julgadores que já estão pré-dispostos a julgar de uma ou outra maneira.[205] A existência de juízes equidistantes das partes corresponde ao outro lado da moeda: a atividade desempenhada em clima de contraditório só terá importância se tiver efetiva aptidão para influenciar o julgamento da causa. Para

defesa só estará plenamente assegurada quanto uma verdade tiver iguais possibilidades de convencimento do magistrado, quer seja ela alegada pelo autor, quer pelo réu. 'O contraditório é por exteriorização a própria defesa', acentuam Celso Ribeiro Bastos e Ives Gandra da Silva Martins. 'A todo ato produzido caberá igual direito da outra parte de opor-se-lhe ou de dar-lhe a versão que lhe convenha, ou ainda de fornecer uma interpretação jurídica diversa daquela feita pelo autor. Daí o caráter dialético do processo que caminha através de contradições a serem superadas pela atividade sintetizadora do juiz.' Enfim, o princípio do contraditório corresponde ao princípio da igualdade das partes no processo que encontra ressonância no aforismo romano *audiatur et altera pars*" (LEMES, Selma M. Ferreira. Arbitragem. Princípios jurídicos fundamentais. Direito brasileiro e comparado. *Revista de informação legislativa*, v. 29, n. 115, p. 441-468, jul./set.1992, p. 444).

204 Ver tópico 2.1.2.

205 Como assenta Niklas Luhmann, "[é] sobretudo a incerteza quanto ao resultado que é essencial ao procedimento. Dá aos participantes o incentivo de contribuir para o progresso do procedimento por meio das suas próprias tentativas de redução, mantém-lhes vivas as esperanças e conduzi-los através do caminho que, de acordo com as regras do processo jurídico, levará à decisão. [...] Se não existir essa incerteza, então não ocorre um processo jurídico singular, como por exemplo em eleições políticas com listas únicas incontestáveis ou em 'processos de exibição'; mas antes uma declaração ritualística de valores dum outro sistema, que deve então ser também motivado exteriormente" (LUHMANN, Niklas. *Legitimação pelo procedimento*. Op. cit., p. 46).

isso, a imparcialidade e a independência dos julgadores são essenciais. Sem elas, não haverá sequer como se falar em jurisdição.[206]

No seio do processo arbitral, tais princípios éticos apresentam centralidade ainda maior, na medida em que a confiança corresponde a uma das marcas essenciais desse meio extrajudicial de solução de controvérsias. Como visto, a possibilidade de as partes escolherem os julgadores representa uma das principais razões pelas quais se recorre à arbitragem.

Desse modo, tem-se que o contraditório e a imparcialidade/independência são as duas principais vertentes do devido processo legal arbitral: outorgam estrutura discursiva básica e permitem que haja o efetivo exercício de atividade judicante, sem interesses escusos que a desnaturem. A diferença mais notória em relação ao processo judicial é que os referidos princípios precisarão ser sempre amoldados ao caráter privado e à autonomia privada que prevalece na arbitragem, bem como ordenados à consecução de seus específicos objetivos.

Sinalizadas as particularidades concernentes à estrutura principiológica do procedimento arbitral, com o apontamento da possível contribuição do processo estatal, tem-se base sólida para, enfim, passar-se ao exame do funcionamento do contraditório, da imparcialidade e da independência na arbitragem.

[206] «L'exigence d'indépendance de l'arbitre constitue donc un fondement de sa mission juridictionnelle. Et si 'lon en voulait une ultime preuve, on pourrait se reporter à un arrêt rendu par la Cour d'appel de Paris qui énonçait que: 'L'arbitrage trouve (...) sa valeur juridictionnelle dans l'indépendance des arbitres et le respect des principes fondamentaux du procès'» (CLAY, Thomas. *L'Arbitre*. Paris: Dalloz, 2001, p. 272). Tradução livre: "A exigência de independência do árbitro constitui, assim, um fundamento de sua missão jurisdicional. E, caso se queira uma prova final, poder-se-ia referir a uma sentença proferida pelo Tribunal de Recursos de Paris, a qual enuncia o seguinte: 'A arbitragem encontra (...) seu valor jurisdicional na independência dos árbitros e no respeito aos princípios fundamentais do processo'". Anota Liebman, nessa perspectiva que "a Convenção Européia (art. 6.º) e o Pacto Internacional (art. 14) indicam a independência e a imparcialidade do juiz entre os direitos do homem. Para ser imparcial, porém, o juiz precisa antes de tudo ser terceiro em relação às partes em litígio, estranho às suas posições e aos seus interesses (*ninguém pode ser juiz em causa própria*). A Corte Constitucional declarou que 'um dos dados que conferem caráter jurisdicional a um órgão reside em ser-lhe estranho o interesse com relação ao qual emite o seu pronunciamento'" (LIEBMAN, Enrico Tullio. *Manual de direito processual civil, 1.* Tradução e notas de Cândido R. Dinamarco. Op. cit., p. 27).

2. Contraditório

2.1 Desenvolvimento e conteúdo essencial

O princípio do contraditório está previsto no art. 5º, LV, da Constituição Federal e se encontra na fundação de todo o direito processual. Consoante a lição de Fazzalari, se não há contraditório, não há processo.[207]

Dessa premissa, contudo, não se extrai que o contraditório tenha sempre a mesma configuração. Para além de precisar ser readaptado e reconstruído

[207] "Il *genus* 'procedimento' è sequenza di norme (di posizioni soggettive, di atti) fino alla norma, alla posizione soggettiva e all'atto – di solito, un provvedimento – che concludono la sequenza ed ai quali il suo svolgimento è indirizzato. [...] Dal suo canto, la *species* processo è contraddistinta: dalla partecipazione degli 'interessati' all'*iter* procedimentale, nella fase preparatoria del provvedimento, intendendosi per tali quanti siano destinati a subire l'efficacia diretta dell'atto finale; non solo, ma anche e specialmente dal modo dialettico di tale partecipazione, il contradditorio, ch'è il dire e contraddire, sul piede di simmetrica parità, in ordine a tutte le questioni, anche di rito, che il processo pone, e dei cui risultati – del contradditorio, intendo – l'autore dell'atto finale non può non tenere conto" (FAZZALARI, Elio. Valori permanenti del processo. *Rivista di Diritto Processuale*. Padova: CEDAM, 1989, p. 2-3). Tradução livre: "O gênero 'procedimento' é uma sequência de normas (de posições subjetivas, atos) até a norma, a posição subjetiva e o ato – geralmente, um provimento – que conclui a sequência e para o qual o seu desenvolvimento é direcionado. [...] Por outro lado, a *espécie* processo é distinta: pela participação dos 'interessados' no *iter* procedimental na fase preparatória do procedimento, entendendo-se por tais aqueles que estão destinados a sofrer a eficácia direta do ato final; não só, mas também e especialmente pelo modo dialético de tal participação, o contraditório, que é dizer e contradizer, em pé de simétrica paridade, em relação a todas as questões, até mesmo de rito, que o processo põe, e cujos resultados – do contraditório, quero dizer – o autor do ato final não pode ignorar".

segundo as especificidades de cada caso concreto, o instituto passou por significativas transformações nos últimos séculos, tendo acompanhado o próprio desenvolvimento do direito contemporâneo, com os seus desdobramentos nos campos da democracia e da eficácia normativa da Constituição. Os avanços foram marcantes e permitem, na atualidade, uma vigorosa troca de influências entre o processo civil estatal e o arbitral.

Não obstante, para que se compreenda o que o contraditório é hoje, releva entender antes o que ele foi e quais pressões levaram à sua parcial ressignificação, até porque o seu conteúdo básico não deixou de existir; somente recebeu novos incrementos e uma outra feição normativa.

2.1.1 Direito de ciência e reação

Ainda na Antiguidade grega, já se entendia que o julgador apenas poderia decidir após cientificar a parte requerida e permitir a sua prévia manifestação. O contraditório manifestava-se pela imposição da audiência bilateral, que era vista como decorrência do próprio direito natural, existindo independentemente de qualquer positivação.[208]

Mais à frente, durante a Idade Média, a máxima da *audiatur et altera pars* passou a ser vislumbrada como imperativo ético e lógico para a busca da verdade e chegou a ser justificada até mesmo por referências bíblicas, como a passagem em que, antes de condenar Adão à expulsão do Paraíso, Deus tê-lo-ia interpelado para se manifestar.[209]

[208] GRECO, Leonardo. O princípio do contraditório. In: GRECO, Leonardo. *Estudos de Direito Processual*. Op. cit., p. 541.

[209] "O fundamento do procedimento medieval – o verdadeiro *ordo substantialis* – é representado pelo complexo de regras que hoje retomamos na fórmula 'princípio do contraditório', e que se constitui mais propriamente em uma metodologia de investigação da verdade. Segundo a concepção medieval, tal metodologia se resolvia na *ars opponendi et respondendi*, em uma regulamentação do diálogo que assegurava reciprocidade e igualdade às partes: *citatio* e *defensio* constituíam momentos de informação contrária, justificação e contestação. O contraditório representava o instrumento para a investigação dialética da 'verdade provável'. [...] No século XV, Roberto Maranta – mestre e concidadão do Cardeal De Luca – esteve entre os que contribuíram, com a sua autoridade, para consolidar as matrizes jusnaturalistas da máxima *audiatur et altera pars*. Maranta elevou, de fato, o contraditório a símbolo dos direitos naturais: *'quia citatio est inventa de iure naturali et est species defensionis (...) nullo modo potest omitii etiam per principem'*. Para comprovação da tese ele aduz uma passagem do Gênesis (3.9), na qual

O contraditório perdeu força, porém, durante o início do Século XX, em função do grande prestígio da corrente positivista, que desvalorizava a eficácia normativa dos princípios. Sustentou-se, à época, que o instituto não era essencial a qualquer procedimento, sendo possível alcançar uma decisão adequada sem o seu atendimento.

A retomada da importância axiológica do contraditório apenas ocorreu no segundo pós-guerra, quando o movimento pós-positivista veio à tona e revalorizou as construções principiológicas que efetivam os direitos humanos, preocupando-se em reincorporar a ética ao direito.[210]

Ao longo de todo esse período histórico prevaleceu a ideia de que o contraditório confundir-se-ia com a exigência de prévia citação[211] e de oportunidade de manifestação de todos aqueles que pudessem ter sua esfera jurídica de interesses afetada pelo processo.

Tratava-se do binômio *ciência e reação*: de um lado, as partes deveriam ser informadas dos efeitos prejudiciais que as decisões poderiam lhes causar; de outro, teriam a faculdade[212] de se expressar, sendo-lhes franqueado espaço

'deus citavit adam' antes de condená-lo à expulsão do paraíso" (PICARDI, Nicola. *Jurisdição e processo.* Tradução de Carlos Alberto Alvaro de Oliveira. Rio de Janeiro: Forense, 2008, p. 129 e 132).

210 RODRIGUES, Marco Antonio dos Santos. *A modificação do pedido e da causa de pedir no processo civil.* Rio de Janeiro: LMJ Mundo Jurídico, 2014, p. 155-156. Na mesma linha, SCHENK, Leonardo Faria. Notas sobre o contraditório e a cognição no Processo Civil. In: MIRZA, Flávio (Org.). *Direito Processual.* Op. cit., p. 162.

211 Por mais que sejam conhecidas as exceções que autorizam a dispensa de citação (como a manifestação espontânea do réu ou a extinção liminar do processo), Liebman referia que o "primeiro e fundamental requisito para a existência de um processo sempre foi, é, e sempre será, a citação do réu, para que possa ser ouvido em suas defesas. *Audiatur e altera pars*" (LIEBMAN, Enrico Tullio. *Estudos sobre o processo civil brasileiro.* São Paulo: Bestbook, 2004, p. 117).

212 Fala-se em *oportunidade,* porque "[o] fato de as partes não se desincumbirem adequadamente de exercitar o contraditório e os ônus a ele inerentes, não infirma tal princípio. O processo tem um procedimento estabelecido na lei e um tempo de duração, que não volta atrás, com fases preclusivas. A perda de oportunidade pelo decurso do prazo, a falta da produção de prova adequada e mesmo de alegações fundadas, fazem parte das regras do jogo que informam o devido processo legal. O contraditório, nestas situações, não foi executado por vontade das próprias partes, a qual ele poderia aproveitar" (CARNEIRO, Paulo Cezar Pinheiro. Comentários ao art. 9º. In: WAMBIER, Teresa Arruda Alvim (Coord.). *Breves comentários ao Novo Código de Processo Civil.* São Paulo: Revista dos Tribunais, 2015, p. 78). Com o mesmo entendimento, RICCI, Edoardo F. Princípio do contraditório e questões que o juiz

para acessar os autos do processo, refutar as alegações da parte contrária, formular requerimentos ao juiz, produzir provas, preparar perguntas e quesitos, sustentar oralmente suas razões e exercer outras prerrogativas análogas.[213]

Não se ignora, por certo, que tais aspectos ainda são indispensáveis e devem ser observados até os dias atuais. Todavia, já se percebeu que a compreensão do contraditório tão somente como direito de *ciência e reação* representa uma leitura acanhada do princípio e não se afigura suficiente para garantir procedimento verdadeiramente democrático.

Não basta que as partes tenham conhecimento da existência do processo e nele possam se manifestar e produzir provas. É preciso mais. Em especial, é preciso que essa atuação se reflita efetivamente na atividade de construção da norma jurídica do caso concreto desempenhada pelo julgador.[214] Do contrário, a garantia será absolutamente inócua e representará mero engodo para ocultar decisões arbitrárias.

Daí ter emergido uma noção qualificada de contraditório, caracterizado como direito de influência e participação democrática.

2.1.2 Direito de influência e participação democrática

O processo constitui relevante centro de produção de normas jurídicas. Por isso, deve retratar, no âmbito de um Estado Democrático de Direito, intensa preocupação com a participação de todos aqueles que possam ter a sua esfera jurídica afetada pela decisão, legitimando a atividade judicante.[215] O contraditório corresponde ao metro dessa participação.

pode propor de ofício. In: FUX, Luiz; NERY JR., Nelson; WAMBIER, Teresa Arruda Alvim (Coord.). *Processo e Constituição*: estudos em homenagem ao professor José Carlos Barbosa Moreira. Op. cit., p. 495.

213 Esse conteúdo clássico do contraditório é relatado por CABRAL, Antonio do Passo. *Nulidades no processo moderno*, 2.ed. Op. cit., p. 104.

214 WAMBIER, Teresa Arruda Alvim. A influência do contraditório na convicção do juiz: fundamentação de sentença e de acórdão. *Revista de Processo*, v. 168, fev./2009, p. 55-57. Segundo Alexandre Câmara, "[o] contraditório é, muito mais do que o 'direito de falar', o *direito de ser ouvido*, impondo-se deste modo, ao juiz, o dever de ouvir o que as partes têm a dizer, levando em consideração seus argumentos ao proferir a decisão" (CÂMARA, Alexandre Freitas. Dimensão processual do princípio do devido processo constitucional. Op. cit., p. 29).

215 "Como é óbvio, se no Estado Democrático de Direito a participação é indispensável requisito de legitimação do exercício do poder, não há como imaginar que uma decisão – ato

Contrapondo-se à ideia de democracia representativa, o modelo atual de democracia deliberativa coloca o discurso no centro das instâncias decisórias. Os cidadãos não devem apenas ser informados e ter a capacidade de reagir a medidas processuais; devem também portar ampla capacidade de participação na construção discursiva das decisões, influenciando e condicionando eficazmente a atuação de todos os demais sujeitos do processo.[216]

Barbosa Moreira já ensinava que o contraditório concede a cada uma das partes a possibilidade de efetivamente participar do procedimento, expor suas razões, provar os seus argumentos e se manifestar sobre as teses contrárias e as provas produzidas no processo, vedando, por conseguinte, que o juiz decida sem antes ouvir os interessados ou oportunizar que se pronunciem sobre o acervo probatório.[217]

de positivação do poder estatal – possa gerar efeitos em face de pessoas que não tiveram oportunidade de participar" (MARINONI, Luiz Guilherme. *Incidente de resolução de demandas repetitivas e recursos repetitivos*: entre precedente, coisa julgada sobre questão, direito subjetivo ao recurso especial e direito fundamental de participar. *Revista dos Tribunais*, v. 962, dez./2015, p. 141). Em sentido contrário, Robert G. Bone defende que a principal função do sistema jurisdicional consiste em produzir decisões de boa qualidade, o que poderá prescindir da participação da pessoa afetada sem que se possa falar em qualquer violação à sua dignidade ou em carência de legitimidade decisória: "Since the *primary* function of adjudication is to produce quality outcomes, why does it not follow that dignity is satisfied and legitimacy secured by an outcome-based theory that guarantees participation whenever needed to ensure outcomes meeting quality standards?" (BONE, Robert G. *Procedure, participation, rights.* Boston University Law Review, v. 90, 2010, p. 1028). Tradução livre: "Considerando que a principal função da adjudicação é produzir resultados de qualidade, por que daí não decorre que a dignidade é satisfeita e a legitimidade assegurada por uma teoria baseada em resultados, que garanta participação sempre que necessária para assegurar resultados que atendam a padrões de qualidade"?

[216] O tema é abordado de forma aprofundada por CABRAL, Antonio do Passo. *Nulidades no processo moderno,* 2.ed. Op. cit., p. 106-173.

[217] "La garantie du contradictoire signifie essentiellement que le demandeur et le défendeur doivent jouir tous les deux de la possibilité effective de participer au déroulement du procès, d'exposer leurs raisons au juge, d'apporter les preuves de leurs allégations, de présenter leurs observations sur les arguments de l'adversaire et sur les preuves apportées par celui-ci ou ordonnées d'office. Elle implique pour le juge l'interdiction de prendre des mesures sans en avertir les parties et d'appuyer ses décisions sur des faits et des résultats de l'instruction au sujet desquels elles n'auraient pu s'exprimer" (BARBOSA MOREIRA, José Carlos. Les principes fondamentaux de la procédure civile dans la nouvelle constitution brésilienne. In: *Temas de Direito Processual (quinta série).* Rio de Janeiro: Saraiva, 1994, p. 42). Tradução livre: "A garantia do contraditório significa essencialmente que o demandante e o demandado devem

A esses efeitos do contraditório, entretanto, ainda merece ser acrescentada a necessidade de que todo o esforço participativo efetivamente contribua, sob viés de cooperação, para a concreta solução da demanda.[218] O julgador tem a função exclusiva de decidir, mas isso não significa que esteja *acima* das partes, tampouco que deva fazê-lo a partir de uma posição *solipsista*,[219] alheia a todo o trabalho já desenvolvido no processo. Muito pelo contrário.

Salvo hipóteses estritamente justificadas, impõe-se que o juiz proceda à notificação das partes, facultando-lhes, da forma mais ampla possível, o oferecimento de alegações, a produção de provas, bem como a tomada de todas as providências pertinentes para influir substancialmente nos atos decisórios.[220] É essencial que seja assim tanto no processo estatal, como, com ainda maior razão, no processo arbitral, nascido e desenvolvido a partir da vontade dos litigantes.

O árbitro jamais pode ter o receio de compartilhar suas posições e inquietações com as partes; precisa sempre permitir que todas as questões fáticas e jurídicas relevantes sejam submetidas ao diálogo justo e democrático.

ambos desfrutar da possibilidade efetiva de participar do desenrolar do processo, de expor suas razões ao juiz, de aportar provas de suas alegações, de apresentar suas observações sobre os argumentos do adversário e sobre as provas produzidas por ele ou ordenadas de ofício. Implica ao juiz a proibição de tomar medidas sem notificar as partes e apoiar suas decisões sobre fatos e resultados da instrução sobre os quais eles não puderam se expressar".

[218] "Enquanto alguns procedimentos são expressões de uma razão calculante, como tais ainda formalizáveis (pense-se em algumas técnicas de automação aplicadas à Administração Pública), o processo (quanto menos no seu momento fundamental: o juízo) obedece a uma lógica diversa, a técnicas argumentativas e justificativas. Uma vez deslocado o ângulo visual em direção ao juiz, o contraditório torna-se o ponto principal da investigação dialética, conduzida com a colaboração das partes" (PICARDI, Nicola. *Jurisdição e processo*. Op. cit., p. 142).

[219] Conforme aduziu Carlos Alberto Alvaro de Oliveira, "impõe-se afastar a possibilidade de que a parte possa ser considerada simples 'objeto' do pronunciamento judicial, no *iter* procedimental: é ineliminável o seu direito de atuar de modo crítico e construtivo sobre o andamento do processo e o seu resultado, desenvolvendo a defesa das próprias razões antes da prolação da decisão. A matéria liga-se ao próprio respeito à dignidade humana, encontrando expressão, no âmbito processual, na Anspruch auf rechtlichen Gehör (pretensão de audiência jurídica, ou, em tradução livre, precisamente no princípio do contraditório). Demais disso, não é admissível fiquem os litigantes adstritos, pura e simplesmente, à diligente iniciativa do órgão judicante e ao seu empenho de chegar a uma correta definição da causa" (OLIVEIRA, Carlos Alberto Alvaro de. O juiz e o princípio do contraditório. *Revista de Processo*, v. 71, jul./set.1993, p. 34).

[220] GRECO, Leonardo. O princípio do contraditório. In: GRECO, Leonardo. *Estudos de Direito Processual*. Op. cit., p. 547-550.

Do mesmo modo, o relatório e a fundamentação da sentença arbitral devem exaurir a referência e a análise das teses apresentadas. Para afastar dúvidas sobre uma alegação já ter sido devidamente enfrentada em determinada parte da decisão, é preferível que os árbitros especifiquem o seu exame, facilitando o entendimento de todos e expurgando qualquer alegação de incompletude decisória, que ainda poderia ser suscitada pelas partes depois da intimação da sentença em sede de pedido de esclarecimentos, conforme assenta o art. 30 da Lei nº 9.307/96.[221]

A própria disponibilidade que é exigida dos árbitros no momento da aceitação do encargo facilita esse aspecto: se, no âmbito judicial, os juízes devem encontrar meios eficientes para tratar ao mesmo tempo de milhares de ações, no processo arbitral, a atividade comunicativa é facilitada pela dedicação dos árbitros ao deslinde de número significativamente menor de processos. Por esse motivo, é natural que as sentenças arbitrais sejam, em média, mais extensas e aprofundadas do que as judiciais. Os árbitros têm o dever de analisar minuciosamente todas as questões suscitadas, até mesmo em contrapartida à confiança neles depositada pelas partes.

Feito esse escorço sobre o contraditório-influência, ressalta-se que: (i) o princípio está diretamente relacionado à isonomia processual e à ampla defesa; e, (ii) ainda que sem alcançar o estágio dialético ora proposto, o Código de Processo Civil de 2015 trouxe diversos elementos normativos que podem contribuir para o melhor tratamento do tema na arbitragem.

2.1.2.1 Contributos do CPC/15 para o contraditório-influência

Sem a pretensão de esgotar todas as diretrizes do Código de Processo Civil de 2015 que reforçam o contraditório-influência e podem servir como

[221] O artigo basicamente transporta a dinâmica dos embargos de declaração para o processo arbitral, ao dispor que: "No prazo de 5 (cinco) dias, a contar do recebimento da notificação ou da ciência pessoal da sentença arbitral, salvo se outro prazo for acordado entre as partes, a parte interessada, mediante comunicação à outra parte, poderá solicitar ao árbitro ou ao tribunal arbitral que: I – corrija qualquer erro material da sentença arbitral; II – esclareça alguma obscuridade, dúvida ou contradição da sentença arbitral, ou se pronuncie sobre ponto omitido a respeito do qual devia manifestar-se a decisão".

parâmetros normativos no sistema arbitral, passa-se a relacionar algumas de suas principais contribuições.

Em primeiro lugar, foi vedada expressamente a prolação de "decisões-surpresa", assim entendidas aquelas proferidas sem a prévia intimação de alguma das partes para se manifestar sobre o tema decidido. Realçou-se, assim, a absoluta primazia do contraditório prévio, capaz de atribuir maior grau de influência às manifestações das partes do que aquele praticado *a posteriori*, isto é, depois da tomada de posição pelo julgador.

Dois dispositivos tratam do assunto: o art. 9º estabelece que não será proferida decisão contra uma das partes sem que ela seja previamente ouvida[222] e o art. 10 vai ainda mais longe e, modificando o tratamento histórico da matéria, preceitua que o juiz não poderá decidir com base em fundamento sobre o qual não se tenha dado às partes oportunidade de se manifestar, ainda que se trate de matéria que deva ser decidida de ofício.[223]

O CPC/15 ainda contribuiu para a ascensão do contraditório participativo ao positivar o dever de os sujeitos processuais se comportarem segundo a boa-fé (art. 5º) e cooperarem entre si para a resolução da demanda (art. 6º). Galgou-se, assim, o soerguimento de ambiente colaborativo, apto a extrair o máximo do diálogo e permitir o exercício do direito de influência por cada um dos interlocutores do processo.[224]

Do mesmo modo, atento à circunstância de que a estipulação de uma sequência pré-determinada para a produção de provas e a fixação de prazos rígidos, dispostos abstratamente para qualquer tipo de controvérsia, não se revelam sempre aptas a proporcionar o contraditório e a ampla defesa em seu maior grau, foi previsto o dever de o juiz "dilatar os prazos processuais e alterar a ordem de produção dos meios de prova, adequando-os às necessidades do conflito de modo a conferir maior efetividade à tutela do direito" (art. 139, VI, do CPC).

[222] Nos incisos I, II e III do art. 10, são ressalvadas apenas determinadas hipóteses de concessão de tutela provisória, que poderão ser deferidas em caráter *inaudita altera pars*.

[223] TUCCI, José Rogério Cruz e. Garantias constitucionais da publicidade dos atos processuais e da motivação das decisões no projeto do CPC – Análise e proposta. *Revista de Processo*, v. 190, dez./2010, p. 265-266.

[224] Em razão da importância e da extensão do tema, o dever de cooperação no processo arbitral será objeto do tópico 2.2.3.3.2.

Também de acordo com o mesmo ideário de adaptação e adequação, o CPC/15 ainda permitiu que as próprias partes celebrassem negócios jurídicos processuais, firmando alterações no procedimento para ajustá-lo às especificidades da causa e convencionando sobre os seus ônus, poderes, faculdades e deveres processuais, antes ou durante o processo (art. 190). Houve, a propósito, menção expressa à faculdade de fixação de calendário processual (art. 191), tal como frequentemente ocorre na arbitragem.

Na sequência, atendendo aos reclamos da doutrina, positivou-se a distribuição dinâmica do ônus da prova, pontuando-se, em síntese, que a incumbência de produzir a prova deverá recair sobre aquele que tiver maior facilidade para a sua produção (art. 373, §1º, do CPC). Foi igualmente autorizado que as próprias partes definam, consensualmente, a repartição do ônus probatório (art. 373, §3º, do CPC).

Quanto às provas, aliás, o CPC estabeleceu claramente que as partes poderão empregar todos os meios legais e moralmente legítimos, ainda que não tipificados no Código, para provar a verdade dos fatos em que se funda o pedido ou a defesa e influir eficazmente na convicção do juiz (art. 369). Pretendeu-se evitar que haja restrições infundadas à atividade instrutória, em prejuízo da participação efetiva dos jurisdicionados.

Ainda no campo probatório, o Código também promoveu diversas outras mudanças pontuais importantes. Facilitou, por exemplo, a admissibilidade da medida de produção antecipada de provas, tornando viável, assim, que a parte obtenha todos os principais elementos de prova antes da propositura da demanda principal, que poderá até mesmo vir a ser evitada com o conhecimento integral das circunstâncias que envolvem a lide (art. 381 do CPC).

Por último, sem prejuízo de inúmeras outras disposições com reflexos no contraditório, o Código exprimiu louvável preocupação com a fundamentação das decisões judiciais, prevendo uma série de requisitos para que possam ser consideradas fundamentadas (art. 489, §1º)[225] e ordenando que, no caso de

[225] Art. 489, § 1º, do CPC: "Não se considera fundamentada qualquer decisão judicial, seja ela interlocutória, sentença ou acórdão, que: I – se limitar à indicação, à reprodução ou à paráfrase de ato normativo, sem explicar sua relação com a causa ou a questão decidida; II – empregar conceitos jurídicos indeterminados, sem explicar o motivo concreto de sua incidência no caso; III – invocar motivos que se prestariam a justificar qualquer outra decisão; IV – não enfrentar todos os argumentos deduzidos no processo capazes de, em tese, infirmar a conclusão adotada

colisões de normas, o juiz explique detalhadamente a interferência na norma afastada e as premissas fáticas de que se valeu (art. 489, §2º).[226]

Como é cediço, a motivação decisória é crucial para que o diálogo entre partes e juiz se complete, bem como para que seja possível constatar se o julgador foi efetivamente condicionado pelo debate promovido na ação. A fundamentação revela, em última instância, a medida do atendimento ao contraditório participativo.[227]

Com efeito, como será exposto ao longo dos próximos tópicos deste capítulo, cada uma dessas normas poderá ser aproveitada pelo processo arbitral após a devida filtragem e adaptação. Em vez de engessarem o procedimento, são disposições que o qualificam como meio efetivo para a promoção do debate e a construção de decisões justas, implementando os preceitos mais elementares do devido processo legal.

pelo julgador; V – se limitar a invocar precedente ou enunciado de súmula, sem identificar seus fundamentos determinantes nem demonstrar que o caso sob julgamento se ajusta àqueles fundamentos; VI – deixar de seguir enunciado de súmula, jurisprudência ou precedente invocado pela parte, sem demonstrar a existência de distinção no caso em julgamento ou a superação do entendimento".

[226] Art. 489, § 2º, do CPC: "No caso de colisão entre normas, o juiz deve justificar o objeto e os critérios gerais da ponderação efetuada, enunciando as razões que autorizam a interferência na norma afastada e as premissas fáticas que fundamentam a conclusão".

[227] Teresa Arruda Alvim Wambier bem esclarece o ponto: "De fato, careceria de sentido se afirmar que as partes têm direito a exercer o contraditório, mas que inexiste a contrapartida de o juiz ter que se manifestar sobre as provas produzidas e sobre os argumentos deduzidos por aquelas. Esta é a 'participação' do juiz no contraditório: encampar, na motivação da decisão, os argumentos deduzidos e os fatos comprovados pelas partes. O juiz não pode simplesmente 'escolher' as questões sobre as quais quer manifestar-se. O fato de o juiz se manifestar expressamente sobre o material fruto do exercício do direito ao contraditório é a garantia que as partes têm de que participaram do convencimento do juiz. A contraposição gerada, no mais das vezes, pelo exercício do contraditório só ganha sentido e razão de ser quando submetida à apreciação de um terceiro imparcial, pois que na tensão do contraditório se terão desincumbido as partes de persuadir o magistrado" (WAMBIER, Teresa Arruda Alvim. Fundamentos do processo. *Revista dos Tribunais*, v. 855, jan./2007, p. 16).

2.2 Contraditório e atributos do fechamento operacional do sistema do processo arbitral

Postos os principais caracteres do contraditório contemporâneo, é o momento de iniciar a demarcação do seu conteúdo no processo arbitral. Conforme anunciado ao longo do Capítulo 1, a importação de quaisquer conceitos e figuras normativas para o âmbito da arbitragem não poderá prescindir do seu ajuste às características que conferem fechamento operacional a esse sistema. Com o contraditório não poderia ser diferente.

O passo inaugural para bem equalizar o comportamento do contraditório na arbitragem consiste, pois, em conjugá-lo às três marcas distintivas do sistema do processo arbitral: (i) a jurisdição é exercida por particulares; (ii) há altíssimo grau de influência da autonomia privada; e (iii) os objetivos de tal método de heterocomposição não são os mesmos que movem a justiça estatal.

Relembra-se, de antemão, contudo, que se trata do balizamento de atributos essenciais, que ainda poderão (*rectius*: deverão) ser adequados e reajustados a cada caso concreto.[228]

2.2.1 Contraditório e jurisdição privada

De início, podem ser apontadas duas consequências preponderantes de se estar diante de método adjudicativo externo à estrutura do Estado: (i) o contraditório serve como um dos fatores primordiais para a legitimação da decisão arbitral; e (ii) existe intrínseca limitação ao contraditório recursal. Importa examinar ambas.

[228] Cumpre recordar, nessa seara, a lição de Barbosa Moreira, segundo a qual "os princípios informativos do processo não são, como tais, absolutos. Incidiria em grave erro metodológico quem pretendesse construir por via dedutiva, a partir de qualquer deles, um sistema processual completo e fechado, que se desdobrasse em rígido encadeamento lógico até as últimas conseqüências. O princípio do contraditório expressa valores dignos da maior reverência; mas não é pouco freqüente, no direito processual – e no direito *tout court* – que primeiro o legislador, e depois o intérprete e o aplicador da lei se defrontem com situações em que a um valor se contrapõe outro também merecedor de tutela, e se vejam na impossibilidade de conciliá-los de tal modo que nenhum deles sofra o mínimo detrimento. Impõe-se, nesses casos, uma opção, que há de ser guiada pela regra do 'mal menor'" (BARBOSA MOREIRA, José Carlos. A garantia do contraditório na atividade de instrução. *Revista de Processo*, v. 35, jul./set.1984, p. 238).

2.2.1.1 *Legitimação pela participação discursiva*

Nas instâncias judiciais, entendeu-se tradicionalmente que o *deficit* democrático decorrente de os juízes não serem eleitos pela população e, ainda assim, enunciarem normas jurídicas seria suprido, em especial, pela *expertise* do julgador, que precisa, em regra, submeter-se previamente a concurso público de provas e títulos, para que, só então, possa investir-se no cargo (art. 93, I, da CF).

Na arbitragem, todavia, a legitimação bebe de duas outras fontes: (a) a uma, deriva da livre escolha exercida pelas partes ao atribuir, no seio de sua autonomia privada, a função judicante a pessoas de sua confiança; e, (b) a duas, emerge da intensa participação franqueada aos interessados na construção do procedimento e na formação da convicção do julgador.

O primeiro viés de legitimação será abordado no momento do exame dos princípios da imparcialidade e independência do julgador, por sua maior proximidade teórica.[229] O segundo, entretanto, relaciona-se diretamente ao conteúdo do princípio do contraditório.

Em tempos de democracia deliberativa, a participação no procedimento se revela uma exigência para a legitimação da instância decisória. Tendo a oportunidade de influenciar o *iter* de formação da convicção do órgão julgador, o cidadão tende a conferir maior aceitação à decisão, uma vez que essa "não recai sobre ele como uma surpresa inesperada, como sorte ou desgraça que se aguarda com perplexidade sem se poder tomar posição, mas como o resultado dum processo de decisão".[230]

De fato, conquanto exista movimento de aproximação do processo estatal bem delineado nesse tocante – destacando-se, em especial, os ganhos participativos com a edição do CPC/15[231] –, o realce conferido à participação é

[229] Ver tópico 3.1.1.1.

[230] LUHMANN, Niklas. *Legitimação pelo procedimento*. Op. cit., p. 187.

[231] "O Código, no sentido do fortalecimento da cooperação, contemplou disposições no sentido de uma maior flexibilidade nos procedimentos, estabelecida consensualmente pelas partes ou por estas conjuntamente com o juiz, como, por exemplo: no artigo 190, que admite as convenções processuais sobre o procedimento; no artigo 191, que prevê que o juiz e as partes, de comum acordo, fixem calendário para a prática de atos processuais; no artigo 222, § 1º, que veda ao juiz reduzir prazos peremptórios sem a anuência das partes; no artigo 357, § 2º, que faculta às partes a delimitação consensual das questões de fato e de direito; no artigo 365 que somente permite a cisão da produção da prova oral em audiência com a concordância

ainda mais elevado e encontra maior campo de atuação prática na arbitragem. Como já se expôs nesta obra, a garantia de ampla participação das partes na construção da decisão que as irá vincular constitui-se, inclusive, como um dos próprios *objetivos* do processo arbitral: muitos se socorrem da arbitragem precisamente porque terão maior poder de participação.

Assim, o contraditório deve ser interpretado a todo o tempo na seara arbitral como instrumento para a sua legitimação democrática. Os árbitros deverão sempre se reportar à participação das partes, que serão importantes atores em todas as definições relevantes para a solução do litígio.

Entre inúmeros outros pontos, o amplo envolvimento dos litigantes perpassa, na arbitragem, (i) a escolha e eventual impugnação dos julgadores, (ii) a opção pela sede, (iii) a definição do direito material aplicável e (iv) a eleição do procedimento. Demais disso, marca igualmente todas as fases do processo arbitral, com (v) a delimitação do objeto da demanda, (vi) a exposição de suas alegações, (vii) a oitiva antes de cada decisão, (viii) a manifestação sobre todos os pontos relevantes do litígio, (ix) a readequação ou o preenchimento de lacunas do preenchimento, (x) a liberdade na produção de provas, (xi) a possibilidade de peroração em audiência, (xii) a inquirição de testemunhas, (xiii) a manifestação sobre as provas produzidas pelos demais sujeitos do processo, e (xiv) o oferecimento de pedido de esclarecimentos em face de qualquer decisão.

Trata-se, portanto, de elemento fundamental para que a arbitragem cumpra o seu objetivo de pacificação social.

2.2.1.2 Limitação recursal

A circunstância de a arbitragem constituir meio jurisdicional privado não acarreta apenas acréscimos ao exercício do contraditório. Quando se pensa na interposição de recursos como instrumento de fomento ao diálogo das

das partes; e no artigo 471 que prevê a escolha consensual do perito pelas partes. São expressões do que poder-se-ia denominar de *gestão cooperativa do processo*, por meio da qual, na lúcida observação de Tito Carnacini, 'não só a tutela jurisdicional está entregue à vontade das partes, mas, em determinadas condições, também a técnica do processo'" (GRECO, Leonardo. Contraditório efetivo (art. 7º). *Revista Eletrônica de Direito Processual – REDP*, v. 15, jan./jun.2015, p. 307).

partes,[232] com a possibilidade de que o interessado interaja argumentativamente com a sentença arbitral, reagindo e manifestando razões para a sua integração, anulação ou reforma, vê-se que o processo arbitral também denota intrínsecas restrições a algumas dimensões do contraditório. Afinal, ao contrário do que ocorre na jurisdição estatal, em que há amplas oportunidades de recurso e se sustenta o assento constitucional do duplo grau obrigatório,[233] não há, em regra, espaço para apelos na arbitragem.

Por um lado, a Lei nº 9.307/96 prevê expressamente que "o árbitro é juiz de fato e de direito, e a sentença que proferir não fica sujeita a recurso ou a homologação pelo Poder Judiciário" (art. 18). Por outro, a ausência de recursos figura como uma das principais vantagens atribuídas à arbitragem.

A questão suscita apenas três breves ressalvas.

A primeira é que a própria Lei de Arbitragem prevê, em seu art. 30, a possibilidade de que as partes solicitem aos árbitros esclarecimentos em razão da presença de vícios na sentença arbitral consistentes em erro material, obscuridade, dúvida, contradição ou omissão. Esse pedido de esclarecimentos, portanto, faz nitidamente as vezes dos embargos de declaração do processo civil,[234] que há muito são reconhecidos como uma espécie recursal.[235]

[232] Vicente Greco Filho elenca o direito de recorrer de decisões desfavoráveis como um dos elementos de efetivação do contraditório, cf. GRECO FILHO, Vicente. *Direito processual civil brasileiro, vol.* 2. 11.ed. São Paulo: Saraiva, 1996, p. 90.

[233] A esse respeito, pode-se recordar a incisiva crítica de Calmon de Passos: "[g]arantia inerente a um Estado de Direito Democrático, portanto, é o controle interno das decisões judiciais mediante a técnica dos recursos. Escamoteia-se essa dimensão constitucional desviando-se a discussão para outros aspectos do problema, sem esquecer a manipulação ideológica da moda: a celeridade e a efetividade da prestação jurisdicional. Permitir-se que um juiz julgue sem possibilidade de haver o controle da validade do que decidiu é desnaturar-se o sistema democrático" (PASSOS, J. J. Calmon de. As razões da crise de nosso sistema recursal. In: FABRÍCIO, Adroaldo Furtado (coord.). *Meios de impugnação ao julgado civil: estudos em homenagem a José Carlos Barbosa Moreira.* Rio de Janeiro: Forense, 2007, p. 371). Sobre o duplo grau obrigatório, ver, ainda, NOGUEIRA, Maurício José. Duplo grau de jurisdição: aspectos constitucionais e reflexos processuais. In: FUX, Luiz; NERY JR., Nelson; WAMBIER, Teresa Arruda Alvim (Coord.). *Processo e Constituição*: estudos em homenagem ao professor José Carlos Barbosa Moreira. Op. cit., p. 542-545.

[234] "A *solicitação* prevista no art. 30 da Lei de Arbitragem carrega a mesma essência e tem os mesmos escopos dos embargos de declaração. Ambos consistem em instrumento de otimização e aperfeiçoamento da atividade jurisdicional, voltado à sanação de específicos vícios de uma decisão perante seu próprio prolator, com o objetivo de garantir sua clareza,

A segunda referência é de que nada impede que as partes, no bojo de sua autonomia privada, optem por criar modalidades recursais. Já se aventou na doutrina, por exemplo, a possibilidade de criação de recurso similar aos antigos embargos infringentes, para a hipótese de o tribunal arbitral ser composto por mais de um julgador e um deles manifestar voto vencido. Nesse caso, poderia ser pactuada a convocação de dois outros árbitros para analisar a divergência instaurada.[236]

A estipulação de recursos, no entanto, não é nada usual ou mesmo recomendável, porquanto: (i) pode macular a economicidade e a simplicidade do procedimento arbitral, reduzindo a celeridade que lhe é ínsita; e (ii) implica aumento substancial das despesas incorridas pelas partes, tornando o procedimento mais custoso.[237]

Por último, o terceiro ponto digno de nota é que, a despeito de a Lei nº 9.307/96 vedar a interposição de *recursos* dirigidos ao Poder Judiciário, não deixa de prever outras vias para a impugnação judicial da sentença arbitral ao dispor que a sua nulidade poderá ser reconhecida em sede de ação de nulidade ou de impugnação ao cumprimento de sentença (art. 33 da Lei nº 9.307/96). Tais hipóteses, todavia, são absolutamente excepcionais e não abarcam a revisão do mérito, mas unicamente a proteção de matérias de ordem pública e outras questões de forma taxativamente dispostas no art. 32 da mesma Lei.[238]

Feitas essas menções, fato é que existe inequivocamente uma restrição para o oferecimento de recursos no processo arbitral, o que diminui as oportunidades de convencimento das partes e, em alguma medida, reduz o espectro do contraditório-influência na arbitragem.

Relembra-se, contudo, que o devido processo legal arbitral deve ser sempre concebido a partir de um arranjo entre os vários princípios que o compõem e

intelegibilidade, coerência, completeza e qualidade" (BONDIOLI, Luis Guilherme Aidar. Embargos de declaração e arbitragem. *Revista de Arbitragem e Mediação*, v. 34, jul./2012, p. 183).

[235] MARQUES, José Frederico. *Manual de direito processual civil, vol. 2*, 9.ed. Campinas, SP: Millennium, 2003, p. 427.

[236] CARMONA, Carlos Alberto. *Arbitragem e processo*: um comentário à Lei nº 9.307/96. Op. cit., p. 270; CAHALI, Francisco José. *Curso de arbitragem*: mediação, conciliação, resolução CNJ 125/2010. Op. cit., p. 332.

[237] CARMONA, Carlos Alberto. *Arbitragem e processo*: um comentário à Lei nº 9.307/96. Op. cit., p. 270.

[238] NANNI, Giovanni Ettore. *Direito civil e arbitragem*. São Paulo: Atlas, 2014, p. 104.

das finalidades que animam a arbitragem. Por isso, a exclusão ou diminuição da possibilidade de interposição de recursos não importa qualquer ofensa ao *due process,* porquanto se volta à regular implementação de outros princípios caros à arbitragem, como a duração razoável do processo e a economia processual.

2.2.2 Contraditório e autonomia privada

Outro componente do sistema do processo arbitral que confere temperamento próprio a diversos aspectos do contraditório consiste na substancial deferência à autonomia privada das partes.

Em primeiro lugar, importará examinar como a construção do procedimento pelos próprios envolvidos e a maior flexibilidade a ele inerente podem contribuir para a máxima efetivação do contraditório no processo arbitral.

Depois, será demonstrado que a participação e a influência das partes se revelam vetor essencial para o tratamento de temas variados, como o suprimento de lacunas processuais, a renúncia convencional a posições jurídicas tipicamente relacionadas ao contraditório e a preclusão no processo arbitral.

2.2.2.1 A flexibilidade procedimental como estímulo ao contraditório

A autonomia privada é alçada ao patamar de um dos pilares da arbitragem e, dentre outros desdobramentos, permite que os próprios litigantes sejam os responsáveis pela indicação do procedimento a ser seguido. O rito processual tende, por sua própria natureza, a ser flexível e franquear amplos meios de participação em todas as fases do processo arbitral.

Quanto ao tema, deve-se ter em conta que, mesmo no âmbito estatal, em que foi construída historicamente a noção de que o rito estabelecido pelo legislador deve ser observado, por almejar abstratamente um modo equilibrado de solução da lide, já se apregoa, há muito, que é necessário avaliar a dimensão concreta do litígio, valorizando o caráter instrumental do processo e escapando de *inúteis formalismos.*[239]

[239] GRECO, Leonardo. Os atos de disposição processual – primeiras reflexões. In: MEDINA, José Miguel Garcia et al (Coord.). *Os poderes do juiz e o controle das decisões judiciais*: estudos em homenagem à Profa. Teresa Arruda Alvim Wambier. São Paulo: Revista dos Tribunais, 2008,

Considerando, assim, que a estrutura do procedimento tem, em última análise, de ser funcionalizada para que o diálogo entre os sujeitos processuais flua de maneira proveitosa,[240] a maior flexibilidade da arbitragem é propensa a maximizar o exercício do contraditório-influência, desde que empregada de forma escorreita.

Nesse sentido, ainda que, no plano teórico, seja possível delinear todo o procedimento já na convenção arbitral, é bastante disseminada a prática de que, logo no início do processo arbitral, sejam discutidas e definidas concretamente as normas processuais que melhor atenderão ao caso em particular, formalizando-as no termo de arbitragem, que encontra assento no art. 19, §1º, da Lei nº 9.307/96.[241]

Por vezes, a providência será ainda mais vital porque se poderá constatar que o procedimento previsto no momento da celebração da convenção de arbitragem (ou no regulamento da câmara arbitral ao qual se reporte) não se revele adequado aos contornos do litígio que efetivamente veio a eclodir[242] ou, mesmo, não estabeleça regras tão claras sobre a condução do procedimento.[243]

p. 302; e RODRIGUES, Marco Antonio dos Santos. *A modificação do pedido e da causa de pedir no processo civil.* Op. cit., p. 148-149.

[240] OLIVEIRA, Carlos Alberto Alvaro de. *Do formalismo no processo civil:* proposta de um formalismo-valorativo, 3.ed. Op. cit., p. 132.

[241] Art. 19, §1º, da Lei nº 9.307/96: "Instituída a arbitragem e entendendo o árbitro ou o tribunal arbitral que há necessidade de explicitar questão disposta na convenção de arbitragem, será elaborado, juntamente com as partes, adendo firmado por todos, que passará a fazer parte integrante da convenção de arbitragem".

[242] "[E]m determinado procedimento arbitral instaurado em São Paulo haviam as partes convencionado a aplicação de procedimento totalmente inconveniente para a solução do litígio que expunham aos árbitros; designada audiência inicial para firmar o termo de arbitragem de que trata o art. 19, parágrafo único, da Lei 9.307/1996, mostraram os árbitros aos litigantes a inconveniência de processar-se a arbitragem segundo o procedimento; as partes, alertadas, concordaram em adotar procedimento diverso. Da mesma forma, convém lembrar que o procedimento dos órgãos arbitrais institucionais pode sofrer adaptações, a critério das partes: prazos podem ser reduzidos ou aumentados, audiências podem ser suprimidas, debates podem ser dispensados etc. Mais uma vez, o termo de arbitragem pode configurar remédio para modelar melhor o procedimento adequado a cada causa, com a ativa participação dos interessados" (CARMONA, Carlos Alberto. O processo arbitral. Op. cit., p. 23).

[243] Sobre a matéria, Flávia Foz Mange aduz que, "[p]ara assegurar que o procedimento arbitral se desenvolva de maneira eficiente e sem causar qualquer surpresa e estranhamento às partes, recomenda-se o esclarecimento de questões procedimentais por meio da conferência preparatória. Ainda que algumas questões possam parecer básicas para aqueles que possuem

Nesse estágio, é comum que o tribunal arbitral circule uma minuta para análise e preenchimento pelas partes, e que o debate sobre o conteúdo seja travado pela forma mais conveniente às particularidades do caso, seja por simples trocas de e-mails, em audiência dedicada apenas à assinatura do termo de arbitragem ou por meio de conferência telefônica ou audiovisual.[244]

Em rigor, ainda que os árbitros possam fixar as normas de procedimento na ausência de consenso entre as partes, exige-se que o diálogo entre todos os envolvidos seja instaurado e fomentado não apenas no momento inaugural da arbitragem, mas sempre que o procedimento necessite de complementos em virtude da presença de lacunas ou do desvio da discussão processual para rumos não previstos inicialmente.[245]

um conhecimento da prática arbitral (*e.g.* a possibilidade de os advogados arguirem as partes diretamente ou ainda questões simples, como a numeração contínua de documentos), elas podem não o ser para um advogado que não tem o costume de atuar em arbitragens. Assim, a melhor forma de, ao longo do procedimento, garantir a igualdade das partes e evitar surpresas e discussões sobre questões processuais é estipular, de maneira clara, regras processuais detalhadas na primeira ordem processual" (MANGE, Flávia Foz. *Processo arbitral:* aspectos transnacionais. São Paulo: Quartier Latin, 2013, p. 231).

244 A escolha do método para discussão do termo de arbitragem tende a decorrer do grau de dificuldade no tratamento das questões: há casos em que diversas matérias precisam ser enfrentadas logo de início (como a estipulação de cronograma para debate sobre tutela provisória, a exibição preliminar de documentos ou o polo processual a ser ocupado por determinada parte); em outros, a assinatura depende de definições relativamente simples e corriqueiras (como o formato físico ou eletrônico das petições a serem submetidas durante o procedimento, a previsão ou não de honorários sucumbenciais e a forma de contagem de prazos, em dias úteis ou corridos).

245 "The tribunal should seek the parties' agreement on the procedure to follow. However, frequently parties cannot agree on procedural issues once a dispute has arisen. In practice, once the tribunal has been constituted and the arbitration started, it will often be for the tribunal to fix the proceedings as it considers appropriate" (LEW, Julian D. M.; MISTELIS, Loukas A.; KROLL, Stefan Michael. *Comparative International Commercial Arbitration*. Op. cit., p. 525). Tradução livre: "O tribunal deve buscar o acordo das partes sobre o procedimento a seguir. Contudo, frequentemente as partes não concordam em questões procedimentais uma vez surgida a disputa. Na prática, constituído o tribunal e iniciada a arbitragem, será normalmente o tribunal a fixar os procedimentos que considerar apropriados". Nesses casos, todavia, "a liberdade que os árbitros têm para flexibilizar o procedimento gera, em contrapartida, o dever dos julgadores de evitar surpresas às partes. Isto significa que a liberdade procedimental, cuja moldura apenas alinhavei, requer constante informação aos litigantes, para que possam sempre participar de modo proativo em todas as fases do processo" (CARMONA, Carlos Alberto. Flexibilização do procedimento arbitral. *Revista Brasileira de Arbitragem*, v. 6, n. 24, out./dez.2009, p. 21).

A voz ativa das partes na definição sobre como prosseguirá o debate e o esforço dos árbitros em apontar quais matérias ainda suscitam maiores dúvidas são elementos que permitem viabilizar o ponto ótimo do contraditório útil, canalizando todos os esforços argumentativos. Com efeito, a concessão de oportunidade para que as partes se manifestem e produzam as provas pertinentes sobre específica questão fática é capaz de ligar o sinal de alerta e mostrar que a matéria poderá ser crucial para a resolução da demanda.

Procedendo-se dessa maneira, ainda que ao fim a sentença seja desfavorável a uma delas, a previsibilidade e a transparência dos julgadores tenderão a permitir maior aceitação da decisão e evitar a alegação de nulidades, na medida em que as partes terão tido real oportunidade de influenciar os rumos decisórios.[246]

Além disso, a escolha de procedimento rente às peculiaridades do direito material constituirá, por certo, outra importante medida de eficiência e de prestígio ao contraditório, evitando movimentos inócuos no processo e abrindo espaço para contribuições efetivas das partes.

Havendo, por exemplo, uma questão prejudicial de alta complexidade fática, os árbitros ou, alternativamente, as partes, de comum acordo, poderão achar por bem dividir o procedimento em duas etapas separadas, de sorte que a segunda apenas seja deflagrada a depender do resultado da primeira, o qual poderá ser expresso, inclusive, em sentença parcial de mérito.[247]

Do mesmo modo, poder-se-á determinar, desde o início, que a quantificação dos danos alegados pelo requerente será objeto de posterior liquidação de sentença, cingindo-se os trabalhos da fase de conhecimento exclusivamente à definição do *an debeatur.* Essa medida, que frequentemente é adotada apenas no momento da sentença, repercutirá sobre o diálogo travado durante todo o processo, já que as partes terão ciência de que ainda haverá oportunidade

[246] Na lição de Luhmann, "uma participação consultiva dos indivíduos no processo de decisão serve como válvula de escape para ressentimentos e crítica, absorve objeções e promove assim a hipótese, ou pelo menos a possibilidade, de estabelecer a decisão definitiva" (LUHMANN, Niklas. *Legitimação pelo procedimento.* Op. cit., p. 76).

[247] Em trabalho publicado ainda no ano de 2008, Carlos Alberto Carmona já estimulava o mecanismo da sentença arbitral parcial, que "pode ser útil para resolver, como visto, diversas situações particulares ou peculiares de certas controvérsias submetidas ao juízo arbitral" (CARMONA, Carlos Alberto. Ensaio sobre a sentença arbitral parcial. *Revista Brasileira de Arbitragem*, v. 18, abr./jun.2008, p. 26).

futura para a exposição concreta da extensão dos prejuízos, direcionando sua atividade argumentativa e instrutória para, na hipótese ora cogitada, a presença dos pressupostos da responsabilidade civil.

São, de fato, várias as vantagens que um procedimento flexível, criado e recriado pelas partes e pelos árbitros de acordo com os desafios e obstáculos a que estiverem submetidos no caso concreto, pode oferecer para a otimização do contraditório.

2.2.2.2 *O vetor essencial da participação e influência*

De modo ainda mais marcante no âmbito do processo arbitral, o conteúdo do contraditório contemporâneo coincide, como visto, com a oferta de efetiva possibilidade de participação às partes, que deverão ter aptidão para influenciar a formação da convicção dos julgadores por todos os meios cabíveis, incluindo a oferta de alegações sobre quaisquer temas relevantes e a produção de todas as provas cabíveis. Ao fim, esses elementos discursivos ainda deverão ser considerados pelos árbitros, de forma ampla e percuciente, na fundamentação da sentença.[248]

Entendida com essa extensão, a participação e influência se manifestam, portanto, como o vetor essencial para a análise de todas as matérias relacionadas ao princípio do contraditório no processo arbitral, desde o preenchimento de lacunas no procedimento até a ocorrência de preclusão.

[248] Analisando o conteúdo conferido ao contraditório na jurisprudência das Cortes internacionais de proteção aos Direitos Humanos, Leonardo Schenk conclui, exatamente nesse sentido, que "[h]á clara indicação nos julgados da Corte Europeia de que o conteúdo mínimo atual do contraditório alcança e assegura o direito à prova, desde a sua proposição até o momento de sua avaliação, garantindo às partes, por um lado, a oportunidade de participar do *iter* de formação da decisão, com vistas a influenciar no seu rumo, ao mesmo tempo que obriga os julgadores, por outro, a tomar em consideração todos os pedidos, argumentos e provas produzidos pelas partes e demais interessados, em avaliação exaustiva e adequada, sem que isso importe em uma indevida interferência no espaço de liberdade que caracteriza o livre convencimento" (SCHENK, Leonardo Faria. *Cognição sumária*: limites impostos pelo contraditório no processo civil. São Paulo: Saraiva, 2013, p. 55).

2.2.2.2.1 Suprimento de lacunas nas normas processuais eleitas

Raramente será possível antever todas as situações processuais que se apresentarão ao longo do processo arbitral. Cada conduta praticada por uma parte tem aptidão para modificar, dali em diante, a postura e a reação dos demais sujeitos processuais, provocando uma alteração dos atos comunicativos que virão a ser praticados na continuidade do processo.[249]

A título de exemplos, adotada determinada tese de defesa, o diálogo e as provas produzidas tendem a seguir por uma direção; suscitada outra, é possível que as atividades instrutórias exibam feição absolutamente diversa. Expedido ofício requerendo informações para terceiro alheio à disputa, a resposta poderá remodelar todo o debate em torno do objeto litigioso, avançando para áreas antes não previstas. A partir dos elementos de prova fornecidos com a oitiva de uma testemunha, poderá ser necessária a investigação sobre assunto antes total ou parcialmente negligenciado, incluindo até mesmo a produção de prova pericial ou o aprofundamento daquela já eventualmente realizada.

Para todos esses casos, é muito provável que o regramento processual[250] eleito – seja criado pelas partes, pelos árbitros e/ou por instituições de arbitragem – não ofereça imediatamente uma resposta. Mesmo os regulamentos de prestigiadas câmaras arbitrais não poderão ter a solução para toda e qualquer situação que se desenlace no processo.

Diante desse quadro, questiona-se: como devem ser preenchidas as inevitáveis lacunas processuais, que podem surgir a qualquer momento? A resposta

[249] "A participação em contraditório assegura que as escolhas de conduta dos sujeitos processuais sejam resultado da influência dos atos dos demais, devidamente levados em consideração. É a dialética de mútua implicação e estímulo, em que cada comportamento resulta de um conjunto de impulsos e opções submetidas ao controle e reação alheios, num intercâmbio, em difusão, de propostas e respostas, ataque, contra-ataque e defesa. No discurso processual, os sujeitos estão colocados em posições que os permitem agir e reagir, condicionar os demais e receber estímulos, os quais, por sua vez, quando assimilados, influenciarão as condutas subsequentes. Portanto, a influência no debate é retro-operante" (CABRAL, Antonio do Passo. *Nulidades no processo moderno*, 2.ed. Op. cit., p. 122).

[250] Registre-se que não se está a tratar somente de questões estritamente procedimentais, mas, de modo amplo, de todas as matérias que influam na relação jurídico-processual, abarcando igualmente a definição dos direitos, ônus, poderes, faculdades e deveres processuais de todos os sujeitos da arbitragem.

– a mesma para tantas outras questões – é simples: tomando como norte a garantia de ativa participação e influência das partes.

Os árbitros deverão sempre franquear a possibilidade de que as próprias partes cheguem a consenso acerca dos próximos passos do processo e da extensão de seus poderes, faculdades, ônus e deveres processuais. Se a autonomia privada lhes permite estabelecer o procedimento como um todo, por muito mais razão autoriza a sua atuação na solução de questões processuais que se exteriorizem ao longo do feito.

Para o fim de operacionalizar a constante participação dos interessados sem afetar a celeridade que constitui um dos objetivos do processo arbitral, propõe-se que os árbitros adotem duas atitudes básicas.

Em primeiro lugar, é recomendável que se evite intimar as partes para oferecerem petições formais sobre o desenrolar do procedimento. Sempre que possível, o ideal será encontrar soluções mais práticas e menos solenes, aptas a viabilizar o debate em curto espaço de tempo. De modo geral, uma simples conferência telefônica ou audiovisual entre árbitros e advogados poderá servir a esse propósito. A depender da simplicidade da matéria, a questão poderá ser abordada até mesmo por troca de e-mails, com a fixação de prazos relativamente curtos para as partes se manifestarem.[251]

Em segundo lugar, os árbitros devem manter-se sempre a par do estágio atual do processo e mediar o encontro de uma solução pelas partes. Para tanto, mostra-se conveniente que já sugiram, de antemão, determinada alternativa processual, evitando que surja uma maior controvérsia sobre o ponto. Recebendo dos próprios árbitros sugestão plausível para a resolução do impasse, é factível que as partes apenas se oponham caso realmente tenham uma proposta mais adequada ou se sintam de algum modo prejudicadas. Ao contrário, sabedoras de que a sugestão adveio do *ex adversus*, é possível que discordem unicamente em virtude do clima belicoso ou de considerarem que tal movimento integra uma estratégia maior que lhes seja prejudicial.

[251] Relembra-se, aqui, que a *disponibilidade* deve ser exigida tanto dos árbitros, como dos advogados. Isso porque, "[d]evido aos prazos curtos do procedimento arbitral, faz-se necessária uma dedicação muito mais intensa a cada caso para possibilitar a solução rápida e eficaz do litígio" (CANERO, Carla Amaral de Andrade Junqueira. A gestão do tempo nos procedimentos arbitrais. Op. cit., p. 49-64). Assim, para questões de menor complexidade, deve-se evitar que o processo se alongue excessivamente.

Não se ignora, todavia, que a tomada dessas cautelas pode, ainda assim, não se provar suficiente para o êxito na conjunção de esforços entre as partes. Nessa conjuntura, caberá aos árbitros definir, por conta própria, o método a ser seguido.

Em decorrência das exigências do devido processo legal arbitral, com a imensa valorização do contraditório e da autonomia privada das partes, deverão os árbitros: (a) trabalhar com as propostas de complementação processual que receberam das partes, conferindo, na maior medida possível, aproveitamento aos subsídios por elas prestados; e (b) escolher a opção que mais favoreça a ampla participação e influência das partes em todo o *iter* de formação da decisão.

Nesse diapasão, não havendo a previsão da possibilidade de arrolamento de *expert witness* para esclarecer em audiência pontos técnicos suscitados pelas partes, os árbitros deverão, ressalvadas hipóteses excepcionais, aceitar a produção de tal meio de prova, porquanto poderá incrementar o contraditório e a ampla defesa.[252] Inexistindo, na mesma linha, disposição sobre a oferta de tréplica pelo requerido, essa deverá ser autorizada quando se revelar relevante para a promoção do contraditório-influência, permitindo-lhe endereçar novas matérias ventiladas em réplica pela contraparte.

O principal valor a ser defendido no silêncio do procedimento será sempre, como dito, a ampla participação e influência das partes no processo, outorgando-lhes todos os meios necessários para condicionarem os rumos da decisão arbitral. Para que os árbitros rejeitem qualquer instância de debate, deverão fazê-lo justificadamente, com base na inutilidade da medida ou em seu viés meramente procrastinatório.[253]

Nesse aspecto, aliás, os árbitros poderão se valer de influxos do processo civil estatal.[254] É possível que algumas situações processuais já tenham sido antevistas pelas leis que regem o direito processual civil, especialmente o Código de Processo Civil, e, por se voltarem à efetivação do contraditório-influência, possam ser aplicadas com facilidade ao processo arbitral, recebendo apenas

[252] Como será exposto no tópico 2.3.3, trata-se, aliás, de meio de prova que, muito embora originado da experiência da *common law*, vem recebendo cada vez mais espaço em arbitragens nacionais e internacionais.

[253] BARROCAS, Manuel Pereira. *Manual de arbitragem*. Op. cit., p. 387.

[254] Ver tópico 1.3.1.

os ajustes devidos para reforçarem o *due process* e se rearticularem segundo a natureza e os desígnios do processo arbitral.

Não há razão para ignorar, de forma absoluta, esse gênero de contribuições. Deve-se somente ter o enorme cuidado de não se transplantarem institutos incompatíveis com o sistema da arbitragem.

São vários os exemplos de possíveis importações.

Para ilustrar, os arts. 9º e 10 do CPC vedam a prolação de "decisões-surpresa". O último, inclusive, estabelece que o juiz não poderá decidir com base em fundamento sobre o qual as partes não tenham tido oportunidade de se manifestar. Ora, não há espaço para dúvidas de que o referido óbice também incide na instância arbitral, exigindo a implementação de contraditório prévio e efetivo mesmo que as partes não o tenham estipulado.[255]

O art. 139, VI, do CPC, por sua vez, prevê que o juiz poderá aumentar os prazos processuais e reordenar a produção dos meios de prova, em atenção às necessidades do conflito. No processo arbitral, ainda que as partes não prevejam nada sobre o ponto e não logrem composição a esse respeito, o árbitro também deverá regular o procedimento, concedendo eventuais dilações de prazo[256] e determinando a reorganização da fase de instrução probatória.

Ainda na seara instrutória, o art. 369 do CPC dispõe que as partes poderão se valer de todos meios lícitos para provar os fatos e influir na convicção do julgador. Essa determinação também poderá ser aproveitada, contanto que as partes não tenham validamente restringido, no bojo da sua autonomia privada, os meios de prova a serem empregados. Ainda nesse último caso, a propósito, deverá ser aferido se a renúncia foi ou não válida, de acordo com os parâmetros alinhavados no próximo tópico.

255 Comentando o dispositivo, Paulo Cezar Pinheiro Carneiro sustenta que "[o] contraditório contemporâneo encontra-se escorado em duas linhas mestras: a vedação às decisões surpresa – corolário do direito de participação – e o direito de influenciar a decisão judicial, a qual tem no dever judicial de motivar a decisão o seu escudo protetor" (CARNEIRO, Paulo Cezar Pinheiro. Comentários ao art. 9º. In: WAMBIER, Teresa Arruda Alvim (Coord.). *Breves comentários ao Novo Código de Processo Civil*. Op. cit., p. 78).

256 "A congruidade dos prazos, como integrante do conteúdo do contraditório, exige que os prazos para a prática dos atos processuais, apesar da brevidade, sejam suficientes, de acordo com as circunstâncias do caso concreto, para a prática de cada ato da parte com efetivo proveito para a sua defesa" (GRECO, Leonardo. Contraditório efetivo (art. 7º). *Revista Eletrônica de Direito Processual – REDP*, v. 15, jan./jun.2015, p. 304).

Outras hipóteses de aplicação do Código de Processo Civil ainda serão referidas ao longo desta obra. Por ora, releva somente assentar que as lacunas no regramento processual escolhido pelas partes serão sempre supridas de forma que respeite e otimize, antes de tudo, o seu direito de participação e influência, núcleo essencial do contraditório.

2.2.2.2.2 Restrições convencionais ao contraditório

No domínio de sua autonomia privada, as partes podem perfeitamente estipular restrições ao exercício do contraditório.

Em linha de princípio, é plenamente possível convencionar que: (i) um específico meio de prova não poderá ser produzido; (ii) a comprovação de determinada questão estará limitada ao campo da prova documental; (iii) não será lícita a nomeação de assistentes técnicos para acompanharem a produção da prova pericial; (iv) não será aberto prazo para alegações finais; (v) todas as provas orais serão produzidas em audiência única; (vi) estará obstada a realização de depoimentos pessoais de requerente e requerido; (vii) as petições do processo não poderão superar determinado limite de páginas;[257] e (viii) a exposição oral em audiência deverá ser realizada em certo limite de tempo.

As limitações são viáveis, em regra, porque o princípio do contraditório não é absoluto e pode ter seu âmbito de incidência reduzido diante da prevalência de outros princípios, como a autonomia privada.

De qualquer modo, será necessário averiguar se houve, *in concreto*, ofensa ao núcleo mínimo[258] do contraditório, que corresponde, no seio de procedi-

[257] Giovanni Nanni bem esclarece que "as alegações escritas podem ter uma abrangência variada. Devido à base consensual, o tribunal arbitral, em conjunto com as partes, tem a possibilidade de estabelecer critérios aplicáveis às submissões escritas. Assim, em vez de petições com conteúdo e extensão livres, podem ser circunscritas, conforme o caso" (NANNI, Giovanni Ettore. Submissões escritas: a técnica do advogado em arbitragens. *Revista de Arbitragem e Mediação*, v. 52, jan./mar.2017, p. 411).

[258] Como bem assevera Antonio do Passo Cabral, "a própria previsão de direitos fundamentais exige que lhes protejam o núcleo básico e conteúdo mínimo, caso contrário a previsão constitucional poderia ser aniquilada por outras fontes normativas como a lei e o contrato. Seria impensável uma disposição ou renúncia absoluta e incondicional às garantias fundamentais do processo. Até mesmo nos meios extrajudiciais de solução de conflitos, como a arbitragem, onde se aceitam maiores renúncias à ação e ao processo estatal, a compreensão disseminada é de que os direitos fundamentais processuais não podem ser totalmente abandonados.

mento marcado pela flexibilidade, ao resguardo de condições básicas para que o jurisdicionado possa participar do processo em condições de igualdade em relação à parte contrária e com verdadeira possibilidade de influenciar eficazmente a formação da decisão.[259]

Nesse sentido, será inválida qualquer restrição convencional que inviabilize, por vias transversas, a participação e influência efetiva das partes no diálogo processual, incidindo à espécie o comando do art. 21, §2º, da Lei nº 9.307/96, que estabelece o mandatório respeito ao contraditório, preceito de índole constitucional.[260]

Vale dizer, procedimentos deformalizados de solução alternativa não significam ausência total de ordenação, previsibilidade e garantias próprias do devido processo. Assim, mesmo nestes procedimentos, devem-se respeitar princípios processuais básicos como boa-fé, independência e imparcialidade do terceiro decisor (árbitro, p.ex.), contraditório, dentre outros" (CABRAL, Antonio do Passo. *Convenções processuais*. Op. cit., p. 336).

259 No plano internacional, "[t]his duty of due process is described in various ways. Article 18 Model Law provides that 'parties shall be treated with equality and each party shall be given a *full opportunity* to present his case'. Belgian Law provides that the 'tribunal shall give each party *an opportunity* of substantiating his claims and of presenting his case.' English law mandates that each party must be given 'a *reasonable* opportunity of putting its case and dealing with that of its opponent.' The Model Law requiring a 'full opportunity' opts for greater rigidity in controlling proceedings than other systems which empower the tribunal to exercise flexibility to prevent parties abusing the process" (LEW, Julian D. M.; MISTELIS, Loukas A.; KROLL, Stefan Michael. *Comparative International Commercial Arbitration*. Op. cit., p. 526). Tradução livre: "[e]ste dever do devido processo é descrito de várias maneiras. O artigo 18 da Lei Modelo estabelece que 'as partes serão tratadas com igualdade e cada parte terá a oportunidade de apresentar o caso'. A lei belga prevê que 'o tribunal deve dar a cada uma das partes a oportunidade de fundamentar os seus pedidos e de apresentar o seu caso'. O direito inglês exige que a cada parte seja dada 'uma oportunidade razoável de expor a sua causa e de lidar com a de seu oponente'. A Lei Modelo, ao requerer uma 'oportunidade completa', opta por uma maior rigidez no controle de procedimentos do que outros sistemas que habilitam o tribunal a flexibilizá-lo para impedir que partes abusem do processo".

260 Ao analisar o conteúdo e os limites atribuídos hodiernamente à autonomia privada, com enfoque no direito civil, Aline Terra esclarece que a autonomia não é mais vista como "um valor em si mesmo e passa a ser concebida como instrumento de promoção de finalidades constitucionalmente relevantes, como o são, a rigor, na esteira do que propugna a metodologia do Direito Civil-Constitucional, todos os institutos jurídicos". Sujeitando-se ao controle duplo de licitude e de merecimento de tutela, "a autonomia privada se afasta, assim, de conotações arbitrárias e voluntaristas, e assume feição solidarista, a ser exercida em conformidade com o princípio da solidariedade social. [...] Trata-se, em definitivo, da necessidade de conformação, em cada caso, dos atos de autonomia ao projeto constitucional" (TERRA, Aline de Miranda Valverde. *Cláusula resolutiva expressa*. Rio de Janeiro: Fórum, 2017, p. 19-23). Com as

Essa situação poderá ser observada, por exemplo, quando: (i) for excluída a produção do único meio de prova que seria apto a comprovar as alegações de uma das partes; (ii) a ausência de alegações finais impedir que as partes tenham chance de se manifestar sobre provas essenciais produzidas em audiência;[261] (iii) a redução de determinado prazo processual inviabilizar a manifestação sobre tema relevante para a resolução da disputa; (iv) o limite de laudas pré-fixado para as petições do processo representar, na prática, a impossibilidade de que todas as alegações importantes sejam veiculadas em determinado momento processual.

Apenas não se pode descuidar de que o contraditório deve permitir a participação das partes, mas não impor que ela seja concretamente realizada.[262] Assim, em acréscimo ao critério da participação, também terá repercussão para a análise da validade da restrição o momento em que as partes a pactuaram.

Bem pensadas as coisas, o próprio exercício da autonomia privada na definição convencional de recortes ao contraditório poderá ser maculado caso as partes não tenham, a esse tempo, ciência de que tal limitação poderia ensejar a sensível redução das suas chances de êxito no processo.[263]

adaptações cabíveis, o mesmo raciocínio se aplica às disposições estabelecidas pelas partes no que concerne ao procedimento arbitral, sujeitando a sua validade aos predicados do devido processo legal, disposto no art. 5º, LIV, da CF, devidamente incorporado ao sistema arbitral.

261 De modo análogo, Rafael Francisco Alves observa que deve prevalecer na seara probatória a "regra geral de que as partes, dentro do princípio da autonomia da vontade – que significa uma ampla liberdade de regulação do procedimento instrutório – não poderão estipular regras que violem o princípio do contraditório, o que ocorreria quando, a título ilustrativo, fossem estabelecidas regras que (a) cerceassem o direito de manifestação sobre as provas produzidas, (b) criassem critérios diferenciados para o deferimento das provas pleiteadas e (c) restringissem ou limitassem, de forma desigual, a participação dos envolvidos nos atos probatórios. Assim, ainda que as partes possam disciplinar a produção probatória, não podem restringir desigualmente o direito à prova em si mesmo, o qual constitui importante faceta do contraditório. De nada adianta ter ciência dos atos processuais, poder contradizê-los, sem, contudo, provar o que se alega" (ALVES, Rafael Francisco. O devido processo legal na arbitragem. In: JOBIM, Eduardo; MACHADO, Rafael Bicca (Coord.). *Arbitragem no Brasil:* aspectos jurídicos relevantes. Op. cit., p. 405).

262 Ver nota 212.

263 "Como todo ato de disposição, deve ser livre e consciente: livre, por não ter sido resultado de qualquer coação ou intimidação por parte de outro sujeito que, em razão da sua posição de superioridade em relação ao disponente, impõe-lhe a sua vontade para sujeitá-lo a um mal qualquer, ainda que justo; e consciente de que o ato de disposição pode lhe acarretar o

Por esse motivo, a análise da convenção de normas processuais que restrinjam o contraditório também deverá se fundar no cotejo da *extensão* da limitação com o *momento* em que foi estipulada, a saber: (a) na cláusula compromissória; (b) no compromisso arbitral; (c) no início da arbitragem (formalizado no termo de arbitragem ou mesmo em simples ordem processual); ou (d) em período contemporâneo à época em que o ato restringido poderia, em condições regulares, ser praticado.

Ao firmarem cláusula compromissória, as partes normalmente não têm ainda a exata dimensão do litígio que poderá assolar a relação contratual. Nesse cenário, é natural que não saibam, com exatidão, quais restrições participativas decorrerão da definição de procedimento com tais ou quais contornos. Por isso, será *baixo* o grau de aceitação de entraves à sua participação concreta quando esses estiverem dispostos na cláusula arbitral ou no regulamento da instituição arbitral por ela indicada.

Por outro lado, será *médio* o grau de aceitação na hipótese em que a redução ao contraditório se der no compromisso arbitral ou em consenso obtido ainda no início do procedimento. Afinal, apesar de ainda não terem total conhecimento de como o diálogo processual irá se desenrolar, as partes já saberão, pelo menos, os contornos básicos da lide, podendo antever as repercussões mínimas da normativa processual de que estiverem se valendo.

Por último, será *alto* o grau de aceitação da restrição quando esta for pactuada em momento próximo ao período em que o ato seria efetivamente praticado. Isso porque as partes terão conhecimento da dimensão atual do litígio e poderão ponderar quais elementos comunicativos serão necessários para que se influencie a convicção dos árbitros.

Assim, se poucos dias antes da data agendada para a audiência as partes optam por delimitar o tempo da exposição oral, excluir a possibilidade de inquirição de testemunhas ou prever que não será possível solicitar esclarecimentos ao perito a respeito do laudo já apresentado, a renúncia a alguma dimensão do contraditório será atual e, por isso, não representará violação

julgamento desfavorável ou a perda do próprio direito material pleiteado em juízo" (GRECO, Leonardo. Os atos de disposição processual – primeiras reflexões. In: MEDINA, José Miguel Garcia et al (Coord.). *Os poderes do juiz e o controle das decisões judiciais*: estudos em homenagem à Profa. Teresa Arruda Alvim Wambier. São Paulo: Revista dos Tribunais, 2008, p. 4).

ao seu núcleo participativo mínimo, equivalendo, essencialmente, ao simples não exercício de uma faculdade derivada do contraditório.

Pelo que se expôs, a verificação da validade das restrições convencionais ao contraditório deverá ser promovida pelos árbitros a partir da conjugação dos dois elementos acima descritos: (a) manutenção de meios efetivos de participação à disposição das partes; e (b) análise do conhecimento que as partes tinham acerca dos contornos do processo no momento em que restringiram suas faculdades comunicativas.

2.2.2.2.3 Preclusão no processo arbitral

Outro instituto processual diretamente relacionado ao contraditório, a preclusão também recebe configuração própria em razão do amplo espaço concedido para a autonomia privada das partes na arbitragem.[264]

Com efeito, o menor grau de preclusividade constitui decorrência direta da flexibilidade do procedimento e abre maior margem, no âmbito do processo arbitral, para que as partes introduzam alterações na demanda inicial e tenham, ao seu dispor, vasto campo de atuação deliberativa.[265]

Por esse motivo, há autores que chegam a sustentar que o instituto praticamente *inexistiria* no processo arbitral e que, na maior parte dos casos, os árbitros unicamente se valeriam de seu poder de coibir condutas dolosas, aplicando sanções processuais *similares* à preclusão.[266]

Não obstante, ainda que a preclusão exiba, de fato, menor leque de hipóteses de incidência na arbitragem quando comparada ao processo estatal, apresenta ainda assim enorme importância para a estruturação e segurança do procedimento. Se por um lado é valiosa a possibilidade de uma interação menos estanque entre os personagens do processo, por outro é certo que a

[264] O tema foi igualmente explorado em ARAUJO, Yuri Maciel. A preclusão no processo arbitral. In: CARNEIRO, Paulo Cezar Pinheiro; GRECO, Leonardo; DALLA, Humberto. *Temas controvertidos na arbitragem à luz do Código de Processo Civil de 2015*, v. 1. Rio de Janeiro: GZ, 2018, p. 299-316.

[265] DINAMARCO, Cândido Rangel. *A Arbitragem na Teoria Geral do Processo*. Op. cit., p. 58.

[266] PARENTE, Eduardo de Albuquerque. *Processo arbitral e sistema*. Op. cit., p. 120-121. No ponto, Pedro A. Batista Martins também sustenta que "[o]s princípios da informalidade e da economia processual afastam a preclusão. Fala mais alto a verdade material e a pacificação do conflito" (MARTINS, Pedro A. Batista. *Apontamentos sobre a Lei de Arbitragem*. Op. cit., p. 227).

obediência a fases ou etapas minimamente delineadas também tem sua razão de ser.

A preclusão é essencial para o bom desenvolvimento do processo e para a concretização de princípios como o contraditório, a duração razoável, a segurança jurídica e a boa-fé, sendo fundamental para a organização de debate justo e proveitoso, no qual todos os participantes tenham espaço adequado para se pronunciar sobre todos os temas em discussão. Fredie Didier Jr. chega mesmo a afirmar que "não há processo sem preclusão".[267] Portanto, é de rigor a sua incidência ao processo arbitral, ainda que as partes nada tenham previsto ao eleger as normas processuais aplicáveis. O que ocorre é tão somente que as hipóteses que autorizam o afastamento da preclusão serão mais destacadas do que no âmbito do processo civil estatal.

Veja-se, no ponto, que o único dispositivo da Lei nº 9.307/96 que versa sobre o fenômeno preclusivo é o art. 20, segundo o qual a parte deverá arguir questões atinentes à competência, suspeição ou impedimento do árbitro, bem como sobre a nulidade, invalidade ou ineficácia da convenção arbitral, na primeira oportunidade em que tiver de se manifestar após a instituição da arbitragem.

Em Portugal, ao contrário, o legislador houve por bem traçar regime básico para "omissões e faltas de qualquer das partes". Atento às peculiaridades do processo arbitral, o art. 35 da Lei de Arbitragem Voluntária[268] orientou-se para um equilíbrio entre o regular prosseguimento do feito e a garantia de ampla participação dos interessados, evitando, sempre que possível, a aplicação

[267] DIDIER JR., Fredie. *Curso de direito processual civil:* introdução ao direito processual civil. Op. cit., p. 475.

[268] Art. 35 da Lei nº 63/2011: "Omissões e faltas de qualquer das partes. 1. Se o demandante não apresentar a sua petição em conformidade com o n.º 2 do artigo 33.º, o tribunal arbitral põe termo ao processo arbitral. 2. Se o demandado não apresentar a sua contestação, em conformidade com o n.º 2 do artigo 33.º, o tribunal arbitral prossegue o processo arbitral, sem considerar esta omissão, em si mesma, como uma aceitação das alegações do demandante. 3. Se uma das partes deixar de comparecer a uma audiência ou de produzir prova documental no prazo fixado, o tribunal arbitral pode prosseguir o processo e proferir sentença com base na prova apresentada. 4. O tribunal arbitral pode, porém, caso considere a omissão justificada, permitir a uma parte a prática do acto omitido. 5. O disposto nos números anteriores deste artigo entende-se sem prejuízo do que as partes possam ter acordado sobre as consequências das suas omissões".

de sanções desnecessárias à parte que deixa de praticar determinado ato processual.[269]

Essa parece ser, de modo geral, a melhor diretriz para o tema. A todo o tempo em que se analisar a ocorrência da preclusão, dever-se-á ter em mente que o fenômeno precisa ser interpretado com vistas a efetivar os valores e objetivos que rendem ao processo arbitral a condição de sistema. A preclusão não pode jamais constituir um fim em si mesma, tampouco gerar uma espécie de "hiperprocessualização" da arbitragem.

A fixação de parâmetros para a operação da preclusão deve passar necessariamente pela análise da sua relação, em cada caso concreto, com a defesa dos princípios processuais que compõem o devido processo legal arbitral, velando-se pela ampla e igualitária participação das partes na construção da decisão.

Em primeiro lugar, a observância ao contraditório representará requisito mínimo para o exame da preclusão. Antes de se decidir sobre a ocorrência do fenômeno preclusivo, dever-se-á garantir às partes que possam se manifestar sobre a matéria suscitada, defendendo ou impugnando a ocorrência da preclusão. Os árbitros não poderão decidir sem oportunizar a prévia manifestação dos interessados.

Em segundo lugar, o princípio do contraditório impedirá que a preclusão seja aplicada quando puder tornar *incompleto* o diálogo processual, inviabilizando que as partes tenham efetivas condições de participar e influenciar a construção da decisão.[270] Como dito, a arbitragem prima por constituir

[269] A propósito, o autor português António Menezes Cordeiro esclarece que "o escopo da lei de arbitragem, perante a revelia do demandado ou, mais latamente, em face das omissões ou faltas de qualquer das partes (*default proceedings*) é triplo: (a) dignificar a arbitragem; (b) prevenir obstruções ao processo; (c) evitar, no possível, prejudicar o faltoso" (MENEZES CORDEIRO, António. *Tratado da arbitragem*: Comentário à Lei 63/2011, de 14 de dezembro. Coimbra: Almedina, 2015, p. 330).

[270] "É claro que, em última análise, a preclusão sempre significa uma limitação ao direito de defesa e de participação das partes. A perda de uma faculdade ou poder é a perda da possibilidade de reação, comprometendo-se um dos termos do binômio da audiência bilateral. Novamente, caberá ao árbitro, no caso concreto, ponderar a extensão do prejuízo causado à participação dos envolvidos, sendo este o metro a ser seguido para se avaliar a eventual desconsideração de determinada regra procedimental. Mais importante do que a ordem e a rigidez do procedimento é a igualdade de participação das partes" (ALVES, Rafael Francisco. O devido processo legal na arbitragem. In: JOBIM, Eduardo; MACHADO, Rafael Bicca (Coord.). *Arbitragem no Brasil*: aspectos jurídicos relevantes. Op. cit., p. 404).

ambiente flexível e aderente ao debate promovido pelas partes, devendo, por isso, prestigiar o contraditório na maior extensão possível.

Por certo, apenas se ressalta que a incompletude de que ora se trata não se confunde com toda e qualquer ausência de manifestação dos envolvidos. Afinal, também das condutas omissivas é possível extrair ato de vontade, apto a cumprir o seu papel no diálogo processual.[271] Para o fim de afastar a preclusão, o diálogo apenas será considerado incompleto se algum dos sujeitos processuais houver deixado de tratar de algum ponto que, naquele momento específico, ainda não era tido, de forma inequívoca, como pertinente para o deslinde da controvérsia.

Ilustra-se a observação com a hipótese em que uma das partes não tenha apresentado todas as teses defensivas sucessivas que, a princípio, teria ao seu dispor, por possuir razoável convicção de que algumas delas não seriam relevantes para a definição da lide. A regra da eventualidade, que, no processo estatal, levaria à preclusão dessas matérias (cf. art. 342 do CPC), não terá efeito caso as novas questões possam ser oportunamente introduzidas no debate e não representem quebra das expectativas legítimas da parte contrária.[272]

Em sentido contrário, todavia, caso o silêncio de uma das partes não se insira nesse quadro, a preclusão não será afastada. É o caso, por exemplo, de determinada alegação fática, já posta no processo e com manifesta aptidão para alterar o resultado do julgamento, não ter sido refutada pelo interessado na primeira oportunidade em que se pronunciou. A questão estará, em princípio, preclusa e não poderá ser retomada pela parte mais à frente.

[271] CABRAL, Antonio do Passo. *Nulidades no processo moderno*: contraditório, proteção da confiança e validade *prima facie* dos atos processuais. Op. cit., p. 152.

[272] Como bem observa Antonio do Passo Cabral, "se o sistema preclusivo é rígido demais, corre-se o risco de observarmos 'superesforços' dos litigantes na condução dos litígios: se aumentamos as preclusões por omissão, p.ex., como as preclusões temporais, podemos estar diante do risco de que os sujeitos do processo sintam-se pressionados a formular alegações que talvez não desejassem, ou ainda que se debrucem sobre cada especial aspecto de cada mínimo ponto do debate com uma precisão e dedicação desnecessárias, o que tornará mais complexa a lide e mais demorada a solução do processo. Se o processo civil contemporâneo tem o escopo de evitar procedimentos excessivamente complexos e demorados, deveríamos buscar desenhar um modelo com menos preclusões" (CABRAL, Antonio do Passo. *Coisa julgada e preclusões dinâmicas:* entre continuidade, mudança e transição de posições processuais estáveis. Op. cit., p. 333).

Veja-se que não se está aqui a defender a utilização do princípio da revelia, que reconhecidamente não tem o mesmo alcance na arbitragem que na jurisdição estatal.[273] A hipótese é outra: caso a parte se manifeste tempestivamente, mas deixe de impugnar determinada matéria, incidirá a preclusão.

Em complemento, é importante ressaltar ainda – e aqui há nítida interação com o princípio da igualdade, parcialmente inserido no conteúdo normativo do contraditório[274] – que, uma vez fixados prazos para a apresentação de alegações, esses deverão, salvo hipóteses justificadas, ser cumpridos por todos os sujeitos do processo. O descumprimento, por certo, não poderá trazer vantagens apenas para um dos jurisdicionados.[275]

Assim, a ausência de manifestação tempestiva acarretará preclusão temporal, sendo, contudo, facultado à parte participar das etapas subsequentes do feito.[276] O processo precisa andar para frente[277] e essa caminhada não pode ser feita a passadas desiguais, impondo-se a apenas um dos interessados o pesado ônus de preparar suas manifestações no prazo estipulado, em nítida disparidade de armas em relação à parte contrária.

273 Segundo Carlos Alberto Carmona, "o legislador, ao referir-se – atecnicamente – à revelia no processo arbitral, quis deixar claro que tanto a situação de total alheamento de uma das partes (a começar pela falta de colaboração na constituição do tribunal arbitral) como a falta de participação ativa em qualquer um dos atos do processo, não terá a menor influência quanto aos poderes dos árbitros, e a atitude negativa da parte não será um fator impeditivo da prolação da sentença" (CARMONA, Carlos Alberto. Arbitragem e processo: um comentário à Lei nº 9.307/96. Op. cit., p. 331).

274 "Outra projeção do princípio do contraditório é a garantia denominada de igualdade concreta, que nada mais é do que a aplicação ao processo judicial e também ao arbitral do direito fundamental à igualdade, inscrito no caput do artigo 5° da nossa Carta Magna. As partes devem ser tratadas com igualdade, de tal modo que desfrutem concretamente das mesmas oportunidades de sucesso final, em face das circunstâncias da causa" (CARNEIRO, Paulo Cezar Pinheiro; SCHENK, Leonardo Faria. O justo processo arbitral e o dever de revelação (disclosure) dos peritos. Op. cit., p. 588).

275 TAMAKI, Luiz Henrique. *A preclusão no processo de arbitragem.* 139 f. Dissertação de mestrado – Pontifícia Universidade Católica, São Paulo, 2016, p. 119.

276 Mesmo no âmbito do processo civil estatal, o art. 349 do CPC determina que "[a]o réu revel será lícita a produção de provas, contrapostas às alegações do autor, desde que se faça representar nos autos a tempo de praticar os atos processuais indispensáveis a essa produção".

277 BERMUDES, Sergio. *Introdução ao Processo Civil.* Rio de Janeiro: Forense, 2002, p. 79.

Por derradeiro, é de rigor que o árbitro examine a incidência da preclusão sob as lentes da boa-fé objetiva,[278] sobretudo na acepção de tutela à legítima expectativa. Trata-se de essencial critério informativo do contraditório.[279] Ainda que a livre atuação da parte possa incrementar a discussão promovida no processo, não poderá representar a injustificada quebra da confiança depositada pelos demais sujeitos processuais.

Alinhavadas todas essas considerações, inevitável concluir que a preclusão também possui grande relevância no processo arbitral. Somente se deve ter em conta que o fenômeno preclusivo nem sempre terá aplicação, pois precisa estar sempre orientado à implementação da efetiva, igualitária e leal participação das partes na formação da convicção dos árbitros.

2.2.3 Contraditório e objetivos da arbitragem

O contraditório deve ainda ser compatibilizado com a terceira característica que atribui a condição de sistema ao processo arbitral: a existência de objetivos próprios, que o diferenciam dos outros de meios de solução de controvérsias.[280]

Toda a estruturação do diálogo processual deve ser feita em atenção às principais metas que as partes almejam atingir com o recurso à arbitragem, a saber: (i) ativa participação na formação da convicção dos julgadores; (ii) maior celeridade na prestação jurisdicional; (iii) propensão a julgamento mais técnico; (iv) possibilidade de processo colaborativo, que tenda a permitir a continuidade da relação comercial; e (v) confidencialidade da matéria.

Quanto ao primeiro item, reporta-se aos tópicos que trataram dos estímulos dialéticos decorrentes da maior flexibilidade do procedimento arbitral (tópico 2.2.2.1) e do vetor essencial da participação e influência (tópico 2.2.2.2).

A seguir, é demonstrada a influência dos demais objetivos listados ao adequado exame do contraditório.

[278] A boa-fé objetiva é tratada em conjunto com o dever de cooperação entre as partes no tópico 2.2.3.3.

[279] Marco Antonio dos Santos Rodrigues pondera, com acerto, que "a boa-fé processual é verdadeiro critério informativo da aplicação de outros princípios e regras inerentes ao processo justo" e, assim, "assume um papel de verdadeiro sobreprincípio, na medida em que possui eficácia rearticuladora e de equilíbrio de outras previsões normativas" (RODRIGUES, Marco Antonio dos Santos. *A modificação do pedido e da causa de pedir no processo civil*. Op. cit., p. 180-181).

[280] Tais objetivos foram descritos no tópico 1.2.3.

2.2.3.1 Contraditório e celeridade processual

Ainda que esteja normalmente conjugada com outras finalidades, é certo que a tentativa de se evitar a morosidade do Judiciário[281] – que, repita-se, não constitui fenômeno novo no Brasil[282] – afigura-se quando menos como um dos principais fatores para a opção pela via arbitral.

Dentre outras medidas, a arbitragem se distingue por propiciar aos litigantes maior agilidade e efetividade na prestação jurisdicional. Diferentemente do que ocorre no processo estatal, em que é possível a interposição de inúmeros recursos e as ações frequentemente demoram anos para serem encerradas, a instância arbitral serve mais fielmente ao propósito de estimular as relações negociais e eliminar rapidamente a situação de incerteza ínsita às disputas.[283]

Isso se dá, especialmente, porque: (i) as partes podem adequar o procedimento de forma a obter ganhos de eficiência e eliminar atos desnecessários; (ii) os árbitros têm mais tempo para dedicar à solução da causa; e (iii) não há previsão de recursos contra a sentença arbitral.[284]

Com efeito, essa face da arbitragem bem se arrima ao espírito do art. 5º, LXXVIII, da CF, o qual estabelece que devem ser assegurados aos jurisdicionados a duração razoável do processo e os meios que garantam a celeridade na sua tramitação. Por mais que o dispositivo constitucional remeta apenas ao "âmbito judicial e administrativo", a tempestiva entrega da tutela jurisdicional

[281] MAGALHÃES, José Carlos de. A arbitragem como forma de atuação da sociedade civil. *Revista de Arbitragem e Mediação*, v. 9, abr./jun.2006, p. 171.

[282] Ver, nesse aspecto, o relato histórico de Ruy Barbosa (nota 125).

[283] Como anotou o ex-ministro do Supremo Tribunal Federal Ilmar Galvão, que integrou a composição do célebre julgamento de constitucionalidade da Lei nº 9.307/96 (v. nota 54), "o Poder Judiciário passa, presentemente, por crise muito mais aguda do que aquela que assustou o renomado J. X. Carvalho de Mendonça, e que se exprime por uma incapacidade que já se tornou crônica de enfrentar a avalanche, cada vez mais volumosa, de causas que lhe são apresentadas, decorrendo desse impasse o agravamento, sempre crescente, de uma morosidade que já extravasa os limites máximos do tolerável. Trata-se de fator que, sem dúvida nenhuma, pode constituir sério desestímulo aos negócios" (GALVÃO, Ilmar. Juízo arbitral. *Revista de Direito Bancário e do Mercado de Capitais*, v. 6, n. 20, abr./2003, p. 277-278).

[284] Conquanto critique a inclusão da celeridade no rol de vantagens da arbitragem, apontando que o processo arbitral pode durar tanto quanto o judicial, essas três circunstâncias são delineadas por CARMONA, Carlos Alberto. *A arbitragem no processo civil brasileiro*. São Paulo: Malheiros, 1993, p. 71-75.

está intimamente ligada à efetivação e concretização dos direitos humanos mais básicos,[285] também apresentando, portanto, inequívoca relevância no seio da jurisdição privada.[286]

O ânimo de celeridade é, de fato, tão importante para a arbitragem, que a Lei nº 9.307/96 estabelece que o compromisso arbitral poderá conter prazo para a prolação de sentença (art. 11, III) e que, nada tendo sido convencionado, o prazo será de seis meses, contados da instituição da arbitragem ou da substituição do árbitro (art. 23). O descumprimento do prazo – que poderá ser prorrogado pelas partes e árbitros de comum acordo[287] (art. 23, §2º) – enseja até mesmo a extinção do compromisso (art. 12, III) e a nulidade da sentença eventualmente proferida a destempo, desde que a parte interessada

[285] Analisando a importância conferida à duração razoável do processo pela jurisprudência da Corte Europeia de Direitos do Homem, Leonardo Schenk reporta que "[i]ntegra a mentalidade da Corte Europeia a convicção de que a Convenção tem por finalidade proteger direitos não teóricos ou ilusórios, mas, sobretudo, concretos e efetivos. Na visão da Corte, o direito genérico à Justiça, proclamado no artigo 6º, I, da Convenção, é tido como um direito de capital importância para as sociedades democráticas, por seu sentido e objeto, merecendo interpretação ampliativa e sempre orientada por uma perspectiva material (e não apenas formal). Em síntese, a Justiça não deve ser administrada com retardos suscetíveis de comprometer sua eficácia e credibilidade" (SCHENK, Leonardo. Notas sobre o *modus operandi* das Cortes Europeia e Interamericana para a aferição das violações do direito à razoável duração dos processos. *Revista Eletrônica de Direito Processual – REDP*, v. 11, jan./jun.2013, p. 294).

[286] No plano internacional, Philippe Fouchard salientou, acertadamente, que "the arbitrator must fulfill his task within the legal or contractual time limits laid down for him. In addition, and in any case, in accepting his task, he undertakes to fulfil it with due diligence. This rule is also a definite one, although it is seldom expressed in this form. It echoes the expression 'reasonable time limit' imposed by the international conventions and declarations relating to human rights in the field of justice" (FOUCHARD, Philippe. Relationships between the arbitrator and the parties and the arbitral institution. *The Status of the arbitrator*, Special Supplement, The ICC International Court of Arbitration Bulletin, n. 564, dez./1995, p. 18). Tradução livre: "o árbitro deve cumprir sua tarefa dentro dos limites temporais legais ou contratuais a ele impostos. Em adição, e em qualquer caso, aceitando o trabalho, ele se obriga a executá-lo com a devida diligência. Essa regra é também definitiva, ainda que seja raramente expressa dessa forma. Ela ecoa a expressão 'duração razoável' imposta por convenções internacionais e declarações relacionadas a direitos humanos no campo da justiça".

[287] "Aqui há uma diferença fundamental entre a lei brasileira e a italiana: esta última permite que as partes *ou* os árbitros (aquelas sem o consentimento destes, e vice-e-versa) possam prorrogar o prazo estipulado, enquanto a lei brasileira exige o *consenso* de árbitros e partes para tal modificação (art. 23, par. ún.)", v. nota de Carlos Alberto Carmona em VIGORITI, Vicenzo. Em busca de um direito comum arbitral: notas sobre o laudo arbitral e a sua impugnação. Op. cit., p. 15.

tenha previamente notificado os árbitros para proferir a decisão em dez dias (art. 32, VII).[288]

Porém, a despeito de estar reforçada na arbitragem, não se pode jamais ignorar que, tal qual no processo estatal, a celeridade precisa ser sempre conjugada com a observância às demais garantias constitucionais do processo,[289] ainda que revestidas da configuração própria que lhes é inerente no sistema do processo arbitral. Nunca a rapidez poderá atentar contra os direitos processuais das partes, em especial a prerrogativa de ampla participação e influência na formação da decisão.

Recomenda-se, pois, que os árbitros adotem algumas providências para que a celeridade e o contraditório não se excluam ou limitem reciprocamente.

A uma, é válido ter em mente que, assim como ocorre no processo estatal, os períodos que frequentemente levam ao alargamento substancial da tramitação da ação consistem em "tempos mortos", nos quais não há propriamente prazos em curso ou medidas sendo tomadas para a instrução do feito. Importante, assim, que os árbitros: (i) tenham real disponibilidade de tempo para impulsionar a arbitragem em conjunto com as partes; e (ii) avaliem a necessidade de contarem com o auxílio de secretários e assessores.

A duas, sem prejuízo de eventuais adaptações ao longo do feito, convém que os sujeitos da arbitragem fixem calendários processuais, buscando estruturar o tempo do processo e trazer a segurança necessária para que as partes possam, de antemão, organizar o uso dos meios discursivos e instrutórios à sua disposição.

A três, também se revela útil evitar que o início dos prazos dependa da prévia troca de correspondências físicas, que tendem a demandar igualmente período adicional para o envio e recebimento do material. As comunicações eletrônicas são mais ágeis e facilitam a otimização do tempo. De acordo com as particularidades da questão discutida, uma conferência telefônica ou audiovisual também poderá ser eficaz, sobretudo para que partes e árbitros delineiem conjuntamente os próximos passos do procedimento.

[288] CARMONA, Carlos Alberto. *Arbitragem e processo*: um comentário à Lei nº 9.307/96. Op. cit., p. 408-409.

[289] CÂMARA, Alexandre Freitas. O direito à duração razoável do processo: entre eficiência e garantias. *Revista de Processo*, v. 223, set./2013, p. 43.

A quatro, será interessante, tanto quanto possível, a concentração de atos processuais. Sempre que viável, sugere-se a realização de audiência una e, igualmente, a abertura de prazos únicos – desde que suficientes e adequados – para que as partes se manifestem simultaneamente sobre variados temas.

Naturalmente, se após tomadas todas as cautelas pertinentes ainda for preciso alongar o procedimento para garantir a efetiva participação e influência das partes, a celeridade cederá espaço para o exercício do contraditório, princípio mais valoroso para a promoção do devido processo legal arbitral.

Em resumo, a celeridade é um dos marcos da arbitragem e deve, sem sombra de dúvidas, ser alvo da perene preocupação de partes e árbitros. Não obstante, jamais poderá configurar óbice à implementação do contraditório-influência no processo arbitral: cada demanda deverá levar o tempo que for necessário para que as partes deliberem sobre todas as questões relevantes e produzam as provas correlatas, agregando legitimidade democrática e justiça à sentença ao final prolatada.

2.2.3.2 Contraditório e julgamento de matérias complexas

Em causas de grande complexidade, a opção pela via arbitral é frequentemente motivada pelo desejo das partes de terem acesso a julgamento mais técnico do que poderiam normalmente obter perante os órgãos da justiça estatal.[290]

Parte-se do pressuposto de que, até mesmo em virtude do meio adotado para o provimento dos cargos na magistratura (concursos públicos com provas sobre variadas disciplinas), os membros do Judiciário tendem a exibir uma formação jurídica generalista e não ostentar sempre o prévio conhecimento (menos ainda, o tempo) necessário para enfrentar questões de alta densidade. Por esse motivo, a prerrogativa das partes de escolherem livremente os árbitros – que sequer precisam ter formação em direito[291] – viabiliza que a demanda

[290] Em Portugal, António Menezes Cordeiro considera essa uma das *dificuldades da jurisdição do Estado*, cf. MENEZES CORDEIRO, António. *Tratado da arbitragem*: Comentário à Lei 63/2011, de 14 de dezembro. Op. cit., p. 62.

[291] "A indicação recairá, isto sim, em pessoa ou pessoas detentoras de conhecimento técnico ou científico determinado e necessário à solução dos conflitos, sendo ou não bacharéis em direito. Poderão ser engenheiros, agrimensores, médicos, bioquímicos, farmacêuticos etc. Tudo dependerá da natureza do conflito instaurado. Contudo, se as partes resolverem não optar pela indicação de uma entidade arbitral, mas pela escolha comum de seu árbitro ou

seja julgada por pessoas com o domínio da questão debatida. As partes podem até mesmo se valer de instituição arbitral que seja dedicada, especificamente, à resolução de controvérsias de determinado setor.[292]

A propósito, os árbitros podem apresentar conhecimentos mais apurados seja no plano fático, seja no jurídico: a *expertise* relaciona-se tanto à experiência na matéria de fato subjacente à demanda (envolvendo, por exemplo, questões técnicas concernentes a grandes contratos de infraestrutura), como ao profundo entendimento do quadro jurídico-normativo próprio a alguma área do direito, o que ganha contornos ainda mais realçados em litígios relacionados ao comércio internacional.[293]

Luciano Benetti Timm bem destaca, sob essa ótica, a importância da nomeação de especialistas para a solução de questões comerciais que se baseiem em *usos e costumes* de determinados mercados, uma vez que os juízes estatais não estão habituados a manejar normas jurídicas produzidas fora das instâncias oficiais do Estado.[294]

árbitros, é de bom alvitre que pelo menos um dentre eles seja detentor de sólida formação jurídica, reconhecida cultura e saber, experiente, operoso e detentor da confiança de ambas" (FIGUEIRA JUNIOR, Joel Dias. *Manual da arbitragem*. São Paulo: Revista dos Tribunais, 1997, p. 124).

292 Relata-se, assim, que a International Cotton Association Ltd. (ICA) "mantém um serviço de administração de arbitragens focado na solução de questões ligadas ao mercado de compra e venda de algodão. Segundo o art. 304 do estatuto da entidade, os árbitros devem ser sempre membros da entidade, devendo ainda ostentar determinadas qualificações estipuladas pela diretoria. No caso específico, o bom funcionamento da entidade está baseado exatamente na necessidade de que os árbitros (sempre membros da ICA) detenham conhecimento específico e imprescindível do mercado algodoeiro, especialmente dos usos e costumes ligados a tais transações internacionais" (CARMONA, Carlos Alberto. As listas de árbitros. In: ROCHA, Caio Cesar Vieira; SALOMÃO, Luis Felipe. *Arbitragem e mediação*: a reforma da legislação brasileira. Op. cit., p. 77). No Brasil, é possível mencionar, dentre outras instituições especializadas, o Centro Brasileiro de Arbitragem Marítima – CBAM.

293 "[O]s juízes, normalmente, são afeitos às questões rotineiras de direito interno e à aplicação da jurisprudência e legislação nacionais. Quando se defrontam com litígios que requerem conhecimento de direito estrangeiro ou de costumes internacionais, têm de resolver problemas a que não estão acostumados e, até mesmo, habilitados. A arbitragem permite às partes a indicação de árbitros com esses conhecimentos e de pessoas familiarizadas com questões específicas do comércio internacional" (MAGALHÃES, José Carlos de. Arbitragem internacional privada. *Revista Forense*, v. 279, jul./set.1982, p. 99).

294 "[P]or meio da LA, foi criado um meio privado para solução de conflitos, mais flexível, mais permeável ao conhecimento prático e menos jurídico, ponto que é bastante relevante em um tipo de atividade econômica em que os usos e costumes desempenham um importante

Em rigor, a presença de qualificação técnica adequada se apresenta como uma verdadeira exigência para o árbitro atuar no litígio, encontrando-se prevista expressamente no art. 13, §6º, da Lei 9.307/96, que estabelece o dever de o julgador proceder com *competência*. A ausência de aptidão mínima para a solução do litígio pode levar, inclusive, à responsabilização do árbitro pelos eventuais danos causados às partes.[295]

Para o que interessa ao contraditório, a participação de especialistas na questão controvertida – seja na condição de árbitros, seja de advogados – tende a ampliar o debate produtivo na ação, já que conduz a maior *simetria de informações* entre os sujeitos do processo arbitral,[296] que podem empregar seus melhores esforços para alcançar resultado rente à realidade do setor econômico em questão.

Esse cenário autoriza que o contraditório-útil seja otimizado, pois a existência de conhecimentos prévios acerca do tema facilita que os árbitros

papel como é o setor primário. Quem, como advogado, já acompanhou negócios nesse meio, sabe que muitas vezes existem regras criadas dentro de cada mercado, como no caso no reflorestamento, que são diferentes em cada Estado e que, de outra parte, são diferentes dos usos e costumes do setor de cana de açúcar (ver art. 113, CC/2002). Entretanto, é raro o juiz conhecer estas regras desenvolvidas pelos próprios agentes econômicos espontaneamente, pois ele está fora do mercado, contando apenas com as regras formais do ordenamento jurídico e muitas vezes com uma percepção ética e política absolutamente distante da realidade das partes" (TIMM, Luciano Benetti. Direito, economia, instituições e arbitragem: o caso da "soja verde". *Revista de Arbitragem e Mediação*, v. 16, jan./2008, p. 42). Ver também RICHARD, Efraín Hugo. El corazón del derecho comercial: los usos y costumbres y la solución rápida de los conflictos, arbitraje y mediación. In: PUCCI, Adriana Noemi (Coord.). *Aspectos atuais da arbitragem*. Op. cit., p. 117.

[295] "Neste passo, caberá à parte interessada demonstrar cabalmente: primeiro, que o árbitro não tinha qualquer conhecimento para solucionar a hipótese, nem se valeu de peritos ou de assessoria de terceiros; segundo, que a hipótese tenha sido solucionada, no caso concreto, de forma absolutamente contrária à Lei, aos princípios gerais de direito, aos usos e costumes ou às regras internacionais de comércio, dependendo do que for aplicável, nos termos da convenção de arbitragem" (CARNEIRO, Paulo Cezar Pinheiro. Aspectos processuais da nova lei de arbitragem. In: CASELLA, Paulo Borba (Coord.). *Arbitragem*: a nova lei brasileira (9.037/96) e a praxe internacional. São Paulo: LTr, 1996, p. 140).

[296] Essa é a observação de José Emílio Nunes Pinto, segundo o qual o processo arbitral propicia "a simetria de informações entre as partes e os árbitros, onde estes são especialistas na matéria objeto da controvérsia, contrastando com o caráter generalista do juiz estatal; tem-se aí igualmente um ganho efetivo em prol da segurança da decisão tomada e do tempo envolvido na solução do litígio" (PINTO, José Emílio Nunes. Arbitragem e desenvolvimento econômico. *Revista de Arbitragem e Mediação*, v. 20, jan./2009, p. 72).

direcionem o debate, instando as partes a fornecerem os subsídios que verdadeiramente se afigurem relevantes e dispensando contribuições impertinentes ou protelatórias. Desenvolvendo-se a partir de uma maior afinidade com as matérias de fundo, o diálogo tende a proporcionar o real exercício do direito de influência pelas partes e a construção colaborativa da decisão, apresentando aptidão para ser efetivamente refletido no conteúdo da sentença arbitral.

Além disso, ao contrário do que ocorre com frequência em processos judiciais, o aparato técnico dos árbitros permitirá evitar que as matérias complexas sejam, na prática, *julgadas* pelo perito, e não propriamente por aqueles imbuídos do poder de decidir. Evidentemente, não haverá qualquer óbice para que os árbitros sigam a orientação definida pelos trabalhos periciais. Essa confluência de entendimentos constituirá mesmo a regra. O ponto é unicamente que os árbitros terão maior facilidade para examinar a matéria, deixando de ratificar o laudo de forma totalmente acrítica.[297]

Desde que bem escolhidos, os árbitros não estarão totalmente reféns do conhecimento técnico do perito, podendo: (i) formular quesitos apropriados ao tema técnico discutido; (ii) questionar as premissas e as conclusões constantes do laudo pericial; (iii) analisar satisfatoriamente os pareceres oferecidos pelos assistentes técnicos das partes; (iv) determinar com maior segurança se será necessária a eventual substituição do perito ou a complementação do laudo; e (v) julgar contrariamente à opinião do *expert*, desde que externando adequadamente as razões do seu livre convencimento.

Os ganhos em termos de participação e influência são, assim, realmente substanciais. Pouco adiantaria amplo e acirrado debate, acompanhado de farta produção probatória, se ao final o julgador não tivesse mínima capacidade técnica para analisar todos os elementos trazidos a lume. Em casos tais, a própria legitimidade do procedimento poderia vir a ser questionada.

[297] Como ressalta Arnoldo Wald, "[n]a falta de tempo e de formação técnica adequada dos magistrados, a solução atual, em vários países, tem sido o recurso a peritos que deveriam auxiliar os juízes e que, na realidade, acabam substituindo-os, pois o julgador acata quase sempre as informações e soluções periciais em matérias nas quais ele não tem formação própria. A especialização dos juízes, que ainda é insuficiente, tem dado bons resultados em várias áreas como, por exemplo, em matéria tributária, na qual a atividade do magistrado é em grande parte repetitiva, mas nem sempre tem sido feliz em outros setores do direito empresarial" (WALD, Arnoldo. A arbitragem e os contratos empresariais complexos. *Revista de Arbitragem e Mediação*, v. 7, out./2005, p. 13).

Não à toa, vem-se propugnando atualmente o uso da arbitragem para a solução de conflitos em diversos setores da economia, como no agronegócio, na comercialização de energia elétrica e nas telecomunicações.[298]

A possibilidade de escolha de árbitros com conhecimentos aprofundados na matéria discutida na arbitragem mostra-se, portanto, importante instrumento para o exercício do contraditório, sob a acepção de direito de participação e influência.

2.2.3.3 A boa-fé objetiva no processo arbitral

O contraditório também é impactado pelo fato de a arbitragem pretender propiciar aos interessados a instauração de ambiente cooperativo e leal, em que possam resolver suas controvérsias, mas ao mesmo tempo assegurar condições para a manutenção da relação negocial subjacente.

Veja-se que mesmo no âmbito estatal já se superou a tradicional visão do processo como uma *luta* ou um *jogo* entre as partes.[299] Hoje, o CPC traz previsões expressas sobre o respeito à boa-fé (art. 5º) e ao dever de cooperação a que se submetem todos os sujeitos do processo, inclusive os julgadores, para que se obtenha, em tempo razoável, decisão de mérito justa e efetiva (art. 6º).

A preservação da boa-fé objetiva corresponde a *postulado ético* que se irradia por todos os ramos do direito.[300] Seu assento constitucional é evidente e há até mesmo divergência doutrinária quanto ao dispositivo da Constituição que lhe daria melhor suporte: Brunela Vieira de Vincenzi entende que decorreria do princípio da solidariedade[301] (art. 1º, IV, da CF); António Menezes Cordeiro

[298] Respectivamente: TIMM, Luciano Benetti. Direito, economia, instituições e arbitragem: o caso da "soja verde". *Revista de Arbitragem e Mediação,* v. 16, jan./2008, p. 38-47; PINTO, José Emílio Nunes. A arbitragem na comercialização de energia elétrica. *Revista de Arbitragem e Mediação,* v. 9, abr./2006, p. 173-193; MAGALHÃES, José Carlos; VALLE, Regina Ribeiro do. Telecomunicações e soluções alternativas de conflitos. *Revista de Direito das Comunicações,* v. 6, jul./2012, p. 69-86.

[299] CALAMANDREI, Piero. Il processo come giuoco. *Rivista de Diritto Processuale,* v. V, parte I. Padova: Cedam, 1950, p. 29.

[300] MEDINA, José Miguel Garcia. *Direito processual civil moderno.* São Paulo: Revista dos Tribunais, 2015, p. 122.

[301] VINCENZI, Brunela Vieira de. *A boa-fé no processo civil.* São Paulo: Atlas, 2003, p. 162-163.

considera que a boa-fé seria desdobramento da igualdade[302] (art. 5º, caput); Joan Picó i Junoy aduz que corresponderia a instrumento para o devido processo legal (o autor valeu-se da expressão devido processo leal);[303] e Antonio do Passo Cabral reconhece o seu fundamento no princípio do contraditório.[304]

Se os avanços na justiça estatal já são promissores, o clima de boa-fé e de cooperação é ainda mais intensificado na arbitragem. Como visto, o processo arbitral nasce e se desenvolve mediante a contínua interação entre partes e árbitros para a construção e reconstrução do procedimento, orientando-se sempre à superação ágil e eficiente do conflito. Há, assim, uma exigência ínsita de que a participação seja operacionalizada de forma honesta e colaborativa,[305] gerando impactos em toda a dinâmica do exercício do contraditório.

Segundo Selma Ferreira Lemes, a boa-fé é tão fulcral, que se faz necessária até mesmo uma mudança na cultura dos advogados. A postura que é deles exigida na arbitragem não se revela minimamente compatível com a animosidade que durante muitas décadas gravou o processo civil – e vem sendo, enfim, superada. Aos patronos das partes incumbe velar pela regularidade do diálogo e focar, tanto quanto possível, em uma possível negociação com a parte contrária, visando encerrar o conflito de forma pacífica.[306]

302 MENEZES CORDEIRO, António. *Da boa-fé no direito civil*. 3. Reimp. Coimbra: Almedina, 2007, p. 1276-1281.

303 JUNOY, Joan Picó i. El debido proceso "leal". *Revista Peruana de Derecho Procesal*. Lima: Palestra, 2006, p. 346.

304 CABRAL, Antonio do Passo. O contraditório como dever e a boa-fé processual objetiva. *Revista de Processo*, São Paulo, v. 126, ago./2005, p. 76. Brunela Vieira de Vincenzi também reconhece esse vínculo entre boa-fé e contraditório (VINCENZI, Brunela Vieira de. *A boa-fé no processo civil*. Op. cit., p. 172).

305 Arnoldo Wald refere, assim, que "[o] simples fato de as partes terem de fazer determinadas escolhas no curso da arbitragem acaba propiciando, por sua vez, uma aproximação entre elas, e estabelecendo uma relação de colaboração mútua com os árbitros que não costuma existir no processo judicial. A necessidade da busca pela eficiência e eficácia da arbitragem acaba fazendo com que todos os envolvidos tenham de atuar imbuídos pelo espírito de cooperação e lealdade ou, em outras palavras, de boa-fé. Trata-se, atualmente de obrigações dos contratantes, no direito material, e das partes litigantes, no campo processual. A arbitragem é, pois, um procedimento de boa-fé. Ela pressupõe um mínimo de confiança que as partes devem ter umas nas outras e nos árbitros, já que todos têm um objetivo comum, que é a busca da verdade" (WALD, Arnoldo. O espírito da arbitragem. Op. cit., p. 22-35).

306 "Nesta linha, faz-se necessário advertir que o treinamento recebido para os embates forenses, as ferramentas processuais utilizadas, entre elas, os infindáveis recursos processuais não se coadunam com a prática arbitral. O profissional do direito que desejar atuar em

Nessa perspectiva, não havendo dúvidas de que a boa-fé assume papel de enorme relevo no processo arbitral, cumpre, neste capítulo, assentar premissas para a sua aplicação naquilo em que poderá afetar o âmbito de eficácia normativa do contraditório.

De modo geral, é corrente a especificação de quatro casos, identificados pela doutrina alemã, de aplicação da boa-fé objetiva no bojo da Teoria Geral do Processo, quais sejam: (a) proibição de criação maliciosa de situações processuais; (b) vedação de comportamento processual contraditório (*nemo potest venire contra factum proprium*); (c) supressão de faculdades processuais em virtude do excessivo período em que não tenham sido exercidas, gerando a legítima expectativa de que seria mantido o *status* vigente; e (d) abuso das faculdades processuais, que ocorre "quando uma parte aproveita deslealmente direitos processuais institucionais, a fim de obter vantagens processuais".[307]

No entanto, sem prejuízo dessa classificação (cujas hipóteses remanescem plenamente aplicáveis ao processo arbitral), destaca-se que a boa-fé não se limita, exclusivamente, a impor *condutas*. Na verdade, todas as três funções já consagradas da boa-fé objetiva em outros campos do ordenamento jurídico, sobretudo no direito civil, podem gerar efeitos no exercício do contraditório. São elas: (a) a função *hermenêutica*, que baliza critérios de interpretação; (b) a função *integrativa*, que atua no preenchimento de lacunas e na criação de

arbitragem, como já mencionamos em trabalhos pregressos, deve deixar a armadura de gladiador para o foro e utilizar a vestimenta de cavalheiro do século XXI. Este profissional deve, preponderantemente, focar a negociação e a pacificação do litígio. Compete ao profissional um papel de colaboração efetiva na obtenção da rápida solução da demanda arbitral. Enfim, não se afeiçoa à prática arbitral o advogado extremamente beligerante; este, logo perceberá que está em descompasso com o ambiente arbitral, que prima pelo diálogo e consenso constantes" (LEMES, Selma M. Ferreira. A arbitragem e o estudante de Direito. *Revista de Arbitragem e Mediação*, v. 23, out./2009, p. 41). Do mesmo modo, António Menezes Cordeiro refere que, "[n]o foro do Estado, existem deveres de colaboração e de urbanidade, sobre os quais nunca é demais insistir. Na arbitragem, tudo isso é acrescido. Os árbitros – a quem se pede o exemplo – não têm poderes de autoridade para controlar a conduta dos intervenientes. As habilidades, a descortesia, a sensibilidade doentia e a agressividade são corpos estranhos ao palco arbitral: só complicam" (MENEZES CORDEIRO, António. *Tratado da arbitragem*: Comentário à Lei 63/2011, de 14 de dezembro. Op. cit., p. 66).

307 RODRIGUES, Marco Antonio dos Santos. *A modificação do pedido e da causa de pedir no processo civil*. Op. cit., p. 177.

deveres jurídicos; e (c) a função *restritiva*, que serve como óbice ao exercício abusivo de posições jurídicas.[308]

2.2.3.3.1 A função hermenêutica: interpretação de normas e manifestações processuais

No campo do direito obrigacional, em que a boa-fé objetiva mais floresceu no Brasil, entende-se que a interpretação das cláusulas contratuais deve prestigiar o sentido mais leal e honesto frente aos objetivos perseguidos pelas partes no negócio jurídico.[309]

Importando-se o conceito para o sistema do processo arbitral, pode-se inferir que a interpretação de qualquer ato que produza efeitos processuais deve tomar em consideração a finalidade que as partes almejavam, primeiro, ao submeterem o litígio a esse meio alternativo de solução de controvérsias, e, depois, ao praticarem a conduta analisada.

Assim, é viável vislumbrar a aplicação da boa-fé objetiva tanto na interpretação das normas processuais eleitas, como das manifestações das partes.

Quanto ao primeiro aspecto, já se ponderou, com razão, que a interpretação das normas processuais "não pode ser despida de valor nem descontextualizada da realidade a que se destina: a boa-fé traz eticidade à aplicação do direito, sendo verdadeiro critério de interpretação, informando o sentido das normas".[310]

[308] Malgrado também se refiram à tríplice função da boa-fé objetiva, Gustavo Tepedino e Anderson Schreiber apontam que: "A rigor, as três funções apontadas acima poderiam ser reduzidas a apenas duas: (i) a função interpretativa dos contratos e (ii) a função criadora de deveres anexos. Tecnicamente, são estes deveres anexos, que formando o núcleo da cláusula geral de boa-fé, se impõem ora de forma positiva, exigindo dos contratantes determinado comportamento, ora de forma negativa, restringindo ou condicionando o exercício de um direito previsto em lei ou no próprio contrato" (TEPEDINO, Gustavo; SCHREIBER, Anderson. A boa-fé objetiva no Código de Defesa do Consumidor e no Novo Código Civil. In: TEPEDINO, Gustavo (Org.). *Obrigações*: estudos na perspectiva civil-constitucional. Rio de Janeiro: Renovar, 2005, p. 37).

[309] Ver TEPEDINO, Gustavo; BARBOZA, Heloisa Helena; MORAES, Maria Celina Bodin de. *Código Civil interpretado conforme a Constituição da República*, 2.ed. Rio de Janeiro: Renovar, 2007, p. 231.

[310] RODRIGUES, Marco Antonio dos Santos. *A modificação do pedido e da causa de pedir no processo civil*. Op. cit., p. 177.

Essa realidade está ainda mais presente na arbitragem, na medida em que a estipulação do regramento processual – e a própria adoção da via arbitral – está amplamente submetida à autonomia privada das partes, que devem ter voz ativa ao longo de todo o procedimento.

Por isso, quando as próprias partes houverem fixado o regramento processual, será preciso averiguar qual sentido razoavelmente pretendiam exprimir com cada disposição, de sorte a evitar que interpretação estritamente literal se distancie de sua vontade original.

No mais, mesmo que o procedimento seja regido pelo regulamento de instituição arbitral ou por normas elaboradas diretamente pelos árbitros, a boa-fé manterá sua importante função hermenêutica. Sempre que houver mais de uma interpretação possível para o texto normativo aplicável, dever-se-á optar por aquela que se mostre mais rente aos objetivos da arbitragem e às expectativas das partes, privilegiando, em especial, o direito dos interessados à ampla participação e influência.

De igual modo, todas as manifestações das partes (pedidos, requerimentos, alegações e declarações) devem ser interpretadas de forma a se prestigiar mais o que se pretendeu dizer, do que aquilo que uma interpretação formalista poderia fazer concluir, o que se pode extrair, por analogia, do art. 112 do CC. A menos que haja previsão em sentido contrário, será de rigor, por exemplo, que a interpretação dos pedidos formulados pelas partes considere todo o conjunto da postulação, como dispõe, no processo civil estatal, o art. 322, §2º, do CPC.[311] Em rigor, tal noção deve estar presente na análise de qualquer manifestação ao longo do processo arbitral.[312]

Para facilitar a atividade interpretativa, os árbitros deverão sempre que necessário se valer de consultas às partes.[313] A identificação da finalidade de

[311] A aplicação analógica do art. 112 do Código Civil ao direito processual civil foi consignada no Enunciado 285 do Fórum Permanente de Processualistas Civis: "285. (art. 322, §2º) A interpretação do pedido e dos atos postulatórios em geral deve levar em consideração a vontade da parte, aplicando-se o art. 112 do Código Civil".

[312] V. também o Enunciado 286 do Fórum Permanente de Processualistas Civis: "286. (art. 322, §2º; art. 5º). Aplica-se o §2º do art. 322 à interpretação de todos os atos postulatórios, inclusive da contestação e do recurso".

[313] O dever de consulta corresponde a desdobramento da cooperação processual e será examinado no tópico subsequente.

cada manifestação dúbia será naturalmente simplificada pela oitiva dos interessados, além de constituir exigência do contraditório participativo.

Feitas essas considerações, não se pode deixar de notar que, ainda quando constitui cânone hermenêutico, a boa-fé apresenta clara aptidão para modificar o arranjo das situações jurídicas dos sujeitos do processo e, indiretamente, caracterizar-se como fonte de deveres ou de limitação a direitos,[314] questões que serão abordadas a seguir.

2.2.3.3.2 A função integrativa: notas sobre o dever de cooperação

Passando-se ao exame da *função integrativa*, vê-se que a boa-fé objetiva igualmente dá azo à criação de deveres jurídicos laterais que não estejam expressos em lei ou em sede negocial, atuando diretamente onde exista lacuna normativa.[315]

Dentre outras potencialidades, sustenta-se, no direito civil, que a boa-fé serviria para "assegurar que as partes colaborarão mutuamente para a consecução dos fins comuns perseguidos com o contrato, não se exigindo que o contratante colabore com o interesse privado e individual da contraparte, no mais das vezes antagônico ao seu próprio".[316]

[314] NEGREIROS, Teresa Paiva de Abreu Trigo de. *Fundamentos para uma interpretação constitucional do princípio da boa-fé.* Op. cit., p. 234.

[315] MARTINS-COSTA, Judith. *A boa-fé no direito privado*: critérios para a sua aplicação. São Paulo: Marcial Pons, 2015, p. 517. Sobre o ponto, Aline Terra leciona que, "[a]o lado da autonomia privada, a boa-fé objetiva se erige como fonte heterônoma de deveres, e exige dos contratantes, a despeito de sua vontade, e até mesmo contra ela, a adoção de condutas voltadas à perfeita consecução do adimplemento. Não se trata de mecanismo de reforço dos deveres criados pelas partes, mas de deveres diversos daqueles conformados pela autonomia negocial. Trata-se de exigência do sistema, em face da concreta relação jurídica, sua função econômico-social. E referidos deveres se integram de tal forma ao programa contratual, que à satisfação do interesse das partes não basta apenas a execução do dever principal de prestação, mas se exige a observância, pela contraparte, de todos os deveres incidentes na concreta relação" (TERRA, Aline de Miranda Valverde. A contemporânea teoria do inadimplemento: reflexões sobre a violação positiva do contrato, o inadimplemento antecipado e o adimplemento substancial. In: MONTEIRO FILHO, Carlos Edison do Rêgo; GUEDES, Gisela Sampaio da Cruz; MEIRELES, Rose Melo Vencelau (Orgs.). *Direito civil.* Rio de Janeiro: Freitas Bastos, 2015, p. 184).

[316] TEPEDINO, Gustavo; BARBOZA, Heloisa Helena; MORAES, Maria Celina Bodin de. *Código Civil interpretado conforme a Constituição da República*, vol. II. Op. cit., p. 20.

Assim, transpondo-se esse substrato teórico para o sistema do processo arbitral, tem-se que as partes devem colaborar ativamente para alcançar decisão satisfatória, mirando o atingimento dos objetivos[317] que levaram à instituição da arbitragem.

Em especial, o ânimo de colaboração facilita sobremaneira que as partes tenham condições de manter a relação negocial prévia e, em alguns casos, alcancem até mesmo uma composição amigável para o litígio.[318] De resto, é certo que a cooperação igualmente exibe correlação com o conteúdo contemporâneo do contraditório, também podendo ser dele extraído.[319]

[317] Veja-se que a própria atuação em clima de colaboração corresponde a um dos objetivos do processo arbitral, como se expôs no tópico 1.2.3.

[318] "Deverá o árbitro, diz o art. 21, § 4º, da Lei de Arbitragem, no início do procedimento, tentar obter a conciliação das partes, com o que estará composto o litígio, devendo tal conciliação ser declarada pelo árbitro através de *sentença arbitral* (ar. 21, § 4º c/c art. 28 da Lei de Arbitragem). Trata-se de regra elogiável, uma vez que a instauração da arbitragem é prova de que as partes não guardam o espírito belicoso que se costuma ver nas partes do processo jurisdicional. Esta 'não-beligerância' das partes pode ser fator capaz de contribuir para a autocomposição do conflito, através da conciliação. O árbitro poderá, assim, alcançar a pacificação do conflito de forma ainda mais efetiva do que se teria se a arbitragem se desenvolvesse regularmente, culminando com uma decisão por ele proferida" (CÂMARA, Alexandre Freitas. *Arbitragem – Lei nº 9.307/96.* Op. cit., p. 82). Em sentido oposto, tratando de arbitragens internacionais, Martin Hunter já pontuou: "I have heard it said on a number of occasions that an arbitrator has a positive duty to promote an amicable settlement of a dispute in which he is an arbitrator. For myself, I think that this is technically and quite definitely wrong. The duty of an arbitrator is to decide the disputes between the parties. The whole theory of arbitration is that it leads to a binding result which is enforceable at law effectively as if it were a judgment of the court" (HUNTER, J. Martin. Ethics of the International Arbitrator. *ASA Bulletin,* Association Suisse de l'Arbitrage, Kluwer Law International, v. 4, issue 4, 1986, p. 194). Tradução livre: "Ouvi dizer, em várias ocasiões, que um árbitro tem um dever positivo de promover uma solução amigável da disputa na qual ele é árbitro. Para mim, eu considero que isso é técnica e definitivamente errado. O dever de um árbitro é decidir as disputas entre as partes. Toda a teoria da arbitragem consiste em que ela conduza a um resultado vinculante, o qual é legalmente exigível como se fosse efetivamente um julgamento do tribunal".

[319] Há autores, todavia, que defendem, *em caráter excludente,* que o dever de cooperação exsurge da boa-fé *ou* do contraditório. Seguindo a segunda posição, Daniel Mitidiero sustenta que "[f]undamentá-la na boa-fé – e, pois, na confiança, seu elemento último – pode levar a um *indevido esfumaçamento dos objetivos* de cada uma das partes no processo civil. É certo que os deveres cooperativos no plano do direito material decorrem da boa-fé, notadamente no campo do direito obrigacional. Existe, porém, uma diferença central em um e em outro terreno: enquanto o processo civil é marcado normalmente pela divergência, a relação obrigacional no âmbito do direito privado é permeada, em regra, pela existência de *interesses convergentes*

Não se trata, obviamente, de *entregar de bandeja* o bem jurídico disputado, mas de permitir a existência de ambiente menos beligerante, em que as partes possam exercer com tranquilidade o seu direito de participação e influência, trabalhando juntas, com o apoio dos árbitros, para a construção do procedimento e da solução adequada à controvérsia, e tornando real a possibilidade de eliminação do conflito.

Como já se observou, a cooperação entre as partes é alçada a patamar extremamente elevado no processo arbitral. Em comum acordo, os litigantes podem atingir consenso sobre praticamente tudo: a sede, o idioma, os árbitros, o procedimento e a própria lei material que regerá a controvérsia.

De resto, a flexibilidade inerente ao procedimento arbitral e o fato de se tratar de jurisdição exercida por particulares não apenas *facilita*, como propriamente *exige* a constante cooperação, já que as partes são instadas a todo o tempo a construir conjuntamente as próximas etapas do processo e a colaborar com os árbitros, que não possuem poder de império.[320]

das partes. O adimplemento é o fim do processo obrigacional e ambas as partes estão normalmente interessadas na sua obtenção: daí a necessidade de colaboração entre as partes para promoção do interesse comum. No processo civil não há interesse comum do ponto de vista substancial entre as partes: cada uma quer perseguir o seu próprio interesse. E é por essa razão que a colaboração esperada pela ordem jurídica no processo civil é do *juiz para com as partes* – e jamais das partes entre si. Essa colaboração não está fundamentada na boa-fé. Os deveres cooperativos no âmbito do processo civil não decorrem da boa-fé: decorrem da necessidade de revisitar a divisão do trabalho entre o juiz e as partes por força da *natureza interpretativa do direito* e da necessidade de prestação de *tutela ao direito mediante decisão de mérito justa e efetiva*. A colaboração – e os deveres cooperativos – no âmbito do processo civil decorrem da necessidade de *equilibrada participação* do juiz e das partes no processo por força da alteração do conceito de direito e do caráter instrumental do processo" (MITIDIERO, Daniel. *Colaboração no processo civil*: pressupostos sociais, lógicos e éticos. São Paulo: Revista dos Tribunais, 2015, p. 104). Parece, contudo, que não há necessidade para uma divisão estanque: o dever de cooperação encontra amparo tanto no contraditório, como na boa-fé objetiva. Além de se fundar em razões dialéticas e de divisão do trabalho na relação jurídica processual, a colaboração também decorre da boa-fé, já que, apesar de possuírem objetivos finais distintos, as partes devem velar, em primeiro lugar, pela adequada prestação jurisdicional e trabalhar juntas para alcançá-la.

320 "O *princípio da boa fé* domina todo o processo arbitral e tem importantes consequências práticas. Consiste na exigência às partes de um comportamento tendente a não dificultar a constituição do tribunal arbitral e a colaborar com este, no decurso da instância arbitral, no sentido de não criar entraves desnecessários ao processamento regular da acção arbitral. Na verdade, as partes, ao assinarem a convenção de arbitragem, tiveram em conta que o litígio que eventualmente viesse a surgir deverá ser julgado por um árbitro. Que este, diferentemente

Em acréscimo, podem ser pontuados três principais deveres decorrentes do princípio da cooperação, mencionados por Fredie Didier Jr., que também vinculam partes e árbitros no juízo arbitral, quais sejam: (a) o dever de esclarecimento; (b) o dever de lealdade; e (c) o dever de proteção.[321]

Quanto ao dever de esclarecimento, as partes devem redigir as suas manifestações e estipular as normas convencionais com clareza, cabendo aos árbitros indicar eventuais vícios processuais a serem sanados e as consultar sempre que surgirem dúvidas ou for necessário decidir acerca de alguma questão de fato ou de direito sobre a qual não tenham ainda se manifestado (nessa segunda variante, também é denominado de *dever de consulta*).[322]

Nessa dimensão, caso surja qualquer controvérsia sobre a extensão ou a melhor interpretação de alguma disposição da convenção de arbitragem, deverão os árbitros solicitar a colaboração das partes para a elucidação da matéria, evitando a posterior alegação de nulidades e facilitando o julgamento do mérito.

Em regra, como visto no tópico 2.2.2.1, ao ser instituída a arbitragem, será conveniente a celebração de termo de arbitragem, que consiste em um adendo à convenção arbitral para, dentre outros pontos, esclarecer o seu exato alcance.[323]

do juiz, não dispõe de *jus imperii*, nem dispõe dos meios processuais que facilitam a condução do processo" (BARROCAS, Manuel Pereira. *Manual de arbitragem*. Op. cit., 385).

[321] DIDIER JR., Fredie. Os três modelos de direito processual: inquisitivo, dispositivo e cooperativo. *Revista de Processo*, v. 198, ago./2011, p. 311.

[322] "O dever de consulta é variante processual do dever de informar, aspecto do dever de esclarecimento, compreendido em sentido amplo. Não pode o órgão jurisdicional decidir com base em questão de fato ou de direito, ainda que possa ser conhecida ex officio, sem que sobre elas sejam as partes intimadas a manifestar-se. Deve o juiz consultar as partes sobre esta questão não alvitrada no processo, e por isso não posta em contraditório, antes de decidir. Eis o dever de consulta" (DIDIER JR., Fredie. Os três modelos de direito processual: inquisitivo, dispositivo e cooperativo. Op. cit., p. 222-223). Tratando-o como dever autônomo, v. MARINONI, Luiz Guilherme; ARENHART, Sergio Cruz; MITIDIERO, Daniel. *Novo curso de processo civil*: teoria do processo civil, vol. 1. Op. cit., p. 500.

[323] A matéria é bem tratada por Pedro A. Batista Martins, segundo o qual: "[o]s limites e alcances da convenção de arbitragem devem estar claros, o suficiente, para se evitar vícios na sentença arbitral. As estipulações contempladas no convênio não podem ser objeto de dúvidas ou impropriedades. Devem estar lançadas de modo claro a permitir precisa compreensão pelos árbitros. Afinal, é no convênio onde normalmente se estabelecem as normas básicas de procedimento e onde consta delimitado o objeto da controvérsia (seja determinado ou

O dever de lealdade, por sua vez, implica a exigência de conduta ética, em todas as suas variantes e em todas as fases do procedimento, pelas partes e pelos árbitros.[324] Dentre outros desdobramentos, a litigância de má-fé não pode encontrar espaço no processo arbitral, devendo ser duramente combatida pelos árbitros, sobretudo por meio da imposição de multas e da redistribuição das despesas processuais.[325]

Por último, o dever de proteção prescreve que demandante e demandado não causem danos um ao outro e que o árbitro os auxilie a evitar que o sucesso da ação ou da defesa possa ser frustrado pelo uso inadequado do processo arbitral (como subespécie, o dever imposto ao julgador também é chamado de *dever de prevenção*).[326]

determinável). Incertas suas condições, cabe aos árbitros explicitá-las junto às partes. Trata-se de poder-dever do tribunal, imperioso ao fiel cumprimento de seu *munus*. As partes devem, assim, colaborar com o tribunal e atenderem, adequadamente, ao esclarecimento solicitado. Trata-se de dever de cooperação com a justiça que deve ser cumprido de boa-fé. Com o adendo, sanam-se as controvérsias e as impropriedades da convenção e, com isso, permite-se o desenvolvimento regular do exercício jurisdicional" (MARTINS, Pedro A. Batista. *Apontamentos sobre a Lei de Arbitragem*. Op. cit., p. 227).

[324] Nas palavras de Arnoldo Wald, "os advogados têm o dever ético de serem sempre honestos e leais em suas relações com os árbitros, com a instituição arbitral e com os patronos da outra parte. Tal obrigação incide em todas as etapas do procedimento, em todas as manifestações, sejam elas escritas ou orais, de modo a estabelecer um vínculo de confiança e credibilidade entre os patronos das partes e com os árbitros" (WALD, Arnoldo. O espírito da arbitragem. Op. cit., p. 22-35).

[325] Sobre a necessidade de coibir as denominadas "táticas de guerrilha" na arbitragem, ver Hermes Marcelo Huck: "A legislação processual brasileira regula a litigância de má-fé. Parece ser punição adequada para as táticas de guerrilha. Na experiência arbitral brasileira tem sido pouco utilizada a punição ao comportamento de má-fé processual. As sentenças arbitrais, por vezes, tentam punir tal abuso no momento da distribuição dos ônus de custas e despesas processuais, ou ainda, quando viável, na ponderação da sucumbência. Isso é muito pouco. Aplicar multas mais pesadas pela conduta inadequada ou pelo uso da má-fé processual pode ser a solução mais imediata. Cabe também aos árbitros conduzir o processo de educação para arbitragem. Lições inesquecíveis são aquelas que atingem os bolsos. É a primeira arma a ser utilizada no combate aos guerrilheiros da arbitragem" (HUCK, Hermes Marcelo. As táticas de guerrilha na arbitragem. In: CARMONA, Carlos Alberto; LEMES, Selma M. Ferreira; MARTINS, Pedro Batista (Coord.). *20 anos da lei de arbitragem:* homenagem a Petrônio R. Muniz. Op. cit., p. 315).

[326] DIDIER JR., Fredie. Os três modelos de direito processual: inquisitivo, dispositivo e cooperativo. Op. cit., p. 213-226.

Em resumo, partes e árbitros devem atuar de forma agregada, respeitando a existência de posições e entendimentos opostos, mas orientando-se à consecução de resultado final adequado, fruto da intensa e leal participação de todos no procedimento. Erigida a partir da vontade das partes, a arbitragem deve manter o mesmo espírito cooperativo exteriorizado no momento da celebração da convenção arbitral.

2.2.3.3.3 A função restritiva: tutela da confiança

A terceira função da boa-fé objetiva que apresenta crucial impacto na dimensão normativa do contraditório na arbitragem consiste na restrição ao exercício ilegítimo de posições jurídicas.

Por mais que exista ampla liberdade de atuação no processo arbitral, os sujeitos processuais não podem exercer suas posições jurídicas da forma como melhor lhes aprouver. O abuso nas condutas, em prejuízo da parte contrária ou do desenvolvimento do feito, não merece ser tolerado.[327]

Se, em outros momentos históricos, já prevaleceu a ideia de que o processo é estritamente regulado e, por isso, a vontade das partes não assumiria maior relevância em termos de boa-fé, hoje, não há qualquer dúvida de que a relação processual – sobretudo a arbitral – permite inúmeras escolhas discricionárias e deve sempre se preocupar com a possibilidade de abuso de posições jurídicas.[328]

Há farto campo para a análise do tema. Sem prejuízo, para não se desviar do foco desta obra, passa-se a tecer considerações exclusivamente sobre o mais importante corolário da função restritiva de direitos da boa-fé: a *vedação ao comportamento contraditório*.[329]

[327] No processo civil, v. RODRIGUES, Marco Antonio dos Santos. *A modificação do pedido e da causa de pedir no processo civil*. Op. cit., p. 180-181.

[328] TARUFFO, Michele. Abuso de direitos processuais: padrões comparativos de lealdade processual (relatório geral). *Revista de Processo*, v. 177, nov./2009, p. 153-154.

[329] O princípio está sintetizado na máxima *nemo potest venire contra factum proprium* e pode ainda ser desdobrado em outros institutos conhecidos, como a *supressio*, a *surrectio* e o *tu quoque*, cf. SCHREIBER, Anderson. *A proibição de comportamento contraditório*: tutela da confiança e *venire contra factum proprium*, 3.ed. Rio de Janeiro: Renovar, 2012, p. 182-193.

Trata-se, como é cediço, de figura que confere tutela à *confiança legítima*[330] e coíbe mudanças inesperadas na postura das partes ao longo do processo arbitral, impactando diretamente no regramento do diálogo processual. Como já asseverou Eduardo Silva da Silva, a arbitragem deve promover um *diálogo em confiança*.[331]

Para que qualquer discussão tenha resultados produtivos – e no processo arbitral não é diferente –, é preciso que as manifestações de cada um dos interlocutores sejam consistentes e minimamente encadeadas, até mesmo porque a postura de cada um deles constituirá em larga medida reflexo do contexto atual do diálogo em que esteja inserida.[332] Assim, mesmo diante de

[330] Segundo Anderson Schreiber, "a proibição de comportamento contraditório não tem por fim a manutenção da coerência por si só, mas afigura-se razoável apenas quando e na medida em que a incoerência, a contradição aos próprios atos, possa violar expectativas despertadas em outrem e assim causar-lhes prejuízos. Mais que contra a simples coerência, atenta o *venire contra factum proprium* à confiança despertada na outra parte, ou em terceiros, de que o sentido objetivo daquele comportamento inicial seria mantido, e não contrariado" (Ibid., p. 95-96).

[331] "Por *diálogo em confiança* quer se entender um processo que observe, da convenção de arbitragem ao trânsito em julgado da sentença arbitral (na própria esfera privada), a coerência com os motivos que determinaram a escolha pela arbitragem, o papel preponderante e unívoco desempenhado pelas partes em todo esse itinerário e o trato voltado, sempre, para a solução do impasse. O processo é espaço de debate, discussão e de enfrentamento de teses que se opõem. Mas, nessa interação rica em perspectivas não é possível admitir-se comportamentos contraditórios com atos anteriores da própria parte. A provocação de incidentes processuais que, aparentemente querem resguardar as regras e perdem de foco o objetivo processual, também ferem a promoção de um espaço privilegiado e civilizado de diálogo. A confiança legítima gerada na parte adversa é afrontada por infundadas alegações de nulidade do processo arbitral após que a parte, por inúmeros atos e declarações, tenha realizado a sua conformação com tais situações, *homologando tais situações*. O comportamento concludente, portanto, anterior afasta a nova conduta em absoluta contradição" (SILVA, Eduardo Silva da. Arbitragem, confiança e boa-fé: a autoridade do pacto ético entre os sujeitos da arbitragem. *Revista da Faculdade de Direito UniRitter*, v. 13, 2012, p. 69).

[332] "Os participantes têm de partir dos princípios do seu comportamento para esclarecer as expectativas recíprocas como condição prévia duma posterior convivência e isto significa moralizarem-se a si próprios e deixarem entrever consistência também como personalidades morais, como seres racionais. Na vida diária este dever de consistência de interpretação nos processos judiciais é ainda consideravelmente agravado em comparação com as exigências normais. O processo tem de chegar a uma decisão e tem, portanto, de poder referir-se com segurança a informações voluntárias ou involuntárias, fornecidas pelos participantes. Todos eles são exortados por meio do sentido e protocolo do processo judicial, a encarar com seriedade o seu comportamento e a considerar como obrigatório ter em conta estas expectativas como uma cadeia de promessas por meio da prova eliminatória da sua conduta"

procedimento flexível, ofendem o princípio da boa-fé (e também o do contraditório) a renovação de atos já consumados e a prática de outros que sejam incompatíveis com aqueles outrora realizados, ocorrendo preclusão lógica. Essa sorte de desvios no debate somente poderá ser aceita caso a parte indique justificativas objetivas para a alteração do discurso. Como se pode antever, tais escusas estarão normalmente ligadas à ocorrência de fatos novos ou ao desconhecimento de circunstâncias que teriam alterado a manifestação original.

Para melhor visualização do entendimento ora exposto, é possível cogitar-se da situação em que a parte guarde argumento como "elemento surpresa" para somente o revelar em sede de exposição oral em audiência. Se o interessado não for capaz de demonstrar objetivamente que (i) esse fundamento não se afigurava, ao início do processo, relevante, ou (ii) apenas lhe foi possível formular a alegação naquele momento, deverá ser coibido o ato desleal.

Cabe lembrar que, partilhando dessa mesma linha, o art. 20 da Lei 9.307/96 determina que a parte deverá suscitar questões relacionadas à competência do juízo arbitral, imparcialidade ou independência dos árbitros, bem como nulidade, invalidade ou ineficácia da convenção de arbitragem na primeira oportunidade que tiver para se manifestar, após a instauração do procedimento.[333] Impede-se, assim, que o interessado guarde uma nulidade como trunfo e somente a levante caso obtenha eventual resultado desfavorável, violando a expectativa legítima depositada por todos os demais sujeitos do processo de que já não mais o faria.

(LUHMANN, Niklas. *Legitimação pelo procedimento.* Op. cit., p. 80). Sobre o tema, v. também CABRAL, Antonio do Passo. *Nulidades no processo moderno.* Op. cit., p. 122.

[333] Não obstante a redação do dispositivo, Cândido Rangel Dinamarco defende que "é imperioso distinguir as hipóteses em que realmente pode ocorrer a preclusão e hipóteses nas quais, por se tratar da imposição de normas cogentes, de ordem pública, preclusão alguma ocorrerá. Eventuais vícios da convenção da arbitragem, que comprometem diretamente a própria outorga da jurisdição aos árbitros e de modo letal a sentença que ali vier a ser proferida, não podem ficar sanados pela omissão da parte, perdurando pois até o fim da própria arbitragem e sendo suscetíveis de alegação em futura *ação anulatória* ou mesmo pela via da impugnação ao cumprimento da sentença arbitral (LA, art. 32, inc. I, c/c art. 33, *caput* e § 3º)" (DINAMARCO, Cândido Rangel. *A arbitragem na teoria geral do processo.* Op. cit., p. 58).

Em todos esses casos, a despeito da flexibilidade que caracteriza o procedimento arbitral, o exercício do contraditório receberá limitações, vedando-se a adoção de determinadas atitudes pelas partes, o que, em geral, será operacionalizado pela incidência da preclusão, já abordada em tópico próprio.[334]

A boa-fé constitui, portanto, peça fundamental na conformação do contraditório no processo arbitral, devendo ser respeitada e promovida por todos os sujeitos processuais. Em ambiente marcado pela confiança e cooperação, os árbitros deverão manter-se atentos para reprimir de forma rígida eventuais comportamentos desleais, que não poderão ter lugar na arbitragem.

2.2.3.4 Contraditório e confidencialidade

A confidencialidade é outra das conhecidas vantagens da arbitragem que afeta, em algum grau, o exercício do contraditório.

Antes de descer à análise do tema, é oportuno apenas esclarecer que o caráter confidencial da arbitragem não é obrigatório, tampouco decorre de imposição legal.[335] Ainda que seja frequentemente apontado como um dos principais motivos para a submissão de controvérsias à instância arbitral,[336]

[334] Ver tópico 2.2.2.2.3.

[335] "É verdade que a arbitragem, por definição, é uma forma privada de resolução de controvérsias, no sentido de ser conduzida pelas próprias partes e árbitros, quando muito com o concurso de uma instituição ou entidade especializada administradora do procedimento, a qual também é privada, no sentido de ser, via de regra, desvinculada do Poder Público. Assim, há uma 'privacidade' que é sim, inerente à arbitragem, privacidade esta com o sentido de o desenrolar do procedimento ocorrer fora do espaço público, apenas entre os diretamente envolvidos. [...] A privacidade quer dizer que terceiros estranhos ao litígio não podem comparecer às audiências, ter vista dos documentos e petições ou participar do procedimento arbitral em geral. A confidencialidade, por sua vez, é bem mais estrita, e tem a ver com uma obrigação dos envolvidos de não divulgar informações relativas à arbitragem para terceiros. [...] [E]mbora se possa dizer que em regra a arbitragem observará o princípio da privacidade do procedimento, e aos árbitros será imposto o dever de discrição, isto não se confunde com um princípio amplo de confidencialidade" (FONSECA, Rodrigo Garcia da; CORREIA, André de Luizi. A confidencialidade na arbitragem: fundamentos e limites. In: LEMES, Selma M. Ferreira; BALBINO, Inez (Coord.). *Arbitragem*: temas contemporâneos. São Paulo: Quartier Latin, 2012, p. 419-420).

[336] Rodrigo da Fonseca menciona que, ao se optar pela via arbitral, "[o]utros elementos, como a celeridade e a possibilidade de escolha de árbitros especialistas na matéria em discussão parecem ter mais peso. Nem por isso a confidencialidade deixa de ser um elemento relevante. As pesquisas confirmam ser o sigilo da arbitragem um traço valorizado desse meio de

o dever de sigilo depende de estipulação em cada caso concreto, seja na convenção arbitral, no termo de arbitragem, no regulamento da instituição eleita ou em qualquer outro ato consensual entre as partes.[337] Ademais, registra-se que arbitragens que envolvem entes públicos devem sempre ser públicas, por força do art. 2º, §3º, da Lei nº 9.307/96.[338]

Sem prejuízo da indispensável ressalva, o fato é que parcela substancial das arbitragens tramita realmente em sigilo,[339] uma vez que a confidencialidade se revela essencial para proteger direitos de propriedade intelectual, bem como para evitar a divulgação de outras questões que possam afetar o rumo dos negócios das partes envolvidas.[340]

Essa circunstância repercute diretamente no diálogo e na produção de provas. Isso porque, diferentemente do que ocorre normalmente no processo

solução de controvérsias" (FONSECA, Rodrigo Garcia da. O segredo de justiça e a arbitragem. In: MELO, Leonardo de Campos; BENEDUZI, Renato Rezende (Coord.). *A reforma da arbitragem*. Op. cit., p. 388, n. 2).

337 FICHTNER, José Antonio. A confidencialidade no projeto da nova Lei de Arbitragem – PLS nº 406/2013. In: ROCHA, Caio Cesar Vieira; SALOMÃO, Luís Felipe. *Arbitragem e mediação*: a reforma da legislação brasileira. Op. cit., p. 176.

338 Art. 2º, §3º, da Lei nº 9.307/96: "A arbitragem que envolva a administração pública será sempre de direito e respeitará o princípio da publicidade".

339 Conforme levantamento realizado por Rodrigo da Fonseca e André Correia, "[s]ão várias as instituições que dispõem sobre a confidencialidade dos procedimentos arbitrais em suas regras. Apenas a título de exemplo, no Brasil, a Câmara de Comércio Brasil-Canadá, Câmara de Conciliação, Mediação e Arbitragem de São Paulo CIESP-FIESP, a Câmara FGV de Conciliação e Arbitragem e o Centro Brasileiro de Mediação e Arbitragem, dentre outros. No exterior, por exemplo, a Corte de Arbitragem Internacional de Londres (LCIA) e a Câmara de Comércio de Estocolmo (SCC). Outras instituições têm regras mais brandas, estabelecendo a privacidade do procedimento e das audiências e protegendo as informações confidenciais eventualmente discutidas na arbitragem, como é o caso da Corte de Arbitragem da Câmara de Comércio Internacional (CCI) e as regras internacionais da Associação Americana de Arbitragem (AAA/ICDR)" (FONSECA, Rodrigo Garcia da; CORREIA, André de Luizi. A confidencialidade na arbitragem: fundamentos e limites. In: LEMES, Selma M. Ferreira; BALBINO, Inez (Coord.). *Arbitragem*: temas contemporâneos. Op. cit., p. 421, n. 15).

340 "Além da propriedade intelectual, outros segredos da empresa devem ser mantidos longe do público, tais como balancetes internos, mapas de vendas, estratégias de *marketing*, estudos de viabilidade econômico-financeiros, relatórios de *due diligence* – caso a empresa planeje adquirir outra ou outras empresas –, planos de fusão, incorporação, cisão etc. Em outras palavras, toda informação capaz de revelar à concorrência ou a terceiros, externos à empresa, algo que lhe traga prejuízo" (CRETELLA NETO, José. Quão sigilosa é a arbitragem? *Revista de Arbitragem e Mediação*, v. 25, abr./2010, p. 47).

judicial,[341] em que as partes devem tomar excessivas cautelas com as informações que serão tornadas públicas, trabalhando com a hipótese de que todo o material produzido possa vir a ser utilizado por suas concorrentes ou até mesmo divulgado pela imprensa, o cenário na arbitragem é absolutamente distinto e permite que o diálogo seja franco e bastante aberto.

Assim, as partes têm seus canais participativos sensivelmente ampliados na arbitragem. Uma discussão com repercussão perante o consumidor ou que possa levar à redução do valor de mercado de determinada sociedade receberá, na instância arbitral, espaço para ser travada sem que as partes precisem abrir mão de alguns de seus argumentos e provas, ou, por vezes, tenham receio até mesmo de propor a demanda em primeiro lugar.[342]

Por mais que, mesmo no processo arbitral, a confidencialidade não seja ainda absoluta[343] e que não se afigure prudente ignorar a conjectura de que

[341] Válido destacar que, dentre as hipóteses de sigilo dispostas no art. 189 do CPC, passaram a constar, em seu inciso IV, os processos "que versem sobre arbitragem, inclusive sobre cumprimento de carta arbitral, desde que a confidencialidade estipulada na arbitragem seja comprovada perante o juízo". No mais, também tramitam em segredo as ações: "I – em que o exija o interesse público ou social; II – que versem sobre casamento, separação de corpos, divórcio, separação, união estável, filiação, alimentos e guarda de crianças e adolescentes; III – em que constem dados protegidos pelo direito constitucional à intimidade".

[342] Cândido Dinamarco advoga, inclusive, que "a confidencialidade da arbitragem deve prevalecer inclusive para o reconhecimento de que o árbitro não tem o dever de comunicar à autoridade competente eventuais infrações penais ou tributárias de que venha a ter conhecimento no exercício de seu *munus*. Mais que isso: ele tem *o dever de não fazer tais revelações*. Também estaria traindo um dos objetivos da própria arbitragem quando, conhecedor de alguma daquelas infrações, disso viesse a dar conhecimento às autoridades tributárias ou ao Ministério Público. Seguramente essas razões superam a eventual suspeita de que ao árbitro se aplicasse a regra, contida no art. 40 do Código de Processo Penal, segundo a qual 'quando, em autos ou papéis de que conhecerem, os juízes ou tribunais verificarem a existência de crime de ação pública, remeterão ao Ministério Público as cópias e os documentos necessários ao oferecimento da denúncia'. Esse é um dever inerente às funções *do juiz* e não às *dos árbitros*" (DINAMARCO, Cândido Rangel. *A arbitragem na teoria geral do processo*. Op. cit., p. 65).

[343] Afinal, "[a]inda que as partes concluam um acordo de confidencialidade, deverão estar cientes de que existem limites à eficácia desse pacto. Primeiramente, as partes devem concordar com seus termos. Além disso, tal acordo tem eficácia meramente *inter partes*. Adicionalmente, dispositivos especiais devem ser redigidos tendo em mente as condutas dos árbitros, da instituição na qual ocorre a arbitragem e a das testemunhas. Por último, é evidente que normas legais cogentes que obriguem às partes a revelação de informações e/ou documentos terão precedência sobre acordos de confidencialidade. Os advogados internacionais devem ter consciência dessa recente 'relativização do sigilo' na arbitragem comercial internacional

alguém venha a vazar indevidamente uma informação, tais casos serão excepcionais e poderão ensejar a responsabilização do infrator.

Em todo esse contexto, o exercício do direito de participação e influência será naturalmente maximizado. As partes poderão focar na exposição de suas razões e na instrução probatória, sem precisar sopesá-las com as eventuais consequências geradas pelo seu conhecimento fora do processo.

2.3 Contraditório na marcha do processo arbitral

No último tópico, foram desenvolvidos parâmetros gerais para a identificação dos desafios enfrentados pelo contraditório e para a sua ressignificação no sistema do processo arbitral. Partindo-se da Teoria dos Sistemas, cotejou-se o conteúdo usualmente atribuído ao princípio na Teoria Geral do Processo – e, mais especificamente, no processo civil – com as três características-chave que diferenciam e conferem fechamento operacional ao processo arbitral, quais sejam: (a) a jurisdição é privada; (b) predomina a autonomia privada; e (c) se almeja a consecução de objetivos específicos.

Traçado o panorama geral sobre o tema, cumpre agora tecer algumas considerações específicas sobre a dinâmica do contraditório durante as variadas fases do processo arbitral. Em adição ao quanto já se expôs, a finalidade será esmiuçar campos pontuais de aplicação do princípio, de modo a trazer as lições já assentadas para problemas concretos enfrentados na arbitragem.

O estudo do contraditório será decomposto, assim, na referência aos: (i) atos pré-arbitrais; (ii) atos postulatórios; (iii) atos instrutórios; e (iv) atos decisórios.

Como este capítulo se orienta a efetuar a releitura do contraditório no sistema específico do processo arbitral, não se ocupará da observância ao princípio em atos praticados perante o Judiciário, ainda quando visem a contribuir com o regular desenvolvimento da arbitragem, como é o caso, por exemplo, dos pedidos de tutela provisória anteriores à nomeação dos árbitros,[344] da propo-

e alertar as partes no contrato e na arbitragem sobre os riscos que implica" (CRETELLA NETO, José. Quão sigilosa é a arbitragem? Op. cit., p. 149).

[344] Cf. art. 22-A da Lei nº 9.307/96.

situra de ação para que seja instituída a arbitragem[345] e do cumprimento de cartas arbitrais para a prática de atos solicitados pelos árbitros.[346]

2.3.1 Atos pré-arbitrais

Tecnicamente, a arbitragem apenas é instaurada no momento da aceitação da nomeação pelo árbitro, se for único, ou por todos os árbitros, se forem vários. Trata-se, no ordenamento jurídico brasileiro, da literal dicção do art. 19, *caput*, da Lei nº 9.307/96.

Sem prejuízo, há atos que, muito embora realizados antes da aceitação do encargo pelos árbitros, destinam-se a produzir efeitos no processo arbitral e podem afetar o patrimônio jurídico das partes, também devendo obedecer ao contraditório.[347] Esse imperativo se sobressai, ainda mais, na medida em que o legislador praticamente não disciplinou o procedimento prévio à instituição da arbitragem, acarretando a necessidade de sua integração de acordo com os ditames do devido processo legal arbitral.[348]

[345] Cf. arts. 6º e 7º, *caput*, da Lei nº 9.307/96. Mesmo que a matéria não se insira no recorte desta obra, vale mencionar que também na ação judicial proposta para assegurar a instituição da arbitragem, o contraditório deverá ser naturalmente observado. Analisando a questão no direito português, Paula Costa e Silva sustenta, assim, que "[a]s razões para a necessidade de observar o contraditório no processo de nomeação judicial de árbitro gravitam em torno de cinco ideias fundamentais: (a) A *sensibilidade* do acto de nomeação judicial de árbitro para os interesses da parte requerida; (b) A *garantia da igualdade* entre as partes na constituição do tribunal arbitral; (c) A *garantia da correcção da decisão* proferenda; (d) A preferência por um meio de controlo preventivo em face de um controlo póstumo dos requisitos convencionais para a nomeação de árbitros; (e) a economia dos actos processuais" (SILVA, Paula Costa e. Preterição do contraditório e irregularidade de constituição de tribunal arbitral. *Revista de Processo*, v. 212, out./2012, p. 313).

[346] Cf. art. 22-C da Lei nº 9.307/96.

[347] Em sentido diverso, Cândido Dinamarco refere que somente depois de oferecidas as alegações iniciais – que inaugurariam, a seu ver, o processo arbitral propriamente dito – "as partes, como sujeitos dessa relação processual, terão todas as faculdades, deveres e ônus inerentes ao contraditório que têm em todo e qualquer processo. Só aí 'abre-se a oportunidade para o contraditório'. Só a partir daí começa o exercício da *jurisdição* pelos árbitros" (DINAMARCO, Cândido Rangel. *A arbitragem na teoria geral do processo.* Op. cit., p. 110-111).

[348] "A Lei de Arbitragem disciplina o processo arbitral a partir da aceitação da nomeação pelo árbitro (art. 19, *caput*). Pouco dispõe, propositadamente, sobre o procedimento anterior. Salvo estabelecer que as partes seguirão o rito da instituição eleita, ou o formato por eles escolhido (art. 5º), no caso de cláusula compromissória, ou via o procedimento do art. 6º,

Quanto ao ponto, deve-se recordar, antes de tudo, que existem duas formas básicas de as partes se vincularem à jurisdição arbitral: por meio de uma cláusula compromissória, firmada previamente à ocorrência do litígio,[349] ou de compromisso arbitral, celebrado quando a controvérsia já foi deflagrada.[350]

Sendo assinado compromisso arbitral, haverá menor espaço para discussões antes da instauração da arbitragem. Isso porque, dentre os requisitos que devem ser preenchidos para a validade do compromisso está a indicação dos árbitros ou da instituição arbitral responsável pela sua escolha.[351] Demais disso, as partes estarão anuindo com que a questão que lhes aflige naquele momento seja, de fato, submetida à arbitragem.

Em caso de cláusula compromissória, a seu turno, a chance de dissenso será significativamente maior. Como o litígio ainda não se faz presente ao tempo em que pactuada, é possível que as partes deixem de fixar adequadamente como se daria o trâmite para a instauração do processo arbitral, criando espaço para divergências futuras, principalmente em estado anímico conflituoso.

As cláusulas compromissórias podem ser classificadas, assim, como *cheias* ou *vazias*. De um lado, a cláusula cheia se caracteriza por já indicar de antemão quem serão os árbitros ou, pelo menos, predeterminar uma forma para a sua nomeação. De outro, a cláusula vazia (um dos exemplos de *cláusulas patológicas*)[352] é assim denominada por não prever nenhum método de nomeação.

que se destina à subscrição do compromisso arbitral, ou a forma de substituição do árbitro (art. 16º). Essa postura da lei é coerente com o que falamos antes sobre a integralização do devido processo legal arbitral. Nesse panorama, a tarefa de desenhar o procedimento fica para os demais ingredientes da composição desse conceito. Especificamente, a vontade das partes, sendo o caminho eleito o mais comum entre nós" (PARENTE, Eduardo de Albuquerque. *Processo arbitral e sistema*. Op. cit., p. 140).

349 Art. 4º da Lei nº 9.307/96: "A cláusula compromissória é a convenção através da qual as partes em um contrato comprometem-se a submeter à arbitragem os litígios que possam vir a surgir, relativamente a tal contrato".

350 Art. 9º da Lei nº 9.307/96: "O compromisso arbitral é a convenção através da qual as partes submetem um litígio à arbitragem de uma ou mais pessoas, podendo ser judicial ou extrajudicial. § 1º O compromisso arbitral judicial celebrar-se-á por termo nos autos, perante o juízo ou tribunal, onde tem curso a demanda. § 2º O compromisso arbitral extrajudicial será celebrado por escrito particular, assinado por duas testemunhas, ou por instrumento público".

351 Cf. art. 10 da Lei nº 9.307/96.

352 CARMONA, Carlos Alberto. *Arbitragem e processo*: um comentário à Lei nº 9.307/96. Op. cit., p. 112-114.

A classificação é relevante, porque existe uma diferença substancial entre os dois tipos de cláusula: se for cheia, a instauração da arbitragem não dependerá de nova concordância entre as partes ou da propositura de ação judicial; se for vazia, ao contrário, as partes deverão obter consenso prévio sobre a instituição do juízo arbitral ou definir a questão judicialmente. Daí a enorme cautela que se deve ter na redação da cláusula compromissória, para evitar esse gênero de contenda.[353] Atualmente, é corrente que os contratos reproduzam modelos de cláusula arbitral, divulgados pelas variadas instituições de arbitragens nacionais e internacionais justamente para coibir tais vícios.

Dito isso, o certo é que o procedimento a ser adotado na etapa pré-arbitral estará orientado basicamente a garantir a nomeação dos árbitros e variará de acordo com o que as partes houverem previsto no caso concreto. As principais circunstâncias que impactam no procedimento consistem, como visto, em se originar de compromisso ou de cláusula compromissória, cheia ou vazia. Além disso, o rito também dependerá da escolha efetuada pelas partes de se submeterem a uma arbitragem institucional ou *ad hoc*.[354]

No entanto, ainda que exista certa margem de flexibilidade para a fixação desse procedimento prévio – como, de resto, também ocorre ao longo de todo o processo arbitral – algumas características básicas costumam se fazer presentes.

353 "A partir da vigência da Lei de Arbitragem, passaram os operadores do direito a ter cuidado especial na redação da cláusula compromissária, pois já compreenderam que dependerá da excelência da cláusula a instauração da arbitragem sem o auxílio do Poder Judiciário na hipótese de resistência de um dos contratantes. Já se viu que, de acordo com o disposto no art. 19 da Lei, institui-se o juízo arbitral tanto que os árbitros nomeados aceitem o encargo. Desta feita, existindo cláusula arbitral que informe desde logo pelo menos o modo de indicar os árbitros, estes estarão investidos do poder de julgar tão logo manifestem a aceitação do encargo" (Ibid., p. 137). De fato, "a experiência dita que a cláusula deve estipular: (i) a lei aplicável e o idioma da arbitragem; (ii) o local e o seu escopo; (iii) as regras e a câmara que administrará o procedimento; (iv) se ele será decidido com base na lei, na equidade, nos princípios gerais do direito, nos usos e costumes, nas regras internacionais de comércio etc.; (v) o número de árbitros que resolverão a disputa, a sua forma de seleção e eventuais qualificações; (vi) renúncia a recurso; (vii) confidencialidade; (viii) a participação do Poder Judiciário na arbitragem. A atuação do Órgão jurisdicional estatal fica assegurada em várias situações em colaboração ao tribunal arbitral [...]" (NANNI, Giovanni Ettore. *Direito civil e arbitragem*. Op. cit., p. 80).

354 CAHALI, Francisco José. *Curso de arbitragem*: mediação, conciliação, resolução CNJ 125/2010. Op. cit., p. 238.

Quando já existe a previsão de método para escolha do árbitro, o primeiro passo costuma residir na apresentação de requerimento de arbitragem ao árbitro (caso se trate de arbitragem *ad hoc*) ou à instituição arbitral (caso se trate de arbitragem institucional), contendo a: (i) comprovação da existência da convenção de arbitragem; (ii) referência ao objeto geral do conflito, sem necessidade de maior detalhamento dos pedidos ou da causa de pedir, que habitualmente são relegados às alegações iniciais; e (iii) solicitação de notificação do requerido.[355]

Em arbitragens institucionais, a convenção arbitral normalmente não estipula de antemão o nome dos árbitros, estabelecendo apenas a câmara arbitral competente para processar o feito. Nesse caso, o requerente precisará indicar quem deverá ser nomeado para funcionar como árbitro único ou coárbitro no painel arbitral, o que será feito, a depender do regulamento aplicável, no próprio requerimento de arbitragem ou mais à frente, após a notificação do requerido, em prazo comum às partes.

O requerido, por sua vez, será notificado e, além de se manifestar sobre a nomeação dos árbitros, também poderá alegar a incompetência do juízo arbitral, por motivos que incluem a presença de vícios na convenção de arbitragem, a inexistência de arbitrabilidade subjetiva ou objetiva e a ausência de convenção arbitral válida e eficaz.

O contraditório será instaurado em relação a variadas questões, que incluem até mesmo os custos da arbitragem. No entanto, à exceção de matérias estritamente administrativas, quase todas somente poderão ser decididas em caráter definitivo uma vez formado o tribunal arbitral, não devendo, em boa técnica, constituir objeto de decisão do corpo administrativo da corte arbitral, que não se encontra investido de função jurisdicional.[356]

355 Ibid., p. 239-240.

356 SILVA, Eduardo Silva da. Arbitragem, confiança e boa-fé: a autoridade do pacto ético entre os sujeitos da arbitragem. Op. cit., p. 73. Sobre o tema, observa-se que, "[n]ormalmente, as regras procedimentais de algumas Câmaras de Arbitragem fixam o momento para a arguição das exceções que poderá ocorrer, nos casos que afetam a convenção de arbitragem, mesmo antes da indicação dos árbitros. Nesses casos, regra geral, a análise pela Câmara do direito do excipiente faz-se *prima facie*, reservando-se aos árbitros, após a instituição da arbitragem, a decisão da questão posta em exceção. São casos que normalmente afetam a jurisdição e, dado o princípio da competência-competência, a matéria é da alçada final do árbitro, excetuadas as

A principal matéria que será submetida ao contraditório e resolvida na fase pré-arbitral – ainda que em caráter provisório, podendo ser retomada após a aceitação do encargo pelos árbitros – corresponderá à definição dos árbitros.

A prerrogativa de escolha dos julgadores corresponde, em rigor, a uma das principais vantagens da arbitragem. Independentemente do procedimento eleito, um ponto será sempre certo: as partes devem ter plenas condições de se manifestar e influir eficazmente na nomeação dos árbitros. Trata-se de direito básico atribuído aos participantes do processo arbitral.

Deve, assim, ser sempre concedida às partes oportunidade de: (i) participar ativamente da nomeação dos árbitros, seguindo os parâmetros especificados na convenção de arbitragem, que poderá se reportar ao regulamento de certa instituição arbitral; (ii) discutir o número de árbitros que julgarão a demanda, especialmente quando a convenção nada dispuser a esse respeito; (iii) solicitar o currículo e outras informações profissionais do árbitro indicado pela parte contrária, pelos coárbitros ou pela instituição de arbitragem; (iv) pedir esclarecimentos sobre a eventual relação do árbitro com algum dos outros sujeitos do processo arbitral, com vistas a testar sua idoneidade para julgar a lide;[357] (v) oferecer impugnação ao árbitro indicado;[358] (vi) responder a eventual recusa oferecida por outra parte;[359] e (vii) requerer a excepcional alteração do método de seleção previsto na convenção de arbitragem se gerar, no caso concreto, ofensa à isonomia processual.

Com efeito, a validade do formato de nomeação convencionado vem sendo muito estudada na doutrina arbitral nas últimas décadas. Em arbitragens multipartes, é possível, por exemplo, que a convenção arbitral estabeleça

hipóteses teratológicas" (MARTINS, Pedro A. Batista. *Apontamentos sobre a Lei de Arbitragem*. Op. cit., p. 231).

357 O tema será destrinchado no tópico 3.1.3.1.3.

358 Cf. arts. 14 e 15 da Lei nº 9.307/96.

359 Tratando do regulamento da Corte Internacional de Arbitragem da CCI, já se referiu, em registro que permanece fiel à sua atual versão, que "las partes pueden presentar una demanda de recusación a la Corte contra un árbitro. [...] La Corte puede admitir o rechazar la demanda, pero no antes de haber invitado a las demás partes y a los árbitros a enviar sus comentarios, con copia a los demás" (FIGUERES, Dyalá Jiménez. Nombramiento y recusación de árbitros. *Revista de Arbitragem e Mediação*, v. 10, jul./2006, p. 144-145). Tradução livre: "as partes podem apresentar um requerimento de recusa à Corte contra um árbitro. [...] A Corte pode admitir ou rechaçar o requerimento, mas não antes de haver convidado as demais partes e os árbitros a enviarem seus comentários, com cópia aos demais".

abstratamente que cada polo da relação contratual poderá indicar apenas um árbitro. Essa previsão, a princípio, revela-se lícita. Contudo, pode ocorrer que, no caso concreto, as partes que compõem um desses polos não tenham interesses convergentes e, portanto, coloquem-se em posição de desvantagem ao serem compelidas a promover a nomeação conjunta de um coárbitro, diferentemente da parte contrária, que poderá indicar sozinha um dos árbitros do painel arbitral.[360]

A esse propósito, em julgamento que ganhou enorme notoriedade, a *Cour de Cassation* francesa entendeu, ao apreciar o denominado *Caso Dutco*, que "(a) as partes são titulares de um direito de igualdade na constituição do tribunal arbitral e (b) não podem renunciar validamente a esse direito numa convenção de arbitragem antes de existir o conflito".[361] Tamanha a sua relevância, o precedente levou até mesmo à alteração do regulamento da Corte Internacional de Arbitragem da CCI, que passou a regular a matéria e dispor que, em situações do gênero, a Corte poderá nomear todos os árbitros, em respeito à isonomia processual.[362]

No Brasil, em linha análoga, o Tribunal de Justiça do Estado de São Paulo já adotou posicionamento em defesa da igualdade das partes e, em 2012, o Centro de Arbitragem e Mediação da CCBC igualmente modificou o seu regulamento, enunciando método mais adequado de nomeação de árbitros em arbitragens com múltiplas partes.[363]

[360] "Consideremos então um exemplo, provável no contexto de várias realidades – por exemplo, um consórcio, um acordo parassocial, no âmbito de grupos de sociedades, perante contratos coligados – em que existe uma acção arbitral entre uma demandante e duas demandadas, com pedidos diferentes em relação a cada uma delas. A convenção de arbitragem prevê que o tribunal arbitral será composto por três árbitros, estabelecendo-se a regra típica da nomeação de um árbitro por cada 'parte' assim como a regra típica de nomeação por terceiro na falta de nomeação por uma das 'partes'. Deve considerar-se que as duas demandadas são uma só parte? Deve existir um processo arbitral para cada uma das demandas?" (CARDOSO, Miguel Pinto; BORGES, Carla Gonçalves. Constituição do tribunal arbitral em arbitragens multipartes. *Revista de Arbitragem e Mediação*, v. 25, abr./2010, p. 216).

[361] Ibid., p. 218.

[362] MAGALHÃES, José Carlos de. Arbitragem multiparte, constituição do tribunal arbitral, princípio da igualdade e vinculação à cláusula compromissória. *Revista de Arbitragem e Mediação*, v. 38, jul./2013, p. 335.

[363] MELO, Leonardo de Campos. Arbitragem multiparte. Sentença arbitral condenatória. Ação anulatória. Violação ao direito de nomear árbitro. Violação ao princípio da isonomia (Lei nº 9.307/1996, artigo 21, § 2º). Antecipação dos Efeitos da Tutela. Executividade Suspensa.

Todo o quadro exposto apenas corrobora a aplicabilidade e a relevância do contraditório no procedimento desenvolvido na fase pré-arbitral, em especial naquilo que toca ao *iter* de nomeação dos árbitros.

2.3.2 Atos postulatórios

Depois da aceitação do encargo pelos árbitros, a arbitragem está enfim instituída. É exercida a jurisdição arbitral.[364] A partir desse momento, a participação das partes, em constante cooperação com os árbitros, desenvolve-se de maneira ainda mais destacada.

Logo de início, como forma de organizar o feito e sanear quaisquer questionamentos sobre a extensão e a eventual existência de vícios na convenção arbitral, convém que todos os sujeitos do processo firmem termo de arbitragem e aproveitem para já delinear os próximos passos do processo. O legislador brasileiro teve especial preocupação com esse ponto, positivando tal recomendação no art. 19, §1º, da Lei nº 9.307/96.

No instrumento, o ideal é que o requerido já manifeste se também pretenderá formular pedidos contra a parte que ofereceu o requerimento de instituição da arbitragem, para permitir a melhor ordenação dos atos processuais. Diferentemente do que ocorre no processo judicial, sequer é necessário se valer do conceito da *reconvenção* propriamente dita: trata-se da simples formulação de pedidos por ambas as partes, que não precisam se enquadrar no maniqueísmo *autor e réu*.[365]

Revista Brasileira de Arbitragem, v. 10, n. 40, jul.out./2013, p. 122-133. Em sua nova versão, atualizada em 2012, o Regulamento do Centro de Arbitragem e Mediação da CCBC passou a prever, no art. 4.16, que: "No caso de arbitragem com múltiplas partes, como requerentes e/ou requeridas, não havendo consenso sobre a forma de indicação de árbitro pelas partes, o Presidente do CAM-CCBC deverá nomear todos os membros do Tribunal Arbitral, indicando um deles para atuar como presidente, observados os requisitos do artigo 4.12 deste Regulamento" (CÂMARA DE ARBITRAGEM E MEDIAÇÃO. *Regulamento CAM-CCBC*. Disponível em <https://ccbc.org.br/cam-ccbc-centro-arbitragem-mediacao/resolucao-de--disputas/arbitragem/regulamento-2012>. Acesso em 02/05/2021).

364 MARTINS, Pedro A. Batista. *Apontamentos sobre a Lei de Arbitragem*. Op. cit., p. 225.

365 "Muitos órgãos arbitrais já abandonaram o conceito da reconvenção: as partes fixam o objeto da controvérsia e formulam livremente seus pedidos em torno do objeto litigioso. Para evitar desnecessária (e reprovável) processualização da arbitragem, é conveniente que, no termo de arbitragem (art. 19, parágrafo único, da Lei 9.307/1996), sejam os litigantes

A depender da formulação de pedidos por uma ou por ambas as partes, o procedimento será estruturado do modo que melhor promova o exercício do contraditório. Se somente uma das partes formular pleitos em face da outra, serão fixados prazos individuais para alegações iniciais, resposta, réplica e, se for o caso, tréplica (em alguns casos, dispensada). Do contrário, se ambas apresentarem pretensões, os prazos poderão ser comuns ou intercalados.

Nessa fase, é essencial ao contraditório que os prazos estipulados sejam congruentes com a complexidade da causa. Principalmente no que toca aos atos promovidos por aquele que não promoveu a instauração do processo arbitral, cabe ter especial cautela com o estabelecimento de prazo suficiente para a postulação. A celeridade inerente ao processo arbitral não poderá se sobrepor aos ditames do devido processo legal arbitral e impedir a adequada prestação da tutela jurisdicional.

Indo além, os árbitros devem estar atentos, desde o início do processo arbitral, para a extensão e a regular interpretação dos pedidos e de quaisquer outros requerimentos formulados.

Como já se expôs, a função hermenêutica da boa-fé processual exige – a menos que as partes convencionem em sentido contrário – que os atos postulatórios sejam interpretados segundo o que efetivamente se pretendeu dizer, superando-se uma visão estritamente formalista ou literal.[366] É aplicável, assim, a mesma *ratio* do art. 322, §2º, do CPC/2015, pelo qual "a interpretação do pedido considerará o conjunto da postulação e observará o princípio da boa-fé". O comando é válido, com efeito, para a análise de todos os atos postulatórios, como também se vem entendendo no âmbito do processo civil.[367]

Não obstante, é imprescindível que, havendo dúvidas, o árbitro não tente adivinhar sozinho o que a parte intencionou manifestar. Decorre do contraditório participativo, do dever de consulta (derivado da cooperação processual) e da própria autonomia privada, tão prestigiada em sede arbitral, a exigência de

instados a formular todos os pedidos que podem decorrer do litígio que submetem a decisão dos árbitros. Tal fórmula certamente tenderá a evitar a alegação futura de julgamento extra petita, ultra petita ou citra petita, vícios capazes de anular a sentença arbitral (art. 32, IV e V, da Lei 9.307/1996)" (CARMONA, Carlos Alberto. O processo arbitral. Op. cit., p. 27-28).

366 Ver tópico 2.2.3.3.1.

367 Já se ressaltou anteriormente o teor do Enunciado 286 do Fórum Permanente de Processualistas Civis: "286. (art. 322, §2º; art. 5º). Aplica-se o §2º do art. 322 à interpretação de todos os atos postulatórios, inclusive da contestação e do recurso".

que, nesse caso, o árbitro solicite esclarecimentos para as partes. Não deve haver qualquer constrangimento em perguntar, questionar, inquirir. A realçada participação dos envolvidos não diminui em nada o trabalho desempenhado pelos árbitros; antes, lhe confere ainda maior legitimidade.[368]

Mais do que isso, é de rigor que eventual indagação seja feita às partes na primeira oportunidade possível, ainda no início do procedimento. Afinal, a delimitação do conteúdo dos pedidos formulados poderá orientar toda a atividade instrutória e a extensão do debate processual.

No cenário de maior flexibilidade e informalidade que marca a arbitragem, é possível até mesmo que as partes optem por realizar emendas e aditamentos aos pedidos e à causa de pedir.[369] Conforme já se defendeu em tópico próprio,[370] a preclusão existe inequivocamente no procedimento arbitral, mas é menos incisiva do que no processo estatal e pode ser superada desde que não sejam violados os predicados do devido processo legal arbitral.

No que toca ao acréscimo de novas demandas, será sempre necessário perquirir se a inserção de pleitos adicionais no bojo do processo já em curso poderá prejudicar os direitos processuais e materiais dos envolvidos

[368] Marcelo Mazzola ressalta ainda que "não há risco de imparcialidade quando o juiz antecipa algo que pretende decidir na sequência. Muito pelo contrário, ao franquear o amplo debate, provocando as partes, está confirmando a sua isenção e demonstrando, de forma transparente, o caminho que, a princípio, pretende seguir. Isso é fundamental para que as partes possam acompanhar a construção e o desenvolvimento de seu raciocínio mental. É melhor jogar as cartas na mesa do que sacar coringas da manga. Diferentemente do que se possa pensar, a atividade consultiva não sacrifica a duração razoável do processo. Na verdade, garante um contraditório substancialmente qualificado, que, pode, inclusive, contribuir para reduzir o número de recursos e acelerar o desfecho da causa. Decisões construídas sob o crivo do amplo contraditório tendem a ser mais respeitadas e cumpridas" (MAZZOLA, Marcelo Leite da Silva. *Tutela jurisdicional colaborativa*: a cooperação como fundamento autônomo de impugnação. Curitiba: CRV, 2017, p. 138).

[369] "Ora, a partir de quando o procedimento da arbitragem é decididamente flexível e não rígido como o do processo comum (supra, n. 12), sendo muito menos sujeito a preclusões do que este, dilui-se significativamente o valor do veto às modificações da demanda, imposto pelo art. 264 do CPC (LGL\1973\5). É natural que, ganhando força o princípio da liberdade (Chiovenda), possam as partes determinar legítimos desvios no curso do procedimento, inclusive mediante a dedução de pedidos novos, fazendo-o fora do período ordinariamente reservado a isso. O importante é a observância do contraditório" (DINAMARCO, Cândido Rangel. Possibilidade de emendas e alterações a pedidos e o princípio da estabilização no procedimento arbitral. *Revista de Arbitragem e Mediação*, v. 35, out./dez.2012, p. 241-242).

[370] Ver tópico 2.2.2.2.3.

(*v.g.*, não será possível esquivar-se da incidência da prescrição mediante a apresentação de novo pedido em caráter incidental) ou, ao contrário, se constituirá medida que estimule a duração razoável e a economia processual, evitando, de forma lídima, a propositura de nova ação, com todos os custos de tempo e dinheiro a ela inerentes.

Ademais, será preciso observar se as próprias partes já regularam anteriormente a possibilidade de modificação objetiva ou subjetiva da demanda no termo de arbitragem ou em outro ato consensual. Caso tenham optado por vedar alterações, a previsão consensual deverá, *a priori*, ser atendida, em prestígio à boa-fé e à segurança jurídica.

Em todo caso, eventuais mudanças, quando cabíveis, deverão ser sempre submetidas ao crivo do contraditório.

Do exposto, o que se extrai é que o contraditório constitui importante instrumento para o adequado tratamento dos atos postulatórios, uma vez que permite a delimitação da controvérsia em atenção à vontade dos contendores, evita a prática de atos não relacionados ao verdadeiro objeto da lide e viabiliza a eventual alteração dos limites da demanda.

2.3.3 Atos instrutórios

O direito à prova constitui um dos principais corolários do contraditório. A participação efetiva das partes só pode ser garantida em cenário no qual lhes seja permitida a produção de todo o acervo probatório necessário para comprovar suas alegações, podendo contribuir, com todos os elementos ao seu dispor, para a formação da convicção dos árbitros.[371]

Por esse motivo, ainda que submetido à autonomia privada das partes, o procedimento arbitral não pode impor restrições severas ao direito de participação e de produção das provas necessárias ao adequado deslinde da controvérsia. Se o fizer, estará violando o devido processo legal, na contramão do art. 5º, LIV e LV, da CF e do art. 21, §2º, da Lei nº 9.307/96.[372]

[371] CÂMARA, Alexandre Freitas. *Arbitragem – Lei nº 9.307/96*. Op. cit., p. 77.

[372] De fato, "para que se alcance um justo processo arbitral, nem o juiz, nem o árbitro, nem o perito designado pelo juiz ou pelos árbitros, valendo-se de argumentos formalistas, nem as partes, uma em relação à outra, podem restringir o alcance desses princípios, em especial do direito de participação e influência, sob pena de nulidade das decisões" (CARNEIRO, Paulo

Decerto, não há dúvidas de que o estabelecimento de normas processuais pelas partes para conformar a instrução probatória é recomendável e muito valioso para o regular andamento do feito, até porque a Lei nº 9.307/96 quase nada estabelece acerca da produção de provas, limitando-se a tratar de algumas poucas matérias ao longo de seu art. 22.

Não obstante, partindo das premissas já delineadas anteriormente,[373] a aferição da validade de quaisquer atos que imponham restrições convencionais à produção de provas dependerá: (a) da manutenção de outros meios efetivos de participação à disposição das partes; e (b) do grau de conhecimento que as partes tinham, no momento da sua previsão, a respeito das consequências que a limitação traria para as suas perspectivas de êxito no processo.

Com essa ressalva, o certo é que caberá aos árbitros, no comum dos casos, velar pela produção probatória mais ampla possível. No seio de um procedimento flexível, a extensão do direito à prova atinge grau significativamente elevado.

Para a correta organização da instrução, devem ser fixados os pontos controvertidos, distribuídos os ônus da prova e analisados os meios de prova cabíveis. Trata-se de etapa sensível e que deverá ser conduzida sempre com a mais estreita cooperação entre todos os sujeitos processuais.

Em medida ainda maior do que no processo civil – que já caminha claramente nessa direção –, as partes dispõem de ampla liberdade para conformar a atividade instrutória, (i) determinando ajustes nas atividades previstas, (ii) delimitando quais questões deverão ser objeto de prova e (iii) repartindo todo o trabalho a ser desenvolvido no processo.

Assim, em linha com o ideário de participação que grava o procedimento arbitral, mostra-se apropriado que os árbitros não tomem para si todas essas funções. É preferível que, antes, estimulem as partes a oferecer, se possível, manifestação conjunta que aborde todos os temas referidos, definindo elas próprias os rumos principais da fase instrutória.

Apenas se não houver consenso, é que a decisão será tomada unilateralmente pelos árbitros, oportunidade em que deverão, dentre as demais

Cezar Pinheiro; SCHENK, Leonardo Faria. O justo processo arbitral e o dever de revelação (disclosure) dos peritos. Op. cit., p. 588).

[373] Ver tópico 2.2.2.2.2.

providências citadas, fazer uso, se necessário, do regime da distribuição dinâmica do ônus da prova, evitando onerar excessivamente uma das partes com a produção de elementos probatórios que seriam mais facilmente obtidos pela contraparte, tal qual prevê o art. 373, §1º, do CPC.[374] Referida medida potencializa o contraditório e tem perfeita aplicação no processo arbitral, máxime por se tratar de procedimento com menor culto a formalismos processuais e maior adaptabilidade.

A possibilidade de interação entre partes e árbitros na instrução probatória, de qualquer maneira, não se encerra nesse primeiro estágio. Ao longo de toda a instrução, podem ainda se fazer necessárias novas adaptações no rito adotado, o que será plenamente admissível, mormente diante da flexibilidade que marca o processo arbitral. A incidência do fenômeno preclusivo na seara probatória – que sempre deverá se orientar pelos ditames do devido processo legal arbitral[375] – será possível, porém bem menos frequente do que no processo judicial.[376]

A regra geral é que, obedecidas as restrições constitucionais à produção probatória (decorrentes da dignidade da pessoa humana, da intimidade, do sigilo profissional e de outras garantias elencadas pelo constituinte)[377] e não

[374] SCAVONE JUNIOR, Luiz Antonio. *Manual de arbitragem*: mediação e conciliação, 7.ed. Rio de Janeiro: Forense, 2016, p. 166.

[375] V. tópico 2.2.2.2.3.

[376] Compartilhando do ideário de maior flexibilidade sem, contudo, ignorar a necessidade de eventuais limitações, Marcela Kohlbach Faria pondera que "não há momentos estanques para a produção das provas, ou mesmo uma ordem a ser seguida na produção das provas. A princípio, não há que se falar em preclusão quanto à instrução probatória no procedimento arbitral; caso lhe pareça necessário, o árbitro poderá determinar que as testemunhas sejam reinquiridas, ou que se ouçam as testemunhas antes da produção da prova pericial. Enfim, desde que não haja uma procrastinação indevida do procedimento, respeitando-se os prazos estabelecidos pelas partes e sempre em observância do contraditório, é possível que a fase instrutória se desenvolva de forma bastante flexível, de forma a se amoldar à necessidade da demanda" (FARIA, Marcela Kohlbach. A produção de prova no procedimento arbitral. *Revista de Arbitragem e Mediação*, v. 32, jan./2012, p. 209-210).

[377] Importa somente, como acentua Leonardo Greco, que quaisquer limitações probatórias sejam "cuidadosamente analisadas, para verificar se encontram suporte na proteção da dignidade humana, na preservação de direitos fundamentais ou de algum outro valor humano excepcionalmente relevante, o que poderá justificar ou não a sua sobrevivência" (GRECO, Leonardo. *Instituições de processo civil, volume 2*, 3.ed. Rio de Janeiro: Forense, 2015, p. 134).

admitidas diligências inúteis ou protelatórias,[378] a instrução deva ser tão livre quanto possível. De um lado, as partes podem empregar todos os meios lícitos para provar os fatos alegados e influenciar os árbitros.[379] De outro, os próprios árbitros também têm fartos poderes instrutórios, podendo tomar o depoimento das partes, ouvir testemunhas e determinar a realização de perícia ou outras provas consideradas necessárias (art. 22 da Lei nº 9.307/96) para formar o seu livre convencimento (art. 21, §2º, da Lei nº 9.307/96).[380]

Por certo, o julgamento antecipado do mérito pode ocorrer, de forma análoga ao que se dá no processo civil estatal (cf. art. 355 do CPC). Entretanto, apenas terá lugar na hipótese em que for realmente inequívoca a desnecessidade de produção de novas provas. Se houver qualquer incerteza quanto à utilidade do prosseguimento da fase instrutória, os árbitros deverão permitir a produção de todas as provas que abstratamente possam colaborar de algum

[378] Segundo anota Daniel Mitidiero, "[s]erá considerada inútil a diligência quando não guardar ligação com o objeto da prova, sendo daí considerada inadmissível. Protelatória, quando o intuito manifesto da parte é o atraso no trâmite do processo. Nesses casos, tem o juiz o dever de indeferir a prova. Fora daí, para efeitos de admissão da prova e de proibição de seu indeferimento por valoração antecipada, sugere a doutrina ainda que se apartem duas situações distintas: em primeiro lugar, poderá o juiz não admitir a prova quando a parte tenha postulado a produção de uma prova que visa a demonstrar *algo já conforme a sua representação das alegações de fato da causa*, devidamente comprovada nos autos; em segundo lugar, se a prova tem por desiderato *confrontar a sua representação do quadro fático*, tem de ser admitida. A tanto impõe, a uma, a idéia de processo civil cooperativo e, a duas, o direito fundamental à prova no processo civil" (MITIDIERO, Daniel. *Colaboração no processo civil*: pressupostos sociais, lógicos e éticos. Op. cit., p. 142-143).

[379] É o que dispõe, no âmbito estatal, o art. 369 do CPC.

[380] No tema, há farta discussão doutrinária sobre a possibilidade de as partes disporem sobre os poderes instrutórios do árbitro. Gabriel Herscovici Junqueira defende que "o princípio da autonomia da vontade, quando dirigida a limitar os poderes instrutórios dos árbitros, deve prevalecer. A arbitragem continuará com árbitros imparciais, as partes continuarão em nível de igualdade, o contraditório será efetivo e o árbitro poderá julgar de acordo com o livre convencimento motivado. Existe o risco de a prova dos fatos restar dificultada pela medida, mas isso não suprime por completo qualquer desses princípios essenciais. Quando muito, a parte a quem incumbia o ônus da prova descobrirá que, ao renunciar certo meio de prova, provocou sua derrota na arbitragem, mas, até aí, poderia ter caído na mesma cilada invertendo o ônus da prova contra si (o que é absolutamente permitido) ou simplesmente dispondo do seu direito, o que sempre pôde fazer" (JUNQUEIRA, Gabriel Herscovici. Flexibilidade do procedimento arbitral e poderes instrutórios dos árbitros na arbitragem brasileira: possibilidade de restringir os poderes instrutórios dos árbitros em nome da autonomia da vontade. *Revista Brasileira de Arbitragem*, v. 8, n. 31, jul./set.2011, p. 47).

modo para a solução da lide. Não se coaduna com o processo arbitral qualquer resquício de vedação à participação e à ampla defesa.

Postas as premissas gerais, cumpre tecer breves considerações sobre os principais meios de prova no processo arbitral.

Quanto ao tema, observa-se que algumas diretrizes do Código de Processo Civil podem ser aproveitadas, com as cautelas necessárias. O avanço do processo judicial na seara probatória é notável e não há razão para se ignorar, por completo, os seus possíveis préstimos; somente é preciso guardar estrito respeito aos traços distintivos da arbitragem, impedindo o seu descabido desvirtuamento.

Por sua importância, cabe iniciar pelo exame da prova pericial. Considerando que a arbitragem serve de forma preponderante à solução de litígios complexos, a prova técnica assume caráter decisivo, sendo imprescindível em um sem-número de casos.

Relembra-se que, diferentemente do que ocorre no Judiciário, em que os juízes dificilmente apresentam o conhecimento especializado da matéria técnica submetida à sua apreciação – já que deles se exige conhecimento jurídico generalista, com aptidão para a resolução dos mais variados tipos de controvérsia[381] –, na arbitragem, a própria escolha dos árbitros é orientada de acordo com a sua *competência* (aqui entendida como "aptidão técnica")[382] para a resolução do específico caso concreto.

Essa circunstância acarreta expressivas modificações na dinâmica da produção da prova pericial. O árbitro – e as próprias partes, também representadas preferivelmente por advogados especializados – não precisam submeter-se cegamente às conclusões do perito. Antes, têm condições efetivas de cooperar ativamente durante a condução da perícia, indicar assistentes técnicos, solicitar toda sorte de esclarecimentos e questionar as premissas e os resultados alcançados.

Para que o contraditório seja realmente qualificado e a prova técnica tenha aptidão para solucionar os fatos concernentes à demanda, é possível fazer uso da lógica inerente a alguns dispositivos do CPC sobre o tema. O perito deverá,

381 Ver notas 135 e 296.

382 Aliás, o art. 13, §6º, da Lei nº 9.307/96 insere a competência dentre os deveres do árbitro no desempenho de sua função.

assim: (i) assegurar aos assistentes das partes o acesso e o acompanhamento das diligências e dos exames, comunicando-os previamente da data em que serão realizados (art. 466, §2º); (ii) indicar o método científico adotado, esclarecendo se é predominantemente aceito pelos especialistas do setor (art. 473, III); (iii) responder conclusivamente a todos os quesitos elaborados pelas partes e pelos árbitros (art. 473, IV); (iv) referir, de forma clara, como alcançou suas conclusões (art. 473, §1º); (v) valer-se de todos os meios indispensáveis para se desincumbir da função, "ouvindo testemunhas, obtendo informações, solicitando documentos que estejam em poder da parte, de terceiros ou em repartições públicas" (art. 473, §3º); e (vi) "instruir o laudo com planilhas, mapas, plantas, desenhos, fotografias ou outros elementos necessários ao esclarecimento do objeto da perícia" (art. 473, §3º).

Além disso, como forma de assegurar, na maior medida possível, que a prova pericial não seja enviesada, também se impõe que, ressalvada a aquiescência das partes, o perito indicado não incorra nas hipóteses de impedimento ou suspeição (art. 467, *caput*, do CPC). Por isso, parte da doutrina sustenta, com acerto, que também se deve exigir do *expert* que se submeta ao dever de revelação aplicável aos árbitros (art. 14, §1º, da Lei nº 9.307/96), divulgando qualquer fato que denote dúvida sobre a sua imparcialidade ou independência.[383]

Não obstante, sem prejuízo do rigor em relação aos peritos, nada impede a convocação de especialistas pelas partes para, na qualidade de *expert witnesses*, deporem ou prestarem relatórios escritos sobre pontos técnicos. Com origens na *common law*, o instituto floresceu nas arbitragens internacionais[384]

[383] CARNEIRO, Paulo Cezar Pinheiro; SCHENK, Leonardo Faria. O justo processo arbitral e o dever de revelação (disclosure) dos peritos. Op. cit., p. 581-597.

[384] "In common law countries, expert witnesses are frequently retained by each party. Griffin, supra, at 27. In civil law countries, it is more common for the trier of fact to appoint its own independent expert. Modern arbitration rules refer specifically to party-appointed experts. *E.g.*, Reed & Sutcliffe, supra; Griffin, supra, at 27. The rules typically provide that the parties can put forward their own expert witnesses to testify on the point at issue both in written reports and orally. The expert witnesses are subject to cross-examination. International arbitrators now expect to hear from experts presented by the parties. Elsing & Townsend, supra. Arbitrators faced with conflicting expert reports may nonetheless fall back on their ability, found in most sets of arbitration rules, to appoint a tribunal expert to help them to resolve the conflict. *E.g.*, Elsing & Townsend, supra; Griffin, supra, at 27. Where the arbitrators appoint an expert, however, they commonly allow the parties the opportunity to question him after he has submitted his report. They may also allow the parties to call their own experts to take

e, atualmente, também vem sendo fartamente empregado nos procedimentos tipicamente nacionais. As testemunhas técnicas, que se enquadram em uma espécie de fronteira entre a prova pericial e a testemunhal, servem como meio complementar ou até mesmo alternativo aos trabalhos do perito. A depender das conclusões apresentadas, os árbitros – principalmente se também tiverem conhecimentos especializados sobre a matéria de fundo – podem dispensar a nomeação de perito do tribunal arbitral ou apenas fazê-lo em momento subsequente, quando estiverem certos de que as *expert witnesses* não trarão a segurança necessária para o julgamento.

Já avançando para o tema, vê-se que a prova testemunhal também exibe papel relevante na instrução dos processos arbitrais. Como decorrência do direito à ampla instrução probatória, as partes poderão fazer uso de testemunhas técnicas (as *expert witnesses* há pouco referidas) ou fáticas, para comprovar suas razões.

Determina a Lei nº 9.307/96 que as testemunhas deverão ser comunicadas previamente do local, dia e hora do depoimento (art. 22, §1º) e que, em caso de desatendimento à convocação, os árbitros poderão requerer a colaboração das autoridades judiciárias, para que determinem a condução da testemunha (art. 22, §2º), o que será operacionalizado por meio de carta arbitral (art. 22-C).

issue with the views of the tribunal's expert" (HAMMOND, Steven A. Making the case in international arbitration: a common law orientation to the marshalling and presentation of evidence. *Revista de Arbitragem e Mediação*, v. 16, jan./2008, p. 181). Tradução livre: "Em países da *common law*, testemunhas técnicas são frequentemente mantidas por cada parte. Griffin, supra, à 27. Em países da *civil law*, é mais comum que o juiz dos fatos aponte seu próprio perito independente. Regras da arbitragem moderna referem-se especificamente a peritos apontados pelas partes. *E.g.* Reed e Sutcliffe, supra; Griffin, supra, à 27. As regras tipicamente estabelecem que as partes podem se valer de suas próprias testemunhas técnicas para tratar do ponto em debate tanto em laudos escritos, como oralmente. As testemunhas técnicas são sujeitas a *cross-examination*. Árbitros internacionais agora esperam ouvir técnicos apresentados pelas partes. Elsing e Townsend, supra. Diante de laudos técnicos conflitantes, os árbitros podem, sem prejuízo, retomar o uso do seu poder, encontrado na maior parte das regras de arbitragem, de apontar um perito do tribunal para ajudá-los a resolver o conflito. *E.g.*, Elsing e Townsend, supra; Griffin, supra, à 27. Quando os árbitros apontam um perito, contudo, eles comumente permitem às partes a oportunidade de questioná-lo após a submissão de seu laudo. Eles podem igualmente autorizar as partes a chamarem seus próprios técnicos para analisarem as observações do perito do tribunal".

De modo geral, qualquer pessoa poderá ser arrolada como testemunha. Afigura-se conveniente, todavia, importar parcialmente o regime do processo civil para a determinação das pessoas *incapazes, impedidas* ou *suspeitas* (v. art. 447 do CPC), não com o ânimo de impedir o seu depoimento – o que, corretamente, vem sendo cada vez mais raro na prática arbitral[385] –, mas de estabelecer se será ouvida propriamente como testemunha ou informante, bem como traçar diretrizes objetivas para a atribuição de maior ou menor valor à prova produzida.

Assim é que, por exemplo, o depoimento de pessoas com interesse no litígio ou que sejam parentes de alguma das partes terá, potencialmente,[386] grau mais reduzido de credibilidade, ainda que a matéria deva ser valorada a cada caso concreto.[387]

[385] CARMONA, Carlos Alberto. Flexibilização do procedimento arbitral. *Revista Brasileira de Arbitragem*, v. 6, n. 24, out./dez.2009, p. 18.

[386] Tratando da valoração das provas produzidas em arbitragens internacionais, Guido Santiago Tawil destaca que "los árbitros tienden a brindar mayor valor probatorio: (i) a la prueba documental frente a la testimonial; (ii) a un testigo presentado por una parte que ha sido sometido a interrogatorio por el tribunal y/o por la otra parte (*cross-examination*) que al testigo que tan sólo presentó una declaración escrita y (iii) a un testigo independiente frente a aquél que puede presentar certo interés en el caso" (TAWIL, Guido Santiago. Los sistemas de valoración de la prueba y el arbitraje internacional. *Revista de Arbitragem e Mediação*, v. 8, jan./2006, p. 220-221). Tradução livre: "os árbitros tendem a atribuir maior valor probatório: (i) à prova documental em relação à testemunhal; (ii) a uma testemunha apresentada por uma parte que tenha sido submetida a interrogatório pelo tribunal e/ou pela outra parte (*cross-examination*) do que à testemunha que somente ofereceu uma declaração escrita e (iii) a uma testemunha independente em comparação àquela que possa apresentar certo interesse no caso".

[387] Salutar, portanto, não perder de vista a crítica de Leonardo Greco, segundo o qual "a falta de credibilidade de determinadas provas, ainda que fundada na observação daquilo que geralmente acontece, é um modo absolutamente imperfeito de conduzir os juízes a proferirem decisões conforme a verdade. Muitas vezes, a prova presumivelmente suspeita é a única prova de determinado fato. Outras vezes, a presunção do legislador de que determinada prova é suspeita já está inteiramente superada pela evolução da própria sociedade. Em outras ocasiões, a prova presumidamente suspeita é de fato a mais confiável, porque as particularidades do caso concreto evidenciam o fornecimento de elementos de convicção mais consistentes, mais verossímeis e mais coerentes com as demais circunstâncias apuradas. Num processo que respeita amplamente o direito de defender-se provando, o juiz tem o dever de acolher e considerar todas as provas relevantes dos fatos probandos, mesmo aquelas que a lei presume suspeitas, desde que justifique racionalmente os motivos que o levaram a distanciar-se da recomendação da lei" (GRECO, Leonardo. *Instituições de processo civil, volume 2*, 3.ed. Op. cit., p. 150).

Além disso, como o diálogo e a participação deverão ser sempre fomentados, tanto a parte que indicou a testemunha, como a parte contrária[388] e o árbitro, poderão formular toda sorte de perguntas pertinentes no momento da audiência. Depois, aquele que arrolou o depoente ainda poderá, em regra, voltar a interrogá-lo, desde que não suscite questões novas e se limite a combater ou esclarecer questões reveladas durante o depoimento. Será possível, inclusive, interrogar diversas testemunhas conjuntamente, divididas por temas, para que melhor se extraia o que de fato corresponde à realidade.[389]

A extensão e a flexibilidade da produção da prova testemunhal são tamanhas, que, seguindo tradição originada da *common law*, admite-se no processo arbitral o prévio oferecimento de depoimentos escritos das testemunhas (*written statements*). A prática vem se tornando cada vez mais frequente no Brasil e facilita a delimitação dos pontos a serem expostos pelo depoente em audiência.[390] Não obstante, os árbitros deverão encarar essa espécie de documento com alguma ressalva, uma vez que normalmente elaborado com o apoio dos advogados da parte que o produziu e, em regra, dirigido a espelhar circunstâncias que lhe sejam favoráveis.[391] Em qualquer caso, a parte

[388] Para interessante relato sobre a experiência prática da *cross-examination* e as técnicas empregadas pelos advogados das diferentes tradições do direito, ver ABBUD, André de Albuquerque Cavalcanti. *Cross-examination*: algumas questões. *Revista de Arbitragem e Mediação*, v. 52, jan./mar.2017, p. 423-428.

[389] "A inquirição por grupos tende a estimular as testemunhas a se concentrarem nos pontos relevantes e dificulta a insistência em versões imprecisas e desprovidas de sentido. Muito utilizada em arbitragens de construção e em questões relacionadas a fusões e aquisições – devido à sua complexidade técnica e fática –, a inquirição de testemunhas por grupos requererá que o tribunal arbitral fracione a audiência em secções correspondentes aos pedidos formulados pelas partes ou em temas a serem por ele definidos" (MIRANDA, Daniel Chacur de. A produção da prova testemunhal na arbitragem à luz da flexibilidade e da previsibilidade na prática internacional. *Revista Brasileira de Arbitragem*, v. 10, n. 38, abr./jun.2013, p. 40).

[390] SEREC, Fernando Eduardo. Provas na arbitragem. In: CARMONA, Carlos Alberto; LEMES, Selma M. Ferreira; MARTINS, Pedro Batista (Coord.). *20 anos da lei de arbitragem:* homenagem a Petrônio R. Muniz. Op. cit., p. 306.

[391] Em interessante passagem, Hermes Marcelo Huck anota que "não há depoimento escrito que tenha sido integralmente redigido pela testemunha ou que, no mínimo, não tenha passado pelo crivo censurador do patrono da parte que a arrolou. É notório e plenamente aceito, inclusive pelas regras da IBA, que o advogado participe da redação do testemunho. Por certo, nenhum advogado permitirá a juntada de determinado depoimento testemunhal que prejudique os interesses de seu cliente. Se a prova testemunhal puramente oral é duvidosa e incerta por natureza, o que dizer dessa prova previamente preparada e escrita sob a

contrária terá a faculdade de apresentar depoimento escrito contraposto e formular todas as perguntas pertinentes ao depoente, sob pena de infração ao contraditório.[392]

No mais, as partes e seus representantes legais também poderão ser intimados para prestar depoimento pessoal ou se submeter a interrogatório pelos árbitros. A medida é bastante usual e permite maior aproximação dos árbitros com a realidade dos fatos, facultando-lhes ouvir diretamente dos envolvidos a sua versão do que ocorreu. Caso a parte deixe de comparecer, não incidirá a pena de confesso, mas os árbitros poderão valorar esse comportamento ao proferir a sentença (art. 22, §2º, da Lei nº 9.307/96).[393]

Seguindo adiante, vê-se que também a prova documental assume acentuada importância no processo arbitral, mostrando-se absolutamente essencial na maior parte dos casos.

À exceção das provas ilícitas no plano do direito material, as partes poderão carrear ao processo todos os documentos úteis para a aferição do seu direito. Em regra, contudo, assim como no processo estatal,[394] não se poderá suscitar a flexibilidade procedimental da arbitragem para juntar documentos antigos, que já poderiam ter sido oportunamente apresentados. O oferecimento extemporâneo de documentos só será admitido caso seja fundado em razões legítimas e não afronte os preceitos do devido processo legal arbitral. Demais disso, mesmo quando admitidos, a parte oposta deverá ter a oportunidade de sobre eles se manifestar e, eventualmente, produzir novas provas em contraposição.

supervisão de um advogado? A credibilidade para os fatos que possa trazer é sempre precária e somente uma hesitação ou um tropeço da testemunha revelará algo de novo (e útil) para ajudar na formação do convencimento dos árbitros. Já o testemunho puramente oral pode ensejar melhores e mais confiáveis dados para o Tribunal, pois perguntas bem formuladas podem levar a respostas não ensaiadas" (HUCK, Hermes Marcelo. As táticas de guerrilha na arbitragem. In: CARMONA, Carlos Alberto; LEMES, Selma M. Ferreira; MARTINS, Pedro Batista (Coord.). *20 anos da lei de arbitragem:* homenagem a Petrônio R. Muniz. Op. cit., p. 314).

392 CARMONA, Carlos Alberto. *Arbitragem e processo*: um comentário à Lei nº 9.307/96. Op. cit., p. 322.

393 CARNEIRO, Paulo Cezar Pinheiro. Aspectos processuais da nova lei de arbitragem. In: CASELLA, Paulo Borba (Coord.). *Arbitragem*: a nova lei brasileira (9.037/96) e a praxe internacional. Op. cit., p. 147.

394 V. art. 435, *caput* e par. único, do CPC.

Questão mais intrigante consiste no requerimento de exibição de documentos pelo adversário no processo. Ainda que não se admita a mesma extensão observada na *discovery* da *common law*, os árbitros deverão admitir tal meio de prova sempre que se mostrar necessário para garantir chances iguais de participação no processo. Nessa hipótese, porém, a parte solicitante deverá especificar qual documento pretende obter e as razões pelas quais entende que a parte contrária o tenha à sua disposição.

Se o documento pretendido for estritamente confidencial, mas relevante para o julgamento da controvérsia, será possível cogitar até mesmo de que seja entregue pela parte diretamente ao tribunal arbitral, para que esse defina quais trechos deverão ser divulgados no processo e quais deverão permanecer sigilosos, sopesando-se os interesses a favor e contra a sua exposição.[395]

Com efeito, a Corte Internacional de Arbitragem da CCI produziu relatório em que listou diversas orientações básicas que são importantes para a organização da produção documental, dentre as quais se incluem: (i) o uso de sistema coerente de ordenação dos documentos; (ii) o requerimento de exibição de documentos apenas em caráter excepcional; (iii) a fixação de procedimento eficiente para a produção da prova documental, inclusive com a estipulação de calendário; (iv) o dever de se evitar a duplicação de documentos; (v) a não juntada de documentos irrelevantes; (vi) o estímulo ao envio de documentos em formato eletrônico, em detrimento do encaminhamento físico;[396] e (vii) a desnecessidade, *a priori*, de traduções juramentadas.[397]

Para além dos meios de prova mais tradicionais acima indicados, os árbitros ainda poderão determinar a produção de quaisquer outros, bem como realizar

[395] FARIA, Marcela Kohlbach. A produção de prova no procedimento arbitral. Op. cit., p. 214.

[396] Nesse aspecto, Marcelo Muriel assevera que "[a] produção de documentos em base física ou eletrônica pode significar uma grande diferença quanto ao conteúdo probatório de um determinado documento. Uma planilha em Excel, por exemplo, pode conter muito mais informações se apresentada como um arquivo '.xls' (que contém fórmulas, valores e macros), do que se a mesma planilha for apresentada em formato '.pdf' (que captura somente a imagem do documento, sem os dados subjacentes), ou ainda se for apresentada em meio físico apenas" (MURIEL, Marcelo A. Produção de provas na arbitragem. In: CARMONA, Carlos Alberto; LEMES, Selma M. Ferreira; MARTINS, Pedro Batista (Coord.). *20 anos da lei de arbitragem:* homenagem a Petrônio R. Muniz. Op. cit., p. 324).

[397] Delineando essas diretrizes, ver SEREC, Fernando Eduardo. Provas na arbitragem. In: CARMONA, Carlos Alberto; LEMES, Selma M. Ferreira; MARTINS, Pedro Batista (Coord.). *20 anos da lei de arbitragem:* homenagem a Petrônio R. Muniz. Op. cit., p. 305.

inspeções e vistorias, e expedir ofícios para entes públicos.[398] Além disso, as partes terão enorme liberdade para produzir todos os demais meios de prova que considerem capazes de contribuir para o regular julgamento da demanda.

Ao fim, será salutar que, antes de declararem o encerramento da fase probatória, os árbitros questionem às partes se estão satisfeitas com as provas produzidas ou se ainda entendem necessário algum meio instrutório adicional, prestigiando o contraditório e evitando futuras alegações de nulidade.[399]

A Lei nº 9.307/96 prescreve, no mais, que, havendo a substituição de um dos árbitros, será autorizado ao substituto determinar a repetição das provas já produzidas (art. 22, §5º), o que deverá ser aplicado sempre que o novo árbitro não se considere em condições de julgar adequadamente a lide sem a renovação da prova. Como observa Carlos Alberto Carmona, o principal alvo do dispositivo é a prova oral, mas nada impede a sua aplicação a outras provas, como a inspeção.[400]

Em síntese, as partes deverão ter todas as oportunidades necessárias para influir no entendimento dos árbitros acerca dos fatos, produzindo os meios de prova pertinentes, contrapondo-os àqueles oferecidos pela parte contrária e manifestando-se a respeito de quaisquer elementos do acervo probatório. Os árbitros, de outro lado, também terão incisiva participação na atividade instrutória, promovendo todas as medidas necessárias para alcançar o resultado mais adequado à demanda.

2.3.4 Atos decisórios

O contraditório também impacta diretamente nos atos decisórios do processo arbitral. Em procedimento marcado pela intensa flexibilidade e cooperação processual, os árbitros devem sempre buscar a construção das decisões em conjunto com as partes, oportunizando vias efetivas de participação no debate.

398 MARTINS, Pedro A. Batista. Panorâmica sobre as provas na arbitragem. In: JOBIM, Eduardo; MACHADO, Rafael Bicca (Coord.). *Arbitragem no Brasil:* aspectos jurídicos relevantes. Op. cit., p. 328-332.

399 MURIEL, Marcelo A. Produção de provas na arbitragem. In: CARMONA, Carlos Alberto; LEMES, Selma M. Ferreira; MARTINS, Pedro Batista (Coord.). *20 anos da lei de arbitragem:* homenagem a Petrônio R. Muniz. Op. cit., p. 323.

400 CARMONA, Carlos Alberto. *Arbitragem e processo*: um comentário à Lei nº 9.307/96. Op. cit., p. 332.

Como é corrente na doutrina processual, contraditório eficaz é contraditório prévio.[401] Assim, são plenamente aplicáveis ao processo arbitral os parâmetros normativos cristalizados nos artigos 9º e 10º do CPC, que exigem a oitiva das partes sobre todas as matérias a serem decididas, vedando a prolação das denominadas "decisões-surpresa". Antes de decidir, o árbitro deve consultar as partes, para que exprimam suas posições sobre todas as matérias potencialmente relacionadas ao enfrentamento da questão.

A exceção, em geral, fica por conta das decisões que versem sobre pedidos de urgência, seja em sede de tutela antecipada ou de tutela cautelar. Nessas hipóteses, na ponderação entre o bem jurídico a ser protegido em caráter emergencial e o direito de prévia oitiva das partes, é lícito aos árbitros inclinarem-se para a proteção do bem jurídico e viabilizarem apenas o contraditório postergado, concedendo a oportunidade de manifestação depois de a decisão já ter sido proferida.

Mesmo em tais casos, todavia, é preciso verificar se a situação concreta realmente obstaculiza, em absoluto, a prévia manifestação da parte, impedindo-se a banalização da medida.[402] No processo arbitral, em que há via de regra comunicação muito mais ágil entre todos os envolvidos (em geral, por *e-mail*), será muitas vezes possível conceder algum prazo, mínimo que seja, para a garantia do contraditório. Um prazo de 24 ou 48 horas pode ser suficiente para que a parte se pronuncie, ainda que de forma superficial e incipiente, sobre o pleito formulado, trazendo importantes elementos para o conhecimento do árbitro. Existindo essa possibilidade, duas medidas serão de rigor: (a) o árbitro deverá ouvir, antes, a parte potencialmente prejudicada; e, (b) caso o prazo seja excessivamente exíguo e insuficiente para a exauriente discussão do tema, a parte ainda terá a faculdade de posteriormente complementar as

401 GRECO, Leonardo. Garantias fundamentais do processo: o processo justo. Op. cit., p. 242.

402 Como consigna Leonardo Schenk, "[a]penas em hipóteses excepcionais, portanto, marcadas pelo risco elevado de ineficácia do provimento se determinada a prévia oitiva da parte contrária antes do deferimento da liminar, é que será possível aceitar o diferimento total, porém momentâneo, da garantia do contraditório. Necessário atentar, também aqui, que a subversão da ordem natural dos provimentos judiciais, que deve observar o prévio debate entre as partes, é acompanhada do risco de banalização, imposto pela tirania da urgência" (SCHENK, Leonardo Faria. *Cognição sumária*: limites impostos pelo contraditório no processo civil. São Paulo: Saraiva, 2013, p. 194).

suas razões em período de tempo congruente à complexidade do assunto decidido, depois da prolação da decisão.

É preciso ficar claro, portanto, que tutela de urgência não significa, em toda e qualquer hipótese, decisão proferida sem a garantia do contraditório. Para que o direito à manifestação prévia das partes seja integralmente afastado, deverão os árbitros fundamentar justificadamente os motivos que levaram à decisão em caráter *inaudita altera parte*, o que estará normalmente ligado à extrema urgência ou à potencial ineficácia da medida em caso de ciência prévia da contraparte.

Seguindo adiante, outra repercussão do contraditório prévio é que o antigo brocardo *iura novit curia* e o fato de eventualmente se tratar de matéria que possa ser decidida de ofício tampouco podem ser invocados para suprimir o diálogo processual antecedente à decisão.[403] Mesmo que se trate de matéria eminentemente de direito ou de questão a ser decidida sem a necessidade de provocação das partes, o árbitro deverá sempre franquear ampla participação a todos os interessados.[404]

Imagine-se, assim, a hipótese de o árbitro cogitar, já no momento de elaboração da sentença, da aplicação de algum dos corolários da boa-fé objetiva

[403] Ao discorrer sobre o tema, Marcelo Mazzola esclarece que "essa conduta evita as 'decisões-surpresa' e impede que o julgador invoque normas e regras jurídicas não suscitadas pelos litigantes, trilhando um caminho totalmente novo sem nenhuma sinalização anterior. A famosa proibição da sentença de terceira via, acontecimento inesperado que só faz diminuir a fé do cidadão na administração da justiça. [...] Convém esclarecer que o dever de consulta não subtrai do juiz o poder de eleger a norma jurídica aplicável ao caso, mas o obriga, ao menos, a franquear às partes a oportunidade de influir e de participar da formação de seu convencimento. Até porque, o magistrado pode perfeitamente mudar de opinião depois de ouvir as partes e melhor refletir. É como se o brocardo *iura novit curia* ganhasse nova roupagem" (MAZZOLA, Marcelo Leite da Silva. *Tutela jurisdicional colaborativa*: a cooperação como fundamento autônomo de impugnação. Op. cit., p. 137).

[404] Nessa ordem de raciocínio, Debora Visconte observa que, em relatório elaborado no ano de 2008, a International Law Association (ILA) formulou diversas recomendações no sentido da "necessidade de os árbitros conferirem a oportunidade às partes de se manifestar sobre novos fundamentos legais antes de proferirem a sentença com base nesses fundamentos, ainda que o processo esteja em fase de deliberação. Devem os árbitros reabrir a instrução para ouvir as partes especificamente sobre esse ponto (Recomendações 3, 8, 10, 11)" (VISCONTE, Debora. Iura novit curia e o contraditório. In: CARMONA, Carlos Alberto; LEMES, Selma M. Ferreira; MARTINS, Pedro Batista (Coord.). *20 anos da lei de arbitragem:* homenagem a Petrônio R. Muniz. Op. cit., p. 52).

ao caso concreto. Se o ponto não houver sido objeto de debate, deverá ser aberta oportunidade para que as partes se manifestem a esse respeito, o que poderá ser feito de forma bastante simples, transparente e direta: "Digam as partes, em 10 (dez) dias, sobre a ocorrência de *venire contra factum proprium* no que diz respeito ao assunto 'x'".

Por óbvio, não são todos os argumentos de reforço que precisam ser submetidos ao crivo do contraditório. Observações laterais de menor relevância, referidas em caráter de *obiter dicta*, não demandam necessariamente a oitiva das partes; todavia, os fundamentos que dão corpo e substância à decisão devem sempre ser submetidos à crítica e aos comentários dos sujeitos envolvidos na contenda. Nessa linha, se os árbitros entenderem que matérias que, a princípio, constariam da sentença ainda não foram objeto de discussão – sem desvirtuar, naturalmente, o foco central da causa de pedir e dos fundamentos de defesa –, deverão conferir chance aos interessados de se pronunciarem, emitindo ordem processual com a referência a todas as questões que estarão postas ao diálogo.

Sob esse ângulo, deve ser criticado acórdão do Tribunal Federal da Suíça que asseverou que o painel arbitral não tinha o dever de ouvir as partes sobre cada fato provado nos autos, ainda que os árbitros se valessem da prova para fins absolutamente diversos daqueles originalmente pretendidos pelas partes com a sua produção. Na oportunidade, o Tribunal entendeu, em suma, que, se as partes apresentassem documentos para comprovar "x", os árbitros poderiam deles inferir elementos para a prova de "y", sem necessidade de indagar aos litigantes a respeito, o que estaria fundado no princípio da livre apreciação das provas.[405]

[405] O caso foi comentado, no Brasil, por Leonardo Furtado, segundo o qual "o Tribunal Federal entendeu que cabe aos árbitros avaliar as provas. Nesse sentido, muito embora seja essencial o respeito ao contraditório e à ampla defesa, postos em prática por meio do direito de produzir provas sobre os fatos pertinentes e participar nas audiências do Tribunal Arbitral, os árbitros não são obrigados a convidar as partes a se manifestarem acerca de cada fato apresentado, nem a garantir às partes o direito de limitar a autonomia do Tribunal Arbitral para esse propósito. De fato, como bem colocado pelo Tribunal Federal, se isso fosse possível, haveria o desrespeito ao princípio da livre apreciação das provas. Com isso, o Tribunal Federal concluiu que cabe às partes avaliar a pertinência de apresentar determinada prova no processo, a materialidade e a relevância das provas apresentadas pela parte contrária, bem como a pertinência de se expressar sua análise sobre tal prova" (FURTADO, Leonardo. "Sentença arbitral baseada em fatos não alegados pelas partes. Tribunal Federal da Suíça.

Não obstante, a conclusão do Tribunal Federal Suíço está equivocada e mistura duas questões distintas. A livre apreciação das provas não implica a possibilidade de se furtar temas ao contraditório, mas unicamente viabiliza que os árbitros valorem as provas de acordo com a sua convicção. Os árbitros reúnem poderes, de fato, para investigar amplamente todas as repercussões do acervo probatório construído no processo. Disso não se exclui, contudo, que o diálogo entre partes e árbitros deva se incluir permanentemente em um contexto de cooperação e ser o mais completo possível. Assim, se o tema passou totalmente ao largo do debate, o caminho a ser seguido pelos árbitros deverá ser sempre o de inquirir às partes a respeito de uma outra possível consequência decorrente das provas já produzidas antes de utilizá-la como razão de decidir. Só aí haverá pleno respeito ao contraditório-influência.

Na realidade, além das repercussões já descritas, a flexibilidade inerente ao processo arbitral propicia que todo o diálogo seja visto de forma substancialmente distinta daquela normalmente associada ao processo estatal. Não apenas os árbitros estão sujeitos a viabilizar o contraditório antes de decidir, como é recomendável que já indiquem ao longo do procedimento, tão logo quanto possível, quais temas específicos geram dúvida e precisarão ser objeto de maior empenho argumentativo ou instrutório pelas partes.

A acepção tradicional de que as partes apenas podem conhecer o posicionamento do juiz no momento da sentença deve ser superada em prol de debate construtivo, que evite surpresas e foque sua atenção nas questões que efetivamente demandem maior discussão. Decisões proferidas nesse *iter* serão enriquecidas, sob todos os ângulos, pelo acentuado contraditório.

A esse propósito, desenvolveu-se no plano da arbitragem internacional o Método Sachs-Wälde-Reichert, que vem ganhando enorme destaque na doutrina arbitral e pode ser perfeitamente importado para a prática brasileira.

Em arbitragem processada perante a London Court of International Arbitration, após a realização da audiência (*evidentiary hearing*), as partes não conseguiram alcançar consenso sobre as próximas etapas do procedimento. Diante desse quadro, o painel arbitral composto por Klaus Sachs, Thomas Wälde e Klaud Reichert optou por adotar uma linha bastante interessante em termos

Processo 4ª_214/2013. 5 de agosto de 2013. X._SA (Recorrente) v. Y._SA (Recorrido)". *Revista Brasileira de Arbitragem*, v. 11, n. 42, abr./jun.2014, p. 152).

de contraditório e participação. Em vez de simplesmente determinarem o oferecimento de alegações finais orais ou escritas, os árbitros prepararam documento dividido em duas seções: (i) na primeira, endereçaram diversos questionamentos às partes, solicitando resposta fundamentada para cada pergunta e determinando a apresentação de certas provas por quem tivesse maior facilidade de obtê-las; e, (ii) na segunda, ainda mais relevante, formaram cenário *hipotético* e *provisório* de como os fatos discutidos na ação possivelmente tinham ocorrido – de acordo com o entendimento que haviam formado a partir do acervo probatório já reunido até aquele momento – e formularam algumas novas perguntas, submetendo o material para comentários, críticas e respostas das partes, que poderiam analisar ponto por ponto da narrativa por eles construída. Ao fim, o procedimento acabou catalisando um acordo, que encerrou o processo.[406]

O método é substancioso, porque, longe de representar qualquer mácula ao devido processo, a indicação pelos árbitros de como estão visualizando as matérias postas até uma determinada fase do processo é capaz de redirecionar os fluxos comunicativos das partes, fomentar o debate produtivo e enriquecer as decisões posteriormente proferidas.[407]

Enfatize-se o ponto: o contraditório no sistema do processo arbitral pode e deve ser muito mais dinâmico do que aquele tradicionalmente travado em ações judiciais. Sem que se comprometa exageradamente a celeridade processual, as partes e os árbitros têm condições, em estreita cooperação, de remodelar o procedimento e propiciar diálogo verdadeiramente qualificado, garantindo que todos tenham voz ativa na definição de todas as matérias relevantes para o processo. A própria disponibilidade de tempo exigida dos árbitros – que não se voltam simultaneamente à solução de milhares de casos, como ocorre no Judiciário – facilita debate desse gênero, já que os julgadores

[406] BÉDARD, Julie. The Sachs-Wälde-Reichert Method. *Revista de Arbitragem e Mediação*, v. 19, out./2008, p. 396.

[407] De acordo com Arnoldo Wald, que também cita o Método Sachs-Wälde-Reichert logo na sequência, "[a] interatividade permitirá aos árbitros evitar que as partes e seus advogados se percam em discussões inúteis. Sem deixar transparecer qualquer pré-julgamento, os árbitros podem, e têm sido cada vez mais encorajados a fazê-lo, ser proativos, delimitando, por exemplo, as questões controvertidas ou, ainda, solicitando informações ou provas adicionais a respeito de determinado fato" (WALD, Arnoldo. O espírito da arbitragem. Op. cit., p. 22-35).

poderão se dedicar ao conhecimento dos pormenores do caso desde o início e bem dirigir os esforços das partes.

Indo além, não basta aos árbitros apenas proporcionar amplo espaço para o debate. O contraditório não se encerra na outorga do direito de participação. A influência exercida pelas partes deverá estar espelhada nas decisões proferidas, em especial na sentença.

Destaca-se, nesse tocante, que a sentença arbitral não somente é equiparada à judicial por força de lei (art. 31 da Lei nº 9.307/96), como deve exibir os mesmos elementos: *relatório, fundamentação e dispositivo*, aos quais ainda se acrescem a data e o local em que proferida (art. 26 da Lei nº 9.307/96).

O relatório possui notada importância em termos de contraditório, na medida em que resume todos os atos praticados no processo, confirmando que, ao menos em princípio, os árbitros não ignoraram nenhum dos trabalhos desenvolvidos pelas partes.[408] É, de fato, essencial que cada manifestação apresentada conste, ainda que de forma sumarizada, no relato elaborado pelos árbitros, para que todos – inclusive os juízes, em caso de eventual impugnação judicial – tenham ciência do que constituiu o horizonte da decisão.

Depois de listar todas as atividades praticadas no processo, os árbitros passam, então, à fundamentação da sentença, que deve ser a mais completa possível. Ainda que de forma sucinta, todas as alegações e provas produzidas devem ser enfrentadas, ultimando, em ato final e percuciente, o diálogo processual travado entre os sujeitos do processo.

Veja-se, no ponto, que a Lei de Arbitragem inclui o "livre convencimento" dentre os princípios afeitos ao devido processo legal que não podem ser afastados no âmbito da autonomia privada das partes (art. 21, §2º). Porém,

408 Em sentido oposto e do qual há de se divergir, Fernando Gajardoni defende que "[o] relatório tem por finalidade demonstrar às partes que seus argumentos foram relevados quando do julgamento da causa, que o julgador se ateve a eles, teve conhecimento deles, para proferir sua sentença. Entretanto, diversamente do que ocorre na justiça estatal, em sede arbitral são as partes que escolhem os juízes da causa. Se assim o fazem, é porque conhecem os árbitros, sabem que os mesmos estão comprometidos com o julgamento. Se os mesmos não relevam todos os argumentos quando da prolação da sentença, os únicos culpados são os próprios contendores, os quais deveriam ter escolhido com mais sabedoria os juízes de fato e de direito da causa (culpa in eligendo)" (GAJARDONI, Fernando da Fonseca. Aspectos fundamentais de processo arbitral e pontos de contato com a jurisdição estatal. *Revista de Processo*, v. 106, abr./jun.2002, p. 205).

muito embora os árbitros realmente ostentem ampla liberdade ao examinar o acervo probatório, não podem jamais deixar de motivar adequadamente o peso maior ou menor atribuído a cada uma das provas produzidas.[409]

O árbitro poderá, assim, considerar inidôneo o depoimento de certa testemunha ou entender que determinado meio de prova não contribuiu para a elucidação dos fatos. Precisará, entretanto, justificar motivadamente o entendimento adotado.

Nesse aspecto, mostra-se bastante valoroso que os árbitros sigam, naquilo em que forem cabíveis, as diretrizes delineadas pelo art. 489, §§1º e 2º, do CPC, que deram adequado tratamento à matéria no processo estatal, traçando pressupostos mínimos para que uma sentença seja considerada fundamentada.[410]

Não será lícito, então, que os árbitros se limitem "à indicação, à reprodução ou à paráfrase de ato normativo, sem explicar sua relação com a causa ou a questão decidida" (inciso I do art. 489, §1º do CPC) ou a "empregar conceitos jurídicos indeterminados, sem explicar o motivo concreto de sua incidência no caso" (inciso II do art. 489, §1º do CPC).

Por último, destaca-se igualmente que, na hipótese de ter sido constituído painel arbitral, o resultado do julgamento será formado por maioria (art. 24, §1º, da Lei nº 9.307/96). Nesse caso, se um dos árbitros divergir do entendimento dos demais, deverá declarar seu voto em separado (art. 24, §2º, da Lei nº 9.307/96), o que constituirá mais um relevante elemento do diálogo processual e jamais poderá ser evitado por circunstâncias de mera conveniência ou

[409] "Conquanto a liberdade na análise das provas seja ampla o suficiente a permitir ao árbitro a aplicação do direito ao caso concreto, por via da sentença arbitral, fato é que essa liberdade encontra uma limitação na motivação que a norteia. Trata-se de norma cogente e que implica uma decisão que esteja embasada nos elementos e provas constantes dos autos que formam o processo e, portanto, não alheios a eles. A motivação da decisão reprime o convencimento do árbitro já que sua decisão deve se basear no que restou demonstrado no, ou que se possa extrair do devido processo legal. Há que se ter uma racionalidade na adoção do livre convencimento. Este não pode ser fluido a ponto de ignorar o debate processado na arbitragem. Trata-se, pois, do sistema de livre convencimento motivado, racional ou do chamado sistema de persuasão racional" (MARTINS, Pedro A. Batista. Panorâmica sobre as provas na arbitragem. In: JOBIM, Eduardo; MACHADO, Rafael Bicca (Coord.). *Arbitragem no Brasil:* aspectos jurídicos relevantes. Op. cit., p. 353).

[410] Sobre o tema, v. ATAÍDE JÚNIOR, Jaldemiro Rodrigues de. A fundamentação das sentenças arbitrais diante do novo Código de Processo Civil brasileiro. *Revista de Direito Empresarial*, v. 10, jul./ago.2015, p. 297-319.

cortesia com os demais árbitros, o que poderia comprometer a legitimidade e a própria seriedade que se atribui à arbitragem enquanto instância decisória.

Tem-se, assim, que o contraditório produz consequências significativas para a formação e a fundamentação das decisões arbitrais, devendo constituir norte a ser observado pelos árbitros e pelas próprias partes ao convencionarem o procedimento a ser seguido. As decisões proferidas no processo arbitral devem sempre se revestir do selo da ampla participação. Ainda que assumindo papéis distintos, é importante que todos os sujeitos do processo contribuam ativamente para a construção dos atos decisórios.

2.4 Nulidade da sentença arbitral por ofensa ao princípio do contraditório

Como meio adequado de solução de controvérsias, a arbitragem precisa ser prestigiada e defendida, blindando-se, na maior medida possível, de medidas judiciais dirigidas à obstrução do procedimento[411] ou à anulação das sentenças arbitrais.[412]

[411] "A 'anti-suit injunction', antiga figura do direito da *common law*, é definida como '(...) *a interdição feita por uma jurisdição a uma parte, sob pena de sanção, de ajuizar ou dar prosseguimento a uma ação perante uma jurisdição estrangeira* (...)'. Este procedimento foi inicialmente utilizado no contencioso judiciário internacional. Em nome do princípio de uma melhor administração da justiça, um tribunal estatal, a fim de, por exemplo, proteger a eficácia de uma cláusula atributiva de jurisdição, proíbe uma parte de recorrer ao tribunal de outro Estado ou lhe ordena que desista de uma instância em curso. Esta 'injunction' também pode ser dirigida contra uma parte de uma arbitragem comercial internacional, ou contra o próprio tribunal arbitral. Alguns autores falam, então, de 'injunction' 'anti-arbitragem'. Os exemplos de intervenções da justiça estatal, sejam eles oriundos da sede da arbitragem ou de um terceiro Estado, que têm por objetivo obstruir a arbitragem são, atualmente, numerosos. Estas medidas podem proibir uma parte de iniciar uma instância arbitral ou dar-lhe prosseguimento, ou executar a sentença arbitral, ou até mesmo proibi-la de respeitar uma decisão estatal que homologa uma sentença" (BOISSESON, Matthieu de. As anti-suit injunctions e o princípio da 'competência--competência. *Revista de Arbitragem e Mediação*, v. 7, out./2005, p. 138-139).

[412] José Emílio Nunes Pinto assevera, nesse sentido, que "a arbitragem conta com todos os meios necessários para pacificar o desentendimento entre as partes, sem que, para isso, venha a ser necessária a presença do Poder Judiciário. Dessa forma, afirma-se o papel da arbitragem como um método de solução de controvérsias que dispõe de princípio, meio e fim, sendo inadmissível transformá-la numa etapa pré-judicial na resolução do litígio. Por essa razão, há que se impedir a proliferação de medidas judiciais no âmbito da arbitragem, especialmente em relação à anulação da sentença arbitral por parte daquele que viu frustrada

Muito embora não se duvide da importância da ação anulatória e da impugnação ao cumprimento de sentença arbitral para promover o respeito ao *due process of law*,[413] não se pode permitir que essas vias de questionamento judicial minem a efetividade do processo arbitral, menos ainda sejam capazes de lhe retirar a aptidão de atingir alguns de seus principais objetivos, como a pacificação efetiva de conflitos, a celeridade processual e a possibilidade de livre escolha pelas partes de julgador privado e especializado na matéria debatida.

Hoje, é bem verdade, esse entendimento já parece encontrar suficiente amparo na jurisprudência[414] e na doutrina nacional.[415] De todo modo, nunca

a sua postulação de ter reconhecido direito contestado pela parte contrária" (PINTO, José Emílio Nunes. Anulação de sentença arbitral *infra petita*, *extra petita* ou *ultra petita*. In: JOBIM, Eduardo; MACHADO, Rafael Bicca (Coord.). *Arbitragem no Brasil:* aspectos jurídicos relevantes. Op. cit., p. 254).

413 De acordo com Edoardo Ricci, a impugnação judicial da sentença arbitral é uma decorrência da ordem constitucional brasileira, derivando do acesso à justiça ou, quando menos, da garantia de ampla defesa: "Na interpretação que preferimos, a previsão constitucional encontra-se no art. 5.º, XXXV, da CF/1988. Na nossa opinião, tal disposição não suscita problemas no que concerne à arbitragem, porque o acesso ao Poder Judiciário é resguardado mediante a possibilidade de impugnação da sentença arbitral. Esta é ato capaz de produzir *lesão* ou *ameaça a direito*, contra o qual a ação judicial não pode ser excluída pela lei. Assim, qualquer arbitragem é permitida, caso a sentença seja impugnável por ação judicial. A lei não pode excluir, do exame do Poder Judiciário, sentença proferida pelos árbitros. A mesma conclusão é inevitável também no caso de rejeição desta proposição interpretativa. Suponha-se aceitar a tese da maioria da doutrina, segundo a qual – sendo renunciável a garantia prevista pelo art. 5.º, XXXV, da CF/1988 – a arbitragem é admissível como limitação voluntária da regra do acesso ao Judiciário. Nesta hipótese, a arbitragem fica fora do âmbito de tal acesso e o mencionado art. 5.º, XXXV, da VF/1988, não pode ser aplicado. Mas é necessário, em qualquer caso, efetivar na arbitragem a garantia de ampla defesa *com os meios e recursos a ela inerentes* (art. 5.º, LV, da CF/1988): o que não ocorreria, caso a sentença arbitral não pudesse ser impugnável, não obstante a gravidade de seus vícios" (RICCI, Edoardo F. A impugnação da sentença arbitral como garantia constitucional (reflexões sobre a doutrina brasileira). *Revista de Processo*, v. 96, out./1999, p. 17-18).

414 CARMONA, Carlos Alberto. Superior Tribunal de Justiça, segurança jurídica e arbitragem. *Revista de Arbitragem e* Mediação, v. 34, jul./set.2012, p. 97-106; WALD, Arnoldo; BORJA, Ana Gerdau; VIEIRA, Maíra de Melo. A posição dos tribunais brasileiros de arbitragem no último biênio (2011-2012). *Revista de Arbitragem e Mediação*, v. 35, out./2012, p. 29.

415 "[A] judiciarização da arbitragem acarreta uma subversão no nexo de sua instituição consensual, significando alterar-lhe o nível da prestação jurisdicional, sem qualquer benefício para o instituto célere e especializado escolhido" (SALLES, Marcos Paulo de Almeida. Efeitos da judiciarização da arbitragem. *Revista de Arbitragem e Mediação*, v. 13, abr./jun.2007, p. 37).

é demais frisar: se todo e qualquer erro dos árbitros pudesse levar à anulação da sentença arbitral, a arbitragem jamais teria o condão de transmitir a necessária segurança ao mercado e ao tráfego das relações jurídicas, tornando-se método de resolução de conflitos ineficaz e falido.

Para cumprir o ideário de pacificação, essencial ter em mente a observação de Cândido Dinamarco no sentido de que, mais importante do que o consenso dos envolvidos quanto à correção das decisões, assume especial relevo "a imunização delas contra os ataques dos contrariados".[416]

Dito isso, se, de um lado, todos os desdobramentos e repercussões do contraditório lançados nos tópicos antecedentes são fundamentais para o devido processo legal arbitral e consistem sempre em uma diretriz a ser seguida na arbitragem, tendo o contraditório sido enumerado pelo legislador dentre aqueles valores primordiais que constituem causa para a anulação da sentença (art. 32, VIII, da Lei nº 9.307/96) e não podem ser afastados nem mesmo pela autonomia privada das partes (art. 21, §2º, da Lei nº 9.307/96); de outro, não será qualquer mínima incorreção ou ofensa ao extenso campo normativo do contraditório no sistema do processo arbitral que poderá acarretar a gravosa medida da anulação da sentença.[417] A anulação estará reservada a hipóteses graves.

Para que se possa falar na nulidade da sentença arbitral por ofensa ao contraditório será necessário, então, que haja significativa violação ao seu vetor essencial, qual seja, o direito de ampla participação e influência outorgado às partes.[418] A nulidade dependerá, portanto, de que não sejam franqueados

[416] DINAMARCO, Cândido Rangel. *A instrumentalidade do processo*, 12.ed. Op. cit., p. 195.

[417] Daí não decorre, contudo, que os árbitros não devam promover, em máxima medida, o contraditório. Como já se expôs em doutrina, "[m]esmo que eventual vício não autorize repressão judicial, não deixa de significar um desvio em relação à conduta que o painel arbitral deveria adotar, podendo gerar insegurança e insatisfação às partes, além de aumentar o grau de enfrentamento entre elas, prejudicando o bom desenvolvimento do processo" (MEJIAS, Lucas Britto. *Controle da atividade do árbitro*. São Paulo: Revista dos Tribunais, 2015, p. 242).

[418] Essa foi a posição adotada, em essência, pela Primeira Corte de Direito Civil do Tribunal Federal Suíço, em julgamento na qual admitiu que "[a] violação de tal direito apenas ocorrerá quando uma das partes for impedida de participar no caso, influenciar a decisão dos árbitros e apresentar seu ponto de vista, garantindo, assim, o esvaziamento do seu direito de ser ouvida devido a tal clara violação. Apenas isso pode justificar a anulação de um laudo, não existindo qualquer efeito sobre o mérito da disputa, uma vez que o direito de ser ouvido não garante um laudo correto, mas sim a capacidade das partes de participarem e influenciarem a decisão do

os meios necessários para que os litigantes exerçam influência sobre todas as questões pertinentes ao julgamento da demanda.

Nesse sentido, as hipóteses que terão aptidão para conduzir à anulação da sentença arbitral estarão normalmente relacionadas: (a) ao julgamento antecipado da lide sem que as partes tenham antes a faculdade de especificar os meios de prova que ainda entendam cabíveis; (b) ao indeferimento da produção de determinada prova que teria objetiva aptidão – a ser demonstrada pela parte que postula a anulação – de condicionar os árbitros a entendimento favorável a quem a solicitou; (c) à ausência de paridade no tratamento das partes durante o diálogo processual, com a concessão de prazos processuais iníquos e de oportunidades desiguais na produção probatória, contaminando todo o procedimento;[419] (d) à não concessão de espaço para que a parte refute os argumentos e provas produzidos pela contraparte;[420] (e) ao descumprimento do *iter* processual fixado pelas partes, sem que isso seja justificado pela promoção do *due process* ou pela consecução dos objetivos inerentes ao processo arbitral; (f) à adoção pelos árbitros de fundamentos fáticos ou jurídicos que

Tribunal Arbitral (BGE 127 III 576, 2c, p. 579). Aquele que alega uma violação a tal direito, devido a um comportamento omisso por parte do Tribunal Arbitral, deve demonstrar que tal comportamento tornou impossível a apresentação de seu caso e seus argumentos legais referentes a uma questão levantada pertinentemente durante a disputa (BGE 133 III 235, 5.2, p. 248 e seguintes; 127 III 576, 2b-f)" ("O direito de ser ouvido não implica em direito a uma decisão precisa. Swiss Federal Court. J 23.04.2013". *Revista Brasileira de Arbitragem*, v. 10, n. 39, jul./set.2013, p. 178).

[419] Em certos casos, o comportamento enviesado do árbitro poderá acarretar até mesmo a nulidade da sentença arbitral por ausência de imparcialidade e independência, conforme tópicos 3.2.3 e 3.4.

[420] Sobre o tema, a High Court of Justice, Queen's Bench Division, na Inglaterra atestou a impossibilidade de o tribunal arbitral decidir com base em um fundamento suscitado por uma das partes, sem que a outra tivesse chance de se manifestar. Na ocasião, contudo, foi feita uma importante distinção, que deve orientar o trabalho dos juízes ao analisar a nulidade da sentença arbitral. Demarcou-se, com acerto, que a anulação apenas pode ocorrer caso não tenha havido, *in concreto*, a possibilidade de a parte se pronunciar sobre a questão, o que difere da hipótese em que a oportunidade concedida simplesmente não foi aproveitada pelo interessado. Nesse último caso, ao contrário do primeiro, não haveria por que se reconhecer qualquer nulidade na sentença. Ver, nessa linha, "Pedido de anulação de sentença arbitral. Sentença arbitral baseada em fato não alegado pelas partes. Tribunal arbitral é livre para apreciar as provas. Sentença arbitral baseada em interpretação contratual sobre a qual a parte vencida não pôde se manifestar. Tribunal arbitral cometeu grave injustiça. Sentença remetida ao tribunal arbitral". *Revista Brasileira de Arbitragem*, v. 11, n. 43, jul./set.2014, p. 170.

não tenham sido submetidos ao contraditório e sem os quais a decisão não subsistiria; (g) à falta de enfrentamento mínimo das alegações formuladas pelas partes; e, (h) de modo geral, à ausência de adequada fundamentação da sentença.

Cumulativamente, será preciso, ainda, que a violação ao contraditório acarrete, no plano concreto, prejuízos efetivos aos interesses da parte no processo, orientando-se pela máxima *pas de nullité sans grief*.[421]

Esse aspecto é crucial: mesmo que se verifique uma mácula ao direito de participação, será forçoso investigar, adicionalmente, se a ofensa trouxe potenciais desdobramentos para o resultado final do processo ou se, ao contrário, o respeito ao contraditório não levaria, nem mesmo em tese, à possibilidade de alteração dos rumos do julgamento.

Assim, se o interessado não teve chance de se pronunciar sobre determinado argumento suscitado pela parte contrária, mas esse fundamento não foi adotado como razão de decidir pela sentença, a nulidade não poderá ser declarada. Do mesmo modo, tampouco se poderá falar em anulação caso tenha sido negada a produção de certa prova, porém os árbitros tenham se valido de fundamento a ela prejudicial, tornando-a absolutamente despicienda ao julgamento.

Por último, é preciso ter em vista que o Judiciário não deve atribuir ao princípio do contraditório o mesmo campo de incidência normativa que apresenta no âmbito dos processos judiciais. Ao analisar pleito de nulidade, o juiz deverá sempre efetuar uma releitura do contraditório à luz das características que marcam o sistema do processo arbitral, como se propõe ao longo de toda esta

[421] Conforme anota Rafael Francisco Alves, "ainda que haja violação dos princípios processuais, será possível desconsiderar tal violação se não houver qualquer prejuízo material para a parte – basta pensar na hipótese de uma sentença de mérito favorável à parte que havia sido processualmente prejudicada. Portanto, no plano das nulidades, a instrumentalidade das formas está diretamente relacionada com a idéia de que não há nulidade sem prejuízo (*pas de nullité sans grief*)" (ALVES, Rafael Francisco. O devido processo legal na arbitragem. In: JOBIM, Eduardo; MACHADO, Rafael Bicca (Coord.). *Arbitragem no Brasil*: aspectos jurídicos relevantes. Op. cit., p. 392). De forma análoga, Humberto Dalla e Marcelo Mazzola registram que "[a]tenção especial deve-se ter diante das alegações de violação ao princípio do contraditório. Isso porque não é qualquer situação que autoriza a propositura da ação anulatória. Deve haver um concreto déficit na ampla defesa e no direito de influir eficazmente na convicção do julgador" (DALLA, Humberto; MAZZOLA, Marcelo. *Manual de mediação e arbitragem*. São Paulo: Saraiva Educação, 2019, p. 363).

obra. Desse modo, será sempre necessário conjugar o conteúdo tradicional do contraditório com o fato de tratar-se de jurisdição privada, haver maior prestígio à autonomia privada das partes e a arbitragem perseguir específicos objetivos das partes.

Em suma, o contraditório é uma das mais importantes engrenagens do *due process of law* e, relido adequadamente sob as lentes do sistema do processo arbitral, a sua violação constituirá possível causa de nulidade da sentença proferida na arbitragem. Para tanto, todavia, dever-se-á entender a anulação como medida marcadamente excepcional e apenas a efetivar quando houver ofensa ao vetor essencial do contraditório (participação e influência) e dela decorrer prejuízo no plano do direito material.

3. Imparcialidade e Independência do Árbitro

Constitui direito humano básico a exigência de que o julgamento seja conduzido por juiz equidistante em relação às partes e aos seus interesses. Os direitos e garantias processuais que são postos à disposição do jurisdicionado e compõem o conceito de *due process of law* teriam pouco ou nenhum valor caso os julgadores pudessem ter pré-julgamento formado ou apresentassem orientação prévia em favor de uma das partes, impedindo o real exercício do direito de influência pelos sujeitos do processo e ofendendo frontalmente a isonomia processual.

Diante da enorme importância de sua missão pacificadora, o juiz deve *personificar o justo*.[422] O cunho ético da atividade judicante é tão fundamental, que os princípios da imparcialidade e da independência encontram respaldo em inúmeros documentos relevantes ao longo da história, que incluem desde a Bíblia[423] a atos normativos firmados no âmbito internacional, como o *Bill of*

[422] Sobre a matéria, Paulo Cezar Pinheiro Carneiro ressalta que "[o] juiz dirige o processo, exerce o poder de polícia; é quem dá a palavra final sobre o conflito. A sua figura se confunde com a própria idéia de justiça. Ele perde um pouco da sua identidade enquanto ser humano. Para a maioria do povo não interessa qual é o nome que identifica um determinado magistrado, mas, tão-somente, o fato de que ele é um juiz, personifica o justo, a própria justiça enquanto valor. É dele que se espera maior rigor no comportamento, e, portanto, a estrita observância não só das normas éticas que direcionam a atividade jurisdicional, mas também daquelas morais que informam a sua conduta enquanto pessoa" (CARNEIRO, Paulo Cezar Pinheiro. A ética e os personagens do processo. *Revista do Ministério Público do Estado do Rio de Janeiro*, n. 13, nov./dez.2001, p. 246).

[423] "Sob a ótica da postura moral que compete ao árbitro, a primeira imagem a refletir em nossa mente, são os conselhos insculpidos na Bíblia e apontados por Negi CALIXTO em várias passagens: No Deuteronômio há um capítulo que trata dos deveres dos juízes e adverte que o

Rights (1628), a Emenda nº 6 da Declaração de Direitos dos Estados Unidos (1791), a Declaração Universal dos Direitos Humanos (1948), o Pacto Internacional de Direitos Civis e Políticos (1966) e a Convenção Americana sobre Direitos Humanos, firmada em São José da Costa Rica (1969).[424]

No Brasil, além de prever genericamente a observância ao devido processo legal (art. 5º, LIV), a Constituição Federal de 1988 ainda se preocupou em promover a isenção dos juízes por meio da garantia de autonomia ao Poder Judiciário em relação aos demais poderes (art. 2º), da outorga de prerrogativas aos magistrados (art. 93) e da previsão de que "não haverá juízo ou tribunal de exceção", um dos cernes do princípio do juiz natural (art. 5º, XXXVII).

No plano infraconstitucional, o CPC contemplou as hipóteses de impedimento e suspeição dos juízes no processo civil (art. 144 e ss.). Por sua vez, a Lei de Arbitragem, remetendo-se às disposições do Código de Processo Civil, tratou de asseverar, em diversos dispositivos, que os árbitros devem gozar de imparcialidade e independência no exercício de suas funções (arts. 13, §6º, 15, 20 e 21, §2º), sob pena de nulidade da sentença arbitral (art. 32, II e VIII).

Enfatize-se que não é exigido que o árbitro seja propriamente *neutro*, ao menos não no sentido vulgar da expressão.[425] Como todos que vivem em so-

julgamento do povo deve ser com 'juízo de justiça': 'Não torcerás o juízo; não farás acepção de pessoas, nem tomarás peitas; porquanto a peita cega os olhos dos sábios e perverte a palavra dos justos' 16:19. Isaías asseverou: 'Ai dos que justificam o ímpio por presentes, e aos justos negam justiça' 5:23. No livro Eclesiásticos há a advertência: 'Não procures o cargo de juiz se não és capaz de extirpar a injustiça, temendo influenciar-te por um grande, com risco de perder teu direito' 7:6. Ainda, no livro Êxodo há conselhos e observações de grandes significados: 'Não seguirás a multidão para fazer o mal; nem nunca falarás, tomando parte com o maior número para torcer o direito' 23:2. 'Nem ao pobre favorecerás na sua demanda' 23:3. 'Não perverterás o direito do teu pobre na sua demanda' 23:6. 'Também presente não tomarás, porque o presente cega os que tem vista e perverte a palavra dos justos' 23:8" (LEMES, Selma M. Ferreira. Árbitro, o padrão de conduta ideal. In: CASELLA, Paulo Borba (Coord.). *Arbitragem*: a nova lei brasileira (9.037/96) e a praxe internacional. São Paulo: LTr, 1996, p. 244).

424 A evolução histórica dos referidos princípios é traçada por LEMES, Selma M. Ferreira. Árbitro: princípios da independência e da imparcialidade. São Paulo: LTR, 2001, p. 38-41.

425 A menção é relevante, porque, quando se refere à neutralidade do árbitro no âmbito da arbitragem (sobretudo internacional), normalmente se o faz em sentido relacionado à ideia de nacionalidade, criando-se óbices a que o árbitro único ou o presidente do painel arbitral seja conterrâneo de uma das partes e, por isso, ofereça-lhe alguma posição de vantagem, cf. VERÇOSA, Fabiane. A liberdade das partes na escolha e indicação de árbitros em arbitragens internacionais: limites e possibilidades. Op. cit., p. 336-337.

ciedade, também o árbitro recebe constante fluxo de informações e possui valores religiosos, políticos e econômicos próprios.[426] Nada disso impede, por si, o exercício da atividade jurisdicional; antes, até mesmo serve ao fim de viabilizar que a decisão ao final proferida não esteja em absoluto descompasso com as expectativas sociais, as quais exibem hoje importante papel na (re)construção das normas jurídicas pelo julgador.[427] O que se proíbe é que o árbitro apresente predisposição a julgar favoravelmente a uma das partes ou possua algum interesse particular na solução do litígio, colocando-se fora da esfera de persuasão dos envolvidos no diálogo processual.

Naturalmente, ao entrar em contato com o objeto da lide, o julgador já começa a formar a sua convicção, valendo-se da ampla plêiade de conhecimentos acumulados ao longo de toda sua formação profissional, pessoal e cultural. O que não pode fazer de modo algum é alijar uma das partes de suas possibilidades de efetiva participação e influência. Cabe ao árbitro zelar por manter sua mente aberta a todos os argumentos e provas que lhe sejam apresentados.

A título introdutório, para facilitar a exposição das premissas a seguir desenvolvidas, é possível, desde já, traçar a seguinte divisão básica entre os princípios: (i) a imparcialidade está ligada à ausência de inclinação prévia do

[426] "Qualquer julgador, por viver em sociedade, está envolvido pelas circunstâncias que o rodeiam no dia a dia. Jornais, televisão, propaganda, Internet, outdoors, boatos, tudo serve para bombardeá-lo com informações variadas sobre tudo e todos. Quem vive em grandes centros sabe bem o que é isso e é natural receber esta carga midiática inevitável, que nos forma e deforma. Esta pletora de informações produz consequências naturais sobre o ânimo do julgador: seja ele árbitro ou juiz togado, sua decisão será influenciada pelo meio em que vive e as opiniões que emitir serão sempre marcadas por tudo que o cerca. Neste sentido, o juiz ou o árbitro não são neutros" (CARMONA, Carlos Alberto. Em torno do árbitro. Op. cit., p. 59-60).

[427] Enrico Tullio Liebman já asseverava que "a lei deve ser *interpretada* e este é um dos principais momentos da função jurisdicional. A norma jurídica é abstrata e estática, ao passo que a vida social está em contínuo movimento e apresenta ao juiz casos concretos sempre diferentes e sempre novos. O juiz deve tentar entender a norma em todo o seu significado, não apenas em conexão com o inteiro ordenamento e preenchendo as eventuais lacunas da lei, como repensando a própria norma no contexto de uma realidade social em contínua evolução e por isso carregada de novas exigências e valores novos. O que não quer dizer que ele possa atribuir à norma conteúdos conformes à sua preferência subjetiva e arbitrária: pelo contrário, ele deve-se esforçar para exprimir as exigências e os valores da sociedade de seu tempo" (LIEBMAN, Enrico Tullio. *Manual de direito processual civil, 1.* Tradução e notas de Cândido R. Dinamarco. Op. cit., p. 24).

juiz em favor da posição de uma das partes no processo; e (ii) a independência, por sua vez, consiste na inexistência de vínculos profissionais, pessoais ou financeiros entre o julgador e as partes, seus advogados, pessoas relacionadas ou o objeto da disputa.[428]

Assim, a dependência do julgador está normalmente associada a critérios objetivos, ao passo que a parcialidade diz respeito a um estado de espírito incutido no árbitro,[429] que tenderá a conduzir o feito de modo a favorecer ou prejudicar uma das partes.[430]

Partindo dessa distinção, é plenamente viável pensar em hipóteses em que o árbitro seja ao mesmo tempo: (i) independente e parcial; ou, (ii) dependente e imparcial.[431] Para ilustrar, o árbitro poderá não ter qualquer sorte de

[428] MOSES, Margaret L. *The Principles and Practice of International Commercial Arbitration.* Nova Iorque: Cambridge University Press, 2012, p. 136; LUCON, Paulo Henrique dos Santos. Imparcialidade na arbitragem e impugnação aos árbirtros. *Revista de Arbitragem e Mediação,* v. 39, out./dez.2013, p. 40-41; VERÇOSA, Fabiane. A liberdade das partes na escolha e indicação de árbitros em arbitragens internacionais: limites e possibilidades. *Revista de Arbitragem e Mediação,* v. 1, jan./abr.2004, p. 336.

[429] Selma Ferreira Lemes atesta que, "[e]nquanto para a independência a aferição se faz por critérios objetivos, a imparcialidade representa estado de ânimo caracterizado pela subjetividade. Na tentativa em estabelecer a distinção entre falta de independência e imparcialidade o código de ética da *International Bar Association – IBA,* no item 3.1 esclarece o que pode ser entendido como parcialidade ou dependência: 'Os critérios para avaliar questões relativas à tendência e propensão de um árbitro são a imparcialidade e a independência. Haverá parcialidade quando um árbitro favorecer uma das partes ou quando mostrar predisposição para determinados aspectos correspondentes à matéria objeto do litígio. A dependência surge da relação entre o árbitro e uma das partes ou uma pessoa estritamente vinculada a elas'" (LEMES, Selma M. Ferreira. Árbitro: princípios da independência e da imparcialidade. Op. cit., p. 59-60). Não há, contudo, uma uniformidade semântica na utilização dos termos independência e imparcialidade. Martin Hunter, por exemplo, vale-se de uma outra classificação distinta, embora com traços similares, pela qual "[i]ndependence relates really to the relationship between the arbitrator and the parties; impartiality relates primarily to the relationship between the arbitrator and the subject-matter of the dispute" (HUNTER, J. Martin. Ethics of the International Arbitrator. Op. cit., p. 186). Tradução livre: "[i]ndependência se relaciona realmente com a relação entre o árbitro e as partes; imparcialidade se refere principalmente à relação entre o árbitro e o objeto da disputa".

[430] Da prática desses atos concretos, contudo, será possível vislumbrar a parcialidade por um viés objetivo, cf. SANTOS, Fernando Silva Moreira dos. Impedimento e suspeição do árbitro: o dever de revelação. *Revista de Arbitragem e Mediação,* v. 35, out./dez.2012, p. 45-46.

[431] "The terms 'independent' and 'impartial' are not interchangeable. It would be possible, for instance, for an arbitrator to be independent in the sense of having no relationship or financial connection with one of the parties, and yet not be impartial. He might have such

vínculos com as partes (independente), mas, por uma questão de foro íntimo, pretender desfavorecer, a qualquer custo, a posição jurídica de conhecido político ou empresário cuja controvérsia esteja submetida ao juízo arbitral (parcial). Em outro cenário, o árbitro poderá ser membro do conselho fiscal de uma das empresas envolvidas (dependente), porém se conduzir de forma absolutamente indiferente ao resultado do litígio, julgando conforme a sua consciência e as normas jurídicas – ou, caso essa seja a opção das partes, os parâmetros de equidade – que entenda aplicáveis (imparcial).

Feitos esses esclarecimentos, o fato é que o tema da imparcialidade e independência, que já é objeto de preocupação no campo judicial, ostenta importância ainda maior no processo arbitral. Afinal, é absolutamente conhecido e reiterado o entendimento de que "uma arbitragem vale aquilo que valer o árbitro".[432] Diferentemente do que ocorre no Judiciário, a arbitragem dispõe de um leque significativamente menor de garantias individuais e estruturais, dependendo precipuamente da qualidade técnica e ética do julgador.

A despeito desse cenário e dos louváveis esforços doutrinários em torno do assunto, ainda há hoje enorme insegurança na prática arbitral acerca da exata

strong beliefs of convictions on the matter in issue as to be incapable of impartiality. The inverse case can also be imagined of an arbitrator who is not independent of one of the parties (because he has some financial interest) yet who is perfectly capable of giving an impartial view on the merits of the case" (REDFERN, Alan; HUNTER, J. Martin. *Law and practice of international commercial arbitration*. Op. cit., p. 172). Tradução livre: "Os termos 'independente' e 'imparcial' não são intercambiáveis. Seria possível, por exemplo, que um árbitro fosse independente no sentido de não ter relações ou conexões financeiras com uma das partes, e, ainda assim, não ser imparcial. Ele poderia ter crenças tão fortes em convicções sobre o assunto em discussão ao ponto de ser incapaz de manter a imparcialidade. O caso inverso também poderia ser imaginado, de um árbitro que não é independente de uma das partes (por possuir algum interesse financeiro), porém é perfeitamente capaz de expor uma visão imparcial dos méritos do caso". Em sentido parcialmente contrário, já se afirmou que "un juez imparcial requiere, por definición, ser independiente (difícilmente podría predicarse de un juez dependiente su imparcialidad), mientras que un juez puede ser independiente y, sin embargo, no ser imparcial a la hora de conocer una causa determinada o una serie de causas" (ASENSIO, Rafael Jiménez. Imparcialidad judicial y derecho al juez imparcial. Navarra: Aranzadi, 2001. p. 71). Tradução livre: "um juiz imparcial requer, por definição, ser independente (dificilmente poderia enunciar-se a imparcialidade de um juiz dependente), enquanto um juiz pode ser independente e, sem embargo, não ser imparcial na hora de conhecer de uma causa determinada ou de uma série de causas".

432 BARROCAS, Manuel Pereira. *Manual de arbitragem*. Op. cit., p. 290.

extensão normativa da imparcialidade e da independência do árbitro, a revelar que os princípios ainda demandam especial consideração e desenvolvimento.

É exatamente nesse quadro que o presente estudo se insere. Depois de destrinchar o princípio do contraditório, almeja-se, novamente com o auxílio da Teoria dos Sistemas, alcançar uma melhor compreensão sobre a segunda face mais relevante do devido processo legal. Explora-se, então, como os princípios ora abordados incidem no processo arbitral e quais são os desafios que nele enfrentam, ocupando-se de traçar balizas gerais e específicas para o filtro ético da escolha e da conduta dos árbitros.

3.1 Imparcialidade, independência e atributos do fechamento operacional do processo arbitral

Partindo das mesmas premissas teóricas já adotadas para o exame do contraditório, a definição do conteúdo normativo dos princípios da imparcialidade e da independência do árbitro também deve ser feita em especial atenção ao conjunto de características que distinguem o processo arbitral no seio da Teoria Geral do Processo,[433] atribuindo-lhe a qualidade de um sistema próprio.

No ponto, como consignou, com acuidade, o autor português José Miguel Júdice, "não será possível encontrar o paradigma do 'bom árbitro' se não tivermos subjacente e claro o sentido sistémico e racional da arbitragem".[434]

[433] Seguindo a mesma lógica, Rafael Francisco Alves destaca que "a diferenciação entre o processo arbitral e o judicial, especialmente no que diz respeito ao fato de a autonomia privada ser um dos fundamentos daquele, traz reflexos também para a discussão da imparcialidade do árbitro, não havendo um transporte perfeito dos institutos e, sobretudo, dos princípios de um âmbito ao outro" (ALVES, Rafael Francisco. A imparcialidade do árbitro no direito brasileiro: autonomia privada ou devido processo legal. *Revista de Arbitragem e Mediação*, v. 7, out./dez.2005, p. 124).

[434] JÚDICE, José Miguel. Árbitros: características, perfis, poderes e deveres. Op. cit., p. 127. Seguindo em larga medida o que se propugna nesta obra, o doutrinador ainda deduz que é "essencial começar por assumir metodologicamente a irredutível diferença de natureza entre o juiz e o árbitro, para depois como é natural e evidente encontrar os pontos de contacto e/ou de sobreposição e ir buscar inspiração sempre que conveniente aos atributos adequados da função judicial" (Ibid., p. 128).

Se, em rigor, a ideia subjacente aos princípios da imparcialidade e independência é essencialmente a mesma no processo judicial e arbitral,[435] os problemas e obstáculos com que se deparam são distintos, sendo imperiosa a leitura de tais preceitos à luz das três principais marcas do processo arbitral: (i) a atividade jurisdicional é exercida no âmbito privado; (ii) há vasto campo para a autonomia privada; e (iii) os objetivos perseguidos pelo juízo arbitral não são os mesmos que iluminam a jurisdição estatal.

3.1.1 Imparcialidade e independência na jurisdição privada

O primeiro atributo que diferencia o sistema do processo arbitral e traz implicações para a adequada incidência dos princípios da imparcialidade e independência consiste em se tratar de atividade jurisdicional desenvolvida na seara privada.

Essa característica impacta os princípios sob exame em diversos aspectos, uma vez que: (i) a confiança constitui marco de legitimidade democrática do processo arbitral; (ii) o árbitro é juiz eventual, que não frui das mesmas prerrogativas individuais e estruturais da magistratura; (iii) em caso de arbitragem institucional, o árbitro deve manter sua independência em relação à câmara arbitral, a qual também precisa se conduzir de forma ética em relação às partes, tratando-as de forma equânime e deixando de favorecer a qualquer um dos jurisdicionados; e, (iv) se for constituído painel arbitral, presidente

[435] Com efeito, Thomas Clay defende que: "Contrairement à l'opinion majoritairement admise, l'indépendance de l'arbitre paraît être de même nature que celle du juge. Partant, l'indépendance n'est pas une 'notion à contenu variable' puisqu'une telle notion est celle 'qui, sous le même vocable, s'applique à des réalites différentes sans que celles-ci puissent présenter un caractère d'unité', mais une 'notion à fonctíon variable', c'est-à-dire une notion qui repose sur une idée unique, mais qui s'applique à des situations diverses: celles du juge et de l'arbitre» (CLAY, Thomas. *L'Arbitre*. Op. cit., p. 235). Tradução livre: "Ao contrário da opinião majoritariamente aceita, a independência do árbitro parece ter a mesma natureza daquela do juiz. Assim, a independência não é uma 'noção de conteúdo variável', na medida em que é aquela 'que, com base no mesmo vocábulo, se aplica a realidades diferentes, sem que essas possam apresentar uma característica de unidade', mas uma 'noção de função variável', qual seja uma noção que se baseia em uma ideia única, mas que se aplica a situações diversas: a do juiz e do árbitro". No entanto, apesar de a matriz da imparcialidade e da independência ser basicamente a mesma no âmbito dos processos judicial e arbitral, o fato é que, por se aplicar a situações diversas, o conceito se submete a adaptações.

e coárbitros também devem guardar independência entre si, decidindo de acordo com sua própria convicção.

3.1.1.1 Confiança e legitimação democrática do processo arbitral

Por corresponder a mecanismo privado de solução de controvérsias, a legitimação democrática da arbitragem enquanto instância decisória decorre, precipuamente, da: (a) possibilidade de escolha de pessoa de confiança das partes para solucionar a controvérsia; e (b) da intensa participação das partes, que devem ter amplo espaço para exercer influência no diálogo processual.

Considerando que o segundo aspecto (influência comunicativa dos interessados no *iter* de produção da decisão) já foi minuciosamente explorado ao longo de todo o estudo do contraditório, importa, agora, entender a posição da confiança no amálgama de valores e princípios que regem a jurisdição arbitral.

A esse propósito, deve-se recordar, em primeiro lugar, que o art. 13, *caput*, da Lei nº 9.307/96 estabelece, expressamente, que o árbitro deve ser pessoa capaz e que goze da confiança das partes. A confiança corresponde, portanto, a uma das raras limitações que o legislador impôs ao exercício da autonomia privada na escolha do julgador.

A partir de tal exigência, é válido extrair duas consequências: o árbitro deve ser uma pessoa confiável, no sentido de honesta, proba e capaz de executar satisfatoriamente a sua missão judicante; e, no que concerne especificamente a cada caso concreto, o árbitro deve ser alguém apto a se orientar com independência e imparcialidade em relação às partes e ao bem jurídico em disputa.[436]

Naturalmente, quem escolhe determinado árbitro o faz porque acredita que terá condições de exercer um bom trabalho. Assim, antes da indicação, é prudente que a parte (ou, preferencialmente, seus advogados) questione ao potencial julgador acerca da existência de alguma espécie de conflito de

[436] LEMES, Selma M. Ferreira. O dever de revelação do árbitro e a ação de anulação da sentença arbitral. In: LEMES, Selma M. Ferreira; BALBINO, Inez (Coord.). *Arbitragem*: temas contemporâneos. Op. cit., p. 452-453; CAVALIERI, Thamar. Imparcialidade na arbitragem. *Revista de Arbitragem e Mediação*, v. 41, abr./jun.2014, p. 119.

interesses ou de outra circunstância que diminua a sua isenção e capacidade para o julgamento.[437]

Não obstante, é preciso ressaltar que, mesmo se formado painel arbitral, os árbitros têm de contar com a confiança de todas as partes envolvidas no litígio, e não somente daquela que o indicou.[438] Por isso, a Lei nº 9.307/96 prevê que o árbitro deve se desincumbir do denominado dever de revelação (*duty of disclosure*), indicando qualquer fato que – aos olhos das partes[439] – possa denotar dúvida razoável quanto à sua imparcialidade e independência (art. 14, §1º).

As revelações são imprescindíveis para que as partes possam avaliar, com seriedade, se é o caso do excepcional oferecimento de impugnação. Vale lembrar que não existe, *a priori*, direito discricionário de recusa dos árbitros; para fazê-lo, cada parte deverá apresentar justificativa adequada, o que normalmente apenas será possível nessa fase inicial caso o próprio árbitro forneça as informações pertinentes quanto ao seu grau de relação com o litígio ou com os sujeitos nele envolvidos.

Diz-se "*a priori*", porque nada obsta que, em consenso, as partes estipulem, no âmbito de sua autonomia privada, formas mais cooperativas de indicação de árbitros. É lícito, por exemplo, que a própria convenção de arbitragem: (i) preveja o direito de veto injustificado de um, dois ou mais nomes; ou (ii) estabeleça que as partes seguirão dinâmica diversa, apresentando cada qual um rol de sujeitos que entenda aptos para o *mister* e permitindo que o adversário selecione, dentre os listados, o indivíduo que considere mais

[437] Decerto, a entrevista prévia do árbitro também precisa se orientar pelos ditames da ética, evitando uma possível contaminação de sua equidistância em relação às partes logo na largada da arbitragem. Sem prejuízo, é mesmo recomendável que algumas questões essenciais sejam, desde logo, inquiridas ao potencial julgador, até como medida de economia e celeridade processual. Dentre elas, incluem-se: (i) a disponibilidade de tempo; (ii) a possibilidade de o entrevistado se conduzir de forma imparcial e independente na arbitragem; e (iii) a presença de aptidão técnica para decidir a matéria controvertida. Somente se deve ter o cuidado de não avançar, em hipótese alguma, para questionamentos relacionados ao mérito da disputa, que tornarão o árbitro inelegível para o caso. Ver, sobre o ponto, CARMONA, Carlos Alberto. *Arbitragem e processo*: um comentário à Lei nº 9.307/96. Op. cit., p. 240.

[438] MARTINS, Pedro A. Batista. Dever de revelar do árbitro. *Revista de Arbitragem e Mediação*, v. 36, jan./mar.2013, p. 228.

[439] LEMES, Selma M. Ferreira. A independência e a imparcialidade do árbitro e o dever de revelação. *Revista Brasileira de Arbitragem*, v. 6, n. 6, abr./jun.2010, p. 26.

apropriado. Medidas dessa sorte, apesar de pouco comuns na prática arbitral, poderão constituir relevante ferramenta de incremento da confiança.

O que se vê, de forma geral, é que a confiança exsurge como condição básica de legitimidade democrática da instância arbitral,[440] porquanto todos os cidadãos devem poder participar ativamente da construção das normas que os irão vincular, não sendo válido o julgamento por um particular qualquer, que não conta com a aprovação dos jurisdicionados e que sequer está investido em cargo público, exercendo a função de árbitro apenas em caráter provisório.

Por estarem relacionadas diretamente com a garantia de equidistância do julgador, a imparcialidade e a independência não apenas contribuem para o requisito da confiança, como, ao contrário do que defende parcela da doutrina,[441] integram o amplo conceito do devido processo legal arbitral.

Ora, não é possível ignorar que qualquer julgamento enviesado resultará, em uma só tacada, no desprezo aos mais relevantes direitos processuais das partes. Para se limitar ao campo do contraditório, já examinado nesta obra, como seria possível falar em direito de influência se as atividades comunicativas das partes não tivessem o condão de condicionar minimamente a formação da convicção dos árbitros? É evidente que a imparcialidade e a independência não se restringem à fase pré-arbitral de escolha dos árbitros, espraiando-se,

[440] Destacam Paulo Cezar Pinheiro Carneiro e Leonardo Schenk que "[o] primeiro de todos os princípios que regem a arbitragem é o princípio da confiança. A opção pela arbitragem em detrimento da justiça estatal, estabelecida de forma cogente, decorre necessariamente da confiança que as partes têm nos árbitros, nos seus auxiliares e na própria justiça arbitral, por elas mesmas escolhida e constituída. A confiança é de tal ordem na arbitragem que as partes renunciam a uma série de oportunidades que a justiça comum lhes concede, a exemplo dos recursos diversos e das ações próprias para desconstituir a coisa julgada, estas com um grande elenco de fundamentos, para sujeitarem-se, em regra, a uma única decisão sem a possibilidade de apelo" (CARNEIRO, Paulo Cezar Pinheiro; SCHENK, Leonardo Faria. O justo processo arbitral e o dever de revelação (disclosure) dos peritos. Op. cit., p. 582).

[441] Segundo Rafael Francisco Alves, "a imparcialidade do árbitro, ao contrário do que ocorre no processo judicial, não integra o devido processo legal no direito brasileiro e não é, por conseguinte, questão de ordem pública, estando restrita realmente ao campo da autonomia privada. Não diz respeito, ademais, ao procedimento da arbitragem. Daí porque não faz qualquer sentido a menção à imparcialidade entre os princípios elencados no art. 21, § 2.º, da Lei 9.307/1996" (ALVES, Rafael Francisco. A imparcialidade do árbitro no direito brasileiro: autonomia privada ou devido processo legal. *Revista de Arbitragem e Mediação*, v. 7, out./dez.2005, p. 122).

produzindo efeitos e merecendo ser defendidas ao longo de todo o feito.[442] Como é a tônica desta obra, tão somente se revela necessário o cuidado de não se importar acriticamente o mesmo conteúdo da imparcialidade e independência do processo judicial para a arbitragem. Mostra-se imprescindível a releitura dos mencionados princípios de acordo com os atributos que conferem fechamento operacional ao processo arbitral.

Diante desse quadro, como corolários da confiança que marca o processo arbitral, a imparcialidade e a independência dos julgadores devem ser protegidas com enorme rigor, resguardando-se a credibilidade da arbitragem como meio adequado de solução de conflitos e coibindo-se qualquer mácula ética na produção da decisão.

3.1.1.2 Árbitro: juiz eventual e não inserido em uma estrutura estatal

Outra peculiaridade que acarreta distinção no tratamento da imparcialidade e da independência no sistema do processo arbitral corresponde ao próprio *status* jurídico *sui generis* do árbitro.

Enquanto os juízes estatais normalmente se investem no cargo via concurso público, dedicam-se integralmente à magistratura[443] e são objeto de garantias e impedimentos constitucionais e legais destinados a assegurar a sua imparcialidade e independência, a atividade arbitral não é regulada por mecanismos externos de impessoalidade de envergadura nem remotamente

[442] "The core guarantees of procedural due process comprise the arbitrator's duty to treat the parties equally, fairly and impartially, and to ensure that each party has an opportunity to present its case and deal with that of its opponent. It also comprises the arbitral tribunal's duty to deal with all of the issues that are put to it. Therefore, access to arbitration is not enough; the procedure itself must also be fair" (FORTESE, Fabricio; HEMMI, Lotta. Procedural fairness and efficiency in international arbitration. *Groningen Journal of International Law*, v. 3(1), International Arbitration an Procedure, p. 112). Tradução livre: "As garantias essenciais do devido processo procedimental compreendem o dever do árbitro de tratar as partes igualmente, de forma justa e imparcial, e garantir que cada uma das partes tenha a oportunidade de apresentar sua tese e lidar com a do seu oponente. Inclui também o dever do tribunal arbitral de tratar de todas as questões que lhe são impostas. Portanto, o acesso à arbitragem não é suficiente; o procedimento em si também deve ser justo".

[443] Ressalva-se apenas o exercício concomitante do magistério, cf. art. 95, par. único, I, da CF.

parecida.[444] Com efeito, os árbitros se diferenciam por exercer função meramente circunstancial e transitória, aproximando-se de algo que Thomas Clay denomina como "intermitentes da justiça".[445]

Trocando em miúdos, o árbitro é árbitro *apenas* e na *exata medida* em que alguém decide, contratualmente, submeter litígio à sua apreciação; nada além disso. Nas palavras de Philippe Fouchard, *"he is only a judge by virtue of a contract, whereby he has promised the parties (and possibly the arbitration institution) that he will carry out a clearly defined task, that is usually remunerated. Hence, his status is contractual in origin"*.[446]

Nesse sentido, por ser escolhido no âmbito de uma relação privada como a pessoa competente para decidir a controvérsia, "a sua respeitabilidade não advém do cargo, mas de si próprio, como pessoa capaz de, com isenção

[444] A questão é dissecada por Tercio Sampaio Ferraz Junior, que assevera: "Um juiz é um terceiro institucionalizado mediante mecanismos de impessoalização próprios: concurso (como forma de acesso à condição de terceiro), carreira (como estabilização face ao tempo: promoção), independência (mediante neutralização política do cargo: função do princípio da divisão dos poderes), donde forte presunção de imparcialidade: função jurisdicional impessoalizada como presunção. Já o árbitro é também um terceiro, mas sua institucionalização exige outros requisitos éticos. A condição de imparcialidade do árbitro pressupõe exigências éticas próprias" (FERRAZ JUNIOR, Tercio Sampaio. Regulamentação privada ou pública da ética: o juiz e o árbitro. *Revista de Arbitragem e Mediação*, v. 50, jul./set.2016, p. 40).

[445] Sob essa ótica, após tecer comentários sobre o tipo de profissional que costuma se dedicar à atividade de árbitro, especialmente advogados, o citado autor refere que "há uma última categoria que, de maneira paradoxal, não encontramos: os árbitros, ou seja, os que se dedicam exclusivamente ao ofício de árbitro. A arbitragem não é, com efeito, um ofício; é uma missão, uma função temporária, e não uma profissão. Todos os que são árbitros têm, em princípio, outro ofício, uma ocupação principal que lhes garante uma remuneração regular e lhes outorga um status social. A arbitragem é a sua atividade adicional. É bem verdade que há casos em que as missões de arbitragem se desenvolveram de tal forma que se sobrepuseram ao ofício principal, mas isso é raríssimo. Em princípio, pratica-se a arbitragem além de outro ofício, por intermitência. Então, à pergunta 'Quem são os árbitros?', poder-se-ia simplesmente responder que são 'intermitentes', mas 'intermitentes da justiça', o que é, de qualquer forma, uma bela missão" (CLAY, Thomas. Quem são os árbitros internacionais. Abordagem sociológica. *Revista de Arbitragem e Mediação*, v. 6, jul./set.2005, p. 125).

[446] FOUCHARD, Philippe. Relationships between the arbitrator and the parties and the arbitral institution. Op. cit., p. 13. Tradução livre: "ele apenas é juiz em virtude do contrato, pelo qual prometeu às partes (e possivelmente à instituição de arbitragem) que irá cumprir uma tarefa claramente definida, que é usualmente remunerada. Então, seu *status* é contratual na origem".

e conhecimento, dirimir no interesse da ordem pública a controvérsia".[447] Impõe-se ao árbitro, portanto, comportamento extremamente retilíneo no plano ético e moral.[448]

Em consequência, ainda que a própria Lei de Arbitragem refira que o árbitro "é juiz de fato e de direito" (art. 18), resulta evidente que o seu enquadramento jurídico e os mecanismos de proteção de sua isenção são muito diversos daqueles conferidos ao juiz estatal.

Selma Ferreira Lemes pondera, assim, que, a despeito da equiparação legal, existem patentes distinções entre juiz e árbitro. Ao passo que a independência do juiz estatal se refere ao "poder público, à liberdade hierárquica, de organizações profissionais etc. Por sua vez a posição do árbitro é bem diferente, é juiz eventual e não se subordina a nenhuma hierarquia e se experimentar, às vezes, a interferência do Estado, é no limite do interesse em litígio".[449]

A esses aspectos é possível ainda acrescer outros, como: (i) a ausência de estabilidade funcional; (ii) a inaplicabilidade do princípio do juiz natural; (iii) a inexistência, em regra, de recursos contra as decisões arbitrais e de uma estrutura hierárquica a que se submetam os árbitros; (iv) a remuneração ser recebida dos próprios litigantes, enquanto, no âmbito estatal, tal situação seria absolutamente vedada em relação aos juízes (v. art. 95, par. único, II, da CF); e (v) as partes possuírem substancial autonomia na escolha dos árbitros, podendo consensualmente renunciar às hipóteses legais ou regulamentares de impedimento e suspeição[450] e, até mesmo, acordar a demissão de árbitro já nomeado.

Não se mostra de forma alguma viável, então, simplesmente transpor o quadro normativo da imparcialidade e da independência dos processos estatais

[447] MAGALHÃES, José Carlos de. Arbitragem internacional privada. *Revista Forense*, v. 279, jul.set./1982, p. 104.

[448] Pedro A. Batista Martins destaca, sob esse ângulo, que a função judicante tem "grande latitude ética e moral que no plano da arbitragem exponencializa-se por transcorrer esta em foro privado, sem maiores interferências do Estado e cujo julgador é escolhido pela sua competência, independência, imparcialidade e, sobretudo, pela sua integridade pessoal" (MARTINS, Pedro A. Batista. Dever de revelar do árbitro. *Revista de Arbitragem e Mediação*, v. 36, jan./mar.2013, p. 225).

[449] LEMES, Selma M. Ferreira. *Árbitro*: princípios da independência e da imparcialidade. São Paulo: LTR, 2001, p. 195.

[450] O tema será abordado em detalhes no tópico 3.1.2.3.

para a arbitragem. Deve-se trabalhar a todo o tempo com um contexto no qual existe grau significativamente reduzido de proteções externas à autonomia ética e moral do árbitro, ao mesmo tempo em que as partes têm campo bastante acentuado de liberdade.

Tais fatores reclamarão, por certo, a percuciente análise da pessoa do árbitro, que deverá *ser* – e igualmente *aparentar* ser[451] – um profissional idôneo e competente, bem como precisará revelar todos os fatos que possam gerar alguma dúvida razoável sobre a sua isenção, mantendo a indispensável equidistância ao longo de todo o processo arbitral.

De resto, como será visto em tópico próprio,[452] a atividade de eleição dos árbitros deverá ser realizada mediante intensa cooperação entre os sujeitos do processo. Existindo fundado receio de uma parte quanto ao eventual comprometimento ético do julgador, o adversário e o próprio árbitro impugnado devem compreender a situação e não criar maiores embaraços à sua recusa ou substituição, prezando por ambiente jurisdicional que seja o mais transparente e insuscetível a questionamentos possível, ainda que sem jamais tolerar chicanas ou meras manobras processuais.

3.1.1.3 Independência do árbitro em relação à câmara de arbitragem

Na jurisdição estatal, embora se admita hoje maior espaço para a fixação de precedentes vinculantes, continua havendo importante preocupação com a independência decisória do juiz em relação ao Judiciário como um todo.[453]

[451] "It does not matter whether the arbitrator is *in fact* partial or is *in fact* influenced by a lack of independence. What matters is whether the circumstances mean that the arbitrator does not *appear* to be independent or impartial" (PIHLBLAD, Steffen; LUNDBLAD, Christian; Søgaard-Christensen, Claus. *Arbitration in Denmark. Translated by Steven Harris.* Copenhagen: DJØF Publishing, 2014, p. 47). Tradução livre: "Não importa se o árbitro é *de fato* parcial ou é *de fato* influenciado por uma falta de independência. O que importa é se as circunstâncias significam que o árbitro não *parece* ser independente e imparcial". Na doutrina nacional, por todos, v. LEMES, Selma M. Ferreira. *Árbitro*: princípios da independência e da imparcialidade. Op. cit., p. 154.

[452] Ver tópico 3.1.3.1.

[453] Até mesmo porque, como observa Marinoni, observar precedentes não significa propriamente uma ofensa à independência dos juízes: "É evidente que o juiz inferior não é um subalterno do tribunal, sabido que todos os juízes exercem e possuem o mesmo poder, diferenciando-se na medida das suas competências. Isso não quer dizer, entretanto, que o

Adotando a mesma lógica nas arbitragens institucionais, deve-se igualmente ter alguma cautela no que concerne à relação entre árbitros e câmaras de arbitragem, sobretudo porque, apesar de serem juízes eventuais e provisórios, vem ocorrendo uma cada vez maior profissionalização da atividade e muitas instituições têm trabalhado com listas de árbitros, estimulando a nomeação dos mesmos nomes nos procedimentos arbitrais que lhes sejam submetidos.

Nesse tópico, é importante ter em mente que, ainda quando as partes convencionam que a arbitragem será conduzida por determinada câmara arbitral, as atividades desta limitam-se à elaboração de regulamento, à formação do tribunal arbitral e a tarefas administrativas e de secretariado, não incluindo o exercício da prestação jurisdicional propriamente dita. A jurisdição mantém-se sempre a cargo dos árbitros, que detêm a confiança das partes e precisam ter autonomia para decidir da forma como entenderem cabível.[454]

Assim, a menos que as partes disponham algo em sentido oposto, o que não é usual, a instituição de arbitragem não pode interferir no livre convencimento motivado dos julgadores, previsto no art. 21, §2º, da Lei nº 9.307/96; deve, ao contrário, esforçar-se para conferir condições de trabalho e de autonomia adequadas aos árbitros, prestando todo o suporte cabível.

Dentre outros pontos de apoio, a câmara arbitral serve justamente ao propósito de "blindar" os árbitros na relação com as partes, executando todo o serviço de cobrança dos honorários arbitrais e organizando as etapas anteriores

Judiciário não tenha o dever de tratar de modo igual os casos iguais, do que é corolário lógico a necessidade de se vincularem os juízes inferiores aos superiores. Note-se que o problema não é, exatamente, subordinar o juiz inferior ao superior, mas sim fazer com que o Judiciário respeite as suas decisões pretéritas, ou melhor, os precedentes que se formaram no passado. São todos os juízes, e não somente os inferiores, que devem respeito aos precedentes. Quem deve respeito aos precedentes é o Judiciário. E isso, simplesmente, porque o Judiciário tem o dever de expressar, de modo coerente, a ordem jurídica" (MARINONI, Luiz Guilherme. *Precedentes obrigatórios*, 2.ed. São Paulo: Revista dos Tribunais, 2011, p. 207-208).

[454] "A arbitragem, relativamente a questões como a constituição do tribunal arbitral, o apoio concedido à organização e condução do processo pelo árbitro e à gestão em geral do processo, pode ser confiada a um centro de arbitragem que, mediante um contrato celebrado com as partes intervenientes, se encarrega dessas matérias. O centro de arbitragem não tem quaisquer funções nem competência para resolver o litígio ou propor o modo da sua resolução. Isso é tarefa do árbitro ou árbitros nomeados" (NANNI, Giovanni Ettore. Notas sobre os negócios jurídicos da arbitragem e a liberdade de escolha do árbitro à luz da autonomia privada. Op. cit., p. 228).

à instauração da arbitragem, que culminam na aceitação do encargo pelos indicados (art. 19 da Lei nº 9.307/96).

Não se pode aceitar, sob tal perspectiva, que os órgãos diretores da instituição de arbitragem optem por se imiscuir na atividade judicante e condicionem, de algum modo, o mérito das decisões. No máximo, será lícito à câmara realizar controle formal das sentenças, exigindo que cumpram os requisitos legais e disponham de fundamentação adequada, mas nunca intervir impositivamente na solução a ser atribuída à controvérsia.

Diante desse contexto, é conhecida a disputa doutrinária[455] acerca da validade do art. 34 do Regulamento da Corte Internacional de Arbitragem da CCI, o qual prevê que, antes de assinar a sentença arbitral, os árbitros precisam apresentar a minuta à Corte, que poderá "prescrever modificações quanto aos aspectos formais da sentença e, sem afetar a liberdade de decisão do tribunal arbitral, também poderá chamar a atenção para pontos relacionados com o mérito do litígio".[456]

Em abstrato, trata-se de disposição absolutamente válida, porquanto preceitua claramente que as modificações serão vinculantes somente no que concerne a questões formais da sentença. Quanto aos apontamentos de mérito, o próprio artigo antevê que a Corte não poderá interferir na liberdade de decisão do tribunal arbitral, limitando-se unicamente a tecer sugestões.

455 Reportando-se ao dissenso na doutrina francesa, Alain Goulene e Jean Baptiste Racine relataram que "[o] Prof. KASSIS fez uma crítica radical ao regulamento de arbitragem da CCI, atacando principalmente o exame pela Corte de arbitragem do projeto de laudo elaborado pelos árbitros. A Corte de arbitragem da CCI aprova os projetos do laudo podendo impor modificações de forma a chamar a atenção do árbitro sobre questões de fundo. Segundo o Prof. KASSIS, esse exame prévio impossibilita a validade dos laudos prolatados sob a supervisão da CCI. De fato, um tal exame seria contrário à necessária independência dos árbitros. Mas os argumentos do Prof. KASSIS encontraram oposição com Prof. LOQUIN para o qual o exame da Corte de arbitragem não é em si contrário ao princípio da independência do árbitro. De fato, se há uma dependência do tribunal arbitral da Corte de arbitragem, essa é conhecida e aceita pelas partes. Por outro lado, a Corte de arbitragem não impõe modificações quanto à solução de fundo. A Corte só faz propostas e o tribunal é livre para levá-las em consideração, mas somente propostas de mudanças facultativas, não vinculantes. O tribunal é livre para adotá-las ou não" (GOULENE, Alain; RACINE, Jean Baptiste. As flutuações processuais da arbitragem. In: CASELLA, Paulo Borba (Coord.). *Arbitragem*: a nova lei brasileira (9.037/96) e a praxe internacional. Op. cit., p. 126-127).

456 Disponível em <https://iccwbo.org/content/uploads/sites/3/2017/02/ICC-2017-Arbitration-and-2014-Mediation-Rules-portuguese-version.pdf >. Acesso em 02/05/2021.

A ideia, que não merece reparos, é de garantir padrão de alta qualidade para as sentenças proferidas em "arbitragens CCI" por todo o mundo, diferenciando a Corte Internacional de Arbitragem da CCI – de fato, uma das mais conceituadas e tradicionais no plano internacional – de outras instituições arbitrais.

Não obstante, seja na Corte da CCI ou em qualquer outra entidade arbitral, todos os sujeitos processuais devem manter a atenção e avaliar, em cada caso concreto, se a autonomia dos árbitros está sendo realmente respeitada, impedindo descabidas incursões de terceiros, que não necessariamente contem com a confiança das partes, na resolução da controvérsia.

Por último, abre-se ainda parêntese final para referir que é salutar que não só os árbitros, mas também as câmaras arbitrais, conservem sempre comportamento ético e probo, mantendo-se equidistantes e evitando quaisquer favorecimentos a uma das partes.[457] A exigência de imparcialidade e independência da instituição de arbitragem apresenta especial repercussão na fase pré-arbitral, em que a instituição pode ser chamada a decidir, ainda que provisoriamente, sobre questões relevantes, como as relativas à nomeação dos árbitros.

3.1.1.4 A independência funcional na relação interna entre os membros do tribunal arbitral

Prevista a constituição de painel arbitral, a maioria das convenções arbitrais e dos regulamentos de instituições de arbitragem preceitua que a sua composição dar-se-á mediante: (a) a eleição unilateral pelas partes de dois coárbitros; e,

[457] É o que observa Gilberto Giusti: "A ética das instituições de arbitragem, porém, transcende a probidade e a responsabilidade empresariais em geral e é igualmente instruída pela independência e imparcialidade que se exige dos árbitros. Nesse sentido, não se espera outra conduta das instituições de arbitragem, através de seus dirigentes e funcionários, senão o tratamento absolutamente equânime às partes que submetem seus conflitos à administração da entidade" (GIUSTI, Gilberto. Os vinte anos da Lei 9.307/1996. In: MELO, Leonardo de Campos; BENEDUZI, Renato Rezende (Coord.). *A reforma da arbitragem*. Op. cit., p. 17). Do mesmo modo, essa orientação consta igualmente da Diretriz Geral nº 5(b), lançada pela International Bar Association nas *IBA Guidelines on Conflicts of Interest in International Arbitration: Adopted by resolution of the IBA Council on Thursday 23 October 2014*. International Bar Association, 2014, p. 5-6. Disponível em <www.ibanet.org/Publications/publications_IBA_guides_and_free_materials.aspx>. Acesso em 02/05/2021.

posteriormente, (b) a escolha pelos coárbitros, em comum acordo, de terceiro julgador para funcionar como presidente.[458]

Ainda neste estudo, será demonstrado que, sem prejuízo da forma de investidura de cada um dos árbitros, devem todos – até mesmo aqueles eleitos unilateralmente – guardar independência e imparcialidade em relação às partes, aos seus respectivos advogados, ao objeto da disputa e às pessoas a eles relacionadas.[459]

Este tópico dedica-se, contudo, ao exame de outra exigência dos painéis arbitrais, referente ao seu plano interno: a necessária independência funcional de cada um dos árbitros em relação aos demais.

Assim como se dá em julgamentos colegiados perante a jurisdição estatal,[460] cada árbitro deve ter liberdade para decidir conforme a sua consciência e o seu convencimento a respeito do caso. Nenhum dos árbitros pode impor aos demais que se curve a uma ou outra posição. É fundamental que todos se sintam absolutamente livres para expor suas opiniões e, se for necessário, discordar até mesmo da linha majoritária, apresentando voto vencido, conforme autoriza o art. 24, §2º da Lei nº 9.307/96.

Há, no ponto, duas peculiaridades da relação entre os membros do painel arbitral que devem ser ressaltadas.

[458] Não há, todavia, qualquer óbice a que as próprias partes alcancem, no bojo de sua autonomia da vontade, um nome de consenso para funcionar como presidente, o que é inclusive recomendável. Do mesmo modo, conquanto seja mais raro, é igualmente viável que todos os três membros do tribunal arbitral sejam escolhidos pelos envolvidos na disputa conjuntamente.

[459] Ver tópico 3.1.2.2.

[460] "Na Declaração Universal sobre a Independência da Justiça, adotada por ocasião da 'Conferência sobre a Independência da Justiça', realizada em Montreal, Canadá, em 10.06.1983, afirma-se que os juízes devem ser individualmente livres e decidir as questões a eles submetidas com imparcialidade, de acordo com a sua própria compreensão dos fatos e seu entendimento da lei, sem quaisquer restrições, influências, induções, pressões, ameaças ou interferências, diretas ou indiretas, de qualquer setor ou por qualquer motivo. Devem ser independentes com relação a seus colegas judicantes e superiores. Como defende Eugenio Raúl Zaffaroni, a independência do juiz é a importante garantidora de que ele não estará submetido às pressões tanto de poderes externos ao Judiciário quanto de órgãos colegiados da própria magistratura. O juiz, para ser independente, não deve se submeter ao Executivo ou ao Legislativo, da mesma forma que não pode se reduzir a ser um empregado dos tribunais. O Judiciário não pode ser concebido sob a forma hierarquizada de um exército, o que seria uma aberração" (FONSECA, William Lopes da. O controle social do Poder Judiciário, a independência da magistratura e o caráter político da função jurisdicional. *Revista dos Tribunais*, v. 841, nov./2005, p. 98-99).

Em primeiro lugar, não há nenhuma hierarquia entre o presidente do tribunal arbitral e os demais árbitros. O que existe é unicamente uma repartição de funções, que não reduz, de forma alguma, a autonomia decisória dos coárbitros.

Em segundo lugar, é imprescindível que o presidente do tribunal arbitral não se sinta em débito com os coárbitros que o elegeram – ou, quiçá, com aquele que cumpriu papel mais relevante na escolha – e cometa o equívoco de limitar sua atuação a uma espécie de "agradecimento", ignorando sua convicção pessoal sobre a hipótese concretamente submetida a julgamento. Por certo, se existem obrigações do presidente em relação àqueles que o indicaram, essas correspondem unicamente: (i) ao respeito e à cortesia profissional; (ii) à garantia de participação isonômica de todos os árbitros na condução do feito e nos debates sobre o julgamento; e (iii) ao elevado empenho em exercer com seriedade e qualidade as funções que lhe foram atribuídas.

Delineado esse quadro, indaga-se na doutrina se a existência de vínculo, externo ao processo, entre dois ou mais deles poderia se mostrar suficiente para afastar os requisitos da imparcialidade e da independência.

A resposta, em geral, é negativa. A simples existência de ligações entre os árbitros não altera o equilíbrio do julgamento e não leva à existência de inclinação a favor de uma das partes. Não haverá nenhum impedimento, por exemplo, em razão de dois ou mais árbitros serem amigos íntimos ou figurarem como sócios do mesmo escritório. Tais matérias não precisam sequer ser reveladas às partes, diante da absoluta impertinência aos deveres da imparcialidade e independência.

Partindo-se do pressuposto de que todos os árbitros sejam, de fato, imparciais e independentes, eventual vínculo entre dois ou mais julgadores não terá o condão de estampar qualquer ofensa à essencial equidistância em relação às partes e ao objeto do julgamento. Fazendo paralelo com a justiça estatal, basta pensar que não se cogitaria de qualquer desvio ético ou falta de isenção pelo simples fato de dois membros de uma mesma câmara julgadora possuírem estreitos vínculos pessoais e profissionais.

O único ponto que convém ressalvar é que os vínculos externos não podem jamais levar à eliminação da independência decisória de cada um dos árbitros. Assim, quando se tratar de vínculo vertical, com demarcada hierarquia profissional (*v.g.*, o sócio e um dos advogados por ele supervisionados), familiar (*v.g.*, pai e filho) ou de qualquer outro gênero, essa circunstância deverá ser trazida ao conhecimento das partes, para que manifestem sua aquiescência ou se oponham à nomeação. Afinal, será provável que a subordinação exterior ao processo traga reflexos para a postura do árbitro nos debates processuais, despindo-o de sua independência e de seu livre convencimento, ambos valores protegidos pela Lei de Arbitragem.

3.1.2 Imparcialidade, independência e autonomia privada

O regime jurídico da imparcialidade e da independência dos árbitros também se relaciona diretamente com a segunda característica que demarca o sistema do processo arbitral: o amplo espaço conferido à autonomia privada das partes.

Nessa seara, são três os principais pontos que merecem análise detida: (i) como se mantém a integridade do julgador em contexto no qual as próprias partes têm liberdade para escolhê-lo, não se aplicando o princípio do juiz natural; (ii) a independência e a imparcialidade da figura do coárbitro, eleito unilateralmente por uma das partes; e (iii) a possibilidade, ou não, de renúncia das partes aos pressupostos éticos que regem a atuação dos árbitros.

3.1.2.1 Escolha do árbitro: jurisdição sem juiz natural

No processo estatal, atribui-se ao princípio do juiz natural a importante função de promover a isenção do órgão jurisdicional responsável pelo julgamento. As partes não podem escolher quem julgará a demanda e, da mesma forma, o juiz tampouco pode optar por quais ações decidir. Há uma prévia distribuição de competências, que visa a assegurar a impessoalidade no trato da causa, sempre livre de pressões e influências externas.[461] Na arbitragem, a realidade

[461] Segundo anota Leonardo José Carneiro da Cunha, "[a] exigência de imparcialidade do juiz impõe que o processo seja apreciado por magistrado investido de autoridade jurisdicional, devendo resolver o conflito submetido ao seu crivo sem quaisquer pressões ou influências, sujeitando-se apenas à lei, ou melhor, ao ordenamento jurídico, composto que é por regras e princípios" (CUNHA, Leonardo José Carneiro da. Anotações sobre a garantia constitucional do juiz natural. In: FUX, Luiz; NERY JR., Nelson; WAMBIER, Teresa Arruda Alvim (Coord.). *Processo e Constituição*: estudos em homenagem ao professor José Carlos Barbosa Moreira. São Paulo: Revista dos Tribunais, 2006, p. 506).

é outra: as partes indicam livremente um particular para o julgamento e ele tem plena autonomia, como é natural, para aceitar ou recusar o encargo.

A total inversão de perspectivas é possível, porque a autonomia privada consiste na verdadeira pedra de toque da arbitragem. Se os jurisdicionados preferem conduzir a disputa nesses moldes, revestindo-se da prerrogativa de indicar aqueles que serão responsáveis pelo julgamento, não há qualquer óbice a que assim procedam. O princípio do juiz natural é posto de lado em prol da liberdade das partes e da confiança que os atributos pessoais dos árbitros nelas inspiram.[462] Tratando-se de litígio envolvendo pessoas capazes e direitos patrimoniais disponíveis (art. 1º da Lei nº 9.307/96), não há nenhum motivo para se impedir essa definição privada. Considerando que as partes poderiam até mesmo transacionar a respeito do direito, por muito mais razão podem conferir a terceiro a competência para decidir a controvérsia.

O grande ponto que trará repercussões para a leitura da imparcialidade e da independência no processo arbitral é que a exclusão da dinâmica do juiz natural importa a retirada de uma importante ferramenta para a isenção do julgador. O jurisdicionado sabe agora, de antemão, quem irá julgar a demanda. Mais do que isso, é ele o responsável pela escolha e pela remuneração do árbitro. Intuitivo que tais contornos mudam flagrantemente a configuração da relação partes-árbitro, demandando outras formas de promover a desejável equidistância.

3.1.2.2 *A figura do coárbitro*

Se a possibilidade de escolha dos árbitros, em si, já levanta uma miríade de indagações no que toca à sua imparcialidade e independência, suscita ainda maiores questionamentos éticos a usual previsão, constante de grande parte das convenções arbitrais, de que cada parte poderá escolher,

[462] "Os árbitros não são chamados de acordo com o princípio do acaso ou do sorteio nem da regra que faz escolher o julgador com base em factores supostamente objectivos, como são os critérios da competência territorial ou em razão da matéria. Pelo contrário, os árbitros são seleccionados para cada litígio concreto em função de atributos que supostamente possuem e que os tornam especialmente habilitados a fazer justiça no caso em questão" (JÚDICE, José Miguel. Árbitros: características, perfis, poderes e deveres. Op. cit., p. 128).

sozinha, o nome de um dos árbitros que julgarão a disputa: os denominados "coárbitros".[463]

De fato, quando se dispensa a hipótese de árbitro único (em geral, reservada a litígios de menor complexidade e expressão econômica), as partes habitualmente[464] preveem que será formado painel composto por três árbitros: dois indicados unilateralmente por cada uma delas (os "coárbitros") e o terceiro – que via de regra assume a presidência do tribunal arbitral – eleito por consenso entre os coárbitros ou, embora menos frequente, entre as próprias partes ou pela instituição de arbitragem.

O coárbitro surge, portanto, como uma figura peculiar: é ele o sujeito escolhido por uma parte específica, dentre inúmeras[465] outras opções de profissionais competentes (que, é bem verdade, constituem universo cada vez menor consoante a maior especificidade técnica da controvérsia), para julgar a demanda. Mais do que isso, é alguém cuja remuneração depende diretamente dessa escolha.

No entanto, se tal circunstância poderia implicar a visão de que o coárbitro não é isento, devendo favorecer a quem o indicou (quase como um árbitro "infiltrado" pela parte no tribunal arbitral), vê-se que, em rigor, esse raciocínio está completamente equivocado. Conforme já pontuou Pierre Tercier,

[463] Deve-se sempre rejeitar a nomenclatura "árbitros de parte", tendo em vista que indica falta de isenção notadamente incompatível com a função do árbitro, cf. CARMONA, Carlos Alberto. *Arbitragem e processo*: um comentário à Lei nº 9.307/96. São Paulo: Atlas, 2009, p. 240, n. 23.

[464] Apesar de o mais comum na prática doméstica e internacional serem painéis de três árbitros (até pela maior praticidade e economia), nada impede que seja formado um tribunal arbitral com outro número, desde que ímpar, conforme prescreve o art. 13, §1º, da Lei nº 9.307/96.

[465] Tratando especificamente das arbitragens domésticas portuguesas, António Menezes Cordeiro acentua, em sentido oposto, que: "na realidade do 'mercado' português da arbitragem, não é virtualmente possível indicar um árbitro experiente que não tenha tido nenhuma relação com alguma das partes. Em regra, ter-se-á relacionado profissionalmente com as duas ... no que, de certo, vai a favor da sua independência. Os grandes 'clientes', com centenas de processos em curso (os bancos, o Estado, a EDP, a Galp, a PT e, em geral, as empresas do PSI 20) ocupam, praticamente, todos os juristas mais ativos do País: como advogados, como consultores, como peritos, como jurisconsultos ou como árbitros" (MENEZES CORDEIRO, António. *Tratado da arbitragem*: Comentário à Lei 63/2011, de 14 de dezembro. Op. cit., p. 157).

"en acceptant le mandat, même sur proposition d'une partie, ils ne s'engagent pas à défendre cette partie, mais à juger en toute impartialité".[466]

Ainda que a matéria esteja sujeita a alguma controvérsia no âmbito internacional,[467] convém salientar que o formato de indicação de coárbitros por cada parte, com a posterior eleição do presidente, constitui unicamente meio de compor o tribunal arbitral de forma equânime pelos interessados, não devendo repercutir, de forma alguma, na imparcialidade e independência de quaisquer dos julgadores.[468]

Trata-se, em rigor, de método que visa a prestigiar a autonomia privada das partes e a confiança que devem emprestar àqueles que decidirão o seu destino. Por meio da escolha de um dos árbitros que comporão o painel, a parte tem a convicção de que ao menos um deles terá as qualidades técnicas, morais, culturais e até mesmo linguísticas necessárias para julgar a demanda de modo escorreito e que, além disso, ainda poderá assegurar que os seus argumentos – conjuntamente com os da parte contrária, é bom lembrar – serão ouvidos e devidamente apreciados pelo tribunal arbitral.[469]

[466] TERCIER, Pierre. L'ethique des arbitres. *Revista de Arbitragem e Mediação*, v. 33, abr./2012, p. 203. Tradução livre: "ao aceitarem o mandato, mesmo sob a proposta de uma parte, eles não se comprometem a defender esta parte, mas a julgar com toda a imparcialidade".

[467] "Durante algum tempo, discutiu-se a existência ou não do dever de imparcialidade do árbitro indicado pela parte. O Código de Ética para Árbitros em Disputas Comerciais da American Arbitration Association e American Bar Association, de 1977, permitia aos coárbitros serem parciais em relação a quem os indicou, constituindo-se em verdadeiros 'árbitros da parte' (expressão que, em nosso direito, deve ser evitada)" (LUCON, Paulo Henrique dos Santos. Imparcialidade na arbitragem e impugnação aos árbitros. *Revista de Arbitragem e Mediação*, v. 39, out./dez.2013, p. 41).

[468] "The system in most cases works on a balance of deficits of trust derived from two basic principles that virtually most rules and laws recognize: each party will have the possibility to unilaterally appoint one arbitrator and none of the party-appointed arbitrators will be empowered to decide anything alone" (GOMEZ-ACEBO, Alfonso. Party-Appointed Arbitrators in International Commercial Arbitration. *International Arbitration Law Library*, v. 34, 2016, p. 99). Tradução livre: "O sistema na maioria dos casos trabalha em um equilíbrio dos *deficit* de confiança derivados de dois princípios básicos que a maioria das regras e das leis reconhecem: cada parte terá a possibilidade de nomear unilateralmente um árbitro e nenhum dos árbitros nomeados pela parte terá poderes para decidir qualquer coisa sozinho".

[469] Revela-se precisa, nessa linha, a colocação do ex-secretário geral da Corte Internacional de Arbitragem da CCI, Horacio Naón: "Such notion or institution, simply and exclusively, constitutes and evidences a particular mechanism for integrating or determining the composition of an arbitral tribunal, without in any way reducing or altering the level of neutrality

Com efeito, o papel de garantidor do contraditório-influência pode ser desempenhado pelo coárbitro sem afetar, de modo algum, a equidistância em relação às partes. Norteia, na realidade, a atuação de todos os árbitros e se desdobra basicamente em dois níveis.

Em primeiro lugar, o árbitro deve impedir que os fundamentos das partes – de todas elas, e não apenas daquela que o indicou – sejam ignorados pelo tribunal arbitral, velando pelo percuciente exame de todos os argumentos e meios de prova produzidos e fazendo jus, assim, à confiança que lhe foi outorgada no momento de sua nomeação.

Em segundo lugar, sobretudo em casos que dependam do conhecimento de área específica do direito, pode ser conveniente à parte indicar um coárbitro que tenha a habilidade de eventualmente "traduzir" a discussão para os demais.[470] Não se trata, veja-se, do funcionamento do árbitro como "advogado" da parte, mas sim da nomeação de profissional com amplo discernimento sobre o assunto em discussão e que possa até mesmo ter experiência prática no setor, para apreciar a controvérsia minuciosamente, transmitir suas

and independence expected from the party-appointed arbitrator, that remains the same for all panel members. [...] Because of such autonomy, in the field of international commercial arbitration, the parties are entitled to opt for a collegiate arbitral tribunal and to designate one of its members. By exercising such right, each party assures that at least one member of the collegiate body that will resolve the dispute is someone such party trusts because of his or her moral integrity, experience, cultural background, language knowledge and professional qualities" (NAÓN, Horacio A. Grigera. Party-appointed arbitrators: a Latin American perspective. *Revista de Arbitragem e Mediação*, v. 3, set./2004, p. 76-77). Tradução livre: "Essa noção ou instituto, simples e exclusivamente, constitui e evidencia um mecanismo particular para integrar e determinar a composição de um tribunal arbitral, sem, de forma alguma, reduzir ou alterar o grau de neutralidade e independência esperado do árbitro apontado por uma das partes, que continua o mesmo para todos os membros do painel. [...] Por conta de tal autonomia, no campo da arbitragem comercial internacional, as partes têm a prerrogativa de optar por um tribunal arbitral colegiado e designar um de seus membros. Ao exercer esse direito, cada parte assegura que pelo menos um membro do corpo colegiado que irá resolver a disputa é alguém em quem confia, em virtude de sua integridade moral, experiência, condições culturais, conhecimento de idiomas e qualidades profissionais". Nas arbitragens internacionais, essas características dos árbitros são normalmente associadas à sua nacionalidade ou país de residência, cf. LEMES, Selma M. Ferreira. A independência e a imparcialidade do árbitro e o dever de revelação. *Revista Brasileira de Arbitragem*, v. 6, n. 6, abr./jun.2010, p. 26.

470 VERÇOSA, Fabiane. A liberdade das partes na escolha e indicação de árbitros em arbitragens internacionais: limites e possibilidades. *Revista de Arbitragem e Mediação*, v. 1, jan./abr.2004, p. 341.

impressões aos demais membros do painel e esclarecer tanto quanto possível os pontos abordados por *todas* as partes. Em debate sobre *franchising*, propriedade industrial,[471] contratos de construção FIDIC[472] ou operações de securitização, por exemplo, a parte poderá nomear coárbitro do respectivo setor e ter a confiança de que o julgamento se dará mediante análise técnica da matéria, não sendo conduzido de forma superficial e generalista.

Do quanto já exposto, não se pode concluir, contudo, que a parte não possa orientar a escolha do coárbitro de modo a garantir, presumivelmente, maiores chances de êxito no processo. Seria até mesmo ingênuo acreditar que alguém optaria por árbitro que não acreditasse que pudesse contribuir, em alguma medida, para a sua vitória.[473] O que é preciso ter por certo é que o resultado

[471] Abordando o tema, Paula Menna Barreto Marques registra que "a especialidade do julgador, em qualquer caso, pode vir a beneficiar as partes, para um julgamento mais correto, entretanto, nos casos de matéria de PI, diante da complexidade da questão posta, esse ponto pode trazer até mesmo rapidez e economicidade para o processo" (MARQUES, Paula Menna Barreto. A utilização da arbitragem para dirimir litígios em matéria de propriedade industrial. In: CARNEIRO, Paulo Cezar Pinheiro; GRECO, Leonardo; DALLA, Humberto. *Temas controvertidos na arbitragem à luz do Código de Processo Civil de 2015*, v. 2. Rio de Janeiro: GZ, 2020, p. 305-306).

[472] Detalhando esse "sofisticado arcabouço contratual", ver NANNI, Giovanni Ettore. Notas sobre as condições particulares nos contratos de construção FIDIC. *Revista Brasileira de Direito Civil – RBDCivil*, v. 26, out./dez.2020, p. 131-152.

[473] Sem descuidar da realidade empírica, António Menezes Cordeiro manifesta que "[n]inguém vai designar um árbitro hostil ou, sequer, desconhecido: tais escolhas não se fazem pela lista telefónica, nem por tabelas disponíveis na Ordem dos Advogados ou em qualquer outro sítio. Noutros termos: a parte não escolhe o melhor ou o mais imparcial, mas, antes, o que dê mais hipóteses de vitória" (MENEZES CORDEIRO, António. *Tratado da arbitragem*: Comentário à Lei 63/2011, de 14 de dezembro. Op. cit., p. 158). Na mesma toada, Ricardo Dalmaso Marques sustenta ser "lógica a eleição da que se entende ser a pessoa mais conceituada, respeitada ou capacitada para decidir sobre um determinado tema, mas, principalmente, da que poderá levar quem a indique à vitória, seja por dela se esperar determinada conduta ou por confiar que suas visões podem ser antecipadas ou previstas. Mais que isso, partes e advogados podem eleger um árbitro em virtude de outras habilidades que não o conhecimento técnico, como a sua influência sobre os outros árbitros, e, nesse ponto, os atributos intelectuais são os mais relevantes. Sobretudo, *escolhe-se para vencer*, e muitas partes imaginam que conseguem antever ou precisar qual será o posicionamento de um determinado indivíduo, o que em alguns casos é de fato palpável; como disse o Ministro do Superior Tribunal de Justiça brasileiro, Og Fernandes, 'não é difícil prever como um magistrado irá julgar; basta conhecer as suas crenças'" (MARQUES, Ricardo Dalmaso. *O dever de revelação do árbitro*. São Paulo: Almedina, 2018, p. 52).

favorável esperado não pode nunca ser obtido em razão de comportamento enviesado do coárbitro, que deverá sempre se ater piamente aos ditames da imparcialidade e da independência.[474]

Feita a advertência, a parte poderá escolher como árbitro alguém que aparentemente possa ter afinidade com a tese que irá defender no processo. A título de ilustração: se o fundamento central da requerente passa pelo reconhecimento da aplicação de um dos desdobramentos da boa-fé objetiva, pode ser válido trazer à disputa acadêmico que tenha notório conhecimento sobre o tema.[475] Do mesmo modo, tratando-se de conflito que perpasse o direito ambiental, é razoável que a parte investigue antes a produção doutrinária de quem pretenda indicar como coárbitro, para saber qual extensão costuma

[474] "Este comportamento enviesado – que provavelmente alguns de nós, que nos dedicamos à arbitragem, já presenciamos – faz refletir sobre uma expressão que os norte-americanos apreciam e usam muito: trata-se do 'árbitro de parte', julgador nomeado pela parte (que, no Brasil, usualmente denominamos coárbitro) e que teria a função de realçar (no seio do painel arbitral) os argumentos e as provas produzidas pelo litigante que o indicou. É difícil separar esta tarefa de 'zelador' da parcialidade pura e deslavada. Creio que não há meio-termo nesta questão: ou todos os árbitros são imparciais, ou não são. E se não são, o julgamento é viciado, de modo que o 'árbitro de parte' (na concepção norte-americana) é um mal que deve ser evitado. Aquele que não estiver preparado (e disposto!) a separar-se completamente dos interesses de qualquer parte (seja daquela que o indicou, seja do outro litigante) não deve e não pode funcionar como árbitro. Como disse Cecilia Meirelles, ou isto, ou aquilo: se quer ser árbitro, seja imparcial; se não quer (ou não consegue), seja advogado" (CARMONA, Carlos Alberto. Os sete pecados capitais do árbitro. Op. cit., p. 400).

[475] Trata-se de exemplo trazido por Jeffrey Waincymer: "Counsel can do research on prospective arbitrators' publications to see what view they take on key areas and also look at their reported awards. The latter can show procedural as well as substantive preferences. Some substantive issues may be particularly clear-cut, such as whether good faith claims contrary to express contractual provisions are valued. Counsel may also get a sense of whether an arbitrator is a 'broad picture' or a 'black letter' lawyer. The former tends to be more business-minded and equity-oriented, favoring substance over form. The latter might insist on a stricter interpretation of the relevant principles" (WAINCYMER, Jeffrey. Procedure and evidence in international arbitration. *Kluwer Law International*, 2012, p. 280). Tradução livre: "O advogado pode realizar pesquisas sobre publicações dos árbitros em potencial para ver qual ponto de vista eles assumem em áreas-chave e também verificar suas sentenças publicadas. Este último ponto pode revelar tanto preferências procedimentais quanto substanciais. Algumas questões substanciais podem ser particularmente nítidas, como se alegações de boa-fé contrárias a previsões contratuais expressas são valorizadas. O patrono também pode ter uma ideia se um árbitro é um advogado que se baseia na 'visão geral' ou na 'letra fria'. Aquele tende a ser mais orientado aos negócios e à equidade, favorecendo a substância sobre a forma. O segundo pode insistir em uma interpretação mais rígida dos princípios relevantes".

atribuir ao princípio da precaução ou a qualquer outro preceito possivelmente incidente à controvérsia. Desde que o potencial árbitro não tenha ainda se manifestado especificamente sobre o caso concreto,[476] nem muito menos antecipado o seu posicionamento para a parte, esse gênero de escolha é plenamente admissível.

Sem se despir de sua consciência, de seus valores e de seus entendimentos prévios, o que incumbe ao coárbitro é ter sempre noção da importantíssima função de distribuição de justiça que exerce, prezando pela sua integridade, probidade e seriedade.[477] O bom árbitro não poderá, então, ter qualquer constrangimento em julgar contra a parte que o indicou. Esse, aliás, é importante questionamento que deve dirigir a si próprio antes de aceitar o encargo: "sou capaz de, conforme as circunstâncias objetivas do caso, julgar favorável ou desfavoravelmente àquele que me indicou, oferecendo igualdade de condições à parte contrária?" Se a resposta for negativa, a indicação deverá ser prontamente recusada, até porque, no afã de reequilibrar sentimento instintivo de favorecimento, o árbitro poderá até mesmo desenvolver inclinação contra a parte que o nomeou, o que também acarretará insuperável injustiça.[478]

[476] A propósito, ao aprovar as *IBA Guidelines on Conflict of Interest in International Arbitration*, a *International Bar Association* incluiu a prévia emissão, pelo árbitro, de opinião técnica sobre o assunto a ser objeto da arbitragem na denominada *Green List*, que lista situações em que, objetivamente, não se visualiza objetivamente qualquer conflito. Ver, nesse sentido, *IBA Guidelines on Conflicts of Interest in International Arbitration: Adopted by resolution of the IBA Council on Thursday 23 October 2014*. International Bar Association, 2014, p. 19. Disponível em <www.ibanet.org/Publications/publications_IBA_guides_and_free_materials.aspx>. Acesso em 02/05/2021.

[477] Versando sobre o processo estatal, Enrico Tullio Liebman manifesta que, "[p]ara poder exercer suas funções numa causa determinada, o juiz deve ser de todo estranho aos interesses a que ela se refere, e não ser ligado a nenhuma das partes por relações pessoais: é esta uma elementar garantia de sua imparcialidade na causa, e, ainda mais, uma garantia de seu prestígio em face das partes e da opinião pública, que deriva da certeza de sua independência" (LIEBMAN, Enrico Tullio. *Manual de direito processual civil, 1*. Tradução e notas de Cândido R. Dinamarco. Op. cit., p. 80-81).

[478] Interessante, nesse aspecto, o raciocínio traçado por Ruy Barbosa ainda nas primeiras décadas do século XX: "Nos casos apontados o perigo está no pender do árbitro para o litigante, donde lhe veio a honra e o benefício da eleição. Mas, no caprichoso variar de matizes morais, com que o indivíduo humano sai em mil tipos diversos das mãos da natureza, contingências haverá, que nos possam levar a riscos opostos na psicologia do arbitramento. Se é mais natural que o juiz de escolha particular tenda, ainda independentemente de cálculos interessados, para o seu eleitor, não deixa de ser possível que a consideração de haver sido eleito por uma

Por fim, também não se pode ignorar que o coárbitro inclinado a auxiliar um dos litigantes pode até mesmo gerar efeito adverso, desequilibrando a disputa em favor da parte contrária. É natural que, percebendo a sua ostensiva pré-disposição a favorecer um dos contendores, os demais árbitros, interessados em julgar de forma séria o processo, atribuam menos crédito às suas observações e reduzam gradativamente a abertura à sua participação, praticamente excluindo sua influência sobre o resultado final.[479]

Tem-se, portanto, que a indicação de coárbitros serve apenas ao propósito de garantir que as partes tenham alto grau de confiança em pelo menos um dos integrantes do painel arbitral. Uma vez eleito, o coárbitro em nada difere em termos de imparcialidade e independência dos demais árbitros,[480] devendo

das partes, incutindo no ânimo desse julgador o receio de se ver induzido a favorecê-la, ou de acreditarem que a favorece, o arraste, insensivelmente, a imolar aos interesses da sua popularidade ou tranqüilidade os da aplicação da lei, não tendo a coragem de a pôr acima dos temores humanos" (BARBOSA, Ruy. Questão Minas x Werneck. Considerações preliminares. Vantagens e desvantagens da via arbitral. Op. cit., p. 211).

479 É o que já destacou Martin Hunter em seminário realizado na Suíça: "Many parties do in fact still nominate [arbitrators] merely for the purpose not only of getting one vote for their cause, but actually with a view to having their own advocate within the tribunal. Most of us here are well aware that such a course tends to be counter-productive in practice, since the presiding arbitrator will nearly always lean away from forming a majority award with an arbitrator who is obviously acting simply as an advocate for the party who nominated him. However, the practice is still adopted by some parties and, contrary to what some people suppose, it is an approach that is by no means confined to developing countries" (HUNTER, J. Martin. Ethics of the International Arbitrator. Op. cit., p. 178-179). Tradução livre: "Muitas partes, de fato, ainda designam [árbitros] não apenas com o propósito de obter um voto em favor de sua causa, mas, na verdade, com ideia de possuir seu próprio advogado no tribunal. A maioria de nós aqui está bem ciente de que tal estratégia tende a ser contraproducente na prática, uma vez que o árbitro presidente irá quase sempre se afastar de formar uma decisão por maioria com um árbitro que esteja obviamente agindo como um simples advogado da parte que o nomeou. No entanto, a prática ainda é adotada por algumas partes e, ao contrário do que algumas pessoas supõem, é uma abordagem que em hipótese alguma se restringe aos países em desenvolvimento".

480 Como esclarece Thomas Clay, a função do coárbitro é ao mesmo tempo *igual* e *diferente* daquela atribuída ao presidente do tribunal arbitral: "Identique, il l'est car le coarbitre doit faire montre de la même indépendance et de la même impartialité que celles du président. Il a pour fonction de s'assurer que la position de la partie qui l'a choisi aura été bien comprise. Il ne s'agit pas pour lui de la défendre à tout prix, tel un avocat, mais de vérifier, comme une forme de passeur, que la demande et les arguments ont été parfaite-ment intégrés par les trois arbitres, ce qui, dans l'arbitrage international, avec des langues et des cultures différentes, est déterminant. Différent de celui du président, le rôle du coarbitre l'est en ce qu'il

orientar-se pela ética e pela justiça e podendo, sem causar nenhuma espécie, julgar contra a parte que o indicou. Quando muito, o árbitro deterá qualidades que facilitem a explicação exata aos demais dos pontos suscitados pela parte, porém isso nunca poderá implicar propriamente a defesa acrítica de tais pontos de vista. Em rigor, a melhor perspectiva é de que os atributos dos árbitros estão sempre à disposição de todos os sujeitos processuais, indistintamente. Se o árbitro é especialista em determinada área, os seus conhecimentos poderão ser utilizados a favor ou contra a parte que o indicou.

As vantagens da indicação de dado coárbitro limitam-se, assim: (i) à garantia de que será confiável e implementará regularmente o contraditório--influência, velando pelo estudo de todos os pontos abordados pelas partes; (ii) à eventual nomeação de árbitro cuja bagagem intelectual possa ser valiosa para a posição da parte no caso concreto; e (iii) à composição do painel arbitral com pelo menos uma pessoa que conheça a fundo determinados elementos essenciais para o exame da controvérsia, qualificando tecnicamente o debate.

a une charge de travail moindre: il n'assure pas le suivi au quotidien de la procédure, il ne préside pas les audiences, il ne rédige en principe pas les projets d'actes, et il est souvent moins rémunéré (entre 10 et 25 % de moins, en général). Cependant il arrive parfois qu'un coarbitre soit sollicité pour rédiger une partie du projet de sentence, notamment s'il est un technicien de l'objet du litige, ce qui permet au premier jet d'être de la main de l'homme de l'art" (CLAY, Thomas. Le coarbitre. *Revista de Arbitragem e Mediação*, v. 50, jul./set.2016, p. 644). Tradução livre: "Idêntica, porque o coárbitro deve mostrar a mesma independência e a mesma imparcialidade que o presidente. Ele possui como função assegurar que a posição da parte que o escolheu será bem compreendida. Não é seu papel defendê-la a todo custo, como um advogado, mas verificar, como uma forma de condutor, que o pedido e os argumentos foram perfeitamente compreendidos pelos três árbitros, o que, em arbitragens internacionais, com línguas e culturas diferentes, é determinante. Diferentemente daquele do presidente, o papel do coárbitro apresenta carga de trabalho menor: ele não assume a condução cotidiana do procedimento; não preside as audiências, não redige, em princípio, as ordens processuais, e é frequentemente remunerado a menor (no patamar de 10% a 25%, em geral). No entanto, por vezes, aos coárbitros é solicitado que seja redigida uma parte do projeto de sentença, principalmente se é especialista no objeto do litígio, o que permite que o primeiro projeto venha da mão do homem da arte [*expert*]".

3.1.2.3 É possível renunciar à imparcialidade e à independência dos árbitros?

Ainda sob as lentes da autonomia privada, há uma terceira questão de grande relevo: seria lícito às partes abdicarem, no plano convencional, aos deveres de independência e imparcialidade dos árbitros?

Quanto ao ponto, a Lei nº 9.307/96 foi clara ao estipular que a isenção dos árbitros está fora do campo da autonomia privada, assentando que "serão, sempre, respeitados no procedimento arbitral os princípios [...] da imparcialidade dos árbitros [...]" (art. 21, §2º).

Vale lembrar que o mencionado dispositivo da Lei de Arbitragem serviu ao propósito de confirmar a incidência – extraída, de resto, da própria Constituição – dos pilares básicos do *due process of law* ao processo arbitral. Nesse sentido, assentou categoricamente que não apenas o procedimento deve observar os princípios do contraditório, da igualdade processual e do livre convencimento, como o árbitro precisa igualmente se manter equidistante das partes.

Não obstante, ainda que inexistisse previsão infraconstitucional alguma, a imparcialidade e a independência dos julgadores decorrem do devido processo legal e se afiguram ínsitas à própria atividade jurisdicional.[481] Portanto, jamais poderiam ser objeto de renúncia, nem mesmo por acordo das partes.

A análise do tema, entretanto, não se encerra nesse ponto. Ainda que a imparcialidade e a independência devam ser defendidas, a questão recebe tempero especial no sistema do processo arbitral: se é certo que as partes não podem renunciar à isenção, em si, dos árbitros, podem, sem que se cogite de vício algum, abrir mão de arguir hipóteses que normalmente poderiam levar ao reconhecimento da parcialidade e/ou dependência.[482]

[481] Assim se diz porque "[é] da essência da atividade jurisdicional ser ela exercida por quem seja *estranho* ao conflito (*terceiro*, aspecto objetivo) e desinteressado dele (*imparcial*, aspecto subjetivo)" (DIDIER JR., Fredie. *Curso de direito processual civil:* introdução ao direito processual civil, parte geral e processo de conhecimento. Op. cit., p. 175).

[482] Carlos Alberto Carmona defende, nessa dimensão, que "[a] parcialidade do julgador (qualquer julgador) torna inidôneo o processo (qualquer processo). Se não houver garantia para as partes de que o julgador seja equidistante em relação aos litigantes e indiferente quanto ao resultado do processo, não poderá haver justiça. Daí a natural preocupação do legislador em estabelecer também para o processo arbitral garantias relativas à imparcialidade do árbitro, determinando sejam afastados do exercício da função aqueles que possam estar comprometidos com interesse de parte. É evidente que as garantias concedidas às partes, tratando-se de processo arbitral, podem ser arrefecidas, desde que concordantes os litigantes:

Isso significa que, diferentemente do que ocorre no processo judicial, as partes podem aceitar a atuação de árbitros que se enquadrem mesmo nas hipóteses mais tradicionais de impedimento, afastando a presunção[483] de que seriam parciais ou dependentes.

Conquanto o art. 14 da Lei nº 9.307/96 estabeleça que não poderão atuar os árbitros impedidos ou suspeitos, "aplicando-se-lhes, no que couber, os mesmos deveres e responsabilidades, conforme previsto no Código de Processo Civil", as partes podem ditar quais casos realmente serão considerados como de impedimento e suspeição, prevendo novas hipóteses[484] e retirando outras. Até mesmo eventuais restrições trazidas pelos regulamentos e códigos de ética de instituições arbitrais poderão ser afastadas.[485]

A confiança, como visto, é um marco central da arbitragem. Por esse motivo, a faculdade de livre escolha dos árbitros é a mais ampla possível e, desde que haja consenso entre as partes, permitirá a nomeação de alguém que objetivamente seria considerado suspeito ou impedido,[486] como um parente, sócio, ex-advogado, empregado ou qualquer indivíduo relacionado a uma das

se no processo estatal seria impensável ter como juiz um parente consanguíneo da parte (art. 135, V, do Código de Processo Civil), o fato não escandalizaria no âmbito do processo arbitral, desde que os litigantes, sabedores do fato, não se opusessem" (CARMONA, Carlos Alberto. *Arbitragem e processo*: um comentário à Lei nº 9.307/96. Op. cit., p. 297-298).

483 A existência de uma presunção *juris et de jure* de parcialidade nos casos de impedimento, que seriam "fundados em fatos objetivos, de fácil comprovação, não dependendo do sentimento real do juiz em relação aos participantes do processo, nem de ter ele interesse efetivo no seu desfecho", é mencionada por BARBI, Celso Agrícola. *Comentários ao Código de Processo Civil, Lei nº 5.869, de 11 de janeiro de 1973*, vol. I, 14.ed. Rio de Janeiro: Forense, 2010, p. 422.

484 "As partes podem prever impedimentos, convencionalmente, afastando pessoas determinadas, em razão de suas profissões ou nacionalidade" (MAGALHÃES, José Carlos de. Arbitragem internacional privada. *Revista Forense*, v. 279, jul./set.1982, p. 103).

485 LEMES, Selma M. Ferreira. O procedimento de impugnação e recusa de árbitro, como sistema de controle quanto à independência e a imparcialidade do julgador. *Revista de Arbitragem e Mediação*, v. 50, jul./set.2016, p. 381.

486 Na mesma toada, Fernando Gajardoni defende que, "[c]omo a escolha do árbitro fica a critério das partes e fincada na confiança que os litigantes depositam no julgador (autonomia da vontade), nada impede que elas, mesmo nas hipóteses claras de impedimento e suspeição, renunciem à proteção legal e indiquem como árbitro pessoa que a lei reputa parcial, assumindo conscientemente o risco desta opção, algo inimaginável no processo estatal, em que as partes não podem renunciar à proteção legal cogente do impedimento" (GAJARDONI, Fernando da Fonseca. Recentes notas sobre o impedimento no direito processual civil brasileiro. *Revista de Processo*, v. 174, ago./2009, p. 87).

partes. Somente é negada a nomeação da própria parte ou de seu representante legal como árbitro, o que se baseia no princípio geral de que ninguém pode ser juiz de si mesmo.[487-488]

Tanto existe amplo campo para a autonomia, aliás, que o art. 20, *caput*, da Lei nº 9.307/96 prevê que os interessados deverão arguir quaisquer matérias relativas a impedimento ou suspeição dos árbitros na primeira oportunidade em que deverem se manifestar no processo arbitral, sob pena de preclusão. Fica claro, portanto, que a vontade das partes será definitiva para a determinação sobre a possibilidade, ou não, de que determinado árbitro seja nomeado e exerça regularmente a atividade jurisdicional. Afinal, "só preclui o que está na esfera de disposição das partes".[489]

Se o indivíduo for capaz e gozar da confiança de ambas as partes (art. 13 da Lei nº 9.307/96), poderá ser perfeitamente escolhido para julgar a lide, ainda que fatores objetivos pudessem indicar, em tese, a sua predisposição a se inclinar indevidamente para os interesses de uma delas.

Importa apenas que duas questões sejam observadas.

A uma, exige-se que as partes tenham exato conhecimento das circunstâncias que poderiam indicar a dependência ou parcialidade do árbitro,

[487] Valendo-se do mesmo raciocínio, Alexandre Câmara deduz que "o impedimento pode, segundo a melhor doutrina, ser também afastado por ato das partes, salvo na hipótese prevista no art. 134, I, do Código de Processo Civil, já que não se poderia admitir alguém que fosse, ao mesmo tempo, parte e árbitro" (CÂMARA, Alexandre Freitas. *Arbitragem – Lei nº 9.307/96*. Op. cit., p. 52).

[488] Nesse sentido, não se concorda inteiramente com as hipóteses elencadas na denominada "Non-Waivable Red List", elaborada pela International Bar Arbitration – IBA para delinear situações que ensejem o impedimento obrigatório do árbitro (*IBA Guidelines on Conflicts of Interest in International Arbitration: Adopted by resolution of the IBA Council on Thursday 23 October 2014*. International Bar Association, 2014, p. 20. Disponível em <www.ibanet.org/Publications/publications_IBA_guides_and_free_materials.aspx>. Acesso em 02/05/2021). Como dito, sob o ponto de vista defendido nesta obra, apenas será impedida a renúncia quando houver identidade entre parte e árbitro, ou quando o árbitro for o representante legal da parte, o que corresponde parcialmente ao item 1.1 da citada "Non-Waivable Red List". Nas demais hipóteses, entende-se que a manutenção do árbitro estará inserida no campo da autonomia da vontade das partes. Adiante, as referidas *Guidelines* ainda serão objeto de apreciação mais detida no tópico 3.2.2.

[489] ALVES, Rafael Francisco. A imparcialidade do árbitro no direito brasileiro: autonomia privada ou devido processo legal. *Revista de Arbitragem e Mediação*, v. 7, out./dez.2005, p. 121.

e concordem, mesmo assim, com a nomeação.[490] Não é possível cogitar, portanto, de renúncia ao dever de revelação dos árbitros. Para que a restrição de uma das principais bases do devido processo seja aceita, precisará se fundar em amplo conhecimento de todas as circunstâncias que poderiam, em tese, vir a inquinar o comportamento ético do árbitro.[491]

A duas, o árbitro deve efetivamente zelar pela correção de suas condutas ao longo de todo o procedimento,[492] sem distanciar-se dos parâmetros éticos impostos a qualquer julgador, sob pena de substituição ou, até mesmo, anulação da sentença arbitral por ofensa à imparcialidade e independência. Em casos do gênero, será naturalmente difícil perquirir o subjetivo estado anímico do árbitro eleito. Inobstante, as partes poderão manter intenso controle sobre a forma objetiva como o árbitro se conduz durante o processo, o que, via de regra, gerará desdobramentos em áreas de interseção com outros princípios, como o contraditório, a ampla defesa e a isonomia processual.

Logo, as partes poderão renunciar à alegação de que o árbitro é parcial ou dependente em razão de determinados fatos revelados, porém o comportamento do árbitro que demonstre concretamente a ausência de isenção ainda assim deverá levar à sua substituição ou, caso já tenha sido prolatada, à anulação da sentença arbitral. Ao equiparar a sentença arbitral à judicial e partilhar de vez o exercício da atividade jurisdicional com entes privados, o ordenamento jurídico brasileiro resguardou, como princípios fundamentais,

490 Segundo Alexandre Câmara, "[t]anto na hipótese de as partes quererem voluntariamente nomear árbitro suspeito como na de pretenderem eleger árbitro impedido, é fundamental que os litigantes tivessem conhecimento prévio da existência da causa geradora do vício de parcialidade. A nomeação de árbitro impedido ou suspeito sem que as partes (ou uma delas) tivessem conhecimento da existência do vício permite sua alegação posterior" (CÂMARA, Alexandre Freitas. *Arbitragem – Lei nº 9.307/96*. Op. cit., p. 53).

491 Pedro A. Batista Martins ressalta, assim, que "todas as hipóteses de impedimento ou suspeição podem ser afastadas por anuência das partes ou, também, pela Câmara de Arbitragem que vier a julgar os incidentes, com fundamento nas peculiaridades do caso concreto. Com efeito, o importante é que o árbitro não deixe de revelar as situações ou fatos que denotem dúvida justificada quanto à sua imparcialidade" (MARTINS, Pedro A. Batista. *Apontamentos sobre a Lei de Arbitragem*. Op. cit., p. 204). O dever de revelação será objeto do tópico 3.1.3.1.1.

492 "[N]ão é porque as partes concordaram com a nomeação de um árbitro 'suspeito' ou 'impedido', que ele poderá conduzir-se como bem entender, beneficiando uma ou outra parte" (ALVES, Rafael Francisco. O devido processo legal na arbitragem. In: JOBIM, Eduardo; MACHADO, Rafael Bicca (Coord.). *Arbitragem no Brasil:* aspectos jurídicos relevantes. Op. cit., p. 398).

a imparcialidade e a independência, que não poderão ser renunciadas pelas partes, até mesmo para não retirar a credibilidade e a seriedade que se esperam da arbitragem, transformando-a em espaço obscuro, avesso à realização da justiça.

Evidente, contudo, que, se renunciarem às hipóteses de impedimento e suspeição, os jurisdicionados deverão arcar com os riscos dessa opção, ficando cientes de que posteriormente não poderão suscitar fatos que já eram de seu conhecimento[493] e estarão desguarnecidos dos principais mecanismos de garantia do comportamento ético do árbitro. Uma vez afastadas as presunções legais ou regulamentares de parcialidade e/ou dependência, apenas restará à parte a sua comprovação por outros fundamentos.

3.1.3 Imparcialidade, independência e objetivos da arbitragem

Os deveres de imparcialidade e independência também precisam ser lidos em conformidade com os principais objetivos que regem a adoção da arbitragem como meio adequado de solução de conflitos. Dentre eles, chamam especial atenção, no ponto, a busca pela manutenção das relações travadas pelas partes fora do processo, pela obtenção de julgamento técnico e especializado e por maior celeridade processual.

Todos esses três aspectos conduzem à necessidade de que o procedimento de escolha e eventual recusa dos árbitros preze, a todo o tempo, pela total cooperação entre as partes. Só o modelo cooperativo de relação processual permitirá: (i) desenvolver ambiente de menor beligerância e maior confiança entre todos os envolvidos; (ii) promover, na maior medida possível, a nomeação

493 Tratando do tema à luz da boa-fé objetiva, Eduardo Silva da Silva aponta que: "De forma bastante significativa, os comportamentos contraditórios são opostos aos chamados comportamentos concludentes. Os últimos são aqueles que, ainda que de forma tácita, levam à formação e à conclusão de um ato jurídico pelo comportamento inequívoco de concordância da parte. Portanto, se a parte, através dos procuradores a quem outorgou poderes, admite e tem como regular a presença de um árbitro ainda que esse tenha revelado circunstância que, antes, poderia tê-lo afastado do grupo de julgadores, não há mais o que ponderar no futuro. Agir contra o comportamento concludente é expressão eloquente do *venire contra factum proprium* situação inadmissível no Direito Privado brasileiro" (SILVA, Eduardo Silva da. Arbitragem, confiança e boa-fé: a autoridade do pacto ético entre os sujeitos da arbitragem. *Revista da Faculdade de Direito UniRitter*, v. 13, 2012, p. 74).

de árbitros especializados na matéria discutida; e (iii) evitar que a investidura de determinado árbitro ocorra sob reservas e se mantenha como uma espécie de *carta na manga* de uma das partes para, em caso de resultado final desfavorável, ser arguida perante o Judiciário como causa de anulação da sentença arbitral, provocando o reinício do procedimento e retirando toda a eficiência que dele se espera.

Pontuada a relevância da cooperação, passa-se a estudar, então, como o regime da imparcialidade e independência do árbitro deve ser moldado a partir dela.

3.1.3.1 Imparcialidade e independência do árbitro em clima de cooperação processual

A arbitragem é marcada pela exigência de que todos os sujeitos processuais se comportem segundo os ditames da boa-fé, especialmente no viés que impõe a cooperação processual.[494] Durante todo o curso do litígio, as partes devem se empenhar, com o apoio e a participação ativa dos árbitros, na adoção de meios eficientes para promover a adequada solução da disputa.

A cooperação perpassa, de fato, todas as etapas do procedimento. Além de gravar a inteira extensão do debate processual, também ilumina a dinâmica de escolha e eventual recusa dos árbitros, essencial para a legitimação democrática da instância arbitral, fundada que é nos princípios da autonomia privada e da confiança.

A despeito desse quadro, a doutrina arbitral não vem aprofundando o exame da imparcialidade e independência a partir dos deveres que emergem da cooperação. Em larga medida, o estudo da matéria tem se centrado quase que exclusivamente no dever de revelação (*duty of disclosure*) dos árbitros, ignorando-se as outras variadas consequências da cooperação.

Nesse sentido, além de o próximo tópico ser dedicado à análise da extensão normativa do dever de revelação – realmente fundamental para o controle da isenção dos árbitros –, os itens subsequentes serão orientados à investigação dos outros principais corolários da cooperação.

[494] O tema já foi tratado no tópico 2.2.3.3.2.

Em primeiro lugar, será exposto que o dever de revelar não se cinge aos árbitros; também as partes têm o *dever de revelação complementar*. Ciente da existência de qualquer fato que não tenha sido revelado pelo árbitro e que, sob os olhos da parte contrária, possa gerar dúvida justificada sobre a sua equidistância, não pode a parte *lavar as mãos* e permanecer calada. Deve também ela dar um passo à frente e trazer a matéria ao conhecimento de todos, ainda que, na sua compreensão, a circunstância de que tenha conhecimento não seja suficiente para a recusa do árbitro.

Em segundo lugar, mostrar-se-á que todos os sujeitos da arbitragem têm o *dever de esclarecimento* – e, em contrapartida, o direito de requisitá-lo – sobre assuntos que se relacionem à imparcialidade e à independência dos árbitros.

Em terceiro lugar, será defendido que o denominado *dever de proteção* também se faz presente nesse campo. Cumpre a todas as partes, e também aos próprios árbitros, buscar formas de minimizar os riscos decorrentes da existência de indícios concretos de parcialidade ou dependência. Por isso, se uma das partes apresentar impugnação séria e devidamente justificada em dúvida razoável, nem os árbitros, nem a parte contrária, devem criar maiores obstáculos à recusa ou substituição. Todos devem se esforçar para espantar qualquer pecha de nulidade que possa contaminar o trabalho desenvolvido no feito e evitar prejuízos aos demais.

Em quarto lugar, mostrar-se-á que o *dever de lealdade* é igualmente aplicável no procedimento de recusa dos árbitros, demandando que as partes se comportem com seriedade e honestidade ao impugnar um dos árbitros. A impugnação não pode constituir mero meio para atrasar ou tumultuar o feito, muito menos para retirar, à força, árbitro indesejado. Definitivamente, não pode haver espaço para as chamadas *táticas de guerrilha* na arbitragem.

3.1.3.1.1 Devor de revelação do árbitro

Não dispondo dos mesmos mecanismos que protegem a impessoalidade do juiz na jurisdição estatal (*v.g.* juiz natural, garantias e impedimentos da magistratura, sistema de recursos etc.), a confiança das partes na arbitragem está essencialmente conectada ao dever que os árbitros possuem de "revelar, antes da aceitação da função, qualquer fato que denote dúvida justificada quanto à sua imparcialidade e independência" (art. 14, §1º, da Lei nº 9.307/96).[495]

Inspirada no art. 12(1) da Lei Modelo da UNCITRAL e com ampla aplicação na prática internacional, a regra parte do pressuposto de que pode ser demasiadamente penoso, ou mesmo impossível, para a parte obter, por conta própria, elementos que indiquem a potencial parcialidade ou dependência dos árbitros.

O *disclosure* corresponde, nessa perspectiva, a fundamental dever ético do árbitro, que deve levar ao conhecimento de todos os demais participantes da arbitragem qualquer circunstância que possa demonstrar potencial comprometimento de sua retidão enquanto julgador.[496] Emerge no momento da indicação do árbitro e subsiste durante todo o curso do processo. A qualquer tempo, deparando-se com fatos, novos ou antigos, que possam fundamentadamente afetar a confiança das partes, deve o árbitro reportá-los imediatamente, ainda que o procedimento se encontre em estágio avançado.[497]

O dever de revelação visa, basicamente, a permitir que os participantes do processo arbitral tenham condições de adotar uma postura ativa no

[495] Judith Martins-Costa acentua, assim, que, "[p]lasmado de forma instrumental aos requisitos da imparcialidade e independência, está o dever anexo (instrumental ao 'bem julgar') de escrupulosa revelação sobre todas as circunstâncias que possam arranhar o vínculo de independência e imparcialidade e prejudicar a relação de *qualificada confiança* que une os figurantes desse contrato" (MARTINS-COSTA, Judith. *A boa-fé no direito privado*: critérios para a sua aplicação. Op. cit., p. 340).

[496] NALIN, Paulo; GONÇALVES, Marcos Alberto Rocha. O dever de revelação e os *standards* de independência e imparcialidade do árbitro à luz do novo Código de Processo Civil. In: TEPEDINO, Gustavo; TEIXEIRA, Ana Carolina Brochado; ALMEIDA, Vitor (Coord.). *Da dogmática à efetividade do Direito Civil*: Anais do Congresso Internacional de Direito Civil Constitucional – IV Congresso do IBDCivil. Belo Horizonte: Fórum, 2017, p. 272-273. Em tom crítico, António Menezes Cordeiro assevera, todavia, que "o dever de revelação tem uma dimensão deontológica, que dificilmente pode ser marginada pelo Direito. Cada um sabe, em consciência, aquilo que põe em causa a sua independência. Torna-se fácil revelar tudo e mais alguma coisa ... para calar o essencial. Nestes termos, sem negar o fundo ético do tema, afigura-se que o dever de revelação funciona, sobretudo, como um esquema de legitimação processual, destinado a, perante o grande público, dar um apoio significativo-ideológico à arbitragem" (MENEZES CORDEIRO, António. *Tratado da arbitragem*: Comentário à Lei 63/2011, de 14 de dezembro. Op. cit., p. 154-155).

[497] MARTINS, Pedro A. Batista. *Apontamentos sobre a Lei de Arbitragem*. Op. cit., p. 205; REDFERN, Alan; HUNTER, J. Martin. *Law and practice of international commercial arbitration*. Op. cit., p. 174.

autocontrole da higidez da arbitragem, avaliando concretamente a necessidade de afastamento do árbitro.[498]

A revelação exibe, ainda, uma segunda e importantíssima função, consistente em oferecer maior grau de segurança à atuação dos árbitros e à própria arbitragem como um todo. A partir de quando o árbitro revela dado fático que poderia, eventualmente, ser considerado apto a macular a sua atuação, transfere a responsabilidade de seu possível afastamento às partes, que deverão, sob pena de preclusão (art. 20, *caput*, da Lei nº 9.307/96), optar por mantê-lo ou, ao revés, impugnar sua nomeação. Em qualquer cenário, o árbitro já não poderá mais ser responsabilizado pelos fatos revelados tempestivamente e a parte não poderá suscitar a nulidade da sentença apresentando-os como fundamento.[499]

A maior dificuldade, no ponto, parece estar em identificar a exata extensão do dever de revelação. Quais circunstâncias, afinal, têm o condão de gerar *"dúvida justificada"* acerca da imparcialidade e independência do árbitro, sujeitando-se a revelação?

O tema não é simples e gera acirrada discussão doutrinária. Não bastasse o conteúdo genérico da Lei de Arbitragem, os próprios regulamentos das variadas câmaras arbitrais tendem a tratar do assunto de forma bastante abrangente, estabelecendo simplesmente que os árbitros devem revelar todos os fatos que possam criar dúvidas sobre a sua imparcialidade e independência.[500]

[498] PUCCI, Adriana Noemi. Impugnação de Árbitros. In: CARMONA, Carlos Alberto; LEMES, Selma M. Ferreira; MARTINS, Pedro Batista (Coord.). *20 anos da lei de arbitragem:* homenagem a Petrônio R. Muniz. Op. cit., p. 172.

[499] "Em outras palavras, o efeito jurídico do dever de revelação consiste no fato de que a parte possui a opção de impugnar o árbitro, com razões para tanto, ou definitivamente renunciar ao direito de fazê-lo posteriormente. Trata-se de verdadeiro momento preclusivo de 'estabilização' da constituição do tribunal arbitral. E exatamente por esse importante motivo que o dever de revelar tem sido descrito como a verdadeira 'apólice de seguro de vida' da arbitragem, na medida em que seu descumprimento pode levar a três consequências – de uma forma geral e dependendo do ordenamento jurídico: (i) a impugnação do árbitro; (ii) a anulação da sentença arbitral; e/ou (iii) a responsabilização civil do árbitro" (MARQUES, Ricardo Dalmaso. Breves apontamentos sobre a extensão do dever de revelação do árbitro. *Revista Brasileira de Arbitragem*, v. 8, n. 31, jul./set.2011, p. 66-67). Na mesma toada, v. HUNTER, J. Martin. Ethics of the International Arbitrator. Op. cit., p. 192.

[500] Essa foi a conclusão de Ricardo Dalmaso Marques após promover um apanhado de diversos regulamentos de câmaras de arbitragem nacionais e internacionais no ano de 2011, cf.

Com o intuito de fixar parâmetros sobre o tema, pode-se aproveitar a iniciativa adotada pela *International Bar Association – IBA* de desenvolver diretrizes e balizas mais concretas para aferir a imparcialidade e independência dos árbitros. Com efeito, por meio das denominadas *Guidelines on Conflict of Interest in International Arbitration*, a IBA pretendeu fornecer critérios para a definição de quais fatos, objetivamente: (i) poderão conduzir ao impedimento do árbitro; ou, quando menos, (ii) deverão ser revelados às partes.

Logo de início, a Diretriz Geral nº 2(c) da *IBA* dispôs que dúvidas serão consideradas "justificáveis se uma terceira pessoa razoável, tendo acesso aos fatos e às circunstâncias relevantes, alcançasse a conclusão de que existe a probabilidade de que, ao decidir, o árbitro possa ser influenciado por fatores alheios aos méritos do caso apresentado pelas partes". Propôs-se, assim, o denominado *"reasonable third person test"*.[501]

Na sequência, após traçar diversas outras diretrizes gerais,[502] a IBA elaborou uma segunda parte do documento, em que dividiu uma ampla gama de fatos colhidos da experiência arbitral em três listas distintas: vermelha (*"Red List"*), laranja (*"Orange List"*) e verde (*"Green List"*).

Na *"Red List"*, foram dispostos os casos mais graves, que levariam ao impedimento do árbitro. Tais hipóteses foram separadas em dois grupos: as que podem ser objeto de renúncia expressa pelas partes (*"Waivable Red List"*) e aquelas que, por levarem quase invariavelmente a julgamento sem isenção, seriam, segundo o entendimento da *IBA*,[503] absolutamente irrenunciáveis (*"Non-Waivable Red List"*).

MARQUES, Ricardo Dalmaso. Breves apontamentos sobre a extensão do dever de revelação do árbitro. Op. cit., p. 70-76.

[501] No original: "Doubts are justifiable if a reasonable third person, having knowledge of the relevant facts and circumstances, would reach the conclusion that there is a likelihood that the arbitrator may be influenced by factors other than the merits of the case as presented by the parties in reaching his or her decision" (*IBA Guidelines on Conflicts of Interest in International Arbitration: Adopted by resolution of the IBA Council on Thursday 23 October 2014.* International Bar Association, 2014, p. 5-6. Disponível em <www.ibanet.org/Publications/publications_IBA_guides_and_free_materials.aspx>. Acesso em 02/05/2021.

[502] Algumas dessas diretrizes são referidas de modo esparso nesta obra, para cada tema específico tratado.

[503] Como já se antecipou, entende-se, todavia, que apenas é irrenunciável a hipótese em que o árbitro se confunde com uma das partes ou é seu representante legal. Nos demais casos,

Na "*Orange List*", previram-se, por sua vez, circunstâncias fáticas que poderiam levantar questionamentos sobre a carência de imparcialidade e independência, mas cuja relevância ainda deveria ser avaliada pelas partes em cada caso concreto.

Por último, na "*Green List*", empreendeu-se uma relação das situações em que não há nenhum óbice à nomeação do árbitro e não existe, nem mesmo, a necessidade de revelação. O objetivo foi conferir, aos árbitros e às próprias partes, o conforto e a segurança de que a aceitação do encargo não trará embates futuros.

Por sua importância, as mencionadas listas ainda serão objeto de exaustivo enfrentamento nesta obra ao tratar do impedimento e da suspeição dos árbitros.[504] De qualquer modo, é forçoso desde já destacar que as *Guidelines* constituem mera *soft law* e, mesmo no plano das arbitragens internacionais, não apresentam caráter vinculante. Além disso, são frequentemente criticadas por seu grande rigor no tratamento da matéria, havendo firme posição doutrinária que sugere que não se aplicariam, de modo uniforme, ao atual momento do desenvolvimento da arbitragem em todos os países.[505]

por maior que seja a indicação de que o árbitro não será isento, as partes poderão optar, ainda assim, por mantê-lo na arbitragem, confiando em seus atributos pessoais e profissionais.

504 Ver tópico 3.2.2.

505 No Brasil, Carlos Alberto Carmona sustenta que: "In medio virtus: o tema precisa ser mais discutido, sem imaginar que as regras da IBA tenham resolvido o tema. Nós, os brasileiros, não participamos da elaboração destas regras e nossos costumes sociais parecem repudiar algumas delas. Nossa comunidade arbitral ainda é pequena e isso causa um intenso intercâmbio entre todos os que atuam neste meio: ora integramos um mesmo painel, ora, como advogados, defendemos clientes em polos opostos, ora somos árbitros e advogados, ora somos advogados e árbitros. Isto não nos causa, aos brasileiros, qualquer constrangimento. Será que causará algum desconforto aos estrangeiros? Nosso jeito afável – mas sério – precisa ser considerado e as regras de convivência entre partes, advogados e árbitros precisam ser adaptadas ao ambiente cultural em que serão aplicadas" (CARMONA, Carlos Alberto. Em torno do árbitro. *Revista de Arbitragem e Mediação*, v. 28, jan./mar.2011, p. 58). De modo semelhante, em Portugal, António Menezes Cordeiro aduz que: "[a]s *Guidelines* são *soft law*: não aplicável, por si. Mas além disso, há que a fazer passar por um *minimum* de adaptações, sob pena de irrealismo. Finalmente, elas correspondem a práticas norte-americanas, discutidas no seu próprio País de origem e que a doutrina europeia propõe sejam restritivamente interpretadas. Com efeito, a realidade jurídica estado-unidense é muito diferente da nossa" (CORDEIRO, António Menezes. *Tratado da arbitragem*: Comentário à Lei 63/2011, de 14 de dezembro. Op. cit., p. 156).

Sem prejuízo dessas ponderações, o fato é que, além de auxiliarem no balizamento das hipóteses concretas em que o árbitro deverá ser substituído, as *Guidelines* oferecem substancial contribuição para a definição do alcance do dever de revelação.

A premissa básica que rege todo o *duty of disclosure* consiste em que o árbitro deve se pôr no lugar das partes e imaginar quais fatores objetivamente poderiam impactar sua confiança, revelando, como estabelece o art. 11(2) do Regulamento de Arbitragem da CCI, quaisquer fatos ou circunstâncias "cuja natureza possa levar ao questionamento da sua independência aos olhos das partes, assim como quaisquer circunstâncias que possam gerar dúvidas razoáveis em relação à sua imparcialidade".[506]

Vale dizer: se deve haver preocupação em não se impor ao árbitro indicado o dever de inventariar todos os principais acontecimentos da sua vida, submetendo-o a escrutínio desarrazoado e que possa levar a impugnações absolutamente infundadas ou que violem sua privacidade, nem por isso se deve deixar de informar às partes todos aqueles casos que estejam realmente relacionados aos binômios da "confiança-imparcialidade" e "confiança-independência".[507] E é justamente no contexto de auxiliar nessa distinção que se inserem as *Guidelines* da *IBA*.[508]

[506] Disponível em <https://iccwbo.org/content/uploads/sites/3/2017/02/ICC-2017-Arbitration-and-2014-Mediation-Rules-portuguese-version.pdf >. Acesso em 02/05/2021.

[507] LEMES, Selma M. Ferreira. O dever de revelação do árbitro e a ação de anulação da sentença arbitral. In: LEMES, Selma M. Ferreira; BALBINO, Inez (Coord.). *Arbitragem*: temas contemporâneos. Op. cit., p. 454-459.

[508] "Requiring that arbitrators make disclosures in the case of doubt raises conflicting issues: it helps to protect arbitrators from challenges, but it also facilitates over-disclosure and can give rise to yet further challenges. The Guidelines steer a middle course. Disclosure should be made in cases of doubt, but provision is made for recognition of the need to avoid over-disclosure. The result may be the best and the worst of all worlds: protection for arbitrators from challenges and an opportunity for parties to challenge arbitrators on account of additional disclosure. The ideal solution is for an arbitrator to have the 'situation sense' to appreciate the importance of disclosure as a principle as well as in the particular context in which to make a disclosure in light of that principle" (TRAKMAN, Leon. The Impartiality and Independence of Arbitrators Reconsidered. *UNSW Law Research Paper,* International Arbitration Law Review, Sweet & Maxwell, Vol. 10, n. 2007-25, 2007, p. 1011). Tradução livre: "Exigir que os árbitros façam revelações em caso de dúvida suscita questões conflitantes: ajuda a proteger os árbitros de impugnações, mas também facilita uma divulgação excessiva e pode dar origem a outras impugnações. As Diretrizes orientam-se para uma posição intermediária.

Recorde-se que se está aqui a tratar de passo anterior à impugnação do árbitro. Por ora, discute-se tão somente quais fatos precisam ser *levados ao conhecimento* das partes, dos demais julgadores e, conforme o caso, da instituição arbitral. A simples revelação de fato não implica necessariamente a retirada do árbitro.[509] Os casos que ensejam revelação são mais amplos do que aqueles que poderão efetivamente autorizar a recusa do árbitro. A ordem é a seguinte: primeiro, há os fatos que não geram nenhum tipo de questionamento e não precisam ser revelados; depois, circunstâncias que podem gerar dúvidas justificadas e, por isso, devem ser reveladas para que as partes possam melhor avaliá-las, por mais que eventualmente não tolham a imparcialidade e independência do árbitro; e, por último, casos em que o árbitro estará, de fato, impedido e não poderá atuar.

Nesse giro, mesmo que não constituam regra definitiva, autorizando ou impedindo, em absoluto, a nomeação de determinado árbitro, nem muito menos estabeleçam relação taxativa ou absoluta de casos de possível infração ética,[510] as diretrizes da *IBA* oferecem ao menos bons indícios de quais situa-

A revelação deve ser feita em casos de dúvida, mas é reconhecida a necessidade de se evitar a revelação exagerada. O resultado pode ser o melhor e o pior de todos os mundos: proteção dos árbitros de impugnações e oportunidade para as partes contestarem árbitros em razão da divulgação adicional. A solução ideal é que um árbitro tenha o 'sentido da situação' para apreciar a importância da divulgação como um princípio, bem como, no contexto particular, para fazer uma divulgação à luz desse princípio".

509 É nessa linha que a Diretriz Geral nº 3(c) da IBA atesta que: "A disclosure does not imply the existence of a conflict of interest. An arbitrator who has made a disclosure considers himself or herself to be impartial and independent of the parties, despite the disclosed facts, and, therefore, capable of performing his or her duties as arbitrator. Otherwise, he or she would have declined the nomination or appointment at the outset, or resigned" (*IBA Guidelines on Conflict of Interest in International Arbitration Adopted by resolution of the IBA Council on Thursday 23 October 2014*. Op. cit., p. 8. Tradução livre: "A divulgação não implica a existência de um conflito de interesses. O árbitro que realizou a divulgação considera a si mesmo imparcial e independente das partes, a despeito dos fatos revelados, e, por isso, capaz de desempenhar suas funções como árbitro. De outra maneira, ele ou ela teria declinado a nomeação ou a indicação no início, ou renunciado".

510 A propósito, o próprio Comitê de Arbitragem da IBA exprime essa ressalva em caráter introdutório: "The IBA Arbitration Committee trusts that the Guidelines will be applied with robust common sense and without unduly formalistic interpretation. The Application Lists cover many of the varied situations that commonly arise in practice, but they do not purport to be exhaustive, nor could they be. Nevertheless, the IBA Arbitration Committee is confident that the Application Lists provide concrete guidance that is useful in applying the

ções têm objetiva aptidão para gerar "dúvidas justificadas" sobre a integridade dos árbitros (art. 14, §1º, da Lei nº 9.307/96), podendo servir como parâmetro bastante útil para o tratamento do assunto.

A única exceção que se vislumbra, desde já, é quanto às hipóteses que se referem à mera relação entre dois ou mais árbitros que componham o painel arbitral. Objetivamente, essa circunstância não denota, de modo isolado, qualquer espécie de dúvida – menos ainda "justificada" – quanto à sua imparcialidade e independência. Como exposto no tópico 3.1.1.4, somente estará presente o dever de revelar se houver uma relação propriamente vertical entre os árbitros, pois, nesse caso, um deles poderá ter total ou parcialmente eliminada sua independência decisória. Nos demais casos, a proximidade entre os julgadores não terá o condão de espelhar inclinação em favor de uma ou outra parte.

Dito isso, e sem que seja necessário repetir a integralidade das *Guidelines* atualizadas pela *IBA* em 2014, cumpre mencionar, a título meramente ilustrativo, algumas das hipóteses listadas, salientando-se que todos os casos relacionados na *"Red List"* e na *"Orange List"* trazem à tona o dever de revelação.

De início, por se tratar da relação mais curta, é possível referir todas as quatro hipóteses listadas na *"Non-Waivable Red List"*: (i) há uma identidade entre a parte e o árbitro, ou o árbitro é representante legal ou empregado da entidade que figura como parte na arbitragem; (ii) o árbitro é gerente, diretor ou membro do conselho fiscal, ou tem influência no controle de uma das partes ou de entidade que tem interesse econômico direto na sentença a ser proferida na arbitragem; (iii) o árbitro tem significativo interesse pessoal ou financeiro em uma das partes ou no resultado do caso; e (iv) o árbitro ou sua firma aconselha regularmente uma parte, ou uma associada da parte, e daí decorrem resultados financeiros significativos para o árbitro ou seu escritório.

General Standards" (*IBA Guidelines on Conflicts of Interest in International Arbitration: Adopted by resolution of the IBA Council on Thursday 23 October 2014*. Op. cit., p. 3). Tradução livre: "O Comitê de Arbitragem da IBA confia que as Diretrizes serão aplicadas com robusto bom senso e sem uma interpretação indevidamente formalista. As Listas de Aplicação abrangem muitas das variadas situações que frequentemente surgem na prática, mas não pretendem ser exaustivas, nem poderiam sê-lo. Entretanto, o Comitê de Arbitragem do IBA está confiante em que as Listas de Aplicação fornecem uma orientação concreta que é útil na aplicação das Diretrizes Gerais".

Na "*Waivable Red List*", por sua vez, são listadas um total de 14 (quatorze) situações, todas derivadas de três gêneros de envolvimento do árbitro: (i) o árbitro tem alguma relação com a disputa (*v.g.*, elaborou parecer doutrinário sobre o caso); (ii) o árbitro tem interesse direto ou indireto na disputa (*v.g.*, familiar próximo do árbitro tem substancial interesse financeiro no resultado da disputa); e (iii) o árbitro tem relação com as partes ou com seus advogados (*v.g.*, o árbitro trabalha no mesmo escritório do patrono de uma das partes).

Já na "*Orange List*", os casos são divididos da seguinte forma: (i) prévia prestação de serviços ou outro envolvimento anterior com o caso (*v.g.*, nos últimos três anos, o árbitro funcionou como advogado contra uma das partes ou suas associadas em matéria não relacionada à disputa, ou foi indicado por uma das partes como árbitro em duas ou mais ocasiões); (ii) prestação atual de serviços (*v.g.*, o escritório do árbitro está atualmente prestando serviços a uma das partes ou suas associadas, sem que tenha sido criada significativa relação negocial, nem haja envolvimento do árbitro); (iii) relação entre o árbitro e o advogado de uma das partes ou um dos outros árbitros (*v.g.*, dois advogados de um escritório foram simultaneamente indicados árbitros da mesma ou de diferentes arbitragens que envolvam uma das partes); (iv) relação entre o árbitro e a parte ou outras pessoas relacionadas à arbitragem (*v.g.*, o escritório do árbitro está atualmente atuando contra uma das partes ou suas associadas); e (v) outras circunstâncias variadas (*v.g.*, o árbitro divulgou publicamente a sua posição sobre o caso concreto, seja em artigo publicado, em discurso ou em qualquer outra oportunidade).

Por outro lado, as seguintes situações, descritas na "*Green List*" da *IBA*, realmente não são aptas a gerar dúvida razoável sobre a imparcialidade e independência dos árbitros e, por isso, não precisam ser reveladas: (i) o árbitro manifestou sua posição jurídica sobre tema relacionado à disputa, mas sem se remeter ao específico caso submetido à arbitragem; (ii) uma sociedade de advogados associada ao escritório do árbitro, mas que não compartilha significativamente seus lucros com a sua banca de advogados, representa uma das partes ou suas associadas em matéria não relacionada ao conflito; (iii) o árbitro tem relação com outro árbitro ou com o advogado de uma das partes por meio de rede social ou por ser membro de uma mesma associação profissional ou organização social ou de caridade; e (iv) o árbitro possui parcela insignificante da composição acionária de uma das partes, que consiste em companhia listada publicamente.

Como visto acima, as balizas apresentadas pela *IBA* mostram-se bastante úteis para uma primeira definição de quais fatos devem, ou não, ser revelados às partes.

Não obstante, o essencial é preservar a ideia básica sobre o *disclosure*: seja antes ou no momento da aceitação do encargo, o árbitro precisa indicar todos os fatos que possam, sob os olhos da parte – ou de uma terceira pessoa razoável (*"reasonable third person test"*) –, impactar a confiança a ele atribuída. O dever de revelação surgirá, em regra, sempre que houver relações significativas com: (i) uma das partes; (ii) os advogados de uma das partes; (iii) pessoas próximas às partes e seus advogados; e (iv) pessoas com interesses substanciais na disputa. Além disso, o *disclosure* também será devido quando (v) o árbitro e/ou pessoas próximas a ele tiverem alguma sorte de interesse no resultado da arbitragem.

Para avaliar quais relações são "significativas", um dos critérios que pautam o dever de revelação consiste na contemporaneidade da relação: se o vínculo for presente à disputa, terá grau de importância mais elevado; se for pretérito, a necessidade do *disclosure* tenderá a diminuir com o decurso do tempo.

Conforme se observa, a confirmação da existência do dever nem sempre será intuitiva. Diversos fatores precisam ser avaliados e sopesados. Contudo, se não estiver certo a respeito da total impertinência da matéria, o árbitro deverá realizar a revelação.[511] Na dúvida, melhor ser transparente do que criar risco para a confiança depositada pelas partes e para a validade dos trabalhos a serem desenvolvidos.

Em acréscimo, é imprescindível que o árbitro não se limite apenas a revelar os fatos que já conhece de antemão; é indispensável, da mesma maneira, que promova as medidas razoavelmente[512] necessárias para aferir se há alguma

[511] "A decisão do árbitro pelo que revelar, deve ser fruto de delicado equilíbrio de ponderação. Em favor de uma revelação ampla, que garanta a confiança no processo e a sua transparência, temos as constatações de que: (i) a dúvida deve ser dirimida em favor da revelação; (ii) árbitro deve ter postura de empatia, indagando se, caso fosse parte, gostaria de conhecer o mencionado fato" (CAVALIERI, Thamar. Imparcialidade na arbitragem. Op. cit., p. 124).

[512] Deve-se ter o cuidado de não exigir uma minúcia exagerada em tal campo. Afinal, não "se pode exigir do árbitro que fique em estado de alerta permanente, atento a

outra espécie de relação apta a gerar dúvida qualificada. Exige-se, assim uma diligência mínima, que evite surpresas e impugnações futuras, atribuindo alto grau de credibilidade à arbitragem.

Assim é que, por exemplo, o árbitro deve pesquisar nos sistemas de seu escritório e inquirir aos seus colegas a existência de algum potencial conflito de interesses. Em uma banca de advogados de grande porte é realmente possível que o árbitro não tenha conhecimento sobre todos os clientes e ações.[513] Nem por isso, será facultado que deixe de empregar esforços mínimos[514] para efetuar esse relevante exame, já que a matéria até então ignorada poderá: (a) assumir relevância posteriormente e eivar seu comprometimento ético; ou, ainda quando assim não seja, (b) contaminar a confiança que o árbitro inspira nas partes.

Por fim, depois de todas essas considerações, resta o questionamento: ao deixar de revelar fato que deveria ter sido objeto de *disclosure*, isso implicará, por si só, o afastamento do árbitro ou a nulidade da sentença arbitral?

A resposta é negativa. Haverá, contudo, três principais repercussões: (i) o prestígio e a reputação do árbitro serão possivelmente abalados, podendo afetar o seu posicionamento no mercado da arbitragem; (ii) a instituição arbitral poderá impor-lhe sanções, retirando-o de sua lista de árbitros ou deixando de

absolutamente todos os fatos que se passam à sua volta, ainda que deles não participe diretamente. O dever de diligência do árbitro em conhecer e revelar quaisquer fatos que pudessem gerar dúvidas, aos olhos das partes, quanto à sua independência e imparcialidade para funcionar no caso deve ser visto e aplicado com razoabilidade e bom senso. Do contrário, sujeitar-se-á o árbitro a verdadeira e constante 'caça às bruxas', impondo-lhe ônus com o qual, numa perspectiva realista, dificilmente conseguirá arcar, e permitindo que qualquer das partes disso se aproveite, no futuro, para, se for de seu interesse, questionar a sentença arbitral utilizando-se deste fundamento" (WALD, Arnoldo. A ética e a imparcialidade na arbitragem. *Revista de Arbitragem e Mediação*, v. 39, out./dez.2013, p. 33-34).

513 PIHLBLAD, Steffen; LUNDBLAD, Christian; Søgaard-Christensen, Claus. *Arbitration in Denmark. Translated by Steven Harris*. Op. cit., p. 49.

514 Marcelo Roberto Ferro sustenta, sobre a matéria, que "a obrigação assumida pelo árbitro é de resultado" e deve ser objeto de "investigação constante", ainda que registrando, com apuro, que, "[o]bviamente, essa pesquisa é feita consoante critérios de razoabilidade, sem que seja necessário, *v.g.*, realizar esta pesquisa várias vezes ao dia (FERRO, Marcelo Roberto. Apontamentos sobre a independência dos árbitros. In: VON ADAMEK, Marcelo Vieira. *Temas de direitos societário e empresarial contemporâneos*. São Paulo: Malheiros, 2011, p. 869-870).

confirmar a sua nomeação em casos futuros,[515] e (iii) a ausência da revelação constituirá fator agravante da importância da matéria não revelada, servindo como um *plus*, ou seja, indício adicional da parcialidade ou dependência do árbitro.[516] A nulidade continuará restrita a fatos com efetiva aptidão para afligir a confiança das partes, porém a ausência de revelação ligará uma espécie de sinal de alerta.[517]

[515] Agostinho Pereira de Miranda afirma que "são também meios repressivos da conduta não isenta do árbitro as sanções impostas pelos centros de arbitragem – v.g., a não nomeação para futuras arbitragens –, a sanção disciplinar no quadro da profissão habitualmente exercida ou mesmo a censura da chamada *comunidade arbitral*" (MIRANDA, Agostinho Pereira de. O estatuto deontológico do árbitro – passado, presente e futuro. *Revista de Arbitragem e Mediação*, v. 26, jul./2010, p. 122). Ainda que o autor português esteja tratando de hipóteses de efetiva ausência de imparcialidade ou independência, tais mecanismos parecem perfeitamente aplicáveis em casos graves de violação ao dever de revelação.

[516] Fazendo menção à jurisprudencia da Corte Internacional de Arbitragem da CCI, já se referiu que "muchas veces cuando una parte conoce de un hecho que desde su punto de vista debió haber sido revelado por un árbitro, ésta lo recusa, planteando que la decisión de no comunicar el hecho refleja precisamente su falta de independencia. La posición de la Corte hasta ahora ha sido la de considerar este elemento en conjunto con la naturaleza y gravedad de los hechos no revelados. Sea cual sea la decisión de la Corte, dicho árbitro habrá causado una demora en el proceso y una alteración en las relaciones entre las partes y los árbitros y en la dinámica del proceso, por no haber sido precavido desde el inicio" (FIGUERES, Dyalá Jiménez. Nombramiento y recusación de árbitros. *Revista de Arbitragem e Mediação*, v. 10, jul./2006, p. 148). Tradução livre: "muitas vezes, quando uma parte está ciente de um fato que, do seu ponto de vista, deveria ter sido revelado por um árbitro, essa o recusa, afirmando que a decisão de não comunicar o fato reflete precisamente sua falta de independência. A posição do Tribunal até agora tem sido de considerar esse elemento em conjunto com a natureza e a gravidade dos fatos não divulgados. Seja qual for a decisão do Tribunal, o referido árbitro terá causado um atraso no processo e uma alteração nas relações entre as partes e os árbitros e na dinâmica do processo, por não ter sido cauteloso desde o início".

[517] Orientando-se por linha de raciocínio diversa, Arnoldo Wald sustenta que, "[n]o controle que sucede à sentença já proferida, não cabe mais aferir a suposta falta de revelação, mas, sim, se o árbitro em questão efetivamente agiu de modo parcial durante a arbitragem, com o intuito de favorecer uma das partes. O controle feito a posteriori deve ater-se aos fatos e às situações que realmente ocorreram. Em outras palavras, não importa mais como o árbitro poderia ter se conduzido, mas, apenas, como ele se comportou *in concreto*. Apenas no caso de restar provado que o árbitro efetivamente agiu de maneira parcial, poderá haver ofensa à ordem pública a justificar a recusa à homologação da sentença arbitral. Do contrário, não haverá óbice à homologação" (WALD, Arnoldo. A ética e a imparcialidade na arbitragem. Op. cit., p. 33). Diante da enorme dificuldade que a parte teria para comprovar a falta de isenção concreta do árbitro, discorda-se, todavia, desse raciocínio. Compreende-se mais acertada a visão de Ricardo Dalmaso Marques, que igualmente rejeita "a visão de que se

3.1.3.1.2 Dever de revelação complementar das partes

O dever de revelação dos árbitros é essencial para a preservação da isonomia processual e da equidistância dos julgadores em relação às partes, devendo ser tratado com suficiente rigor. Todavia, haverá hipóteses em que o árbitro indevidamente deixará de efetuar o *disclosure* de fatos que possam acarretar dúvidas justificadas sobre sua imparcialidade e independência. Nesses casos, a parte conhecedora de tais circunstâncias não poderá permanecer inerte e deixar a arbitragem seguir seu curso regular. A boa-fé e a cooperação processual geram verdadeiro *dever de revelação complementar* às partes.[518]

deverá sempre avaliar se a imparcialidade foi efetivamente violada durante o processo arbitral. Tratar-se-ia, *a um*, de análise impossível, pois estados mentais não são facilmente perceptíveis, mormente em momentos adiantados do processo ou após o seu fim. [...] E o posicionamento nos parece correto, *a dois*, porque, ao se buscar a parcialidade efetiva, estar-se-ia ignorando o caráter autônomo do dever de revelação, que não se confunde com a imparcialidade e terá seu exercício menoscabado. [...] A não revelação de certos vínculos pode macular a confiança na equidistância; não há dúvidas de que, 'em determinadas circunstâncias a omissão na revelação, por si só, já compromete esses atributos [independência e imparcialidade]'" (MARQUES, Ricardo Dalmaso. *O dever de revelação do árbitro.* Op. cit., p. 318-319).

[518] Digna de nota, contudo, a observação de Leon Trakman sobre a previsão de tal dever nas *Guidelines on Conflict of Interest on International Arbitration* elaboradas pela *International Bar Association*: "Shifting part of the burden to uncover material conflicts may well be realistic insofar as parties often are in a better position to identify conflicts than the arbitrators. This 'rule' may also illustrate the development of norms of good faith that ought to be imposed on arbitrators and parties alike in international commercial arbitration. However, it remains uncertain as to how such norms would apply in practice. For one thing, most parties choose arbitration with limited understanding that they are subject to such good faith duties and might well be less inclined to opt for arbitration were they so constrained. For another thing, imposing a burden on a party could create its own conflicts as arbitrators and parties engage in a battle over who is responsible, or indeed more responsible for the lack of independence or imputed partiality of the arbitrator(s) and/or parties" (TRAKMAN, Leon. The Impartiality and Independence of Arbitrators Reconsidered. Op. cit., p. 1018). Tradução livre: "Deslocar parte do ônus de revelar conflitos materiais pode ser realista na medida em que as partes frequentemente estão em melhor posição de identificar conflitos do que os árbitros. Essa 'regra' pode também ilustrar o desenvolvimento de normas de boa-fé que poderiam ser impostas aos árbitros e às partes, como na arbitragem comercial internacional. No entanto, continua a ser incerto como essas normas aplicar-se-iam na prática. Por um lado, a maioria das partes escolhe a arbitragem com uma limitada compreensão de que estará sujeita a deveres de boa-fé e poderia ficar menos inclinada a optar pela arbitragem se soubesse dessas constrições. Por outro lado, impor um ônus à parte poderia criar conflitos próprios, na medida em que os árbitros e as partes se envolveriam em uma batalha sobre quem é o responsável, ou de fato

Haverá situações, aliás, em que apenas a própria parte terá à disposição determinados elementos fáticos que poderão conduzir ao impedimento, devendo informá-los prontamente ao árbitro (que pode desconhecer, por exemplo, vínculo entre a parte e outra determinada sociedade) e aos demais participantes da arbitragem.[519]

Mesmo que não se possa jamais impor a uma parte que efetivamente *ajude* a outra a obter resultado favorável na demanda, um mínimo de cooperação deve existir, sobretudo em tema tão delicado para a regularidade da arbitragem quanto a imparcialidade e independência do árbitro.

Além dos óbvios prejuízos que podem ser gerados à parte que desconhece a potencial inclinação do árbitro para o lado oposto, outros ainda poderão derivar de sua substituição tardia ou da anulação da sentença, com o consequente reinício do procedimento arbitral. Assim, bem vistas as coisas, o dever de revelação complementar se insere parcialmente no próprio dever de proteção que rege a atuação de todos os sujeitos do processo: deve-se evitar sempre que quaisquer danos sejam gerados aos demais.

Por esse motivo, as *Guidelines on Conflict of Interest in International Arbitration* da *IBA* apontam, categoricamente, que também a parte tem o dever de informar ao árbitro, ao tribunal arbitral, às outras partes, à instituição arbitral, bem como a qualquer outra autoridade relacionada à nomeação dos árbitros, a respeito de determinadas relações que possam inquinar o comportamento ético do julgador. Mais do que isso, estabelecem que, assim como os árbitros, as partes igualmente devem tomar medidas razoáveis para ter acesso a essas informações, não podendo se limitar à alegação de total ignorância dos

mais responsável, pela falta de independência ou pela alegada parcialidade do árbitro e/ou das partes".

[519] José Carlos de Magalhães pondera, assim, que "esse dever dos árbitros corresponde ao das partes de informar eventuais fatos, circunstâncias e pessoas, direta ou indiretamente, a elas vinculadas ou relacionadas, para que possam eles aferir se devem ou não aceitar a indicação para atuar. Não têm os árbitros o dever de pesquisar relacionamentos das partes ou a composição societária da empresa envolvida, ou, ainda, eventuais vínculos societários e contratuais relacionados ou não com a controvérsia a ser decidida. É delas esse dever de informação" (MAGALHÃES, José Carlos de. Os deveres do árbitro. In: CARMONA, Carlos Alberto; LEMES, Selma M. Ferreira; MARTINS, Pedro Batista (Coord.). *20 anos da lei de arbitragem:* homenagem a Petrônio R. Muniz. Op. cit., p. 236).

fatos.[520] Em sintonia com esse entendimento, também o Código de Ética da *ABA – American Bar Association* possui previsão análoga.[521]

No Brasil, aliás, a mesma orientação foi seguida pelo Código de Ética da CAM-CCBC, o qual previu que: "[...] As Partes, ao tomarem ciência da indicação do árbitro, deverão informar qualquer fato que seja de seu conhecimento ou que deveriam conhecer e que as vincule ao árbitro, a fim de que este possa efetuar as verificações e revelações pertinentes [...]" (Enunciado nº 4).[522]

Dessa forma, não se pode ter dúvidas: a parte tem o dever, decorrente da cooperação e da boa-fé processual, de complementar as informações prestadas pelo árbitro, sob pena inclusive de ser solidariamente responsável, em conjunto com o árbitro impedido, à reparação dos danos que efetivamente sejam impingidos aos outros sujeitos processuais e que pudesse razoavelmente impedir.

3.1.3.1.3 Dever de esclarecimento

Em adição ao dever de revelação, convém também referir a importância do dever de esclarecimento, outra conhecida variante da cooperação processual, para o campo da imparcialidade e independência dos árbitros.[523]

520 Conferir, nesse sentido, o teor da Diretriz Geral nº 7 das *IBA Guidelines on Conflict of Interest in International Arbitration Adopted by resolution of the IBA Council on Thursday 23 October 2014.* International Bar Association, 2014. Op. cit., p. 15.

521 "CANON II. AN ARBITRATOR SHOULD DISCLOSE ANY INTEREST OR RELATIONSHIP LIKELY TO AFFECT IMPARTIALITY OR WHICH MIGHT CREATE AN APPEARANCE OF PARTIALITY. B. Persons who are requested to accept appointment as arbitrators should make a reasonable effort to inform themselves of any interests or relationships described in paragraph A" (*The Code of Ethics for Arbitrators in Commercial Disputes. Approved by the American Bar Association House of Delegates on February 9, 2004. Approved by the Executive Committee of the Board of Directors of the AAA.* Disponível em <https://www.americanbar.org/content/dam/aba/administrative/dispute_resolution/dispute_resolution/commercial_disputes.pdf>. Acesso em 02/05/2021). Tradução livre: "CANÔNE II. UM ÁRBITRO DEVE DIVULGAR QUALQUER INTERESSE OU RELAÇÃO QUE POSSIVELMENTE AFETE A IMPARCIALIDADE OU QUE POSSA CRIAR UMA APARÊNCIA DE PARCIALIDADE. B. Pessoas que são convidadas a aceitar a nomeação como árbitros devem fazer um esforço razoável para se informar sobre quaisquer interesses ou relações descritas no parágrafo A".

522 Código de Ética do CAM-CCBC. Disponível em <https://ccbc.org.br/cam-ccbc-centro-arbitragem-mediacao/resolucao-de-disputas/arbitragem/codigo-etica>. Acesso em 02/05/2021.

523 Na lição de Judith Martins-Costa, o dever de revelação "[e]ngloba o dever de esclarecimento – que é mais do que informar, comportando a explicitação da informação, quando

Segundo a doutrina dominante, o dever de esclarecimento implica que o julgador deve: (a) avisar às partes sobre as consequências de suas condutas e sobre possíveis defeitos processuais que precisem ser sanados; e, (b) em caso de dúvidas, determinar que esclareçam o conteúdo de suas manifestações.[524] Sem prejuízo, em uma acepção ainda mais ampla, é viável dele extrair o dever de que tanto os árbitros, como as partes, estejam sempre pré-dispostos a esclarecer seus respectivos pronunciamentos,[525] contribuindo para a regular promoção das instâncias de debate.

Nesse sentido, no que interessa à seara ética da arbitragem, não apenas os sujeitos processuais precisam revelar fatos que objetivamente possam indicar uma prévia e indevida inclinação a julgar de determinada maneira (dever de revelação), como também devem prestar todos os esclarecimentos que lhes sejam solicitados sobre o assunto.

Assim, desde o momento da apresentação do requerimento de arbitragem, as partes e os árbitros têm o direito de dirigir a quaisquer dos demais personagens do processo arbitral pedido fundamentado de esclarecimentos sobre fatos que: (i) tenham sido revelados, mas não estejam suficientemente claros; (ii) sejam notórios ou tenham chegado ao seu conhecimento por alguma outra via, porém dependam de confirmação ou de explicações adicionais; ou (iii) razoavelmente possam defluir dos elementos já apresentados no processo. É possível, ainda, que o árbitro ache por bem solicitar informações sobre: (iv) a composição societária ou os vínculos empresariais de uma das partes; e (v) a exata extensão do objeto da disputa, de modo a melhor avaliar eventual conflito de interesses.

necessário à plena compreensão do teor da informação dada – e configura um *dever dinâmico*, que perpassa todas as fases da relação contratual, traduzindo-se no dever de revelação de circunstâncias supervenientes ao momento da conclusão do contrato de investidura" (MARTINS-COSTA, Judith. *A boa-fé no direito privado*: critérios para a sua aplicação. Op. cit., p. 340). Contudo, para fins didáticos e de organização do estudo, considera-se preferível tratar o dever de esclarecimento de forma apartada do dever de revelação, sobretudo por consistir em um dos principais corolários da cooperação processual. Além disso, mesmo que fossem tratados juntos, entende-se que a leitura deveria ser inversa: o dever de esclarecimento – mais amplo – abarcaria o dever de revelação.

524 MAZZOLA, Marcelo Leite da Silva. *Tutela jurisdicional colaborativa*: a cooperação como fundamento autônomo de impugnação. Op. cit., p. 133.

525 DIDIER JR., Fredie. Os três modelos de direito processual: inquisitivo, dispositivo e cooperativo. Op. cit., p. 222.

Como dito, a arbitragem é fundada na confiança. Por essa razão, impõe-se que o diálogo acerca de possíveis impedimentos seja bastante amplo, permitindo que árbitros e partes tenham à sua disposição todos os elementos apropriados para refletir sobre a conveniência, respectivamente, da eventual recusa do encargo ou do oferecimento de impugnação.

Por decorrência lógica, relacionando-se com o exame da aptidão ética do árbitro para julgar o caso, o pedido de esclarecimentos suspenderá a ocorrência do fenômeno preclusivo previsto no art. 20 da Lei nº 9.307/96, o qual dispõe, dentre outros aspectos, que a parte deve arguir questões relativas à suspeição ou ao impedimento dos árbitros na primeira oportunidade que tiver para se manifestar após a instituição da arbitragem.

3.1.3.1.4 Dever de proteção

O dever de proteção impõe, de um lado, que as partes orientem sua atuação de forma a não causar danos uma à outra, e, de outro, que também o árbitro as auxilie a impedir que o sucesso da demanda seja frustrado pelo uso inadequado do processo. Nesse último aspecto, é frequentemente denominado de "dever de prevenção".[526]

Na seara ética da arbitragem, os sujeitos processuais têm o dever, sob essa ótica, de empregar todos os esforços necessários para evitar que: (i) uma das partes seja indevidamente favorecida pela eleição de árbitro que não seja isento, frustrando-se o regular atingimento dos objetivos do processo arbitral; e (ii) seja futuramente declarada a nulidade da sentença arbitral, fulminando-se, em prejuízo de todos, a validade dos trabalhos desenvolvidos.

Por isso, convém que tanto as partes, como os próprios julgadores, alcancem elevado nível de cooperação na definição dos árbitros. É preciso retomar a compreensão que está na raiz da adoção da arbitragem: as partes têm o

526 Em geral, o dever de prevenção do árbitro é associado ao "dever de o tribunal prevenir as partes sobre eventuais deficiências ou insuficiências das suas alegações ou pedidos" (SOUZA, Miguel Teixeira de. Aspectos do novo processo civil português. Revista de Processo, v. 86, abr.jun./1997, p. 176). Inobstante, como observa Fredie Didier Jr., também "vale genericamente para todas as situações em que o êxito da ação a favor de qualquer das partes possa ser frustrado pelo uso inadequado do processo" (DIDIER JR., Fredie. Os três modelos de direito processual: inquisitivo, dispositivo e cooperativo. Op. cit., p. 224).

poder de escolher pessoas com efetiva aptidão para bem julgar a demanda. Ainda que sejam definidos determinados critérios para a nomeação do painel arbitral, outorgando-se a cada parte a possibilidade de escolha unilateral do árbitro, a essência basilar da arbitragem não se altera e a confiança, um dos marcos centrais de legitimação democrática de tal instância decisória, deve ser continuamente preservada em relação a todos os envolvidos no conflito.

Então, desde que a parte em desacordo com a nomeação não esteja oferecendo impugnação absolutamente descabida ou com propósitos claramente espúrios ou protelatórios, importa que seu adversário e o árbitro tentem se colocar em sua posição[527] e não criem desnecessária querela em torno do assunto. Existindo dúvidas justificadas sobre a higidez ética do árbitro para a apreciação de determinado caso concreto, com aptidão objetiva para macular a confiança no seu trabalho e, eventualmente, ainda contaminar a validade de todo o procedimento, deve-se evitar a instauração de uma discussão mais aguda, afastando-se desde logo o árbitro questionado.

Sob o ponto de vista do árbitro, cumpre que, ao receber uma impugnação, analise friamente se a parte tem razões objetivas para duvidar da retidão do seu comportamento. Se compreender que, apesar de equivocada, a impugnante age de boa-fé e verdadeiramente apresenta motivos razoáveis para questionar a nomeação, será o caso de afastar-se prontamente da função,[528] salvaguardando a credibilidade da arbitragem[529] e o interesse máximo da atividade

[527] Ver nota 511.

[528] "Dizem os autores que um bom princípio é que se a independência ou a imparcialidade forem suscitadas no início do processo, a opção do árbitro deve ser afastar-se, a menos que as objecções sejam claramente inadequadas. É aquilo a que chamam 'the rule of thumb of stepping aside'. Esta opção baseia-se sobretudo na vontade de não criar problemas, de não deixar que os outros árbitros possam ter dúvidas sobre a independência ou a imparcialidade e com isso o árbitro em questão fique psicologicamente diminuído, passando a pairar sobre o processo um desagradável receio de posterior anulação do laudo arbitral" (JÚDICE, José Miguel. Árbitros: características, perfis, poderes e deveres. *Revista de Arbitragem e Mediação*, v. 22, jul.set./2009, p. 142).

[529] William Park bem assevera que "[c]ommon sense tells us that the big losers would be none other than professional arbitrators themselves if the process did not inspire general confidence" (PARK, William W. Arbitrator Integrity: The Transient and the Permanent. *San Diego Law Review*, v. 46, 2009, p. 651). Tradução livre: "o senso comum nos diz que os principais perdedores seriam ninguém menos que os próprios árbitros profissionais se o processo não inspirasse confiança geral".

judicante, que consiste na pacificação social. Sobretudo para um juiz privado, tão importante quanto efetivamente ser imparcial e independente é parecer imparcial e independente.[530]

Por outro lado, sob a perspectiva da parte contrária, a análise passa pelo mesmo ponto: existem fundamentos sérios e objetivos para a impugnação do árbitro indicado? Se houver, o recomendável é que já se pesquise outro nome potencial e, em vez de instalar contenda em torno do assunto, coopere-se com a manutenção de ambiente sadio, tendente a promover a eliminação do conflito e, por vezes, facilitar a reaproximação entre as partes.

A diretriz mais básica consiste em preservar a confiança dos jurisdicionados e a posterior validade da sentença arbitral. Exige-se, assim, uma verdadeira mudança de cultura. Em vez de se apegarem a uma visão estritamente contenciosa da disputa, compete aos próprios advogados orientar seus clientes a não insistirem em nomes objetivamente suscetíveis a críticas quanto aos requisitos da imparcialidade e independência. Afinal, mesmo que vencida a primeira etapa, todos ainda poderão ser prejudicados futuramente com a anulação pela via judicial, sujeitando-se à sensível prorrogação do tempo necessário para o deslinde da controvérsia e ao substancial incremento dos custos com o processo.

Portanto, decorre da cooperação processual que a nomeação, e também a manutenção ao longo de todo o feito, dos árbitros indicados seja conduzida pelos ditames do dever de proteção. Apresentadas críticas fundamentadas sobre a ausência de imparcialidade e independência, todos os sujeitos da arbitragem devem cooperar para a defesa da confiança e a conservação da validade dos atos a serem praticados, protegendo-se uns aos outros das mazelas de um processo possivelmente viciado.

3.1.3.1.5 Dever de lealdade

O dever de lealdade constitui outro corolário da cooperação relevante para o campo da imparcialidade e da independência. Além de se confundir parcialmente com as próprias prescrições éticas relacionadas à atividade dos

[530] Ver nota 451.

árbitros, também implica que eventuais impugnações sejam sempre sérias e fundamentadas.

As partes não podem subverter o mecanismo da recusa com o objetivo de simplesmente protelar o feito ou tentar substituir, ao seu talante, árbitro que possa apresentar entendimentos contrários aos seus interesses.[531] Táticas de guerrilha devem ser duramente repreendidas na arbitragem e, com especial vigor, no campo da nomeação e manutenção dos árbitros indicados.[532]

A utilização descomedida da via da impugnação constitui frequentemente meio para ameaçar o árbitro, com o intuito de que: (i) se sinta coibido a deixar o processo, receando possível responsabilização futura em caso de nulidade da sentença arbitral;[533] ou, (ii) pior ainda, oriente-se de forma favorável à impugnante ao longo do feito, apenas para se proteger de eventuais críticas. Em um ou outro caso, diminuídos estarão o prestígio e a eficiência da arbitragem como meio alternativo de resolução de controvérsias.

[531] Thamar Cavalieri refere, nessa linha, que a doutrina estrangeira tem denominado essas práticas como "Black Art Challenges: impugnações levantadas com escusos intuitos de protelar a arbitragem ou de privar a parte contrária do árbitro de sua escolha" (CAVALIERI, Thamar. Impercialidade na arbitragem. Op. cit., p. 134).

[532] Discorrendo sobre o tema, Hermes Marcelo Huck faz referência ao "velho estratagema de retardar o processo apresentando impugnações frívolas ao nome do árbitro indicado pela parte contrária ou ao presidente do Tribunal. Não raro, para postergar a formação do Tribunal, a parte chicaneira submete questionários despropositados a serem respondidos pelos árbitros já indicados, e, quando não, levanta exigências solicitando revelações descabidas, que resultam em impugnações igualmente descabidas. A literatura arbitral é prolífica em tratar casos dessa estirpe que, ao final, são resolvidos – mas não raro –, implicam renúncias desnecessárias e significativo atraso no curso do processo" (HUCK, Hermes Marcelo. As táticas de guerrilha na arbitragem. In: CARMONA, Carlos Alberto; LEMES, Selma M. Ferreira; MARTINS, Pedro Batista (Coord.). *20 anos da lei de arbitragem:* homenagem a Petrônio R. Muniz. Op. cit., p. 312).

[533] Carlos Alberto Carmona relata, nessa ordem de ideias, que "a simples acusação do árbitro de não ter revelado esta ou aquela circunstância periférica de ligação remota com a parte, formulada de modo rústico e pernóstico, causa tamanho mal-estar que acarreta o afastamento do árbitro. Lembro que, em princípio, é o próprio árbitro quem deve responder e julgar os questionamentos ligados à sua independência e imparcialidade; eventualmente, se assim predispuser o regulamento adotado (em arbitragens administradas), serão formadas comissões (ou a questão será remetida a um órgão administrativo da entidade encarregada de organizar o procedimento), mas em qualquer um dos casos o constrangimento do árbitro será inevitável e dependendo do tom da acusação, o árbitro poderá até sentir-se ofendido, subindo-lhe o sangue aos olhos e... a parte impugnante terá conseguido exatamente o que queria. O árbitro, como se vê, terá que mostrar habilidade, tranquilidade e preparo para lidar com a delicada situação" (CARMONA, Carlos Alberto. Em torno do árbitro. Op. cit., p. 59).

Para evitar esse cenário, importa que os árbitros, a parte contrária e, se for o caso, a instituição arbitral estejam atentos a tais medidas espúrias e se dediquem a coibir esse gênero de comportamento,[534] o que se dará, em geral, mediante a cominação de multa por litigância de má-fé.

Por certo, o mencionado controle não corresponde a tarefa simples. Há uma linha tênue entre a recusa oferecida de boa-fé e aquela meramente maquiada para ostentar juridicidade. Na dúvida, não será lícita a automática aplicação de multas e sanções à parte impugnante, que, *a priori*, estará exercendo direito previsto em lei e que é salutar para a proteção da confiança.[535] Todavia, quando a impugnação se distanciar, com clareza, dos parâmetros éticos já construídos pela doutrina, pela jurisprudência e pela prática arbitral, haverá maior campo para o reconhecimento do comportamento desleal.

Em qualquer caso, afigura-se essencial que os demais árbitros transmitam o apoio e o suporte necessários ao árbitro indevidamente ameaçado, mantendo-se firmes e coesos na missão de julgar adequadamente a lide.

3.2 Impedimento e suspeição do árbitro

No processo estatal, os institutos do impedimento e da suspeição se revestem de importância central no controle ético da atividade judicante, estipulando

[534] Também seguindo essa orientação, Selma Ferreira Lemes apregoa que "é de suma importância enaltecer e reiterar que a substituição do árbitro decorrente de demissão ou renúncia é situação anômala e pouco verificada no processo arbitral, constituindo verdadeira exceção à regra, bem como somente pode existir diante de situações graves e extremas, para evitar abusos das partes e desvirtuamento da arbitragem. Diante destas situações tanto a instituição arbitral como os árbitros devem ser firmes em não permitir desvios de finalidade ou que sejam instrumentalizados pela parte que pleiteia a providência indevida, em face de futura decisão desfavorável" (LEMES, Selma M. Ferreira. *Árbitro*: princípios da independência e da imparcialidade. Op. cit., p. 157)

[535] Adriana Noemi Pucci defende, com razão, que "[o] controle da arbitragem por meio da recusa de árbitros contribui para manter a confiança no instituto. A impugnação de árbitros encontra-se ligada geneticamente à arbitragem, assim entendida como parte da própria concepção original do instituto. Sendo certo que o árbitro deve possuir a confiança das partes, será incumbência destas fiscalizar a sua imparcialidade e independência ao início e durante todo o procedimento arbitral" (PUCCI, Adriana Noemi. Impugnação de Árbitros. In: CARMONA, Carlos Alberto; LEMES, Selma M. Ferreira; MARTINS, Pedro Batista (Coord.). *20 anos da lei de arbitragem:* homenagem a Petrônio R. Muniz. Op. cit., p. 172).

presunções de parcialidade ou dependência do juiz[536] e funcionando, assim, como valiosas ferramentas para coibir a atuação de julgadores que possam apresentar desvios cognitivos,[537] pendendo indevidamente para o sucesso de uma das partes.

Não há uniformidade na doutrina quanto à distinção ontológica entre as hipóteses que ensejam impedimento e suspeição. Já se arguiu que os conceitos seriam diferentes porque o impedimento estaria fundado em critérios objetivos e a suspeição em critérios subjetivos.[538] Sob outro ângulo, também se vislumbrou que o impedimento estaria relacionado com uma preocupação de interesse público, enquanto a suspeição envolveria somente interesses privados. Nenhum desses critérios distintivos, contudo, subsiste incólume a uma análise mais detida.

Quanto ao primeiro aspecto, simples leitura dos casos previstos pelo Código de Processo Civil é bastante para revelar que há hipóteses de suspeição que demandam apreciação objetiva, não se fundando em parâmetros subjetivos. A título ilustrativo, o inciso III do art. 145 prevê a suspeição do juiz "quando qualquer das partes for sua credora ou devedora" ou de pessoas a ele relacionadas. Trata-se de evidente critério objetivo. Logo se vê que, por conseguinte, a categorização objetivo-subjetivo não se mostra totalmente adequada para diferir impedimento e suspeição.

Quanto à segunda baliza (interesses públicos e interesses privados), o desacerto reside em não ser viável arguir validamente que a falta de imparcialidade

536 Ver nota 483.

537 "As vedações à atuação do juízo, em caso de impedimento e de suspeição, são desdobramentos ou manifestações do direito fundamental a um julgamento proferido por juiz imparcial. Ao se examinar as hipóteses descritas nos arts. 144 e 145 do CPC/2015, extrai-se um fundamento comum a todas elas: busca a lei evitar que, de algum modo, o juiz manifeste algum desvio cognitivo, faltando com sua imparcialidade" (MEDINA, José Miguel Garcia. *Direito processual civil moderno*. Op. cit., p. 279-280).

538 "Basicamente, a diferenciação do regime jurídico do impedimento e da suspeição decorre da própria índole do vício, já que as hipóteses relacionadas como causas de impedimento carregam uma carga de maior objetividade, cuja prova pode ser feita documentalmente. Por outro lado, na suspeição existe um subjetivismo mais exacerbado, já que a prova das circunstâncias que a caracterizam geralmente é mais precária" (LUCON, Paulo Henrique dos Santos. Imparcialidade do árbitro e do juiz na Teoria Geral do Processo. In: ZUFELATO, Camilo; YARSHELL, Flávio Luiz (Org.). *40 anos da Teoria Geral do Processo no Brasil*: passado, presente e futuro. São Paulo: Malheiros, 2013, p. 652-653).

ou independência do juiz nos casos indicados como de suspeição seria menos relevante e denotaria menor interesse público do que nos casos de impedimento.[539] O ideal de preservação ética do julgamento se mantém o mesmo em ambos os cenários, até porque as hipóteses de impedimento não são necessariamente mais graves do que as de suspeição. Basta recordar, por exemplo, que o juiz estará impedido se "figurar como parte cliente do escritório de advocacia de seu cônjuge" (art. 144, VIII, do CPC), mas será considerado meramente suspeito se for "amigo íntimo" ou "inimigo" de uma das partes ou seus advogados (art. 145, I, do CPC).

Por essas razões, concorda-se com a conclusão de José Miguel Garcia Medina no sentido de que a diferença entre o impedimento e a suspeição "resulta simplesmente de opção política legislativa e não é informada por um critério lógico".[540]

De todo modo, ainda que assim não fosse, certo é que a existência de uma fronteira dogmática entre o impedimento e a suspeição não acarretaria repercussões para o trato da matéria no processo arbitral brasileiro. Afinal, o art. 14 da Lei de Arbitragem estabelece que estão "impedidos" de funcionar como árbitros todos aqueles que incidam nos casos de impedimento ou suspeição de juízes. Vale dizer, tanto nos casos que levariam ao impedimento, como nos que conduziriam à suspeição no processo estatal, o resultado será o mesmo no âmbito da arbitragem: o árbitro não poderá atuar. Decerto, a equiparação do tratamento de ambos os casos deflui, na seara arbitral, da realçada importância atribuída ao princípio da confiança, bem como do menor espectro de proteções concedido às partes contra julgamento não igualitário.

Feito o introito, passa-se a demonstrar que o regime de impedimento e suspeição dos árbitros não segue rigorosamente os mesmos padrões impostos para a jurisdição estatal. Ainda que a Lei de Arbitragem mande aplicar os dispositivos do Código de Processo Civil que regulam a matéria, exige-se que a dinâmica da recusa do julgador seja adequada aos atributos que distinguem o sistema do processo arbitral no seio da Teoria Geral do Processo.

539 Analisando a matéria, v. REICHELT, Luis Alberto. O direito fundamental das partes à imparcialidade do juiz no direito processual civil. *Revista de Processo*, v. 227, jan./2014, p. 115-116.

540 MEDINA, José Miguel Garcia. *Direito processual civil moderno*. Op. cit., p. 277.

Selma Ferreira Lemes destaca, sob essa ótica, que não é possível incorporar, "de modo definitivo", as causas de impedimento dispostas para os juízes, porquanto a nomeação do árbitro passa por dois fatores principais que distinguem a arbitragem do processo judicial: o amplo campo para o exercício da autonomia privada e a confiança depositada pelas partes na pessoa escolhida para o julgamento.[541]

Partindo-se, então, de todo o arcabouço teórico já desenvolvido anteriormente, a relevante indagação que se almeja responder é: quando, afinal, o árbitro estará impedido de atuar?

Sendo impossível esgotar todas as hipóteses fáticas em que, a princípio, o julgador carece de isenção, o estudo ocupar-se-á dos casos de impedimento e suspeição constantes do CPC e da fixação de balizas gerais para o regime de recusa e substituição do árbitro. Depois, passará a: (a) efetuar o exame de casos concretos, mediante a análise crítica das hipóteses listadas nas *Guidelines on Conflict of Interest in International Arbitration,* elaboradas pela *IBA*; e (b) estudar a postura enviesada do árbitro durante o processo arbitral.

3.2.1 Aplicação do Código de Processo Civil e diretrizes gerais

O art. 14 da Lei nº 9.307/96 estipula que estão impedidos de atuar como árbitros aqueles que tenham, "com as partes ou com o litígio que lhes for submetido, algumas das relações que caracterizam os casos de impedimento ou suspeição de juízes, aplicando-se-lhes, no que couber, os mesmos deveres e responsabilidades, conforme previsto no Código de Processo Civil".

Em que pese a redação literal do dispositivo, é preciso ponderar, de início, que as relações com aptidão para indicar a ausência de imparcialidade ou independência não estão limitadas a um vínculo "com as partes ou com o litígio", mas igualmente com os advogados e, de modo geral, com pessoas relacionadas às partes, aos seus patronos e ao objeto da disputa. De qualquer desses casos pode nascer predisposição ao favorecimento indevido.

Quanto mais distante o vínculo estabelecido com o objeto ou as pessoas envolvidas na disputa, a ausência de isenção será mais rara e, por ainda maior

[541] LEMES, Selma M. Ferreira. *Árbitro*: princípios da independência e da imparcialidade. Op. cit., p. 196.

razão, difícil de se provar. Todavia, a observação é válida para, sobretudo, orientar o comportamento do próprio árbitro, que tem o dever de se escusar quando perceber que não terá condições de manter sua equidistância e que, mesmo se não for esse o caso, deve revelar qualquer vínculo que possa ensejar dúvida razoável a respeito de sua idoneidade.

Fixada a premissa, cumpre referir as hipóteses de impedimento e suspeição dos juízes trazidas pelo Código de Processo Civil.

O art. 144 do CPC estabelece que há impedimento do juiz, sendo-lhe vedado exercer suas funções no processo, quando: (i) tiver funcionado antes como advogado, perito, membro do Ministério Público ou testemunha no mesmo feito; (ii) houver conhecido da ação em outro grau de jurisdição, tendo proferido decisão; (iii) o defensor público, advogado ou membro do Ministério Público atuante for seu cônjuge, companheiro ou qualquer parente, consanguíneo ou afim, em linha reta ou colateral, até o terceiro grau, inclusive; (iv) for parte no processo ele próprio, seu cônjuge, companheiro ou qualquer parente, consanguíneo ou afim, em linha reta ou colateral, até o terceiro grau, inclusive; (v) for sócio ou membro de direção ou de administração de pessoa jurídica parte no processo; (vi) for herdeiro presuntivo, donatário ou empregador de qualquer das partes; (vii) figurar como parte instituição de ensino com a qual tenha relação de emprego ou decorrente de contrato de prestação de serviços; (viii) figurar como parte cliente do escritório de advocacia de seu cônjuge, companheiro ou parente, consanguíneo ou afim, em linha reta ou colateral, até o terceiro grau, inclusive, mesmo que patrocinado por advogado de outro escritório; e (ix) promover ação contra a parte ou seu advogado.

Por sua vez, o art. 145 do CPC dispõe que ocorre a suspeição do juiz quando: (i) for amigo íntimo ou inimigo de qualquer das partes ou de seus advogados; (ii) receber presentes de pessoas que tiverem interesse na causa antes ou depois de iniciado o processo, aconselhar alguma das partes acerca do objeto da causa ou subministrar meios para atender às despesas do litígio; (iii) qualquer das partes for sua credora ou devedora, de seu cônjuge ou companheiro ou de parentes destes, em linha reta até o terceiro grau, inclusive; e (iv) for interessado no julgamento do processo em favor de qualquer das partes.

Da leitura dos vários incisos acima referidos, verifica-se que todas as hipóteses elencadas pelo CPC também se mostram adequadas para o regramento da recusa de árbitros e não se distanciam, em absoluto, de nenhuma das características do processo arbitral.[542] Realmente, cada uma das situações listadas pelo diploma processual tem elevada probabilidade de afetar a equidistância do árbitro.

Tratando-se de ambiente jurisdicional privado, tais restrições são ainda mais relevantes para a preservação do princípio da confiança e da legitimidade democrática da decisão.

Além do mais, a autonomia privada e os objetivos perseguidos na arbitragem – que envolvem, por exemplo, a prerrogativa de escolha do árbitro e de nomeação de especialistas técnicos na matéria – são igualmente conservados a partir do fato de que nada obsta que as partes entendam, em comum acordo, por renunciar a tais proteções legais, nomeando árbitro que se inclua mesmo nos casos mais tradicionais de impedimento e suspeição. Exclui-se apenas, como já referido, a possibilidade de nomeação consensual de árbitro que seja simultaneamente *parte* da demanda ou *representante legal* da parte, o que se dá em decorrência da necessidade de que as atividades de heterocomposição sejam conduzidas por *terceiros*, estranhos à causa.

Sem prejuízo da aplicabilidade dos casos mencionados à arbitragem, ressalta-se que as relações descritas nos arts. 144 e 145 constituem rol meramente exemplificativo, não exaurindo a ampla plêiade de situações ensejadoras de parcialidade ou dependência, que demanda aferição a cada caso concreto.[543] Ciente dessa circunstância, aliás, o próprio Código optou por prever uma

[542] Sem prejuízo, algumas hipóteses listadas pelo Código de Processo Civil serão bastante raras e quase inaplicáveis ao sistema do processo arbitral. Selma Ferreira Lemes indica, por exemplo, que aos árbitros não se aplica a disposição que refere ao conhecimento da ação em primeiro grau de jurisdição (LEMES, Selma M. Ferreira. *Árbitro*: princípios da independência e da imparcialidade. Op. cit., p. 142). Mesmo em tal caso, entretanto, apesar de remota, não chegará a ser impossível a incidência da norma. Isso porque, ao menos no campo hipotético, as partes poderão estipular uma determinada modalidade recursal e conferir, uma à outra, o direito de nomear julgadores para compor um órgão hierarquicamente superior. Assim, se uma delas vier a nomear um dos árbitros que proferiram a sentença recorrida, será possível ao adversário impugná-lo com base nesse dispositivo.

[543] "Seria absolutamente ilógico, a brigar com o bom senso, afirmar que os casos para a recusa do árbitro seriam somente aqueles enumerados no Código de Processo Civil (artigos 134 e 135), como impedimentos e motivos de suspeição. Não haveria, nesta hipótese, qualquer razão para a existência do dever de revelação de fato que possa indicar dúvida justificada quanto à independência e imparcialidade do árbitro" (CARNEIRO, Paulo Cezar Pinheiro; SCHENK, Leonardo Faria. O justo processo arbitral e o dever de revelação (disclosure) dos peritos. Op. cit., p. 590).

cláusula de abertura no inciso IV do art. 145, reconhecendo a suspeição do juiz quando "for interessado no julgamento do processo em favor de qualquer das partes". Se existe tal abertura para o processo judicial, com ainda maior fundamento, deve existir para a arbitragem, frente à já citada impossibilidade, em regra, de interposição de recursos e à carência de outros mecanismos pessoais e estruturais de promoção da impessoalidade, como o princípio do juiz natural e as garantias e impedimentos da magistratura.

A confiança está no centro da arbitragem e constitui um dos próprios pilares dessa instância decisória. Assim, quaisquer outras hipóteses que, no caso concreto, tenham objetiva aptidão para levar à quebra da imparcialidade e independência do julgador, sob os olhos das partes (ou melhor, sob a perspectiva de um terceiro razoável – *reasonable third person test*), terão o condão de obstar a participação do árbitro no processo arbitral.

Havendo motivo que justifique a desconfiança das partes em relação à higidez ética do julgador, deverá ser ele recusado, enquadre-se ou não em uma das específicas hipóteses trazidas pelo Código de Processo Civil. Trata-se, em larga medida, de um dos vários desdobramentos da cooperação processual na arbitragem: todos os sujeitos do processo devem colaborar para uma prestação jurisdicional lídima e que não gere danos uns aos outros.

A única cautela que se impõe é de que tais impugnações sejam sempre sérias e fundamentadas. Não pode haver espaço para chicanas processuais, nem para ameaças veladas aos árbitros. Do mesmo modo que se espera a cooperação da parte que tenha eventualmente indicado o árbitro impugnado, também se exige que o impugnante se comporte de forma prudente e responsável, resguardando o instrumento da recusa para hipóteses excepcionais, que realmente indiquem risco de julgamento não isonômico.

3.2.2 Análise dos casos listados nas Guidelines da IBA

São infinitas e imprevisíveis as situações que poderão conduzir o árbitro ao tortuoso caminho do julgamento parcial. Circunstâncias das mais variadas poderão criar alguma espécie de *bias* que desfavoreça, no caso concreto, a uma das partes.

Não obstante, sem descuidar de tal realidade, encarrega-se esta obra de efetuar, quando menos, uma análise pormenorizada dos principais conflitos éticos que emergem da prática arbitral, com o fim de efetivamente trazer soluções e promover avanços nesse campo.

Para tanto, entende-se possível adotar como norte inicial as já referidas *Guidelines on Conflict of Interest in International Arbitration*, enunciadas pela *International Bar Association*. Afinal, ainda que não estejam incólumes a críticas construtivas (como a importância de se ter em vista a realidade concreta do país ou localidade em que se pretenda aplicá-las[544]), parece certo que as diretrizes pelo menos delineiam situações que realmente levantam indagações sobre a idoneidade ética do árbitro. Por isso, além de serem muito úteis para delimitar a extensão do dever de revelação (conforme tópico 3.1.3.1.1), as *Guidelines* também servem ao propósito de listar as principais questões sobre imparcialidade e independência que merecem ser enfrentadas.

Como referido alhures, tais *Guidelines* são divididas em três listas: (i) *"Red List"*, consistente em hipóteses que levam invariavelmente ao impedimento do árbitro, sendo ainda subdivididas em casos renunciáveis ou irrenunciáveis pelas partes; (ii) *"Orange List"*, referente a situações que, não obstante gerem dúvida razoável sobre a imparcialidade e independência e precisem ser reveladas pelo árbitro, devem ser apreciadas pelas partes em cada caso concreto para que se obtenha uma definição sobre a eventual recusa; e (iii)*"Green List"*, relativa a casos que não levam ao impedimento do árbitro e dispensam até mesmo a revelação.

Cabe se debruçar sobre cada uma delas, investigando-se a correção do enquadramento conferido pela *IBA*.

3.2.2.1 "Red List"

A *"Red List"* é repartida em duas relações distintas, com base na existência (*"Waivable Red List"*) ou inexistência (*"Non-Waivable Red List"*) da prerrogativa das partes de renunciarem ao impedimento do árbitro. Com efeito, a incorreção do critério definido pela *IBA* quanto à renúncia foi abordada ao longo do precedente tópico 3.1.2.3, no qual se defendeu que todos os casos listados estão sujeitos à autonomia privada das partes, que podem optar, em comum acordo, pela manutenção do árbitro. Como antecipado, a única exceção refere-se às

544 Ver nota 505.

hipóteses em que o árbitro se confunde com a própria parte ou atua como seu representante legal.

De qualquer modo, sem prejuízo da crítica, cumpre agora averiguar se os casos situados na *"Red List"*, seja em qual for das suas subdivisões, devem mesmo constituir óbices à atuação do árbitro.

Na primeira divisão (*"1. Non-Waivable Red List"*), estão listadas hipóteses com grande potencial de implicar o comprometimento da conduta do árbitro. Todas as situações enumeradas conduzem mesmo a uma forte presunção de carência de isenção do julgador.

O primeiro trecho da diretriz 1.1 inclui, logo de início, os dois únicos casos em que se concorda que o impedimento é irrenunciável (o árbitro é parte ou representante legal da parte). Do mesmo modo, ainda que podendo ser objeto de renúncia (sob o ponto de vista desta obra), o final da diretriz 1.1 também alude a outra relação de marcada dependência: o árbitro é empregado de uma das partes. Afinal, é intuitivo que, sendo subordinado hierarquicamente a um dos envolvidos na disputa, o árbitro tenderá a se sentir premido a julgar favoravelmente ao seu empregador.

Na diretriz 1.2, incluem-se situações em que o árbitro possui claro alinhamento de interesses com uma das sociedades envolvidas na disputa, por exercer função relevante na sua estrutura ou ter influência no seu controle. Menciona-se também a hipótese de o árbitro ter influência no controle de uma terceira sociedade que detenha interesse econômico direto na sentença a ser proferida.

A diretriz 1.3, por sua vez, traz uma espécie de norma geral, determinando o afastamento de árbitro que tenha significativo interesse pessoal ou financeiro em uma das partes ou no resultado do caso, o que corresponde ao próprio âmago da parcialidade e dependência.

Por fim, a diretriz 1.4 prevê o impedimento do árbitro quando ele próprio ou sua firma aconselha regularmente uma parte, ou uma sociedade coligada à parte, e daí derivam resultados financeiros significativos para o árbitro ou seu escritório. A dependência econômica é igualmente manifesta. O vínculo estabelecido entre parte e árbitro é estreito e, mesmo se não gerasse nenhum desvio ético no julgamento, macularia por completo a confiança da contraparte na sua idoneidade.

A seguir, a segunda lista ("2. *Waivable Red List*") faz referência a outras catorze situações de impedimento do árbitro, separadas por temas.

A diretriz 2.1 trata dos casos em que há relação do árbitro com a disputa em si. Assim, propõe o impedimento quando o árbitro: (2.1.1) já havia fornecido conselhos jurídicos ou opinião técnica sobre a controvérsia para uma das partes ou suas associadas; ou (2.1.2) teve outro envolvimento prévio na disputa. Realmente, já tendo vínculo anterior com a controvérsia, a esfera de influência das partes no exercício do contraditório ficará sensivelmente desequilibrada. A restrição à nomeação de árbitros nesse contexto é crucial para que todos os julgadores estejam abertos ao diálogo franco e construtivo.

Adiante, a diretriz 2.2 diz respeito à existência de interesse direto ou indireto do árbitro na disputa. São três situações impeditivas: (2.2.1) o árbitro tem participação acionária, direta ou indireta, em uma das partes ou suas associadas, que não são objeto de negociação pública; (2.2.2) familiar próximo[545] do árbitro tem interesse financeiro substancial no resultado da lide; ou (2.2.3) o árbitro, ou familiar próximo, possui relação estreita com terceiro que possa ser acionado, em regresso, pela parte que perder o litígio. Por certo, não há nenhuma pretensão de exaurir o assunto, uma vez que os interesses podem assumir diferentes feições. De todo modo, são bons exemplos que autorizam a rejeição do árbitro.

Encerrando a *"Waivable Red List"*, a diretriz 2.3 versa sobre a relação entre o árbitro e as partes ou seus advogados. Trata-se, quiçá, do ponto mais sensível e que levanta maiores indagações em termos de imparcialidade e independência no Brasil.

São oito as circunstâncias listadas: (2.3.1) o árbitro atualmente representa ou aconselha uma das partes ou suas associadas; (2.3.2) o árbitro atualmente representa ou aconselha o advogado ou o escritório que patrocina os interesses de uma das partes; (2.3.3) o árbitro trabalha no mesmo escritório que o advogado de uma das partes; (2.3.4) o árbitro é gerente, diretor ou membro do conselho fiscal, ou tem influência no controle de sociedade associada a uma das partes, e tal sociedade está diretamente envolvida nos assuntos sujeitos à disputa; (2.3.5) a banca de advogados do árbitro teve atuação anterior no

545 De acordo com as *Guidelines*, o termo "familiar próximo" se refere à esposa, aos primos, aos filhos, aos pais ou aos companheiros, em acréscimo a qualquer outro familiar com que o árbitro possua efetivamente uma relação de proximidade (*IBA Guidelines on Conflicts of Interest in International Arbitration: Adopted by resolution of the IBA Council on Thursday 23 October 2014*. Op. cit., p. 21).

caso, ainda que já encerrada e sem que tenha havido a participação pessoal do árbitro; (2.3.6) o escritório do árbitro possui atualmente significativa relação negocial com uma das partes ou suas associadas; (2.3.7) o árbitro regularmente aconselha uma das partes ou suas associadas, ainda que disso não decorra significativo retorno financeiro para o árbitro ou sua firma; (2.3.8) o árbitro ostenta relação familiar próxima (i) com uma das partes, (ii) com seu gerente, diretor ou membro do conselho fiscal, (iii) com qualquer pessoa que possua influência no controle de uma das partes ou suas associadas, ou (iv) com o advogado que representa uma das partes; e (2.3.9) familiar próximo do árbitro tem interesse financeiro ou pessoal substancial em uma das partes ou suas associadas. Nessa seara, as *Guidelines* são duramente criticadas pela doutrina brasileira, sobretudo porque o mercado de arbitragem ainda é relativamente reduzido e há, assim, constante convívio entre os personagens mais qualificados, que ora assumem a função de árbitros, ora de advogados.[546]

Não obstante, ainda que haja realmente uma limitação na gama de profissionais envolvidos com arbitragem no Brasil, não se pode ignorar que todas as circunstâncias acima listadas possuem clara aptidão para gerar desvios éticos ou, quando menos, denotar dúvidas justificáveis sobre a ausência de isenção. Por mais que o árbitro tenha as melhores intenções, é plenamente razoável que a parte não se sinta segura em ser julgada por pessoa que se enquadre em uma de tais situações. Nesse sentido, incumbe aos envolvidos na disputa cooperar entre si e reavaliar a escolha do árbitro, indicando alguém que não coloque em dúvida a seriedade dos trabalhos.

A confiança é, por certo, um dos principais marcos da arbitragem, enquanto meio privado de solução de controvérsias. Desse modo, todas as situações elencadas na *"Red List"* devem ser evitadas e têm aptidão para conduzir à recusa do árbitro.

3.2.2.2 *"Orange List"*

A *"Orange List"* se propõe a descrever casos que, muito embora menos graves, a *IBA* compreende que também poderão gerar dúvidas justificadas, sob os olhos das partes, quanto à imparcialidade e independência do árbitro. Nessas

546 Ver nota 505.

situações, prescreve-se que será indispensável a revelação pelo árbitro, mas que o seu afastamento dependerá da aferição pelas partes das peculiaridades do caso concreto e do consequente oferecimento de tempestiva impugnação.

Situando-se em uma zona cinzenta, há maior espaço para o desenvolvimento de críticas quanto aos critérios lançados pela *IBA*. Em razão da absoluta proeminência da confiança na arbitragem e da essencial transparência ética de seus personagens, concorda-se que todos os fatos listados – com a exceção daqueles que se reportam à existência de relações horizontais entre os próprios árbitros – deverão ser revelados às partes. No entanto, diversos deles não terão objetivamente aptidão para ensejar o impedimento do julgador, sobretudo em país como o Brasil, em que, como já referido, o mercado de arbitragem é ainda incipiente e não conta com tantos *players* como nos Estados Unidos ou em alguns centros europeus.

De fato, ciente da real possibilidade de pecar pelo excesso, a própria *"Orange List"* se ocupou de estipular parâmetros temporais,[547] remetendo, em geral, a situações ocorridas contemporaneamente à arbitragem ou no período dos três anos anteriores.

Diante desse quadro, será necessária a análise individualizada de cada um dos casos referidos, separados pelos temas indicados pela própria *International Bar Association*.

3.2.2.2.1 Anterior prestação de serviços a uma das partes ou envolvimento com o caso

Ao longo da diretriz 3.1, são citadas hipóteses em que o árbitro previamente prestou serviços a uma das partes ou teve outra espécie de envolvimento com o caso.

[547] Como já se pontuou, acertadamente, na doutrina, "the relationship between the time of a conflict alleged to affect an arbitrator's partiality and the arbitration at issue is relevant to a determination of evident partiality" (ROSSEIN, Merrick; HOPE, Jennifer. Disclosure and disqualification standards for neutral arbitrators: how far to cast the net and what is sufficient to vacate award. *CUNY Academic Works*, v. 81, 2007, p. 222). Tradução livre: "a relação entre o momento de um conflito que alegadamente afeta a parcialidade de um árbitro e a arbitragem em questão é relevante para a determinação de parcialidade evidente".

No item 3.1.1, o árbitro não tem nenhuma relação atual com as partes ou suas associadas, porém, nos últimos três anos, funcionou como seu advogado ou consultor quanto a uma questão não relacionada ao feito.

Realmente, o fato de o árbitro ter servido como advogado ou consultor de uma das partes é motivo bastante destacado para a existência de dúvidas sobre a falta de isenção. Em rigor, a restrição apenas ao período dos últimos três anos revela-se até mesmo descabida. Diante da relação de intensa fidúcia e dos vínculos financeiros existentes entre cliente e advogado, compreende-se que o fato de o árbitro já ter sido, diretamente, advogado da parte, seja a qual tempo for, já se mostra suficiente para que se argua validamente o impedimento.[548] Na seara ética, o foco deve se centrar na confiança de todos na prestação jurisdicional séria e isonômica. Nesse sentido, é absolutamente justificável que a contraparte não se sinta segura em ser julgada por indivíduo que já patrocinou os interesses de seu adversário no processo.

No item 3.1.2, alude-se ao fato de o árbitro, nos últimos três anos, ter servido como advogado contra uma das partes ou suas associadas em matéria não relacionada.

Tal situação, contudo, não se revela suficiente, por si só, para o impedimento. Tratando-se de simples exercício de atividade profissional, não se vislumbra qualquer mácula à impessoalidade do julgamento.[549] Para que se faça presente algum indício de desvio, exigir-se-á a comprovação adicional de que: (i) enquanto advogado, o árbitro teve acesso a circunstâncias que poderão impactar sua equidistância ou deixá-lo menos propenso a ser influenciado pelos argumentos daquela parte; ou (ii) o litígio gerou alguma espécie de

[548] António Menezes Cordeiro refere, assim, que "a relação cliente/advogado é empenhada, criando laços que não se perdem em três anos" (MENEZES CORDEIRO, António. *Tratado da arbitragem*: Comentário à Lei 63/2011, de 14 de dezembro. Op. cit., p. 159).

[549] Em sentido oposto, o ICSID (*International Centre for the Settlement of Investment Disputes*) já decidiu que "o envolvimento do escritório de advocacia do árbitro quanto do próprio árbitro em outra arbitragem face a requerida, gerava, aos olhos de um terceiro imparcial, dúvida justificada quanto a sua imparcialidade e independência. O fato de o árbitro estar litigando em outro processo contra a requerida colocava esse profissional em uma situação de adversário da parte, minando a imparcialidade e a independência requeridas para o julgamento da controvérsia". É o que relata PUCCI, Adriana Noemi. Impugnação de Árbitros. In: CARMONA, Carlos Alberto; LEMES, Selma M. Ferreira; MARTINS, Pedro Batista (Coord.). *20 anos da lei de arbitragem:* homenagem a Petrônio R. Muniz. Op. cit., p. 184.

atrito entre o advogado e a parte contrária que superasse as raias de uma atuação ordinária.

No item 3.1.3, indica-se o caso de o árbitro, nos últimos três anos, ter sido apontado como coárbitro em duas ou mais ocasiões por uma das partes ou suas associadas.

A matéria também é relevante. A existência de uma rotina de contínuas indicações por uma mesma parte em curto intervalo é apta a gerar uma sorte de dependência econômica do árbitro, que passa a receber retornos financeiros significativos do mesmo ente.[550] O receio gerado é de que o árbitro perceba o êxito daquela parte como pressuposto para a sequência das nomeações e para o incremento de seus ganhos com honorários. Nessa linha, apesar de se tratar de questão polêmica na doutrina,[551] concorda-se com a baliza fixada pela *IBA*.

No item 3.1.4, consta a circunstância de o escritório do árbitro, nos últimos três anos, ter agido contra ou a favor de uma das partes em matéria não relacionada, sem que tenha havido participação do árbitro.

Deve-se dividir a questão em duas vertentes. Quando o escritório houver agido *contra* uma das partes, a circunstância não gerará qualquer repercussão em termos de imparcialidade e independência. Se o fato de o próprio árbitro ter sido, no passado, o advogado contrário a uma das partes não gera, autonomamente, razão para se questionar sua idoneidade, é ainda mais clara a impertinência quando ele não teve nenhuma participação no caso.

[550] Traçando esse raciocínio, mas observando que "é imprescindível analisar detalhadamente cada caso concreto, por se tratar de uma questão extremamente delicada", ver VERÇOSA, Fabiane. A liberdade das partes na escolha e indicação de árbitros em arbitragens internacionais: limites e possibilidades. Op. cit., p. 348.

[551] Há duas principais formas de enxergar a matéria: "If an arbitrator is repeatedly appointed by the same party or lawyer, this may give rise to justifiable doubts concerning his or her impartiality. On the other hand, repeated appointments may be the result of an arbitrator's (independent) quality" (BORN, Gary B. *International Arbitration: Cases and Materials,* 2.ed. Kluwer Law International, 2015, p. 747). Tradução livre: "Se um árbitro é repetidamente apontado pela mesma parte ou advogado, isso pode dar azo a dúvidas justificadas acerca de sua imparcialidade. De outro lado, indicações repetitivas podem ser o resultado da qualidade (independência) do árbitro". Em posição intermediária, António Menezes Cordeiro defende que "domina a ideia de que a 'repetição', só por si, não envolve parcialidade ou dependência. Ela pode ser um indício, a completar com outros elementos, que o recusante deve alegar e provar" (MENEZES CORDEIRO, António. *Tratado da arbitragem*: Comentário à Lei 63/2011, de 14 de dezembro. Op. cit., p. 160).

Ao contrário, quando o escritório tiver atuado *a favor* de uma das partes, a matéria poderá ter impacto na impessoalidade do árbitro, uma vez que os lucros gerados por aquela parte terão, em princípio, revertido para toda a sociedade de advogados e, entre outras implicações, pode se tratar de cliente considerado estratégico. Entretanto, por não ter ocorrido envolvimento direto do árbitro e a relação não ser contemporânea à arbitragem, não será possível afirmar peremptória e abstratamente a ofensa aos pressupostos éticos do árbitro. Por isso, a questão precisará ser investigada no caso concreto, mediante a específica análise das características da relação entre o escritório e a parte.

Por último, no item 3.1.5, menciona-se a hipótese em que o árbitro atualmente funciona, ou funcionou nos últimos três anos, como árbitro em outra arbitragem que tratou de matéria relacionada ao feito e que envolvia uma das partes ou suas associadas.

Entende-se que tal caso justifica o afastamento do árbitro. Não se trata, no ponto, de haver necessariamente uma propensão do árbitro a favorecer ou desfavorecer uma das partes, mas sim de existir desequilíbrio informacional no processo.[552] Enquanto o árbitro e uma das partes terão conhecimento de questões abordadas em uma outra arbitragem que tenha tratado de tema relacionado, os demais sujeitos da arbitragem (parte contrária e eventuais

[552] "There is prejudgment if the arbitrator's position in one case determines or logically has consequences on his position in another case. It should also be assessed when the repeat appointments in the related cases took place. Unbalanced information. In the context of repeat appointments in related cases, it has been noted that the independence of the arbitrator (including his possible prejudgment) is only a part of the problem, the other part being that the arbitrator, by sitting in related cases, may have factual or legal information that his fellow arbitrators do not have. This additional information would pose a risk of unbalance in the form of an advantage of the repeat arbitrator vis-à-vis his colleagues in the arbitral tribunal" (GOMEZ-ACEBO, Alfonso. Party-Appointed Arbitrators in International Commercial Arbitration. Op. cit., p. 117-118). Tradução livre: "Existe pré-julgamento se a posição do árbitro em um caso determina ou tem consequências lógicas em sua posição em outro caso. Também deve ser avaliado em que momento ocorreram as repetidas indicações em casos relacionados. Desequilíbrio informacional. No contexto de repetidas indicações em casos relacionados, tem-se observado que a independência do árbitro (incluindo seu possível pré-julgamento) é apenas parte do problema, sendo a outra parte que o árbitro, ao se posicionar em casos relacionados, pode ter informações fáticas ou legais que seus colegas árbitros não possuem. Essa informação adicional representaria um risco de desequilíbrio na forma de uma vantagem do árbitro repetido em relação aos seus colegas no tribunal arbitral".

outros árbitros que componham o painel) não o terão. Daí decorrerá, tendencialmente, além de ofensa à paridade de armas, a redução da esfera de influência comunicativa da parte que não participou do primeiro processo. Não tendo acesso a todas as questões lá discutidas, e já havendo possivelmente uma opinião prévia do árbitro quanto ao caso concreto, a prerrogativa da parte de contribuir para a formação de sua convicção será afetada. Nesses casos, então, a impugnação ao árbitro deverá ser aceita.

3.2.2.2.2 Prestação atual de serviços para uma das partes

Na diretriz 3.2, a *IBA* aborda três casos em que há vínculo profissional atual com uma das partes: (3.2.1) o escritório do árbitro está atualmente prestando serviços para uma das partes ou suas associadas, ainda que sem criar relação negocial significativa para a sociedade de advogados e sem que haja o envolvimento do árbitro; (3.2.2) outra firma ou organização que compartilhe valores e receitas substanciais com o escritório do árbitro presta serviços para uma das partes perante o tribunal arbitral; e (3.2.3) o árbitro ou seu escritório representa uma parte ou suas associadas, em uma base regular, ainda que tal representação não seja concernente à presente disputa.

Nos contextos descritos nos itens 3.2.1 e 3.2.3, estará clara a dependência do árbitro e a real probabilidade de que o seu livre convencimento seja comprometido. Isso porque, da prestação de serviços atual ou regular, extrai-se objetivamente a existência de vínculo econômico e de confiança com a parte, mesmo quando não chegue a configurar propriamente "relação negocial significativa". Será, desse modo, forçoso o afastamento, que somente poderá ser superado em comum acordo pelas partes.

Quanto ao item 3.2.2, por outro lado, o óbice à nomeação do árbitro apenas será imposto caso efetivamente seja demonstrada a relação de intensa parceria e divisão de lucros entre o seu escritório e aquele que representa uma das partes. A mera atuação conjunta dos escritórios em alguns casos não terá, por si, o condão de abalar a idoneidade ética do árbitro para o julgamento. Deverá haver, mais do que isso, acentuada colaboração no nível institucional entre as duas bancas.

3.2.2.2.3 Relações do árbitro com outro árbitro ou com os advogados

Na diretriz 3.3, as *Guidelines* tratam de outro tema em torno do qual são frequentemente suscitadas indagações no que tange à imparcialidade e independência do julgador: a relação entre dois ou mais árbitros ou entre um árbitro e o advogado de uma das partes.

São nove as situações descritas como potenciais indicadoras de impedimento do árbitro: (3.3.1) dois árbitros são advogados no mesmo escritório; (3.3.2) dois árbitros, ou um árbitro e o advogado de uma das partes, são membros das mesmas *"barristers' chambers"*;[553] (3.3.3) o árbitro foi, nos últimos três anos, sócio ou, de qualquer outra forma, associado a outro árbitro do painel ou ao advogado de uma das partes; (3.3.4) advogado do escritório do árbitro funciona como árbitro em outra disputa envolvendo a(s) mesma(s) parte(s) ou uma de suas associadas; (3.3.5) familiar próximo do árbitro é sócio ou empregado do escritório que representa uma das partes, conquanto não esteja participando do caso;[554] (3.3.6) uma relação pessoal de amizade próxima existe entre o árbitro e o advogado de uma das partes; (3.3.7) o árbitro é inimigo de um dos advogados envolvidos na arbitragem; (3.3.8) o árbitro, nos últimos três anos, foi apontado em mais de três ocasiões pelo mesmo advogado ou pelo mesmo escritório; e (3.3.9) dois árbitros ou um árbitro e um dos advogados da arbitragem são ou, nos últimos três anos, foram parceiros em outro caso, atuando conjuntamente na defesa de um cliente.

A lista, contudo, afigura-se adequada apenas em parte.

[553] Trata-se de figura bastante desenvolvida na Inglaterra, correspondente, em linhas gerais, a uma estrutura de trabalho compartilhada por diversos advogados, com o fim precípuo de dividir custos e despesas. Diferentemente do que ocorre em um escritório de advocacia regular, os advogados não são propriamente sócios ou trabalham de forma agregada. Para detalhes sobre tal disposição, vale conferir TRAKMAN, Leon. The Impartiality and Independence of Arbitrators Reconsidered. Op. cit., p. 1018. Adianta-se desde já, contudo, que a previsão não tem maior aplicabilidade no Brasil.

[554] Vale recordar que, partindo da mesma *ratio*, o art. 144, VIII, do CPC também trouxe regra similar de impedimento para os juízes, vedando-lhes exercer funções no processo "em que figure como parte cliente do escritório de advocacia de seu cônjuge, companheiro ou parente, consanguíneo ou afim, em linha reta ou colateral, até o terceiro grau, inclusive, mesmo que patrocinado por advogado de outro escritório".

Conforme já referido anteriormente,[555] a mera relação entre dois árbitros não gera, se considerada autonomamente, qualquer indício de ausência de impessoalidade no julgamento. Não é apta sequer a constituir "dúvida justificada" a ensejar o dever de *disclosure*. Do fato de dois árbitros serem, por exemplo, advogados de mesmo escritório ou amigos íntimos não se pode extrair qualquer inaptidão ética para o julgamento da controvérsia. Na realidade, havendo bom relacionamento prévio, o diálogo entre os árbitros tenderá a ser mais qualificado e o ambiente da arbitragem será ainda mais propício à regular prestação jurisdicional.

Em tais casos, a única circunstância com potencial para afetar a integridade ética dos árbitros consiste na existência de subordinação vertical entre eles, que poderá despojar o árbitro "subordinado" de sua independência decisória. Nesse sentido, é natural imaginar que, caso eleito presidente do tribunal arbitral, o advogado sênior não se sinta confortável para manifestar voto divergente em relação a um dos sócios de seu escritório, que figure como coárbitro. Portanto, ambos os árbitros deverão revelar tal vínculo, permitindo às partes avaliar o oferecimento de impugnação.

Sob ângulo diverso, quando se está diante de relação de proximidade entre o árbitro e um dos advogados do processo, o julgamento enviesado torna-se uma real possibilidade. Segundo a doutrina dominante, o próprio conceito de imparcialidade e independência inclui, em abstrato, os vínculos entre árbitros e advogados, na medida em que deles pode naturalmente decorrer propensão ao favorecimento de algum dos sujeitos da arbitragem.

Somente é essencial que seja aferida, no caso concreto, a extensão do relacionamento travado pelo árbitro com o advogado. Não haverá nenhum óbice, sobretudo no universo ainda em crescimento da arbitragem no Brasil, a que árbitros e advogados: (a) participem juntos de seminários; (b) integrem grupos e associações dedicados ao fomento da arbitragem; (c) componham painéis arbitrais em outros casos não relacionados; (d) já tenham escrito obras e artigos acadêmicos conjuntamente; ou (e) ostentem algum outro grau de convívio acadêmico.[556] O que se coíbe é tão somente a relação que desborda

[555] Ver tópico 3.1.1.4.

[556] Arnoldo Wald ressalta, nessa linha, que: "Diante das oscilações da jurisprudência na matéria, especialmente na Europa e até nos Estados Unidos, está se consolidando o entendimento de acordo com o qual devemos distinguir as relações profissionais, que criam vínculos

do âmbito profissional (*v.g.*, a amizade íntima ou a inimizade) ou que gera vínculos financeiros de tal sorte que um dependa do contínuo apoio do outro (*v.g.*, árbitro e advogado são sócios de mesmo escritório).

3.2.2.2.4 Relações do árbitro com as partes ou outras pessoas envolvidas na arbitragem

No curso da diretriz 3.4, a *IBA* se refere a algumas situações em que o árbitro mantém vínculos com as partes ou outras pessoas relacionadas com o processo arbitral. Pela variedade de casos, merecerão ser tratados separadamente.

No item 3.4.1, menciona-se contexto em que o escritório do árbitro está, atualmente, atuando contra uma das partes ou suas associadas. Todavia, se não houver nenhuma participação do árbitro no litígio e se tratar de matéria não relacionada à arbitragem, tal circunstância não terá o condão de conduzir ao seu afastamento, por não afetar a equidistância em relação às partes, tampouco criar *deficit* informacional em detrimento de qualquer delas.

O item 3.4.2, por sua vez, remete ao caso de o árbitro já ter sido associado profissionalmente a uma das partes ou a suas associadas, sendo, por exemplo, antigo sócio ou empregado. Essa peculiaridade poderá efetivamente gerar desdobramentos no campo ético. A questão deverá ser aferida em cada caso concreto, para que se verifique, dentre diversas outras matérias: (i) quando houve essa relação; (ii) quais foram as circunstâncias da saída do árbitro; (iii) se o árbitro teve acesso a alguma informação relativa ao caso sujeito à arbitragem; (iv) a dimensão da sociedade envolvida na disputa; (v) a área de atuação do árbitro; e (vi) se o árbitro ainda cultiva algum contato na empresa. Existindo dúvida razoável quanto à possibilidade de o julgamento do árbitro vir a ser afetado, eventual impugnação deverá ser acolhida.

econômicos, das relações acadêmicas e científicas. Se no passado se discutia a possibilidade de invocar um impedimento pelo fato de um dos árbitros ter participado de um seminário conjuntamente com um advogado, seja como palestrante, seja como simples ouvinte, reconhece-se, atualmente, que a realização em comum de trabalhos puramente intelectuais, o fato de pertencer a uma mesma faculdade ou ao mesmo conselho editorial de uma revista não deve levar a ser suscitada a suspeição em virtude de uma colaboração no plano científico" (WALD, Arnoldo. A ética e a imparcialidade na arbitragem. Op. cit., p. 28-29).

A seguir, nos itens 3.4.3 e 3.4.4, menciona-se, respectivamente, a existência de uma relação de amizade íntima ou de inimizade do árbitro com: (i) executivo de sociedade que figure como parte ou que tenha interesse econômico direto na sentença; (ii) qualquer pessoa que detenha influência no controle da parte ou de suas associadas; (iii) uma testemunha; ou (iv) o *expert* (perito ou assistente técnico).

Nos dois primeiros casos, o acentuado vínculo pessoal com executivos ou pessoas imiscuídas no controle de uma das partes ou de sociedades a elas relacionadas é suficiente para indicar o risco de comprometimento da conduta do árbitro.

Do mesmo modo, a amizade ou inimizade com uma testemunha poderá desequilibrar a produção da prova, alterando a formação do convencimento do julgador em virtude de razões externas à lide. Será, por isso, conveniente a substituição do árbitro. Essencial a cautela, contudo, de averiguar a real importância do depoente para o caso, investigando-se se o seu testemunho teria o condão, isoladamente, de alterar os rumos da lide. Por óbvio, se a parte arrolar uma testemunha para tratar de matéria que não seja central à disputa ou se o fizer com o único intuito de gerar o impedimento do árbitro, deverá haver a manutenção do julgador. No último caso, tratar-se-á de medida ligada à violação da boa-fé processual e que encontra amparo no art. 144, §2º, do CPC, o qual veda "a criação de fato superveniente a fim de caracterizar impedimento do juiz".

Em relação ao *expert,* todavia, não é possível cogitar do afastamento do árbitro. Isso porque, se houver relação de inimizade com o perito ou com o assistente, será o caso de rejeição do especialista, e não do árbitro. Por outro lado, se o árbitro for amigo íntimo do perito, não haverá qualquer óbice à sua continuidade no processo. Em geral, a relação entre julgador e perito deve mesmo ser fundada na mais estrita confiança e, por isso, a amizade poderá até mesmo favorecer a produção da prova e a compreensão de seus aspectos técnicos. Tal vínculo apenas constituirá risco à equidistância quando se der em relação ao assistente técnico da parte, já que se trata de sujeito parcial do processo.[557] De qualquer modo, ainda nesse cenário, a solução será o mero afastamento do assistente, e não do árbitro.

Por fim, o item 3.4.5 aponta a hipótese em que o árbitro é ex-magistrado e já julgou caso significativo envolvendo uma das partes ou suas associadas. A particularidade apenas terá qualquer impacto, entretanto, se a ação julgada estiver de alguma forma relacionada ao caso presente ou tiver trazido ao conhecimento do árbitro qualquer circunstância relevante, relativa à qual não poderia ter acesso de outra forma na arbitragem. Não sendo assim, inexistirá qualquer motivo para a impugnação do árbitro.

3.2.2.2.5 Casos variados

Finalizando a *"Orange List"*, as *Guidelines* da *IBA* referem outros quatro casos variados.

No item 3.5.1, cita-se o caso em que o árbitro tem relevante – seja por número de ações ou destinação – participação societária, direta ou indireta, em uma das partes ou suas associadas, que é empresa listada publicamente. Nesse caso, dependendo da importância da sociedade para o árbitro, o caráter impessoal do julgamento poderá ser violado. Por isso, além de a matéria estar sujeita ao *disclosure*, as partes podem ainda solicitar esclarecimentos adicionais, para investigar se a integridade do julgador estará ou não contaminada.

O item 3.5.2, por outro lado, refere a hipótese em que o árbitro defendeu publicamente uma posição sobre o caso, seja em artigo publicado, em discurso ou em outra via. Em tal circunstância, ressalvada sempre a eventual aquiescência de ambas as partes, o julgador deverá ser substituído, tendo em vista que já terá opinião previamente formada a respeito da situação concretamente analisada e, por essa razão, provavelmente não se mostrará suscetível a receber, isonomicamente, os influxos argumentativos de ambas as partes. Estará, em larga medida, imune ao contraditório-influência, o que terá o condão de prejudicar a regularidade da prestação jurisdicional.

Na sequência, o item 3.5.3 aborda o cenário em que o árbitro ocupa posição na autoridade designada para nomear os árbitros que julgarão aquela

[557] O art. 466, §1º, do CPC positivou, nessa linha, que "[o]s assistentes técnicos são de confiança da parte e não estão sujeitos a impedimento ou suspeição".

disputa. Contudo, esse fator, isoladamente, não se revela suficiente para a impugnação. O impedimento apenas será reconhecido se a função exercida pelo árbitro macular, no caso concreto, a independência dos demais árbitros para o julgamento.

Em último lugar, o item 3.5.4 descreve quadro em que o árbitro é gerente, diretor ou membro do conselho fiscal, ou tem influência no controle de sociedade coligada à parte, sem que tal sociedade esteja diretamente envolvida nas questões sujeitas à arbitragem. Trata-se de conjectura, contudo, que, como determina a própria *IBA* na *"Orange List"*, apenas poderá ser corretamente examinada à luz do caso concreto, verificando-se se o árbitro poderá auferir alguma espécie de vantagem financeira ou se sofrerá pressão relevante para decidir de determinada forma.

3.2.2.3 "Green List"

Examinadas a *"Red List"* e a *"Orange List"*, resta ainda apreciar a *"Green List"*, que assume a importante função de conferir segurança aos julgadores e às próprias partes quanto à regularidade da nomeação do árbitro, demarcando casos que, objetivamente,[558] não se revelam aptos a macular a imparcialidade e a independência do árbitro e, por isso, não precisam nem mesmo ser objeto de revelação.

No item 4.1.1, a lista traz caso bastante visto na prática arbitral: o árbitro já expressou opinião legal (por exemplo, em artigo acadêmico ou palestra) acerca de assunto que se apresenta na arbitragem, sem, contudo, manifestar-se especificamente sobre o caso concreto a ser julgado.

De fato, a hipótese não repercute na imparcialidade e independência do árbitro. Em primeiro lugar, ainda se fará necessária, em regra, a apreciação

[558] Leon Trakman observa, assim, que a "Green List consists of situations in which there is no appearance of partiality or a lack of independence and no conflict of interest. It is noteworthy that the Working Group explicitly rejects the subjective 'in the eyes of the parties' test in favour of an objective test in devising its Green List" (TRAKMAN, Leon. The Impartiality and Independence of Arbitrators Reconsidered. Op. cit., p. 1013). Tradução livre: "[a] Lista Verde consiste em situações nas quais não há aparência de parcialidade ou ausência de independência, tampouco conflito de interesses. Vale ressaltar que o Grupo de Trabalho explicitamente rejeita o teste subjetivo 'aos olhos das partes', em favor de um teste objetivo na elaboração de sua Lista Verde".

dos fatos que envolvem aquela específica disputa, de modo que a posição final do árbitro apenas será conhecida depois de se oportunizar às partes o amplo exercício de seu direito de influência e de serem produzidas todas as provas pertinentes. Além disso, considerando a aptidão da arbitragem para julgamentos mais técnicos, a escolha do árbitro costuma levar em conta a sua produção acadêmica. Nesse sentido, se houvesse restrição à nomeação de árbitros que já escreveram sobre algum dos variados temas suscitados no processo arbitral, estar-se-ia excluindo alguns dos profissionais mais gabaritados para exercer a função. Assim, a higidez do julgamento não poderá ser questionada devido a esse fator.

O segundo caso considerado inócuo, em termos éticos, pela *IBA*, é apontado no item 4.2.1 e corresponde ao cenário em que escritório associado ou aliado àquele em que o árbitro trabalha, mas que não compartilha receitas substanciais com a sua sociedade de advogados, presta serviço a uma das partes ou a suas associadas em matéria não relacionada. O vínculo, nesse quadro, é tão tênue, que não se pode, realmente, vislumbrar qualquer repercussão na integridade do árbitro.

A seguir, na diretriz 4.3, a *International Bar Association* aponta quatro outros casos: (4.3.1) o árbitro tem relação com outro árbitro ou com o advogado de uma das partes por meio de rede social ou por ser membro de uma mesma associação profissional ou organização social ou de caridade; (4.3.2) o árbitro e o advogado de uma das partes compuseram, no passado, um mesmo tribunal arbitral; (4.3.3) o árbitro leciona na mesma faculdade ou escola em que outro árbitro ou advogado da causa, ou tem, com algum deles, cargo em associação profissional ou em organização social ou de caridade; e (4.3.4) o árbitro foi orador, moderador ou organizador de uma ou mais conferências, ou participou de seminários ou eventos de organização profissional, social ou filantrópica, com o árbitro ou advogado de uma das partes.

Em todos esses contextos, há alguma relação prévia entre dois árbitros ou entre um árbitro e o advogado de uma das partes. No entanto, tal vínculo, tomado de forma isolada, não é apto a constituir sério indicativo de parcialidade ou dependência. Como a arbitragem tende a reunir profissionais de destaque no mercado, é natural que já tenham tido alguma espécie de contato anterior. Não se pode propugnar, assim, que os personagens da arbitragem sejam totalmente estranhos uns aos outros, mas tão somente exigir que eventual relação não seja apta a afetar a idoneidade dos árbitros para a condução dos trabalhos. Além disso, como já se repetiu seguidas vezes neste estudo, entende-se inoportuna a preocupação da *IBA* com os vínculos entre os próprios membros do painel arbitral; apenas se deverá coibir a participação de árbitros que mantenham, entre si, relação hierárquica fora da arbitragem.

Encerrando a *"Green List"*, a diretriz 4.4 aborda quatro situações em que a relação entre o árbitro e uma das partes não ofende a imparcialidade e independência.

No item 4.4.1, aponta-se quadro em que o árbitro teve contato inicial com a parte, sua associada ou seu advogado antes da indicação, mas a discussão se limitou à indagação sobre a disponibilidade e a qualificação do árbitro ou sobre possíveis candidatos à presidência do tribunal arbitral, não adentrando questões relativas ao mérito ou a aspectos procedimentais da disputa, que não aqueles necessários a uma compreensão básica do caso.

O parâmetro é acertado. Tratando-se de ambiente jurisdicional privado, é até mesmo conveniente que exista algum contato prévio entre a parte e o árbitro antes da instauração da arbitragem. A entrevista do árbitro, contudo, estará limitada aos pontos mencionados acima (disponibilidade e qualificação), bem como à ausência de qualquer conflito de interesses ou situação de impedimento ou suspeição.[559] São matérias essenciais para a boa escolha do julgador.

De resto, ainda que os coárbitros tenham, via de regra, o poder de definir nome para a presidência do tribunal arbitral sem o auxílio das partes, também é válido que consultem previamente as partes, inclusive para evitar uma eventual e desgastante impugnação futura. O diálogo apenas não pode descambar, a toda evidência, para o conluio ou para uma *escolha de cartas marcadas*. A ética e a isonomia processual devem nortear o contato entre partes e árbitros. Prática interessante e corriqueira consiste em que ambos os coárbitros apresentem

[559] "Outra situação em que a paixão pode dominar a razão e levar o árbitro a entregar-se ao incesto é aquela que diz respeito a comunicações *ex parte* ou seja, a comunicação entre árbitro e uma das partes: entendo que a prática deva limitar-se a consultas anteriores à instauração da arbitragem com o objetivo de determinar a disponibilidade do árbitro em potencial e a ausência de possíveis conflitos de interesse. Nesse sentido, dispõem as International Bar Association Guidelines on Party Representation sobre comunicações *ex parte* no curso da arbitragem, devendo ser evitadas, a não ser que expressamente previstas pelas partes" (CARMONA, Carlos Alberto. Os sete pecados capitais do árbitro. Op. cit., p. 405).

uma mesma lista de potenciais candidatos às partes, solicitando que excluam eventuais nomes indesejados.

Instaurado o processo arbitral, contudo, impõe-se que todos os contatos posteriores sejam travados exclusivamente pelas vias oficiais e com a devida ciência da parte contrária. O coárbitro não figura como representante da parte no tribunal arbitral e não pode, de forma alguma: (i) trazer ao seu conhecimento dados sobre a percepção dos árbitros a respeito da disputa; (ii) tecer quaisquer comentários ou sugestões de comportamento; ou (iii) tratar, de forma ampla, das questões relacionadas ao caso.[560] Se incorrer em qualquer dessas condutas, o árbitro deverá ser prontamente substituído.

Fechados os parênteses sobre a comunicação entre partes e árbitros, observa-se que o item 4.4.2 da *"Green List"* indica a ausência de repercussão no plano ético quando o árbitro possui uma quantidade insignificante de ações de uma das sociedades envolvidas na controvérsia ou suas associadas, que corresponde a companhia listada publicamente. A baliza proposta pela *IBA* também é adequada. O simples fato de o árbitro possuir investimentos diminutos em uma das sociedades, que é negociada em bolsa de valores, não pode ser visto como obstáculo ao tratamento equânime das partes.

No item 4.4.3, por sua vez, refere-se que o árbitro e o gerente, diretor ou membro do conselho fiscal, ou pessoa com influência no controle de uma das partes ou suas associadas, trabalharam juntos anteriormente como especialistas técnicos ou outra função profissional qualquer (incluindo a possibilidade de terem sido árbitros de um mesmo painel arbitral). Tratando-se de relação estritamente profissional e que não tenha desenvolvido vínculo de maior afinidade ou de dependência econômica, não se vislumbra risco de comportamento enviesado do árbitro no processo.

Por derradeiro, o item 4.4.4 trata do caso em que o árbitro tem relação com uma das partes ou suas associadas por meio de rede social. Nos dias atuais,

[560] Como bem pontua Manuel Barrocas, "[a] comunicação entre a parte e o árbitro de parte por ela nomeado deve, assim, pautar-se pela salvaguarda da total independência do árbitro. Este tem o direito de e o dever de evitar qualquer contacto com a parte e os seus representantes, incluindo mandatários, que ponham de algum modo em causa a sua independência. O árbitro não deve, sequer, trocar quaisquer impressões ou informações sobre o litígio ou o modo como o processo decorre com a parte ou com os seus representantes" (BARROCAS, Manuel Pereira. *Manual de arbitragem*. Op. cit., p. 305).

é realmente muito comum que pessoas se adicionem em mídias sociais sem que sejam propriamente amigas ou tenham relação de maior proximidade. Alunos, professores, colegas de trabalho e pessoas que já desenvolveram qualquer sorte de relação negocial estão frequentemente conectados, às centenas ou aos milhares, em tais redes. Os próprios árbitros, quando seguem concorrentemente uma carreira acadêmica, têm, não raro, perfis públicos, nos quais compartilham notícias e artigos. Assim, da simples relação travada em rede social, não se extrai qualquer ofensa à imparcialidade e independência do árbitro. Naturalmente, contudo, a esse elemento podem se somar outros que evidenciem vínculo mais profundo. Em situação do gênero, o impedimento poderá ser reconhecido, não pela interação via mídia social, mas por todo o quadro de relações comprovado.

3.2.2.4 Conclusão sobre as Guidelines da IBA

Do exposto nos tópicos precedentes, observa-se que, conquanto sujeita a inúmeras críticas e temperamentos, a *International Bar Association* desenvolveu notável trabalho de compilação de casos com possível repercussão no campo ético da arbitragem. Não se trata de relação exauriente, nem de lista que se encontre em absoluta conformidade com os padrões éticos esperados no ambiente arbitral brasileiro. Sem prejuízo, não se afigura prudente desconsiderar, em absoluto, os seus préstimos.[561]

Em primeiro lugar, todos os casos relacionados na *"Red List"* e na *"Orange List"*, à exceção das relações não hierárquicas entre dois ou mais árbitros, devem, quando menos, ser revelados aos interessados. Assim, já se obtém enorme ganho teórico com a estipulação de balizas mínimas sobre situações que ensejem "dúvida justificada" quanto à imparcialidade e independência do árbitro, conferindo feição mais objetiva ao dever de revelação.

[561] José Miguel Júdice afirma, nessa linha que, "na decisão sobre escolha de árbitros deve dar-se primacial relevo ao teste sobre independência, neutralidade e imparcialidade, tentando respeitar-se o que se pode colher na abundante doutrina e jurisprudência arbitrais e em *guidelines* como as da IBA e de algumas instituições arbitrais. Deste modo se evitam potenciais problemas, mas sobretudo se criam as condições para uma boa decisão arbitral" (JÚDICE, José Miguel. Árbitros: características, perfis, poderes e deveres. Op. cit., p. 137).

Em segundo lugar, ainda que caibam diversas discordâncias pontuais, é manifesto que a *IBA* teve o mérito de empreender esforços para atribuir maior segurança e credibilidade ao processo arbitral, por meio da fixação de diretrizes pormenorizadas e objetivas.[562] Não se omitiu e listou situações éticas que, apesar de terem aptidão para influenciar na regularidade do processamento e

[562] Em interessante passagem, Leon Trakman anota que: "It is important not to blame the messenger. The International Bar Association Working Group and ensuing Guidelines on Conflict of Interest in International Commercial Arbitration not only included some of the most brilliant arbitrators, they also did brilliantly at finding common ground in a minefield that, until their involvement, was marked by both rigidity in international rules governing conflicts of interest and widely disparate practice in domestic jurisdictions. The Working Group and Guidelines should also not be blamed for different approaches towards conflict of interest in different legal systems, and some strident views about how to deal with conflicts. They cannot be faulted, too, for trying to find middle-ground in the presence of differences of opinion among them, particularly in the face of differences in arbitration law in their respective national jurisdictions. [...] It was certainly not the intention of the drafters of the IBA Guidelines to provide parties with an open-ended opportunity to challenge international commercial arbitrators. One goal was to provide greater clarity and predictability in the law of international commercial arbitration. Another goal was to assist courts, arbitrators, parties and others associated with arbitration in determining the principles and practice governing the impartiality and independence of arbitrators. A further goal was to build a stable platform upon which to unify disparate local, national, regional and international practice in regard to the conflict of interest of arbitrators" (TRAKMAN, Leon. The Impartiality and Independence of Arbitrators Reconsidered. Op. cit., p. 999-1001). Tradução livre: "É importante não culpar o mensageiro. O Grupo de Trabalho da Associação Internacional dos Advogados e suas Diretrizes sobre Conflitos de Interesse na Arbitragem Comercial Internacional não apenas incluíram alguns dos árbitros mais brilhantes, mas também realizaram um trabalho brilhante ao encontrar pontos comuns em um campo minado que, até a sua participação, era marcado tanto pela rigidez das regras internacionais sobre conflitos de interesses, quanto pela prática amplamente díspar em jurisdições domésticas. O Grupo de Trabalho e as Diretrizes tampouco deveriam ser culpados pelas diferentes abordagens perante o conflito de interesses em sistemas legais distintos ou por algumas visões dissidentes sobre como lidar com conflitos. Eles também não podem ser culpados por tentar encontrar um terreno comum na presença de distintas opiniões entre eles, especialmente quando enfrentadas diferenças na lei de arbitragem em suas respectivas jurisdições nacionais. [...] Certamente não foi a intenção dos redatores das Diretrizes da IBA fornecer às partes um infinito catálogo de oportunidades para impugnar árbitros comerciais internacionais. Um dos objetivos era proporcionar maior clareza e previsibilidade no regramento da arbitragem comercial internacional. Outro objetivo era auxiliar cortes, árbitros, partes e outros participantes da arbitragem a determinar os princípios e as práticas que regem a imparcialidade e a independência dos árbitros. Um objetivo adicional era a construção de uma plataforma estável sobre a qual se unificariam diferentes práticas locais, nacionais, regionais e internacionais em relação aos conflitos de interesses dos árbitros".

julgamento do feito arbitral, ainda passavam frequentemente despercebidas ou não eram objeto de consenso doutrinário.

Por fim, a edição da *"Green List"* correspondeu a importante passo para coibir o imprudente oferecimento de impugnações descabidas pelas partes e a utilização de táticas de guerrilha na arbitragem. Garantiu-se, assim, que os sujeitos do processo arbitral tenham maior tranquilidade e segurança quanto à validade das nomeações dos árbitros e à reduzida chance de êxito em eventual ação de nulidade posterior.

Diante dessas razões, ainda que (i) algumas situações listadas não estejam corretamente enquadradas, como já exposto anteriormente, e (ii) seja sempre necessário aferir as peculiaridades do caso concretamente analisado,[563] recomenda-se que partes e árbitros não ignorem, por completo, os contributos das *Guidelines on Conflict of Interest* da *IBA*.

3.2.3 Postura enviesada do árbitro durante o curso do procedimento

Em acréscimo às circunstâncias já analisadas, a ausência de imparcialidade e independência do árbitro também pode ser verificada a partir da sua atuação concreta no curso do processo arbitral. Se for notado o comportamento enviesado, a parte prejudicada poderá oferecer impugnação e reclamar a sua substituição.[564]

À evidência, não constitui tarefa simples comprovar o ânimo do árbitro de pender a favor de uma das partes ou de determinado resultado. A missão

[563] "The list was never intended to serve as a substitute for scrutiny of the facts in issue" (TRAKMAN, Leon. The Impartiality and Independence of Arbitrators Reconsidered. Op. cit., p. 1.019). Tradução livre: "A lista nunca foi destinada a servir como um substituto para o escrutínio dos fatos em questão".

[564] Esposando essa posição, Paulo Cezar Pinheiro Carneiro e Leonardo Schenk relatam que "a justiça inglesa removeu árbitro que acusou uma das partes de conduta deliberadamente procrastinatória, não deu ouvidos às suas alegações e insistiu em agendar a audiência para data em que as partes não estavam em condições de defender-se adequadamente, porque a finalidade da arbitragem, de acordo com o artigo 1(a) da Lei de Arbitragem do Reino Unido, é obter uma resolução justa da controvérsia por um tribunal imparcial. Não é necessária a prova da parcialidade. Basta a dúvida ou o perigo concreto de que a conduta dos árbitros tenha tratado uma das partes de modo menos favorável do que a outra" (CARNEIRO, Paulo Cezar Pinheiro; SCHENK, Leonardo Faria. O justo processo arbitral e o dever de revelação (disclosure) dos peritos. Op. cit., p. 592).

é ainda mais difícil quando se argui que o desvio ético foi cometido por um coárbitro, já que este: (i) não decide sozinho, mas em conjunto com seus pares; e, (ii) normalmente, não é o principal responsável por ditar os rumos do procedimento arbitral.

Por isso é que, para o acolhimento da impugnação, não se pode exigir a prova da existência de perigo real de comprometimento ético do árbitro (*"real danger test"*),[565] mas sim a mera demonstração da *aparência* de parcialidade ou, quando muito, a comprovação da *real possibilidade* de que o árbitro não seja isento.[566]

De qualquer modo, não deixa de haver casos em que a falta de imparcialidade e independência pode ser aferida objetivamente, seja pelas próprias partes ou, tratando-se de composição colegiada, pelos demais árbitros.

Nesse sentido, sem qualquer pretensão de exaurir as inúmeras formas pelas quais a infração ética pode se apresentar, é viável dividir as condutas perniciosas entre aquelas praticadas: (a) por qualquer árbitro (seja o presidente do

[565] "The competing tests are the following: (1) the 'reasonable apprehension' test (the '*Sussex Justices* test'). This test requires that 'a fair minded and informed observer' would have a 'reasonable apprehension' that the arbitrator was biased. It is derived from the judgment of Lord Hewart CJ in *Sussex Justices*. [...] (2) the 'real possibility' test (the '*Porter v. Magill*' test). This test requires that 'a fair minded and informed observer' would say that there was a 'real possibility' that the arbitrator was biased. It comes from the 2002 decision of the House of Lords in *Porter v. Magill*. [...] (3) the 'real danger' test (the '*Gough* test'). This test requires that the court must find there to be a 'real danger' of bias before apparent bias will be made out. It comes from the decision of the House of Lords in *Gough*" (LUTTRELL, Sam. Bias challenges in International Commercial Arbitration: the need for a "Real Danger" Test. International Arbitration Law Library, v. 20, 2009, p. 8). Tradução livre: "Os testes concorrentes são os seguintes: (1) o teste de 'percepção razoável' (o '*teste Sussex Justices*'). Este teste exige que 'um observador justo e esclarecido' tenha uma 'percepção razoável' de que o árbitro estava tendencioso. É derivado do entendimento de Lord Hewart em *Sussex Justices* [...] (2) o teste de 'possibilidade real' (o teste '*Porter v. Magill*'). Este teste exige que 'um observador justo e esclarecido' diga que havia uma 'possibilidade real' de que o árbitro estivesse tendencioso. Teve origem na decisão de 2002 da Câmara dos Lordes em *Porter v. Magill*. [...] (3) o teste de 'perigo real' (o 'teste *Gough*'). Este teste exige que o Tribunal considere que existe um 'perigo real' de tendenciosidade antes que o aparente viés parcial seja estabelecido. Ele vem da decisão da Câmara dos Lordes em *Gough*".

[566] Para maiores detalhes sobre a evolução da jurisprudência inglesa, norte-americana e francesa no que toca às visões concorrentes – "aparência de imparcialidade (*appearance of bias*) e existência de imparcialidade (*actual or real bias*)" –, v. LUCON, Paulo Henrique dos Santos. Imparcialidade do árbitro e do juiz na Teoria Geral do Processo. Op. cit., p. 664-668.

painel arbitral, coárbitro ou mesmo árbitro único); ou (b) somente pelos árbitros que integrem um tribunal arbitral (presidente ou coárbitro, excluindo-se aqui a hipótese de julgador singular).

No primeiro quadro, incluem-se os casos em que o árbitro, qualquer deles: (i) apenas atenta para as sugestões procedimentais formuladas por um dos contendores; (ii) não mantém a urbanidade em relação a uma das partes ou seu advogado, disparando críticas e ofensas pessoais ou profissionais; (iii) declara, ainda em estágio prematuro do processo, o entendimento de que uma das partes deverá ter sucesso na demanda;[567] (iv) mantém contatos pessoais diretos com uma das partes durante o curso do procedimento, revelando suas impressões acerca do caso e o entendimento atual dos demais árbitros;[568] (v) em sede de audiência, assume postura de clara representação dos interesses de uma das partes; (vi) concede prazos distintos para os contendores, sem manifestar qualquer justificativa plausível; (vii) indefere provas pleiteadas por uma das partes, adotando critérios absolutamente díspares em relação aos demais sujeitos do processo; e (viii) comina penas de litigância de má-fé a uma das partes sem mínima fundamentação.

No segundo quadro, relativo aos casos em que tenha sido formado painel arbitral, cabe referir as hipóteses em que o árbitro, seja atuando como presidente ou coárbitro: (i) atua de modo a gerar o total isolamento de um dos demais árbitros, visando beneficiar um dos envolvidos na disputa; (ii) funciona ostensivamente como uma espécie de "representante" dos interesses da requerente ou da requerida no painel arbitral; e (iii) tece reiteradas críticas, para os seus colegas árbitros, em relação à atuação de uma das partes ou de seus advogados.

567 Excepciona-se, como é intuitivo, a hipótese em que o árbitro seja chamado a decidir um pedido de tutela provisória.

568 Já se falou, assim, da figura do árbitro espião: "Serve de exemplo deste comportamento execrável do árbitro a transferência de informações das discussões do painel ao advogado da parte: ai do árbitro que revela a qualquer dos advogados as impressões do tribunal acerca de alguma questão, dando sugestões de como a causa deva ser conduzida para melhor convencer os julgadores! O árbitro espião (árbitro tóxico) é um pesadelo para os demais árbitros e estes, tão logo percebam o comportamento incestuoso de algum membro do painel em relação ao advogado da parte, certamente o isolarão, o que prejudicará o natural funcionamento do colégio" (CARMONA, Carlos Alberto. Os sete pecados capitais do árbitro. Op. cit., p. 404).

Por certo, nas hipóteses em que se tratar de julgamento colegiado, não será sempre fácil identificar de qual julgador emanou concretamente determinada decisão, o que poderá ensejar dificuldade na imputação da conduta lesiva. Nesses casos, todavia, se o comportamento externado pelo tribunal arbitral como um todo impedir o regular exercício do contraditório-influência ou ofender a isonomia processual, a parte poderá manifestar-se nesse sentido e, caso o vício não seja sanado, requerer a nulidade da sentença arbitral com base nesses fundamentos, conforme prevê o art. 32, VIII, c/c art. 21, §2º, ambos da Lei nº 9.307/96.[569]

Além disso, é importante que, tendo sido formado painel arbitral, os próprios árbitros fiscalizem reciprocamente suas atuações. Se um deles mostrar-se pendente para um dos lados, deverá ser alertado pelos demais e, caso não adeque a postura, devidamente substituído.[570]

No mais, também as partes – até mesmo aquela eventualmente favorecida – devem prezar por procedimento honesto e transparente, que retribua a confiança depositada por todos os jurisdicionados e não dê azo à futura alegação de nulidade da sentença arbitral. A vitória não pode vir a qualquer custo.

3.3 Procedimento de recusa e substituição do árbitro

Delineadas as premissas básicas e analisados os principais casos de impedimento e suspeição, cumpre, ainda, esmiuçar o procedimento a ser seguido para a recusa e consequente substituição do árbitro.

[569] A respeito das hipóteses de nulidade da sentença arbitral por ofensa ao contraditório, ver o tópico 2.4.

[570] "Um árbitro que denote com sua atitude desvio de comportamento incompatível com a função arbitral deve ser alertado pelos demais membros do tribunal para que obstaculize tal prática, sob pena de vir a ter sua demissão decretada e ser substituído pelo suplente, caso persista ou seja grave o vício de comportamento. Essa atitude também deve ser adotada pela instituição arbitral, quando estivermos diante de árbitro único ou decorrente providência solicitada pelo tribunal arbitral. Deve a instituição arbitral avaliar a gravidade da situação e seus possíveis reflexos para a arbitragem e a decisão ao final proferida. A instituição arbitral demitirá o árbitro, solicitando que o substituto assuma o mister do antecessor" (LEMES, Selma M. Ferreira. *Árbitro*: princípios da independência e da imparcialidade. Op. cit., p. 156).

De início, é essencial registrar que, apesar de ter sido regulado pela Lei nº 9.307/96, o procedimento também poderá ser integrado pela vontade das partes, que normalmente se reportarão ao regulamento de uma instituição de arbitragem. Sem prejuízo, seja como for, é certo que o procedimento escolhido não poderá vedar a possibilidade de afastamento do árbitro. Deverá sempre existir via disponível às partes para o oferecimento de recusa, preservando-se a imparcialidade e a independência do árbitro, valores essenciais para o *due process of law*.

Feita a ressalva, vê-se que o art. 20 da Lei nº 9.307/96 estipula, dentre outras matérias, que a parte que pretender arguir questões relativas à suspeição ou impedimento do árbitro deverá fazê-lo na "primeira oportunidade" que tiver de se manifestar, após a instituição da arbitragem.

Contudo, ao contrário do que a redação literal do dispositivo poderia sugerir, o que se coíbe é unicamente a inércia da parte quanto à questão. Assim, antes de suscitar a recusa propriamente dita, será plenamente viável a adoção de outras medidas tendentes a promover a isenção do julgador, solicitando-se, seja ao árbitro, seja à parte contrária, a prestação de esclarecimentos ou a complementação das matérias já reveladas. Em casos do gênero, somente quando receber as informações úteis ou necessárias para avaliar a idoneidade do árbitro é que a parte deverá oferecer, sob pena de preclusão, a respectiva exceção. Na oportunidade, o pedido deverá ser dirigido ao árbitro ou ao presidente do tribunal arbitral, devidamente acompanhado das razões da excipiente e das provas pertinentes (art. 15 da Lei nº 9.307/96), sendo lícito o requerimento de produção de provas adicionais.

Entretanto, tratando-se de arbitragem institucional, é comum que o regulamento sujeite, antes, a confirmação da nomeação dos árbitros a uma decisão da instituição de arbitragem, que terá excepcionalmente o poder, nesse caso, de acolher a exceção em caráter preliminar e determinar a substituição do árbitro, até como forma de preservar a idoneidade dos procedimentos sujeitos à sua administração.[571]

[571] Aludindo ao Regulamento da Corte Internacional de Arbitragem da CCI, afirma-se que: "Cuando los árbitros son designados por las partes o conjuntamente por los coárbitros, lo que ocurre em la mayoría de los casos, la Corte o el Secretario General aún tienen un papel que jugar: el de confirmar dicha designación. En efecto, ningún árbitro puede actuar bajo el Reglamento de Arbitraje si no es nombrado o confirmado por la Corte o el Secretario

Veja-se que, segundo o art. 14, §2º, da Lei nº 9.307/96, a parte que indicou o árbitro não poderá recusá-lo por motivo anterior à sua nomeação, salvo se a justificativa para a recusa só vier a ser conhecida posteriormente. Trata-se de regra que assume o propósito de coibir comportamentos contraditórios e obstar a prática de atos meramente protelatórios: se a própria parte indicou o árbitro e tinha conhecimento prévio das questões que poderiam configurar o seu impedimento ou suspeição, não poderá voltar atrás e manifestar sua recusa. Unicamente poderá fazê-lo por motivos novos ou a que apenas teve conhecimento depois da indicação. A parte contrária, por outro lado, não sofrerá tal restrição para arguir a recusa, na medida em que ainda não terá pronunciado sua confiança no árbitro indicado.

Em todo caso, também em decorrência da boa-fé processual, anota-se que nenhuma das partes poderá recusar o árbitro quando houver provocado a causa de impedimento e suspeição, como prevê, no âmbito do processo judicial, o art. 145, §2º, I, do CPC.

Oferecida a exceção, abrir-se-á a possibilidade ao árbitro impugnado de, ainda que reiterando sua imparcialidade e independência, renunciar ao encargo. Não o fazendo, e caso não se trate de árbitro único, a matéria será submetida ao tribunal arbitral, para que decida por maioria, com a participação do próprio árbitro questionado.[572]

General. Ello porque la ICC debe velar que los árbitros (a) acepten su misión de conformidad con el Reglamento de Arbitraje, (b) informen que están disponibles para el caso asignado e (c) indiquen que son independientes de las partes. Además, si alguna parte presenta una objeción a la designación de otra, la Corte debe decidir si confirma el árbitro designado" (FIGUERES, Dyalá Jiménez. Nombramiento y recusación de árbitros. *Revista de Arbitragem e Mediação*, v. 10, jul./2006, p. 144). Tradução livre: "Quando os árbitros são designados pelas partes ou conjuntamente pelos coárbitros, o que acontece na maioria dos casos, o Tribunal ou o Secretário Geral têm um papel a desempenhar: o de confirmar essa designação. Na verdade, nenhum árbitro pode atuar de acordo com o Regulamento de Arbitragem se não for nomeado ou confirmado pela Corte ou pelo Secretário Geral. Isso ocorre porque a CCI deve garantir que os árbitros (a) aceitem sua missão em conformidade com o Regulamento de Arbitragem; (b) informem que estão disponíveis para o caso que lhes foi designado; e (c) indiquem que são independentes das partes. Além disso, se alguma das partes apresenta uma objeção à designação da outra, a Corte deve decidir se confirma o árbitro designado".

572 "Embora, nos órgãos colegiados, a exceção possa ser apresentada ao presidente do órgão, caberá ao colégio (e não ao presidente) decidir a respeito, sempre aplicado o critério majoritário. Isto significa que, sendo o órgão colegiado, se houver ataque a um ou a alguns

Na circunstância de o árbitro vir a ser afastado, será promovida a sua substituição, assumindo em seu lugar o suplente eventualmente indicado na convenção de arbitragem (art. 16 da Lei nº 9.307/96). Inexistindo substituto já previamente indicado, incidirão as regras da instituição arbitral ou outro procedimento estipulado pelas partes. De acordo com o art. 16, §2º, se a convenção arbitral não dispuser sobre o tema e as partes não chegarem a consenso, a parte interessada poderá mover ação judicial com o fim de garantir a substituição do árbitro. A exceção corresponderá ao caso de as partes já terem declarado expressamente na convenção que não aceitariam substituto, caso em que o processo arbitral será extinto (art. 12, II).[573]

Conforme dispõe o art. 22, §5º, da Lei nº 9.307/96, na eventualidade em que a substituição se dê no curso do procedimento arbitral, caberá ao árbitro substituto avaliar a necessidade de efetuar a repetição das provas já produzidas.[574] Além disso, seguindo-se a mesma lógica do art. 146, §6º, do CPC, será necessário apontar o momento a partir do qual o árbitro não poderia ter atuado, para avaliar a validade dos atos por ele até então praticados.

dos árbitros, todos eles participarão do julgamento. Na prática, percebe-se que a situação é fonte de desconforto, pois o árbitro excepcionado frequentemente sente-se pouco propenso a participar da decisão colegiada sobre seu impedimento ou suspeição, alegando que ao responder a eventuais ataques da parte poderá indispor-se com o impugnante, de modo que, mesmo rejeitada a exceção, perderá a capacidade de julgar com isenção. Não posso apoiar o argumento. Pelo critério legal, cabe ao colegiado (se não houver previsão diversa no regulamento ou na convenção de arbitragem) decidir sobre a questão de imparcialidade e independência de membro (ou membros) do painel. Trata-se de questão processual, como qualquer outra, não havendo exceção à regra de que o painel inteiro deve participar do processo decisório" (CARMONA, Carlos Alberto. *Arbitragem e processo*: um comentário à Lei nº 9.307/96. Op. cit., p. 258).

[573] O último cenário se justifica, porque, "como é inerente à liberdade de opção: nas hipóteses em que a fidúcia do árbitro é absoluta, e também base única para a escolha deste método de solução de conflito, as partes podem, desde a convenção, ou no termo inicial de arbitragem, declarar, expressamente, não aceitar substituto, extinguindo-se então o juízo arbitral na falta do eleito, como, aliás, já antes mencionado (arts. 12, I e II, 16, § 2.º, da Lei 9.307/1996)" (CAHALI, Francisco José. *Curso de arbitragem*: mediação, conciliação, resolução CNJ 125/2010. Op. cit., p. 223).

[574] Ver nota 400.

Na ocasião, se a exceção for rejeitada, a arbitragem prosseguirá normalmente e, conforme prevê o art. 20, §2º, da Lei nº 9.307/96, a parte prejudicada poderá, ao fim do processo, arguir a eventual nulidade da sentença perante o Judiciário.[575]

3.4 Nulidade da sentença arbitral por ausência de imparcialidade e independência do árbitro

Além de ser extraída diretamente do devido processo legal (art. 5º, LIV, da CF),[576] a invalidade dos atos praticados por árbitro que não preencha os pressupostos da imparcialidade e independência está prevista no art. 32 da Lei nº 9.307/96, que declara nula a sentença se: (a) "emanou de quem não podia ser árbitro" (inciso II); e (b) "forem desrespeitados os princípios de que trata o art. 21, §2º, desta Lei"[577] (inciso VIII).

Em complemento, pode-se ainda fazer referência ao inciso VI do mesmo artigo, que determina a nulidade da sentença no gravíssimo caso em que seja (c) "comprovado que foi proferida por prevaricação, concussão ou corrupção passiva".

A preocupação do legislador com a matéria é plenamente justificável. A confiança, como visto, constitui marco central da legitimidade democrática da instância arbitral e deve mesmo ser intensamente protegida. Ao abdicar das instâncias judiciais em prol de uma via privada de solução de conflitos, as partes precisam estar sujeitas a julgamento sério e imparcial. Por essa razão,

[575] Traçando paralelo com o antigo regramento da arbitragem no Brasil, Selma Ferreira Lemes anota que "[a] disposição da nova lei é totalmente inovadora diante do antigo texto legal que previa a instância judicial para resolver a questão da recusa do árbitro, bem como a suspensão do processo arbitral (art. 1.079, parágrafo único do Código de Processo Civil). O motivo ensejador da nova disposição repousa na assertiva e tendência modernas de tornar o mais possível auto-sustentável o processo arbitral, evitando-se, destarte, a interferência do judiciário. [...] Entendendo o tribunal arbitral infundadas as alegações do excipiente, o processo arbitral continuará com os mesmos árbitros, restando à parte inconformada alegá-las por ocasião de interposição de recurso de nulidade da sentença arbitral, se for o caso" (LEMES, Selma M. Ferreira. *Árbitro*: princípios da independência e da imparcialidade. Op. cit., p. 152-153).

[576] Em sentido contrário, ver a posição de Rafael Francisco Alves, cf. nota 441.

[577] Vale relembrar que o referido dispositivo dispõe que serão respeitados, no procedimento arbitral, dentre outros princípios, a imparcialidade do árbitro.

ao se deparar com motivos que, objetivamente, poderiam afetar a retidão do árbitro, o interessado terá a faculdade de oferecer a pertinente recusa (art. 15) e, ainda que essa venha a ser rejeitada no curso da arbitragem, poderá se socorrer futuramente da via judicial, seja por meio de ação de nulidade (art. 33, §1º) ou de impugnação ao cumprimento de sentença (art. 33, §3º). O único obstáculo ao controle do Judiciário consiste em que não será possível suscitá-lo imediatamente, exigindo-se que se aguarde pelo término do processo, com a consumação do eventual prejuízo, para fazê-lo.

Nesse ponto, é relevante ressaltar que o amplo campo franqueado à autonomia privada autoriza a renúncia aos casos mais tradicionais de impedimento e suspeição.[578] No entanto, em nenhuma hipótese será admitida a abdicação antecipada das partes à propositura, em si, da ação de nulidade de sentença.[579] No máximo, haverá campo para a renúncia a alguns dos fundamentos que poderiam ser nela alegados.

Em comum acordo, as partes podem nomear sócio, parente ou qualquer outra pessoa com potencial ou efetivo interesse na disputa.[580] Sem prejuízo, mesmo em tais hipóteses, não será permitido ao árbitro efetivamente inclinar-se a favor de uma das partes ou de um determinado resultado. A *presunção* de parcialidade e dependência pode até ser rejeitada e superada pelos contendores, mas referidos valores ainda constituirão pressuposto da atividade do árbitro e deverão ser por ele observados a todo o momento no decorrer da disputa. Se, ao fim, a presunção vier a ser substituída pela efetiva *comprovação* de parcialidade ou dependência, a sentença será igualmente nula e poderão ser adotadas as providências de que trata o art. 33 da Lei nº 9.307/96.

A preservação da imparcialidade e independência do árbitro configura, em rigor, uma das atividades mais fundamentais desempenhadas pelo Judiciário no controle dos processos arbitrais.

578 Ver tópico 3.1.2.3.

579 "Mas a irrenunciabilidade aqui tratada é a genérica, anterior à prolação da decisão arbitral: proferida a sentença, pode a parte sucumbente renunciar à utilização da via impugnativa predisposta pela Lei, seja expressamente, seja tacitamente" (CARMONA, Carlos Alberto. *Arbitragem e processo*: um comentário à Lei nº 9.307/96. Op. cit., p. 423).

580 Ressalva-se, como já dito em outras passagens desta obra, que será irrenunciável o impedimento do árbitro quando este confundir-se com uma das próprias partes ou for seu representante legal.

Assim, quando chamado a analisar a matéria, o juiz deverá apreciar, em primeiro lugar, se o árbitro incidia em hipótese de impedimento ou suspeição. Caso essa circunstância não seja verificada ou tenha sido afastada consensualmente pelas partes, o juiz deverá investigar, em caráter adicional, se o árbitro concretamente se conduziu com honradez e integridade ou, ao revés, beneficiou indevidamente a um dos lados.

Essa segunda etapa somente precisará ser percorrida nas duas hipóteses mencionadas: (i) não ter sido verificado qualquer vínculo do árbitro com as partes, seus advogados, o objeto da disputa ou pessoas a eles relacionadas capaz de abalar a retidão do julgador; ou, (ii) mesmo tendo ciência do impedimento ou da suspeição do árbitro, as partes tenham optado por renunciar à proteção legal e seguir com o árbitro indicado. Não sendo esse o caso, a prova do comprometimento do árbitro será desnecessária, bastando, para fins de anulação da sentença arbitral, a comprovação da existência de dúvida séria e justificada quanto ao engajamento ético do árbitro com a melhor solução da disputa.

O raciocínio é devido, porque a prova do comportamento ilícito do árbitro é, em regra, bastante penosa para o prejudicado, chegando, por vezes, a ser mesmo impossível.[581] Sobretudo em casos complexos, poderá o julgador aparentar a correção de sua conduta durante todo o trâmite da arbitragem – oferecendo, por exemplo, todas as instâncias de debate e promovendo ampla instrução probatória – e, ao fim, no momento da prolação da sentença, seguir o caminho fático ou jurídico apresentado por aquele que, desde o início, pretendia privilegiar. Vale dizer, o árbitro poderá favorecer uma das partes sem deixar um rastro sequer no processo.

[581] Trabalhando com a noção de parcialidade "verdadeira ou aparente", Thamar Cavalieri sustenta que os "casos em que há prova da parcialidade verdadeira são muito raros – limitam-se àqueles em que o árbitro anuncia publicamente sua parcialidade ou é ouvido em um momento de admissão privada. Já que não se pode fazer um 'raio-x' no cérebro do julgador para descobrir se, no seu íntimo, ele está ou não verdadeiramente polarizado, só se pode inferir a parcialidade verdadeira a partir de suas relações, declarações e ações externas – isto é, a partir das aparências. A parcialidade aparente, portanto, surge da impossibilidade de provar a parcialidade verdadeira de um julgador: é uma ficção jurídica. São os indícios de parcialidade verdadeira, a partir dos quais se erige uma impugnação. As impugnações são decididas com base nos testes de prova, os quais, em última análise, discutem o risco de parcialidade verdadeira que se decide admitir em cada caso" (CAVALIERI, Thamar. Imparcialidade na arbitragem. Op. cit., p. 140).

Por essa razão, repise-se: ainda que não exista prova do comportamento ilícito do árbitro, bastará a presença de elementos que indiquem, de forma razoável, a possibilidade de contaminação da correção ética do julgador. Em outras palavras, deve-se inquirir se o árbitro incidiu nas hipóteses de impedimento ou suspeição, apresentando vínculos relevantes com as partes, seus advogados ou pessoas relacionadas, ou, ainda, possuindo interesse no objeto da disputa.

Em acréscimo, a existência de relação hierárquica entre dois árbitros também poderá ser invocada para reclamar a nulidade da sentença arbitral, por afrontar a independência funcional do árbitro subordinado.

Tratando-se de atividade jurisdicional erigida da vontade das partes e externa às estruturas estatais tipicamente responsáveis pela solução de controvérsias, a confiança na pessoa do árbitro revela-se realmente essencial. Nessa linha, a nulidade da sentença arbitral será de rigor sempre que se estiver diante: (i) do tempestivo oferecimento de recusa ao árbitro (art. 20 da Lei nº 9.307/96),[582] fundada em circunstâncias que, sob os olhos das partes (ou de uma terceira pessoa razoável), possam acometer a idoneidade ética do julgador; ou (ii) da verificação de atos concretos de parcialidade e dependência durante o processo arbitral.

Por certo, o efetivo reconhecimento da falta de imparcialidade e independência do árbitro dependerá do exame das particularidades de cada situação concreta. Sem prejuízo, ao analisar a nulidade da sentença arbitral, o juiz deverá ter em conta os parâmetros objetivos já traçados em relação: (a) à aplicação das disposições do Código de Processo Civil sobre impedimento e suspeição (tópico 3.2.1); (b) à enorme valia das previsões elencadas nas *Guidelines* da *IBA* (tópicos 3.2.2.1, 3.2.2.2 e 3.2.2.3); e, (c) às hipóteses de conduta enviesada do árbitro durante o procedimento (tópico 3.2.3).

[582] Flávio Luiz Yarshell assevera, com acuidade, que, "sendo a arbitragem um meio alternativo de resolução de controvérsias, o aqui preconizado caráter subsidiário do controle estatal se afina também com a ideia de *escalonamento* que se costuma invocar naquele âmbito. Isso se traduz no dever de empregar todos os meios possíveis para solucionar a controvérsia 'de forma diligente e de boa-fé', conforme destaca a doutrina. Aquele que deliberadamente deixa de apontar omissão em que teria incorrido o órgão arbitral para, na imediata sequência, ir ao Judiciário pelo mesmo fundamento, não age em conformidade com tal postulado" (YARSHELL, Flávio Luiz. Caráter subsidiário da ação anulatória de sentença arbitral. *Revista de Processo*, v. 207, mai./2012, p. 19).

Veja-se, por fim, que tal conclusão não gera qualquer decréscimo à credibilidade do juízo arbitral, nem pode ser qualificada como uma "medida anti-arbitragem". Muito pelo contrário, o desenvolvimento de parâmetros éticos objetivos para o controle da escolha do árbitro é providência de superior importância para consolidar a arbitragem brasileira como uma via adequada, eficiente e transparente de solução de controvérsias.[583] Ademais, a intervenção do Judiciário estará limitada, única e exclusivamente, a declarar a nulidade da sentença arbitral e determinar a substituição do árbitro; a competência para o julgamento da demanda manter-se-á com a instância arbitral (v. art. 33, §2º, da Lei nº 9.307/96).

A arbitragem precisa ser vista como um espaço decisório em que a qualificação ética dos julgadores é protegida de forma ainda mais acentuada do que se vê na jurisdição estatal.[584] Um ambiente onde a confiança impera justamente porque todos os participantes do processo têm voz ativa na definição dos terceiros que irão julgar suas controvérsias, possuindo maior facilidade

583 Vale mencionar, nesse aspecto, a afirmação de William Park no sentido de que "[a]s salvaguardas processuais que promovem o princípio básico da lealdade constituem outro elemento de arbitragens eficientes. Decisões aberrantes reduzem a credibilidade na arbitragem por parte da comunidade. É pouco provável que operadores comerciais se sintam confortáveis com um sistema de solução de disputas que permita aos árbitros decidir casos ao acaso ou, ainda, desrespeitando o devido processo legal" (PARK, William W. Por que os tribunais revisam decisões arbitrais. *Revista de Arbitragem e Mediação*, v. 3, set./2004, p. 163).

584 "Et cette exigence se doit d'etre harmonisée et respectée car, comme l'a dit un haut magistrat, il en va de la 'crédibilité' de l'arbitrage. Les explication qui précèdent ont eu pour but d'offir un cadre juridique qui permet d'assurer que l'independance de l'arbitre soit respectée, à l'heure où elle est de plus en plus souvent en danger. Or, l'assurance que l'arbitre statue en toute indépendance reste une des raisons essentielles qui explique que les parties s'en remettent à l'arbitrage plutôt qu'à la justice de l'État d'un des litigants. Il 'n'est donc pas surprenant que l'independance soit la principale qualité que les parties exigent des arbitres" (CLAY, Thomas. *L'Arbitre*. Op. cit., p. 374). Tradução livre: "E essa exigência deve ser harmonizada e respeitada, na medida em que, como já disse um renomado magistrado, está em jogo a 'credibilidade' da arbitragem. As explicações trazidas têm por objetivo proporcionar um quadro jurídico que permita assegurar que a independência do árbitro seja respeitada, em um momento em que ela se encontra cada vez mais em perigo. Contudo, a garantia de que o árbitro decida de modo independente é uma das razões essenciais que explicam por que as partes confiam na arbitragem em detrimento da justiça do Estado de um dos litigantes. Não é, portanto, surpreendente que a independência seja a principal qualidade que as partes exigem dos árbitros".

para substituir os julgadores que não atendam às suas legítimas expectativas democráticas.

Assim, longe de diminuir a respeitabilidade da instância arbitral, a declaração de nulidade da sentença proferida por árbitro parcial ou dependente é medida que, se aplicada a partir de bases teóricas objetivas e coerentes, apenas fortalece o recurso à arbitragem e tende a torná-la ainda mais atrativa no quadro dos meios de solução de controvérsias que se encontram à disposição do cidadão.

CONCLUSÃO

Ao fim de todo o estudo desenvolvido nesta obra, conclui-se que os corolários do devido processo legal demandam, realmente, releitura apropriada às características que informam o sistema arbitral. Não somente esses preceitos exibem feição normativa distinta daquela observável no processo estatal, como enfrentam desafios que são peculiares ao juízo arbitral, tudo a demandar uma abordagem especial.

Para operar o exame, mostra-se valiosa a adoção da Teoria dos Sistemas, que permite a correta compreensão de como funciona o processo arbitral e confere parâmetros científicos para que o intérprete traduza e incorpore influxos teóricos de outros campos do direito.

Fica demonstrado que, ao mesmo tempo em que a arbitragem não pode importar acriticamente o modelo processual aplicável à justiça estatal, o que a desnaturaria e levaria à sua falência enquanto método adequado de solução de controvérsias, tampouco pode seguir uma linha isolacionista, negando qualquer sorte de contribuição externa.

Decerto, para evitar a temida "hiperprocessualização" da arbitragem, não é necessário mantê-la totalmente apartada dos demais segmentos do direito processual. Impõe-se, unicamente, que toda e qualquer contribuição seja filtrada em conformidade com os atributos que conferem ao processo arbitral a condição de sistema. São três principais elementos que indicam de que maneira, em que medida e orientada a que fins essa releitura deve ser realizada, além de suscitarem questões específicas que remodelam, no processo arbitral, o campo de incidência do devido processo legal.

A uma, a arbitragem representa o exercício privado da atividade jurisdicional. Está fora, portanto, das estruturas estatais típicas e é conduzida por particulares, que apenas exercem a função judicante a título transitório e circunstancial.

A duas, trata-se de meio de solução de conflitos governado, essencialmente, pela autonomia privada das partes. Ao contrário do que ocorre na via estatal, os jurisdicionados podem, entre vários outros pontos, escolher livremente quem será o árbitro competente para o julgamento e definir integralmente o procedimento a ser adotado, que se caracteriza, em geral, por destacada flexibilidade.

A três, a arbitragem persegue objetivos específicos. Ainda que também constitua meio de pacificação social, tal qual a justiça estatal, as partes aderem a esse meio alternativo visando à obtenção de certas vantagens comparativas. Tais ganhos, variáveis a cada caso concreto, costumam corresponder à possibilidade de se garantir: (i) maior participação na formação da convicção dos julgadores; (ii) tutela jurisdicional mais célere; (iii) julgamento mais técnico e especializado; (iv) processo colaborativo, que tenda a contribuir para a continuidade da relação comercial prévia; e (v) estrita confidencialidade.

Todos os atributos do processo arbitral elencados trazem diretas repercussões para a dimensão normativa dos princípios do contraditório, da imparcialidade e da independência do árbitro, e compõem, em um plano mais geral, o conteúdo do devido processo legal arbitral.

Além de todas as conclusões reunidas ao longo dos capítulos antecedentes, há duas noções elementares que norteiam as diversas análises efetuadas e merecem ser realçadas.

Por um lado, o contraditório deve ser lido, a todo o tempo, de modo a conferir elevado grau de participação e influência às partes, que terão voz ativa durante todo o processo e cooperarão com os árbitros para alcançar decisão que resolva satisfatoriamente a lide. A arbitragem precisa ser encarada como espaço qualificado de debate, conferindo-se aos jurisdicionados a possibilidade de expor seu caso da forma mais ampla possível e o direito a serem efetivamente ouvidos por árbitros capacitados e dispostos ao diálogo.

Por outro, a imparcialidade e a independência do árbitro serão fundamentais para respaldar a acentuada confiança que está na base da renúncia à jurisdição estatal. São pressupostos que deverão, portanto, ser preservados de forma intensificada, coibindo-se a atuação de árbitros que não exibam ou, objetivamente, não aparentem ostentar a necessária isenção para o julgamento.

Com o intuito de promover a boa estruturação do debate e a atuação ética dos árbitros, a Teoria dos Sistemas oferece o instrumental teórico para que o arbitralista consiga colher, da experiência do processo civil estatal, caminhos e soluções.

Sem jamais olvidar de suas características fundamentais, o que se propõe é que o processo arbitral se abra, moderadamente, aos estímulos externos, justamente com o ânimo de garantir a sua evolução e definitiva consolidação como um dos principais meios de solução de controvérsias postos à disposição do cidadão.

É a esse fim que se presta a presente obra, esperando estimular a discussão acadêmica e definir parâmetros seguros para o longo caminho que ainda será trilhado pela arbitragem no Brasil.

REFERÊNCIAS

"O direito de ser ouvido não implica em direito a uma decisão precisa. Swiss Federal Court. J 23.04.2013". *Revista Brasileira de Arbitragem*, v. 10, n. 39, jul./set.2013.

"Pedido de anulação de sentença arbitral. Sentença arbitral baseada em fato não alegado pelas partes. Tribunal arbitral é livre para apreciar as provas. Sentença arbitral baseada em interpretação contratual sobre a qual a parte vencida não pôde se manifestar. Tribunal arbitral cometeu grave injustiça. Sentença remetida ao tribunal arbitral". *Revista Brasileira de Arbitragem*, v. 11, n. 43, jul./set.2014.

ABBUD, André de Albuquerque Cavalcanti. *Cross-examination*: algumas questões. *Revista de Arbitragem e Mediação*, v. 52, p. 423-428, jan./mar.2017.

ABDALLA, Letícia Barbosa e Silva; BARROS, Vera Cecília Monteiro de. Algumas questões ainda polêmicas na homologação de sentença arbitral estrangeira. In: LEMES, Selma M. Ferreira; BALBINO, Inez (Coord.). *Arbitragem*: temas contemporâneos. São Paulo: Quartier Latin, 2012.

ALEXY, Robert. *Teoria discursiva do direito*. Tradução de Alexandre Travessoni Gomes Trivisonno. Rio de Janeiro: Forense Universitária, 2014.

ALMEIDA, Ricardo Ramalho. *Arbitragem comercial internacional e ordem pública*. Rio de Janeiro: Renovar, 2005.

ALVES, Rafael Francisco. A imparcialidade do árbitro no direito brasileiro: autonomia privada ou devido processo legal. *Revista de Arbitragem e Mediação*, v. 7, p. 109-126, out./dez.2005.

______. O devido processo legal na arbitragem. In: JOBIM, Eduardo; MACHADO, Rafael Bicca (Coord.). *Arbitragem no Brasil:* aspectos jurídicos relevantes. São Paulo: Quartier Latin, 2008.

ALVIM, Eduardo Arruda; DANTAS, André Ribeiro. Direito processual arbitral: natureza processual da relação jurídica arbitral e incidência do Direito Constitucional Processual. *Revista de Processo*, v. 234, p. 365-388, ago./2014.

ANDOLINA, Italo; VIGNERA, Giuseppe. *Il modelo costituzionale del processo civile italiano*. Torino: G. Giappichelli, 1990.

ANDREWS, Neil. Mediação e arbitragem na Inglaterra. *Revista de Processo*, v. 211, p. 281-316, set./2012.

ARAUJO, Nadia de. A nova lei de arbitragem brasileira e os 'princípios uniformes dos contratos comerciais internacionais', elaborados pelo UNIDROIT. In: CASELLA, Paulo Borba (Coord.). *Arbitragem*: a nova lei brasileira (9.037/96) e a praxe internacional. São Paulo: LTr, 1996.

ARAUJO, Yuri Maciel. A preclusão no processo arbitral. In: CARNEIRO, Paulo Cezar Pinheiro; GRECO, Leonardo; DALLA, Humberto. *Temas controvertidos na arbitragem à luz do Código de Processo Civil de 2015*, v. 1. Rio de Janeiro: GZ, 2018.

ASENSIO, Rafael Jiménez. Imparcialidad judicial y derecho al juez imparcial. Navarra: Aranzadi, 2001.

ATAÍDE JÚNIOR, Jaldemiro Rodrigues de. A fundamentação das sentenças arbitrais diante do novo Código de Processo Civil brasileiro. *Revista de Direito Empresarial*, v. 10, p. 297-319, jul./ago.2015.

ÁVILA, Humberto. O que é "devido processo legal"? *Revista de Processo*, v. 163, p. 50-59, set./2008.

______. *Teoria da segurança jurídica*, 3.ed. São Paulo: Malheiros, 2014.

______. *Teoria dos princípios:* da definição à aplicação dos princípios jurídicos. São Paulo: Malheiros, 2014.

AZEVEDO, André Gomma de. Desafios de acesso à justiça ante o fortalecimento da autocomposição como política pública nacional. In: RICHA, Morgana de Almeida; PELUSO, Antonio Cezar (Coord.). *Conciliação e mediação*: estruturação da política judiciária nacional. Rio de Janeiro: Forense, 2011, p. 11-30.

AZZONI, Clara Moreira. Impactos do novo CPC no processo falimentar. In: COSTA, Eduardo Fonseca; SICA, Heitor Vitor Mendonça. *Legislação Processual Extravagante. Coleção Repercussões do novo CPC, vol. 9.* Salvador: JusPodivm, 2016.

BARBI, Celso Agrícola. *Comentários ao Código de Processo Civil, Lei nº 5.869, de 11 de janeiro de 1973*, vol. I, 14.ed. Rio de Janeiro: Forense, 2010.

BARBOSA MOREIRA, José Carlos. A garantia do contraditório na atividade de instrução. *Revista de Processo*, v. 35, p. 231-238, jul./set.1984.

______. Efetividade do processo e técnica processual. In: ______. *Temas de Direito Processual (sexta série)*. Rio de Janeiro: Saraiva, 1997.

______. La nuova legge brasiliana sull'arbitrato. In: ______. *Temas de Direito Processual (sexta série)*. Rio de Janeiro: Saraiva, 1997.

______. Les principes fondamentaux de la procédure civile dans la nouvelle constitution brésilienne. In: ______. *Temas de Direito Processual (quinta série)*. Rio de Janeiro: Saraiva, 1994.

______. Miradas sobre o processo civil contemporâneo. In: ______. *Temas de Direito Processual (sexta série)*. Rio de Janeiro: Saraiva, 1997.

______. O Direito em tempos de globalização. In: ______. *Temas de Direito Processual (oitava série)*. Rio de Janeiro: Saraiva, 2004.

BARBOSA, Ruy. Questão Minas x Werneck. Considerações preliminares. Vantagens e desvantagens da via arbitral. *Revista de Arbitragem e Mediação*, v. 29, p. 209-220, abr./2011.

BARROCAS, Manuel Pereira. *Manual de arbitragem*. Coimbra: Almedina, 2010.

BARROSO, Luís Roberto. *Curso de direito constitucional contemporâneo*: os conceitos fundamentais e a construção do novo modelo. Rio de Janeiro: Saraiva, 2015.

______. Neoconstitucionalismo e constitucionalização do Direito (o triunfo tardio do direito constitucional no Brasil). *Revista eletrônica sobre a reforma do Estado*, v. 9, mar./abr./mai.2017.

BEDAQUE, José Roberto dos Santos. *Direito e processo:* influência do direito material sobre o processo, 4.ed. São Paulo: Malheiros, 2006.

______. Instrumentalismo e garantismo: visões opostas do fenômeno processual?. In: ______; CINTRA, Lia Carolina Batista; EID, Elie Pierre (Org.). *Garantismo processual: garantias constitucionais aplicadas ao processo.* São Paulo: Gazeta Jurídica, 2016.

BÉDARD, Julie. The Sachs-Wälde-Reichert Method. *Revista de Arbitragem e Mediação*, v. 19, p. 135-138, out./2008.

BELTRÃO, Heitor. Recomendações (há quase um século). *Revista de Arbitragem e Mediação*, v. 33, p. 353-357, abr./2012.

BERALDO, Leonardo de Faria. O impacto do novo Código de Processo Civil na arbitragem. *Revista de Arbitragem e Mediação*, v. 49, p. 175-200, abr./jun.2016.

BERMUDES, Sergio. *Introdução ao Processo Civil.* Rio de Janeiro: Forense, 2002.

BOISSESON, Matthieu de. As anti-suit injunctions e o princípio da 'competência-competência'. *Revista de Arbitragem e Mediação*, v. 7, p. 138-145, out./2005.

BONAVIDES, Paulo. *Ciência política.* São Paulo: Malheiros, 2010.

BONDIOLI, Luis Guilherme Aidar. Embargos de declaração e arbitragem. *Revista de Arbitragem e Mediação*, v. 34, p. 181-208, jul./2012.

BONE, Robert G. *Procedure, participation, rights.* Boston University Law Review, v. 90, 2010.

BORN, Gary B. *International Arbitration:* Cases and Materials, 2.ed. Kluwer Law International, 2015.

BRAGHETTA, Adriana. *A importância da sede da arbitragem* – visão a partir do Brasil. Rio de Janeiro: Renovar, 2010.

BUENO, Cássio Scarpinella Bueno. O 'modelo constitucional do direito processual civil': um paradigma necessário de estudo do direito processual civil e algumas de suas aplicações. *Revista de Processo*, v. 161, jul./2008.

BUZAID, Alfredo. Do juízo arbitral. *Revista dos Tribunais*, v. 271, p. 7-13, mai./1958.

CABRAL, Antonio do Passo. *Coisa julgada e preclusões dinâmicas:* entre continuidade, mudança e transição de posições processuais estáveis. Salvador: JusPodivm, 2014.

______. *Convenções processuais.* Salvador: JusPodivm, 2016.

______. *Nulidades no processo moderno*, 2.ed. Rio de Janeiro: Forense, 2010.

______. O contraditório como dever e a boa-fé processual objetiva. *Revista de Processo*, v. 126, p. 59-81, ago./2005.

______. Per un nuovo concetto di giuridizione. *Revista da Faculdade Mineira de Direito*, v. 18, n. 35, p. 106-115, 2015.

CAHALI, Francisco José. *Curso de arbitragem*: mediação, conciliação, resolução CNJ 125/2010. São Paulo: Revista dos Tribunais, 2015.

CALAMANDREI, Piero. Il processo come giuoco. *Rivista de Diritto Processuale*, v. V, parte I. Padova: Cedam, 1950.

CÂMARA, Alexandre Freitas. *Arbitragem – Lei nº 9.307/96.* Rio de Janeiro: Lumen Juris, 1997.

______. Dimensão processual do princípio do devido processo constitucional. *Revista Iberoamericana de Derecho Procesal*, v. 1, p. 17-33, jan./jun.2015.

______. O direito à duração razoável do processo: entre eficiência e garantias. *Revista de Processo*, v. 223, p. 39-53, set./2013.

CÂMARA DE ARBITRAGEM E MEDIAÇÃO. *Regulamento CAM-CCBC*. Disponível em <https://ccbc.org.br/cam-ccbc-centro-arbitragem-mediacao/resolucao-de-disputas/arbitragem/regulamento-2012>. Acesso em 02/05/2021.

CÂMARA FGV DE MEDIAÇÃO E ARBITRAGEM. *Regulamento de arbitragem da Câmara FGV*. Disponível em <https://camara.fgv.br/artigos/versao-de-2016-vigente>. Acesso em 02/05/2021.

CAMBI, Eduardo. Neoconstitucionalismo e neoprocessualismo. In: FUX, Luiz; NERY JR., Nelson; WAMBIER, Teresa Arruda Alvim (Coord.). *Processo e Constituição*: Estudos em homenagem ao Prof. José Carlos Barbosa Moreira. São Paulo: Revista dos Tribunais, 2006.

CANARIS, Claus-Wilhelm. *Pensamento sistemático e conceito de sistema na ciência do direito*. Lisboa: Fundação Calouste Gulbenkian, 1996.

CANERO, Carla Amaral de Andrade Junqueira. A gestão do tempo nos procedimentos arbitrais. *Revista do Instituto dos Advogados de São Paulo*, v. 23, p. 49-64, jan./jun.2009.

CAPPELLETTI, Mauro; GARTH, Bryant. *Acesso à justiça*. Tradução de Ellen Gracie Northfleet. Porto Alegre: Sergio Antonio Fabris, 1998.

CAPONI, Remo. Transnational litigation and elements of fair trial. *Revista Eletrônica de Direito Processual – REDP*, v. 16, p. 550-579, jul./dez.2015.

______. Os métodos alternativos de solução de conflitos no quadro do movimento universal de acesso à justiça. *Revista de Processo*, v. 74, p. 82-97, abr./1994.

______; GARTH, Bryant. *Acesso à justiça*. Tradução de Ellen Gracie Northfleet. Porto Alegre: Sergio Antonio Fabris, 1998.

CARDOSO, Miguel Pinto; BORGES, Carla Gonçalves. Constituição do tribunal arbitral em arbitragens multipartes. *Revista de Arbitragem e Mediação*, v. 25, p. 213-223, abr./2010.

CARMONA, Carlos Alberto. *A arbitragem no processo civil brasileiro*. São Paulo: Malheiros, 1993.

______. Arbitragem e jurisdição. *Revista de Processo*, v. 58, p. 33-40, abr./1990.

______. *Arbitragem e processo*: um comentário à Lei nº 9.307/96. São Paulo: Atlas, 2009.

______. As listas de árbitros. In: ROCHA, Caio Cesar Vieira; SALOMÃO, Luis Felipe. *Arbitragem e mediação*: a reforma da legislação brasileira. São Paulo: Atlas, 2015.

______. Em torno do árbitro. *Revista de Arbitragem e Mediação*, v. 28, p. 47-63, jan./mar.2011.

______. Ensaio sobre a sentença arbitral parcial. *Revista Brasileira de Arbitragem*, v. 18, p. 7-26, abr./jun.2008.

______. Flexibilização do procedimento arbitral. *Revista Brasileira de Arbitragem*, v. 6, n. 24, p. 7-21, out./dez.2009.

______. O processo arbitral. *Revista de Arbitragem e Mediação*, v. 1, p. 21-31, jan./abr.2004.

______. Os sete pecados capitais do árbitro. *Revista de Arbitragem e Mediação*, v. 52, p. 391-406, jan./mar.2017.

______. Superior Tribunal de Justiça, segurança jurídica e arbitragem. *Revista de Arbitragem e* Mediação, v. 34, jul./set. 2012, p. 97-106.

CARNEIRO, Paulo Cezar Pinheiro. A ética e os personagens do processo. *Revista do Ministério Público do Estado do Rio de Janeiro*, n. 13, p. 241-248, nov./dez.2001.

______. Aspectos processuais da nova lei de arbitragem. In: CASELLA, Paulo Borba (Coord.). *Arbitragem*: a nova lei brasileira (9.037/96) e a praxe internacional. São Paulo: LTr, 1996.

______. Comentários ao art. 9º. In: WAMBIER, Teresa Arruda Alvim (Coord.). *Breves comentários ao Novo Código de Processo Civil*. São Paulo: Revista dos Tribunais, 2015.

______. Os diálogos entre o Código de Defesa do Consumidor e o projeto do novo Código de Processo Civil. *Revista Eletrônica de Direito Processual – REDP*, v. 14, p. 473-484, jul./dez.2014.

______; SCHENK, Leonardo Faria. O justo processo arbitral e o dever de revelação (disclosure) dos peritos. *Revista Eletrônica de Direito Processual – REDP*, v. 12, p. 581-597, jul./dez.2013.

CASELLA, Paulo Borba. Arbitragem: entre a praxe internacional, integração no Mercosul e o direito brasileiro. In: ______(Coord.). *Arbitragem*: a nova lei brasileira (9.037/96) e a praxe internacional. São Paulo: LTr, 1996.

CAVALIERI, Thamar. Imparcialidade na arbitragem. *Revista de Arbitragem e Mediação*, v. 41, p. 117-172, abr./jun.2014.

CINTRA, Antonio Carlos de Araújo; GRINOVER, Ada Pellegrini; DINAMARCO, Cândido Rangel. *Teoria Geral do Processo*, 29.ed. São Paulo: Malheiros, 2013.

CLAY, Thomas. *L'Arbitre*. Paris: Dalloz, 2001.

______. Quem são os árbitros internacionais. Abordagem sociológica. *Revista de Arbitragem e Mediação*, v. 6, p. 107-125, jul./set.2005.

CÓDIGO DE ÉTICA DO CAM-CCBC. Disponível em <https://ccbc.org.br/cam-ccbc-centro-arbitragem-mediacao/resolucao-de-disputas/arbitragem/codigo-etica/>. Acesso em 02/05/2021.

COELHO, Eleonora. Desenvolvimento da cultura dos métodos adequados de solução de conflitos: uma urgência para o Brasil. In: ROCHA, Caio Cesar Vieira; SALOMÃO, Luís Felipe. *Arbitragem e mediação*: a reforma da legislação brasileira. São Paulo: Atlas, 2017, p. 97-126.

COSTA, Henrique Araújo; COSTA, Alexandre Araújo. Instrumentalismo x Neoinstitucionalismo: uma avaliação das críticas neoinstitucionalistas à teoria da instrumentalidade do processo. *Revista Brasileira de Direito Processual*: Belo Horizonte, v. 18, n. 72, out./dez.2010.

CRESPO, Mariana Hernandez. Diálogo entre os professores Frank Sander e Mariana Hernandez Crespo: explorando a evolução do Tribunal Multiportas. In: ALMEIDA, Rafael Alves; ALMEIDA, Tania; ______(Org.). *Tribunal Multiportas*: investindo no capital social para maximizar o sistema de solução de conflitos no Brasil. Rio de Janeiro: Editora FGV, 2012.

______. Perspectiva sistêmica dos métodos alternativos de resolução de conflitos na América Latina: aprimorando a sombra da lei através da participação do cidadão. In: ALMEIDA, Rafael Alves; ALMEIDA, Tania; CRESPO, Mariana Hernandez (Org.). *Tribunal Multiportas*: investindo no capital social para maximizar o sistema de solução de conflitos no Brasil. Rio de Janeiro: Editora FGV, 2012.

CRETELLA NETO, José. Quão sigilosa é a arbitragem? *Revista de Arbitragem e Mediação*, v. 25, p. 43-70, abr./2010.

CUNHA, Leonardo José Carneiro da. Anotações sobre a garantia constitucional do juiz natural. In: FUX, Luiz; NERY JR., Nelson; WAMBIER, Teresa Arruda Alvim (Coord.). *Processo e Constituição*: estudos em homenagem ao professor José Carlos Barbosa Moreira. São Paulo: Revista dos Tribunais, 2006.

DALLA, Humberto; MAZZOLA, Marcelo. *Manual de mediação e arbitragem*. São Paulo: Saraiva Educação, 2019.

DALLARI, Dalmo de Abreu. A tradição da arbitragem e sua valorização contemporânea. *Revista de Arbitragem e Mediação*, v. 35, p. 299-313, out./dez.2012.

DIDIER JR., Fredie. *Curso de direito processual civil:* introdução ao direito processual civil, parte geral e processo de conhecimento. Salvador: JusPodivm, 2017.

______. Os três modelos de direito processual: inquisitivo, dispositivo e cooperativo. *Revista de Processo*, v. 198, p. 213-225, ago./2011.

DINAMARCO, Cândido Rangel. *A arbitragem na teoria geral do processo*. São Paulo: Malheiros, 2013.

______. *A instrumentalidade do processo*, 12.ed. São Paulo: Malheiros, 2005.

______. Possibilidade de emendas e alterações a pedidos e o princípio da estabilização no procedimento arbitral. *Revista de Arbitragem e Mediação*, v. 35, p. 227-277, out./dez. 2012.

FARIA, Marcela Kohlbach. A produção de prova no procedimento arbitral. *Revista de Arbitragem e Mediação*, v. 32, p. 207-226, jan./2012.

______. *Participação de terceiros na arbitragem*. São Paulo: Quartier Latin, 2019.

FAZZALARI, Elio. Valori permanenti del processo. *Rivista di Diritto Processuale*. Padova: CEDAM, 1989.

FERRARI, Sérgio. *Tribunal Marítimo*: natureza e funções. Rio de Janeiro: Lumen Juris, 2017.

FERRAZ JUNIOR, Tercio Sampaio. Regulamentação privada ou pública da ética: o juiz e o árbitro. *Revista de Arbitragem e Mediação*, v. 50, p. 391-404, jul./set.2016.

FERRO, Marcelo Roberto. Apontamentos sobre a independência dos árbitros. In: VON ADAMEK, Marcelo Vieira. *Temas de direitos societário e empresarial contemporâneos*. São Paulo: Malheiros, 2011.

FICHTNER, José Antonio. A confidencialidade no projeto da nova Lei de Arbitragem – PLS nº 406/2013. In: ROCHA, Caio Cesar Vieira; SALOMÃO, Luís Felipe. *Arbitragem e mediação*: a reforma da legislação brasileira. São Paulo: Atlas, 2015, p. 155-188.

______; MANNHEIMER, Sergio Nelson; MONTEIRO, André Luís. *Teoria geral da arbitragem*. Rio de Janeiro: Forense, 2019.

FIGUEIRA JUNIOR, Joel Dias. *Manual da arbitragem*. São Paulo: Revista dos Tribunais, 1997.

FIGUERES, Dyalá Jiménez. Nombramiento y recusación de árbitros. *Revista de Arbitragem e Mediação*, v. 10, p. 140-149, jul./2006.

FONSECA, Rodrigo Garcia da. O segredo de justiça e a arbitragem. In: MELO, Leonardo de Campos; BENEDUZI, Renato Rezende (Coord.). *A reforma da arbitragem*. Rio de Janeiro: Forense, 2016.

______; CORREIA, André de Luizi. A confidencialidade na arbitragem: fundamentos e limites. In: LEMES, Selma M. Ferreira; BALBINO, Inez (Coord.). *Arbitragem*: temas contemporâneos. São Paulo: Quartier Latin, 2012.

FONSECA, William Lopes da. O controle social do Poder Judiciário, a independência da magistratura e o caráter político da função jurisdicional. *Revista dos* Tribunais, v. 841, p. 87-117, nov./2005.

FORTESE, Fabricio; HEMMI, Lotta. Procedural fairness and efficiency in international arbitration. Groningen Journal of International Law, v. 3(1), International Arbitration an Procedure.

FOUCHARD, Philippe. Le statut de l'arbitre dans la jurisprudence française. *Revue de l'Arbitrage*, v. 3, 1996.

______. Relationships between the arbitrator and the parties and the arbitral institution. *The Status of the arbitrator*, Special Supplement, The ICC International Court of Arbitration Bulletin, n. 564, dez./1995.

FURTADO, Leonardo. "Sentença arbitral baseada em fatos não alegados pelas partes. Tribunal Federal da Suíça. Processo 4ª_214/2013. 5 de agosto de 2013. X._SA (Recorrente) v. Y._SA (Recorrido)". *Revista Brasileira de Arbitragem*, v. 11, n. 42, abr./jun.2014.

GAILLARD, Emmanuel. *Teoria jurídica da arbitragem internacional*. São Paulo: Atlas, 2014.

GAJARDONI, Fernando da Fonseca. Aspectos fundamentais de processo arbitral e pontos de contato com a jurisdição estatal. *Revista de Processo*, v. 106, p. 189-206, abr./jun.2002.

______. *Flexibilização procedimental*: um novo enfoque para o estudo do procedimento em matéria processual. São Paulo: Atlas, 2008.

______. Recentes notas sobre o impedimento no direito processual civil brasileiro. *Revista de Processo*, v. 174, p. 82-112, ago./2009.

GALVÃO, Ilmar. Juízo arbitral. *Revista de Direito Bancário e do Mercado de Capitais*, v. 6, n. 20, p. 273-282, abr./2003.

GIUSTI, Gilberto. Os vinte anos da Lei 9.307/1996. In: MELO, Leonardo de Campos; BENEDUZI, Renato Rezende (Coord.). *A reforma da arbitragem*. Rio de Janeiro: Forense, 2016.

GODINHO, Robson Renault. A autonomia das partes e os poderes do juiz: entre o privatismo e o publicismo no processo civil brasileiro. In: DIDIER JR., Fredie; NALINI, José Renato; RAMOS, Glauco Gumerato; LEVY, Wilson (Coord.). *Ativismo judicial e garantismo processual*. Salvador: JusPodivm, 2013.

GOMEZ-ACEBO, Alfonso. Party-Appointed Arbitrators in International Commercial Arbitration. *International Arbitration Law Library*, v. 34, p. 97-144, 2016.

GOULENE, Alain; RACINE, Jean Baptiste. As flutuações processuais da arbitragem. In: CASELLA, Paulo Borba (Coord.). *Arbitragem*: a nova lei brasileira (9.307/96) e a praxe internacional. São Paulo: LTr, 1996.

GOUVEIA, Mariana França. *Curso de resolução alternativa de litígios*. Coimbra: Almedina, 2011.

GRACIE, Ellen. A importância da arbitragem. *Revista de Arbitragem e Mediação*, v. 12, p. 13-17, jan./2007.

GRAU, Eros Roberto. *Ensaio e discurso sobre a interpretação/aplicação do direito*. São Paulo: Malheiros, 2005.

GRECO FILHO, Vicente. *Direito processual civil brasileiro, vol.* 2, 11.ed. São Paulo: Saraiva, 1996.

GRECO, Leonardo. Contraditório efetivo (art. 7º). *Revista Eletrônica de Direito Processual – REDP*, v. 15, p. 299-310, jan./2015.

______. Garantias fundamentais do processo: o processo justo. In: Estudos de direito processual. Campos dos Goytacazes: Ed. Faculdade de Direito de Campos, 2005.

______. *Instituições de processo civil, volume I*. Rio de Janeiro: Forense, 2015.

______. *Instituições de processo civil, volume 2*. Rio de Janeiro: Forense, 2015.

______. O princípio do contraditório. In: ______. Estudos de Direito Processual. Campos: Ed. Faculdade de Direito de Campos, 2005.

______. Os atos de disposição processual – primeiras reflexões. In: MEDINA, José Miguel Garcia et al (Coord.). *Os poderes do juiz e o controle das decisões judiciais*: estudos em homenagem à Profa. Teresa Arruda Alvim Wambier. São Paulo: Revista dos Tribunais, 2008.

HAMMOND, Steven A. Making the case in international arbitration: a common law orientation to the marshalling and presentation of evidence. *Revista de Arbitragem e Mediação*, v. 16, p. 171-196, jan./2008.

HILL, Flávia Pereira. *O direito processual transnacional como forma de acesso à justiça no século XXI*: os reflexos e os desafios da sociedade contemporânea para o direito processual civil e a concepção de um título executivo transnacional. Rio de Janeiro: LMJ Mundo Jurídico, 2013.

HUCK, Hermes Marcelo. As táticas de guerrilha na arbitragem. In: CARMONA, Carlos Alberto; LEMES, Selma M. Ferreira; MARTINS, Pedro Batista (Coord.). *20 anos da lei de arbitragem:* homenagem a Petrônio R. Muniz. São Paulo: Atlas, 2017.

HUNTER, J. Martin. Ethics of the International Arbitrator. *ASA Bulletin*, Association Suisse de l'Arbitrage, Kluwer Law International, v. 4, issue 4, 1986.

INTERNATIONAL BAR ASSOCIATION. *IBA Guidelines on Conflicts of Interest in International Arbitration: Adopted by resolution of the IBA Council on Thursday 23 October 2014*. Disponível em <www.ibanet.org/Publications/publications_IBA_guides_and_free_materials.aspx>. Acesso em 02/05/2021.

JÚDICE, José Miguel. Árbitros: características, perfis, poderes e deveres. *Revista de Arbitragem e Mediação*, v. 22, p. 119-146, jul./set.2009.

JUNOY, Joan Picó i. El debido proceso "leal". *Revista Peruana de Derecho Procesal*. Lima: Palestra, 2006.

JUNQUEIRA, Gabriel Herscovici. Flexibilidade do procedimento arbitral e poderes instrutórios dos árbitros na arbitragem brasileira: possibilidade de restringir os poderes instrutórios dos árbitros em nome da autonomia da vontade. *Revista Brasileira de Arbitragem*, v. 8, n. 31, p. 29-58, jul./set.2011.

LEMES, Selma M. Ferreira. O dever de revelação do árbitro e a ação de anulação da sentença arbitral. In: LEMES, Selma M. Ferreira; BALBINO, Inez (Coord.). *Arbitragem*: temas contemporâneos. São Paulo: Quartier Latin, 2012.

______. A arbitragem e o estudante de Direito. *Revista de Arbitragem e Mediação*, v. 23, p. 39-44, out./2009.

______. A independência e a imparcialidade do árbitro e o dever de revelação. *Revista Brasileira de Arbitragem*, v. 6, n. 26, p. 21-34, abr./jun.2010.

______. Arbitragem. Princípios jurídicos fundamentais. Direito brasileiro e comparado. *Revista de informação legislativa,* v. 29, n. 115, p. 441-468, jul./set.1992.

______. Árbitro, o padrão de conduta ideal. In: CASELLA, Paulo Borba (Coord.). *Arbitragem*: a nova lei brasileira (9.037/96) e a praxe internacional. São Paulo: LTr, 1996.

______. *Árbitro*: princípios da independência e da imparcialidade. São Paulo: LTR, 2001.

______. O procedimento de impugnação e recusa de árbitro, como sistema de controle quanto à independência e a imparcialidade do julgador. *Revista de Arbitragem e Mediação,* v. 50, p. 369-386, jul./set.2016.

______. Princípios e origens da lei de arbitragem. *Revista do Advogado,* n. 51, p. 32-35, out./1997.

LEW, Julian D. M.; MISTELIS, Loukas A.; KROLL, Stefan Michael. *Comparative International Commercial Arbitration.* Kluwer Law International, 2003.

LIEBMAN, Enrico Tullio. *Estudos sobre o processo civil brasileiro.* São Paulo: Bestbook, 2004.

______. Manual de direito processual civil, 1; tradução e notas de Cândido R. Dinamarco. Rio de Janeiro: Forense, 2005.

LIMA, Cláudio Vianna. A arbitragem no tempo: o tempo na arbitragem. In: GARCEZ, José Maria Rossani (Coord.). *A arbitragem na era da globalização.* Rio de Janeiro: Forense, 1999.

LOTUFO, Renan. Arbitragem: experiências e procedimentos. Da Grécia ao Brasil: um trajeto histórico-constitucional de experiências e procedimentos arbitrais. *Revista do Instituto dos Advogados de São Paulo,* v. 23, p. 287-296, jan./jun.2009.

LUCON, Paulo Henrique dos Santos. Imparcialidade na arbitragem e impugnação aos árbitros. *Revista de Arbitragem e Mediação,* v. 39, p. 39-51, out./dez.2013.

LUHMANN, Niklas. *Introdução à Teoria dos Sistemas,* 2.ed. Tradução de Ana Cristina Arantes Nasser. Petrópolis, RJ: Vozes, 2010.

______. *Legitimação pelo procedimento.* Tradução de Maria da Conceição Côrte-Real. Brasília: Editora Universidade de Brasília, 1980.

______. Novos desenvolvimentos na Teoria dos Sistemas. In: NEVES, Clarissa Eckert Baeta; SAMIOS, Eva Machado Barbosa (Org.). *Niklas Luhmann*: a nova Teoria dos Sistemas. Porto Alegre: Ed. Universidade/UFRGS, Goethe-Institut/ICBA, 1997

______. *O direito da sociedade.* Tradução Saulo Krieger. São Paulo: Martins Fontes, 2016.

______. *Sistemas sociais:* esboço de uma teoria geral. Petrópolis, RJ: Vozes, 2016.

LUTTRELL, Sam. Bias challenges in International Commercial Arbitration: the need for a "Real Danger" Test. International Arbitration Law Library, v. 20, 2009.

MACHADO, Rafael Bicca. A arbitragem como "saída" do Poder Judiciário? (Algumas relações entre Direito e Economia com apoio em Albert O. Hirschman). In: JOBIM, Eduardo; ______(Coord.). *Arbitragem no Brasil:* aspectos jurídicos relevantes. São Paulo: Quartier Latin, 2008.

MAGALHÃES, José Carlos de. A arbitragem como forma de atuação da sociedade civil. *Revista de Arbitragem e Mediação,* v. 9, p. 165-172, abr./jun.2006.

______. Arbitragem internacional privada. *Revista Forense,* v. 279, p. 99-104, jul./set.1982.

______. Arbitragem multiparte, constituição do tribunal arbitral, princípio da igualdade e vinculação à cláusula compromissória. *Revista de Arbitragem e Mediação,* v. 38, p. 321-341, jul. 2013.

______; VALLE, Regina Ribeiro do. Telecomunicações e soluções alternativas de conflitos. *Revista de Direito das Comunicações*, v. 6, p. 69-86, jul./2012.

MANGE, Flávia Foz. *Processo arbitral*: aspectos transnacionais. São Paulo: Quartier Latin, 2013.

MARINONI, Luiz Guilherme. *Incidente de resolução de demandas repetitivas e recursos repetitivos*: entre precedente, coisa julgada sobre questão, direito subjetivo ao recurso especial e direito fundamental de participar. *Revista dos Tribunais*, v. 962, p. 131-151, dez./2015.

______. *Precedentes obrigatórios*, 2.ed. São Paulo: Revista dos Tribunais, 2011.

______; ARENHART, Sergio Cruz; MITIDIERO, Daniel. *Novo curso de processo civil*: teoria do processo civil. São Paulo: Revista dos Tribunais, 2016.

MARQUES, José Frederico. *Manual de direito processual civil, vol. 1*, 9.ed. Campinas, SP: Millennium, 2003.

______. *Manual de direito processual civil, vol. 2*, 9.ed. Campinas, SP: Millennium, 2003.

MARQUES, Paula Menna Barreto. A utilização da arbitragem para dirimir litígios em matéria de propriedade industrial. In: CARNEIRO, Paulo Cezar Pinheiro; GRECO, Leonardo; DALLA, Humberto. *Temas controvertidos na arbitragem à luz do Código de Processo Civil de 2015*, v. 2. Rio de Janeiro: GZ, 2020, p. 305-306.

MARQUES, Ricardo Dalmaso. Breves apontamentos sobre a extensão do dever de revelação do árbitro. *Revista Brasileira de Arbitragem*, v. 8, n. 31, p. 59-84, jul./set.2011.

______. *O dever de revelação do árbitro*. São Paulo: Almedina, 2018.

MARTINS, André Chateaubriand. Os diferentes níveis de ordem pública sob uma perspectiva da jurisprudência brasileira em arbitragens doméstica e internacional. *Revista Brasileira de Arbitragem*, v. 37, p. 50-67, jan./mar.2013.

MARTINS, Pedro A. Batista. *Apontamentos sobre a Lei de Arbitragem*. Rio de Janeiro: Forense, 2008.

______. Arbitragem através dos tempos: obstáculos e preconceitos à sua implementação no Brasil. In: GARCEZ, José Maria Rossani (Coord.). *A arbitragem na era da globalização*. Rio de Janeiro: Forense, 1999.

______. Dever de revelar do árbitro. *Revista de Arbitragem e Mediação*, v. 36, p. 218-229, jan./mar.2013.

______. Panorâmica sobre as provas na arbitragem. In: JOBIM, Eduardo; MACHADO, Rafael Bicca (Coord.). *Arbitragem no Brasil*: aspectos jurídicos relevantes. São Paulo: Quartier Latin, 2008.

MARTINS-COSTA, Judith. *A boa-fé no direito privado*: critérios para a sua aplicação. São Paulo: Marcial Pons, 2015.

MAZZOLA, Marcelo Leite da Silva. As Incursões do novo CPC na Lei de Locações. *Revista de Processo*, v. 42, p. 287-302, jan./2017.

______. *Tutela jurisdicional colaborativa*: a cooperação como fundamento autônomo de impugnação. Curitiba: CRV, 2017.

MEDINA, José Miguel Garcia. *Direito processual civil moderno*. São Paulo: Revista dos Tribunais, 2015.

MEJIAS, Lucas Britto. *Controle da atividade do árbitro*. São Paulo: Revista dos Tribunais, 2015.

MELO, Leonardo de Campos. Arbitragem multiparte. Sentença arbitral condenatória. Ação anulatória. Violação ao direito de nomear árbitro. Violação ao princípio da isonomia (Lei nº 9.307/1996, artigo 21, § 2º). Antecipação dos Efeitos da Tutela. Executividade Suspensa. *Revista Brasileira de Arbitragem*, v. 10, n. 40, p. 122-133, jul./out.2013.

MENDES, Aluisio Gonçalves de Castro. *Teoria Geral do Processo*. Rio de Janeiro: Lumen Juris, 2009.

MENEZES CORDEIRO, António. *Da boa-fé no direito civil*. 3. Reimp. Coimbra: Almedina, 2007.

______. *Tratado da arbitragem*: Comentário à Lei 63/2011, de 14 de dezembro. Coimbra: Almedina, 2015.

MIRANDA, Agostinho Pereira de. O estatuto deontológico do árbitro – passado, presente e futuro. *Revista de Arbitragem e Mediação*, v. 26, p. 116-128, jul./2010.

MIRANDA, Daniel Chacur de. A produção da prova testemunhal na arbitragem à luz da flexibilidade e da previsibilidade na prática internacional. *Revista Brasileira de Arbitragem*, v. 10, n. 38, p. 30–45, abr./jun.2013.

MITIDIERO, Daniel. A tutela dos direitos como fim do processo civil no Estado constitucional. *Revista de Processo*, v. 229, p. 51-74, mar./2014.

______. *Colaboração no processo civil*: pressupostos sociais, lógicos e éticos. São Paulo: Revista dos Tribunais, 2015.

MOFFITT, Michael L. Before the Big Bang: the making of an ADR pioneer. *Harvard Negotiation Journal*, v. 22, issue 4, out./2006.

MONNERAT, Fábio Victor da Fonte; NOLASCO, Rita Dias. A influência do novo CPC no contraditório das execuções fiscais. In: CIANCI, Mirna; DELFINO, Lúcio; DANTAS, Bruno; DIDIER JR., Fredie; CUNHA, Leonardo Carneiro da; CAMARGO, Luiz Henrique Volpe; REDONDO, Bruno Garcia. *Novo Código de Processo Civil – Impactos na Legislação Extravagante e Interdisciplinar, vol. 1*. São Paulo: Saraiva, 2016.

MONTEIRO, António Pedro Pinto. A pluralidade de partes na arbitragem: os principais equívocos que ainda subsistem. *Revista de Arbitragem e Mediação*, v. 58, p. 311-334, jul./set.2018.

MORALES, Nicolás Gamboa. Notes on collection of evidence in international arbitration. Witnesses and experts. *Revista de Arbitragem e Mediação*, v. 7, p. 146-153, out./dez.2005.

MOSES, Margaret L. Privatized "Justice". *Loyola University Chicago*, n. 36, 2005.

______. *The Principles and Practice of International Commercial Arbitration*. Nova Iorque: Cambridge University Press, 2012.

MOURRE, Alexis. Los méritos de la constitucionalización del procedimiento civil y del derecho del arbitraje. *Revista de Arbitragem e Mediação*, v. 15, p. 117-133, out./2007.

MUNIZ, Joaquim Tavares de Paiva; SILVA, João Marçal Rodrigues Martins da. A carta arbitral. In: MELO, Leonardo de Campos; BENEDUZI, Renato Rezende (Coord.). *A reforma da arbitragem*. Rio de Janeiro: Forense, 2016.

MURIEL, Marcelo A. Produção de provas na arbitragem. In: CARMONA, Carlos Alberto; LEMES, Selma M. Ferreira; MARTINS, Pedro Batista (Coord.). *20 anos da lei de arbitragem*: homenagem a Petrônio R. Muniz. São Paulo: Atlas, 2017.

NALIN, Paulo; GONÇALVES, Marcos Alberto Rocha. O dever de revelação e os *standards* de independência e imparcialidade do árbitro à luz do novo Código de Processo Civil. In: TEPEDINO, Gustavo; TEIXEIRA, Ana Carolina Brochado; ALMEIDA, Vitor (Coord.). *Da dogmática à efetividade do Direito Civil*: Anais do Congresso Internacional de Direito Civil Constitucional – IV Congresso do IBDCivil. Belo Horizonte: Fórum, 2017, p. 261-274.

NANNI, Giovanni Ettore. *Direito civil e arbitragem*. São Paulo: Atlas, 2014.

______. Notas sobre as condições particulares nos contratos de construção FIDIC. *Revista Brasileira de Direito Civil – RBDCivil*, v. 26, p. 131-152, out./dez.2020.

______. Notas sobre os negócios jurídicos da arbitragem e a liberdade de escolha do árbitro à luz da autonomia privada. *Revista de Arbitragem e Mediação*, v. 49, p. 263-284, abr./jun.2016.

______. Submissões escritas: a técnica do advogado em arbitragens. *Revista de Arbitragem e Mediação*, v. 52, p. 407-416, jan./mar.2017.

NAÓN, Horacio A. Grigera. Party-appointed arbitrators: a Latin American perspective. *Revista de Arbitragem e Mediação*, v. 3, p. 75-79, set./2004.

NEGREIROS, Teresa Paiva de Abreu Trigo de. *Fundamentos para uma interpretação constitucional do princípio da boa-fé*. Rio de Janeiro: Renovar, 1998.

NERY JUNIOR, Nelson. O juiz natural no direito processual civil comunitário europeu. *Revista de Processo*, v. 101, jan./mar.2001.

NEVES, Clarissa Eckert Baeta. Niklas Luhmann e sua obra. In: ______; SAMIOS, Eva Machado Barbosa (Org.). *Niklas Luhmann*: a nova Teoria dos Sistemas. Porto Alegre: Ed. Universidade/UFRGS, Goethe-Institut/ICBA, 1997.

NEVES, José Roberto de Castro. A escolha do árbitro como fundamento da arbitragem. In: MELO, Leonardo de Campos; BENEDUZI, Renato Rezende (Coord.). *A reforma da arbitragem*. Rio de Janeiro: Forense, 2016.

NOGUEIRA, Maurício José. Duplo grau de jurisdição: aspectos constitucionais e reflexos processuais. In: FUX, Luiz; NERY JR., Nelson; WAMBIER, Teresa Arruda Alvim (Coord.). *Processo e Constituição*: estudos em homenagem ao professor José Carlos Barbosa Moreira. São Paulo: Revista dos Tribunais, 2006, p. 542-552.

NUNES, Dierle José Coelho; BAHIA, Alexandre Gustavo Melo Franco. Por um novo paradigma processual. *Revista da Faculdade de Direito do Sul de Minas*, Pouso Alegre, v. 26, jan./jun.2008.

______; ______. Processo, jurisdição e processualismo constitucional democrático na América Latina: alguns apontamentos. *Revista Brasileira de Estudos Políticos*, v. 101, p. 61–85, jul./dez.2010.

OLIVEIRA, Carlos Alberto Alvaro de. *Do formalismo no processo civil*: proposta de um formalismo-valorativo, 3.ed. São Paulo: Saraiva, 2009.

______. O juiz e o princípio do contraditório. *Revista de Processo*, v. 71, p. 31-38, jul./set. 1993.

PARENTE, Eduardo de Albuquerque. *Processo arbitral e sistema*. São Paulo: Atlas, 2012.

PARK, William W. Arbitrator Integrity: The Transient and the Permanent. *San Diego Law Review*, v. 46, 2009.

______. Por que os tribunais revisam decisões arbitrais. *Revista de Arbitragem e Mediação*, v. 3, p. 161-176, set./2004.

PASSOS, J. J. Calmon de. As razões da crise de nosso sistema recursal. In: FABRÍCIO, Adroaldo Furtado (coord.). *Meios de impugnação ao julgado civil: estudos em homenagem a José Carlos Barbosa Moreira*. Rio de Janeiro: Forense, 2007.

PICARDI, Nicola. *Jurisdição e processo*. Tradução de Carlos Alberto Alvaro de Oliveira. Rio de Janeiro: Forense, 2008.

PIHLBLAD, Steffen; LUNDBLAD, Christian; Søgaard-Christensen, Claus. *Arbitration in Denmark. Translated by Steven Harris*. Copenhagen: DJØF Publishing, 2014.

PINTO, José Emílio Nunes. A arbitragem na comercialização de energia elétrica. *Revista de Arbitragem e Mediação*, v. 9, p. 173-193, abr./2006.

______. Anulação de sentença arbitral *infra petita, extra petita* ou *ultra petita*. In: JOBIM, Eduardo; MACHADO, Rafael Bicca (Coord.). *Arbitragem no Brasil:* aspectos jurídicos relevantes. São Paulo: Quartier Latin, 2008.

______. Arbitragem e desenvolvimento econômico. *Revista de Arbitragem e Mediação*, v. 20, p. 66-73, jan. 2009.

PUCCI, Adriana Noemi. Impugnação de Árbitros. In: CARMONA, Carlos Alberto; LEMES, Selma M. Ferreira; MARTINS, Pedro Batista (Coord.). *20 anos da lei de arbitragem:* homenagem a Petrônio R. Muniz. São Paulo: Atlas, 2017.

QUARTIERI, Rita. Impactos do novo CPC na Lei de Improbidade Administrativa. In: COSTA, Eduardo Fonseca; SICA, Heitor Vitor Mendonça. *Legislação Processual Extravagante*. Coleção Repercussões do novo CPC, vol. 9. Salvador: JusPodivm, 2016.

QUEIROZ, Pedro Gomes de. O juiz leigo nos juizados especiais cíveis e nos juizados especiais da fazenda pública: eficiência *versus* acesso ao Judiciário e ao Direito. *Revista Eletrônica de Direito Processual – REDP*, v. 16, p. 449-477, jul./dez.2015.

REALE, Miguel. Crise da Justiça e arbitragem. *Revista de Arbitragem e Mediação*, v. 5, p. 11-13, abr./2005.

REDFERN, Alan; HUNTER, J. Martin. *Law and practice of international commercial arbitration*. Londres: Sweet & Maxwell, 1986.

REDONDO, Bruno Garcia; SANTOS, Welder Queiroz dos; SILVA, Augusto Vinícius Fonseca e; VALLADARES, Leandro Carlos Pereira (Coord.). *Juizados especiais*. Salvador: JusPodivm, 2015.

REICHELT, Luis Alberto. O direito fundamental das partes à imparcialidade do juiz no direito processual civil. Revista de Processo, v. 227, p. 104-122, jan./2014.

RICCI, Edoardo F. A impugnação da sentença arbitral como garantia constitucional (reflexões sobre a doutrina brasileira). *Revista de Processo*, v. 96, p. 17–27, out./1999.

______. Princípio do contraditório e questões que o juiz pode propor de ofício. In: FUX, Luiz; NERY JR., Nelson; WAMBIER, Teresa Arruda Alvim (Coord.). *Processo e Constituição*: estudos em homenagem ao professor José Carlos Barbosa Moreira. São Paulo: Revista dos Tribunais, 2006, p. 495-499.

RICHARD, Efraín Hugo. El corazón del derecho comercial: los usos y costumbres y la solución rápida de los conflictos, arbitraje y mediación. In: PUCCI, Adriana Noemi (Coord.). *Aspectos atuais da arbitragem*. Rio de Janeiro: Forense, 2001.

RODRIGUES, Léo Peixoto; NEVES, Fabrício Monteiro. *A sociologia de Niklas Luhmann*. Petrópolis, RJ: Vozes, 2017.

RODRIGUES, Marco Antonio dos Santos. *A Fazenda Pública no processo civil*. São Paulo: Atlas, 2016.

______. *A modificação do pedido e da causa de pedir no processo civil*. Rio de Janeiro: LMJ Mundo Jurídico, 2014.

ROSSEIN, Merrick; HOPE, Jennifer. Disclosure and disqualification standards for neutral arbitrators: how far to cast the net and what is sufficient to vacate award. *CUNY Academic Works*, v. 81, p. 203-258, 2007.

SALLES, Carlos Alberto de. Mecanismos alternativos de solução de controvérsias e acesso à justiça: a inafastabilidade da tutela jurisdicional recolocada. In: FUX, Luiz; NERY JR., Nelson; WAMBIER, Teresa Arruda Alvim (Coord.). *Processo e Constituição*: estudos em homenagem ao professor José Carlos Barbosa Moreira. São Paulo: Revista dos Tribunais, 2006, p. 779-792.

SALLES, Marcos Paulo de Almeida. Efeitos da judiciarização da arbitragem. *Revista de Arbitragem e Mediação*, v. 13, p. 30-37, abr./jun.2007.

SANTOS, Boaventura de Sousa; MARQUES, Maria Manuel Leitão; PEDROSO, João. Os Tribunais nas sociedades contemporâneas. Coimbra: Oficina do Centro de Estudos Sociais, 1995.

SANTOS, Fernando Silva Moreira dos. Impedimento e suspeição do árbitro: o dever de revelação. *Revista de Arbitragem e Mediação*, v. 35, p. 35-68, out./dez.2012.

SANTOS, Thiago Rodovalho dos. *Cláusula arbitral nos contratos de adesão:* contratos de adesão de consumo, contratos de adesão civis, contratos de adesão empresariais. São Paulo: Almedina, 2016.

SARMENTO, Daniel. *Direitos fundamentais e relações privadas*, 2.ed. Rio de Janeiro: Lumes Juris, 2006.

SCAVONE JUNIOR, Luiz Antonio. *Manual de arbitragem*: mediação e conciliação, 7.ed. Rio de Janeiro: Forense, 2016.

SCHENK, Leonardo Faria. *Cognição sumária*: limites impostos pelo contraditório no processo civil. São Paulo: Saraiva, 2013.

______. Notas sobre o contraditório e a cognição no Processo Civil. In: MIRZA, Flávio (Org.). *Direito Processual*. Rio de Janeiro: Freitas Bastos, 2015.

______. Notas sobre o *modus operandi* das Cortes Europeia e Interamericana para a aferição das violações do direito à razoável duração dos processos. *Revista Eletrônica de Direito Processual – REDP*, v. 11, p. 292-308, jan./jun.2013.

SCHREIBER, Anderson. *A proibição de comportamento contraditório*: tutela da confiança e *venire contra factum proprium*, 3.ed. Rio de Janeiro: Renovar, 2012.

SEREC, Fernando Eduardo. Provas na arbitragem. In: CARMONA, Carlos Alberto; LEMES, Selma M. Ferreira; MARTINS, Pedro Batista (Coord.). *20 anos da lei de arbitragem:* homenagem a Petrônio R. Muniz. São Paulo: Atlas, 2017.

SILVA, Bruno Freire e. *O Novo Código de Processo Civil e o Processo do Trabalho – Parte Geral*. São Paulo: LTR, 2015.

SILVA, Eduardo Silva da. Arbitragem, confiança e boa-fé: a autoridade do pacto ético entre os sujeitos da arbitragem. *Revista da Faculdade de Direito UniRitter*, v. 13, p. 68-80, 2012.

SILVA, Paula Costa e. Preterição do contraditório e irregularidade de constituição de tribunal arbitral. *Revista de Processo*, v. 212, p. 301–334, out./2012.

SOUZA, Miguel Teixeira de. Aspectos do novo processo civil português. *Revista de Processo*, v. 86, p. 149–158, abr./jun.1997.

TAMAKI, Luiz Henrique. *A preclusão no processo de arbitragem*. 139 f. Dissertação de mestrado – Pontifícia Universidade Católica, São Paulo, 2016.

TARUFFO, Michele. Abuso de direitos processuais: padrões comparativos de lealdade processual (relatório geral). *Revista de Processo*, v. 177, p. 153-183, nov./2009.

TAWIL, Guido Santiago. Los sistemas de valoración de la prueba y el arbitraje internacional. *Revista de Arbitragem e Mediação*, v. 8, p. 209-225, jan./2006.

TEIXEIRA, Sálvio de Figueiredo. A arbitragem no sistema jurídico brasileiro. *Revista de Processo*, v. 85, p. 181-189, jan./1997.

TEPEDINO, Gustavo; BARBOZA, Heloisa Helena; MORAES, Maria Celina Bodin de. *Código Civil interpretado conforme a Constituição da República*, 2.ed. Rio de Janeiro: Renovar, 2007.

______; SCHREIBER, Anderson. *A boa-fé objetiva no Código de Defesa do Consumidor e no Novo Código Civil* In: TEPEDINO, Gustavo (Org.). Obrigações: estudos na perspectiva civil-constitucional. Rio de Janeiro: Renovar, 2005.

TERCIER, Pierre. L'ethique des arbitres. *Revista de Arbitragem e Mediação*, v. 33, p. 189-210, abr./2012.

TERRA, Aline de Miranda Valverde. A contemporânea teoria do inadimplemento: reflexões sobre a violação positiva do contrato, o inadimplemento antecipado e o adimplemento substancial. In: MONTEIRO FILHO, Carlos Edison do Rêgo; GUEDES, Gisela Sampaio da Cruz; MEIRELES, Rose Melo Vencelau (Orgs.). *Direito civil*. Rio de Janeiro: Freitas Bastos, 2015.

______. *Cláusula resolutiva expressa*. Rio de Janeiro: Fórum, 2017.

THE CODE OF ETHICS FOR ARBITRATORS IN COMMERCIAL DISPUTES. Approved by the American Bar Association House of Delegates on February 9, 2004. Approved by the Executive Committee of the Board of Directors of the AAA. Disponível em <https://www.americanbar.org/content/dam/aba/migrated/dispute/commercial_disputes.authcheckdam.pdf>. Acesso em 02/05/2021.

TIBURCIO, Carmen. *Extensão e limites da jurisdição brasileira*: competência internacional e imunidade de jurisdição. Salvador: JusPodivm, 2016.

TIMM, Luciano Benetti. Direito, economia, instituições e arbitragem: o caso da "soja verde". *Revista de Arbitragem e Mediação*, v. 16, p. 38-47, jan./2008.

TRAKMAN, Leon. The Impartiality and Independence of Arbitrators Reconsidered. *UNSW Law Research Paper*, International Arbitration Law Review, Sweet & Maxwell, Vol. 10, n. 2007-25, 2007.

TUCCI, José Rogério Cruz e. A liberdade das partes na escolha dos árbitros. In: ROCHA, Caio Cesar Vieira; SALOMÃO, Luis Felipe. *Arbitragem e mediação*: a reforma da legislação brasileira. São Paulo: Atlas, 2015.

______. Garantias constitucionais da publicidade dos atos processuais e da motivação das decisões no projeto do CPC – Análise e proposta. *Revista de Processo*, v. 190, p. 257-269, dez. 2010.

URTEAGA, Eguzki. La teoría de sistemas de Niklas Luhmann. *Contrastes. Revista Internacional de Filosofía*, v. 15, 2010.

VASCONCELOS, Ronaldo. Impactos do novo CPC na Recuperação Judicial: compatibilidade entre as Leis n. 11.101/05 e 13.015/15. In: COSTA, Eduardo Fonseca; SICA, Heitor Vitor Mendonça. Legislação Processual Extravagante. In: COSTA, Eduardo Fonseca; ______ (Coord.). *Legislação Processual Extravagante.* Coleção Repercussões do novo CPC, vol. 9. Salvador: JusPodivm, 2016.

VERÇOSA, Fabiane. A liberdade das partes na escolha e indicação de árbitros em arbitragens internacionais: limites e possibilidades. *Revista de Arbitragem e Mediação,* v. 1, p. 332–350, jan./abr.2004.

VIGORITI, Vicenzo. Em busca de um direito comum arbitral: notas sobre o laudo arbitral e a sua impugnação. Tradução e anotação de Carlos Alberto Carmona. *Revista de Processo,* v. 91, p. 11–26, jul./set.1998.

VINCENZI, Brunela Vieira de. *A boa-fé no processo civil.* São Paulo: Atlas, 2003.

VISCONTE, Debora. Iura novit curia e o contraditório. In: CARMONA, Carlos Alberto; LEMES, Selma M. Ferreira; MARTINS, Pedro Batista (Coord.). *20 anos da lei de arbitragem:* homenagem a Petrônio R. Muniz. São Paulo: Atlas, 2017.

WAINCYMER, Jeffrey. Procedure and evidence in international arbitration. *Kluwer Law International,* 2012.

WALD, Arnoldo. A arbitragem como indução de acordo entre as partes. *Revista de Arbitragem e Mediação,* v. 42, p. 133–143, jul./set.2014.

______. A arbitragem e os contratos empresariais complexos. *Revista de Arbitragem e Mediação,* v. 7, p. 11–20, out./2005.

______. A ética e a imparcialidade na arbitragem. *Revista de Arbitragem e Mediação,* v. 39, p. 17-37, out./dez.2013.

______; BORJA, Ana Gerdau; VIEIRA, Maíra de Melo. A posição dos tribunais brasileiros de arbitragem no último biênio (2011-2012). *Revista de Arbitragem e Mediação,* v. 35, p. 15-31, out./2012.

______. O espírito da arbitragem. *Revista do Instituto dos Advogados de São Paulo,* v. 23, p. 24–35, jan./2009.

WAMBIER, Teresa Arruda Alvim. A influência do contraditório na convicção do juiz: fundamentação de sentença e de acórdão. *Revista de Processo,* v. 168, p. 53–65, fev./2009.

______. Fundamentos do processo. *Revista dos Tribunais,* v. 855, p. 11–29, jan./2007.

YARSHELL, Flávio Luiz. Caráter subsidiário da ação anulatória de sentença arbitral. *Revista de Processo,* v. 207, p. 13-23, mai./2012.

______. *Tutela jurisdicional.* São Paulo: DPJ, 2006.

ZIPPELIUS, Reinhold. Teoria Geral do Estado. Tradução de António Francisco de Sousa e António Franco. São Paulo: Saraiva, 2016.